KU-533-877

TEXTOS Y CONTEXTOS

BIBLIOTECA ROMÁNICA HISPÁNICA

DIRIGIDA POR DÁMASO ALONSO

II. ESTUDIOS Y ENSAYOS, 212

DANIEL DEVOTO

TEXTOS Y CONTEXTOS

ESTUDIOS SOBRE LA TRADICIÓN

BIBLIOTECA ROMÁNICA HISPÁNICA
EDITORIAL GREDOS
MADRID

© DANIEL DEVOTO, 1974.

EDITORIAL GREDOS, S. A.

Sánchez Pacheco, 81, Madrid. España.

Depósito Legal: M. 35776-1974.

ISBN 84-249-0595-4. Rústica.
ISBN 84-249-0596-2. Tela.

Gráficas Cóndor, S. A., Sánchez Pacheco, 81, Madrid, 1974. — 4178

A

MARIQUIÑA
colaboradora incesante

Los trabajos que componen este volumen constituyen cronológicamente una unidad, como que son producto de una —para mí— fructuosa permanencia de cuatro lustros en el Centre National de la Recherche Scientifique de París; todos ellos han sido además revisados (y a veces reescritos) con miras a estrechar aún más esta unidad de tiempo y de lugar, al prepararlos para la impresión conjunta. Pero estas notas, surgidas de más de veinte años de lecturas y de reseñas, tienen para su autor algo más profundamente común que las dos unidades mencionadas: poseen una comunidad, una como unidad de acción, expuesta en su título general. Todas parten de un problema considerado en un texto y en su contexto; todas recurren, para tratar de comprender mejor a un autor, una obra, o simplemente una expresión aislada, al estudio de la tradición en que éstos se inscriben, entendiéndose por tradición no solamente el hecho tradicional folklórico, sino también la tradición literaria pertinente, la que imponen el género o el recurso estilístico, o las diferentes y variadas influencias. Tradición vale, así, por todo lo que superando a un autor determinado incide sobre él en el cruce de dos ámbitos más o menos interdependientes, ya se trate de la superstición, la liturgia o la literatura comparada, enfrentadas dentro de la tradición propia de la lengua.

Sé que este procedimiento no es una novedad; no se me oculta que hace casi alrededor de un siglo lo practicaba —y cómo— don Francisco Rodríguez Marín. Sin embargo, el principio crítico podría cobrar hoy una cierta singularidad gracias a la línea general de la filología española actual, más atenta al documento escrito que a lo tradicional (y estas páginas quisieran mostrar que el hecho tradicional y el escrito ni se desdeñan mutuamente ni son desdeñables en su cooperación). Sea como fuere, cada uno de estos pequeños estudios podría llevar como epígrafe un párrafo de Arthur Machen:

> Creo en la fuerza y en la veracidad de la tradición. Hace algunas semanas, un erudito me decía: «Cuando debo elegir entre el testimonio de la tradición y el que proporciona un documento, prefiero siempre la tradición. Los documentos pueden falsificarse, y con frecuencia se falsifican; la tradición nunca». Y es verdad [1].

Una advertencia, que quizás encubra una unidad suplementaria. Con la excepción de los cuatro primeros y de la nota sobre la visión del rey Rodrigo, no se recoge aquí ningún trabajo relacionado con las preocupaciones más constantes del autor: Berceo, Lorca, el romancero, la literatura argentina, los estudios musicológicos.

---

[1] *The Terror*, pág. 145.

«PISÓ YERBA ENCONADA»

En su *Milagro XXI* («De commo vna abbadessa fue pren-
nada, / Et por su conbento fue acusada, / Et despues por la
Uirgen librada»), Berceo nos habla de una religiosa en quien
«iazie mucha bondat», cuya caridad y «recabdo» eran grandes, que sabía muy bien cómo «guiaua su conviento», y que,
sin embargo, pecó, aunque al poeta —y con razón, hasta literaria— le parece, ya hecho para sí el balance de la historia
y su feliz término, que «pecó en buen punto»:

> ...la abbadesa cadio una vegada,
> Fizo una locura que es mucho vedada,
> Piso por su ventura yerua fuert enconada,
> Quando bien se catido fallose enbargada [1].

Este relato no lo inventó Berceo: el repertorio clave de los
milagros de Nuestra Señora, el «Index miraculorum B. V.
Mariae, quae saec. VI-XV latine conscriptae sunt», de Albert
Poncelet, registra unas veinte redacciones latinas, a las que
deben sumarse las numerosas versiones en lenguas modernas. Su asunto puede parecer hoy menos corriente de lo que
era en la Edad Media; tanto, que el canónigo Alexandre-Eu-

---

[1] Berceo, *Veintitrés milagros*..., págs. 76 (epígrafe) y 77 (coplas
506 *a*, *b*, *d*, 505 *b* y 507).

sèbe Poquet lo suprime en su edición de Gautier de Coincy, en 1857. Petit de Julleville, por el contrario, analiza en su libro sobre *Les mystères* una versión dramatizada en la que la abadesa «estoit grosse de son clerc» [2]; la abadesa del ejemplo 362 del *Espéculo de los legos* «por amonestaçión del diablo ouo ayuntamiento con un su espensero» (pág. 265); y al tratar de la versión de Berceo, el Dr. Dunham —para quien los *Loores*, el *Duelo*, los *Signos del Juicio* y el *Sacrificio de la Misa* no merecen otro juicio crítico que el decir que «would not be tolerated by a Protestant English reader»— hace recaer sus sospechas sobre el ermitaño que recibe el niño para criarlo: «the anachoret —who we may shrewdly suspect could not be very old...» [3]. Para el conde de Puymaigre, el relato análogo de Étienne de Bourbon «commence comme un conte de Boccace» [4]; añade que Lecoy de La Marche, editor de estos *exempla*, cita numerosos paralelos, pero no para este preciso milagro; y el *Index exemplorum* de Frederic C. Tubach (pág. 7, núm. 4) registra una versión tipo que, sin parto milagroso, es idéntica en todo lo demás al relato de Berceo: odio de las monjas por la estricta disciplina que les impone, confesión al obispo, que deja en manos del ermitaño al niño que será su sucesor en el obispado, etc. El Marqués de Valmar reconoce la «índole escandalosa» de la narración, y contrapone las redacciones de Alfonso el Sabio y la de Berceo:

> Don Alfonso trata con suma rapidez este arriesgado asunto; pero no intenta atenuar su inmoralidad: antes bien la agrava. Pues el Obispo, después de entrar en un examen técnico de la monja, bien impropio de su sagrado carácter,

---

[2] T. II, pág. 232, n. 1: señala otra versión más, así como una redacción provenzal.

[3] *The Cabinet Cyclopaedia...*, vol. VI, págs. 216 y 225.

[4] «Sur quelques historiettes d'Étienne de Bourbon», en su *Folklore*, pág. 243.

(et desnual-a mandou
et pois lle uyu o sēo),

queda al fin y al cabo engañado.

Berceo maneja superiormente esta leyenda, y con más decoro
que la mayor parte de los hagiógrafos latinos. El Obispo procura, aunque en balde, aclarar por sí mismo la verdad; pero el
poeta castellano no dice en qué forma, y la Abadesa no quiere
cometer la hipocresía de dejar al Prelado en su error, y le declara su pecado [5].

Si en todas las versiones que conocemos de este milagro
las faltas de la abadesa desembocan en situación embarazosa,
Berceo es, que sepamos, el único hagiógrafo que sustituye
por otra la causa normal de su preñez. Pero aunque Berceo
sea el único que introduce en esta narración el motivo de
la concepción sobrenatural, es seguro que no lo ha inventado. Una versión ligeramente distinta de este motivo figura
en un relato trágicamente cómico, popular por entonces,
el *fabliau* de «L'enfant qui fondit au soleil»: una mujer adúl-
tera explica a su marido, después de una ausencia de casi
dos años, que el hijo que él no pudo haber engendrado es la
consecuencia de un copo de nieve que cayó en su boca mientras suspiraba por el ausente. El marido aparenta aceptar la
explicación y al párvulo, pero se desembaraza de éste años
más tarde, vendiéndolo como esclavo, y pretende a su vez, ya
de retorno, que el niño —como nacido de un copo de nieve—

---

[5] Comentarios a la *Abadesa encinta*, núm. VII de las *Cantigas*, en
su edición académica (t. I, pág. 65). Entre los dos párrafos citados hay
nota sobre la omisión del Abate Poquet en su edición de Gautier de
Coincy; no es exacto, además, como veremos, que «el poeta castellano» no diga «en qué forma» procura el obispo aclarar por sí mismo
la verdad: el procedimiento es idéntico al que delatan los dos versos
gallegos.

fue fundido por los ardientes rayos del sol [6]. Joseph Bédier se pregunta si «Ce fabliau célèbre serait-il une plaisanterie d'un esprit fort destinée à combattre une superstition?» y trae a cuento las notas de Grimm y de Andrew Lang (que nada tienen que ver con este tema), el cuento egipcio de los dos hermanos, y los avatares divinos puestos en obra por una flor o un fruto [7]. Señala, además, otra posibilidad, en su opinión más verosímil: el cuento del niño de nieve sería simplemente un *jocus monachorum;* y cita como ejemplo dos versos de una colección de *joca* publicada por Paul Meyer:

> De nive conceptum quem mater adultera fingit,
> Sponsus eum vendens liquefactum sole refingit,

agregando otras formas versificadas (estudiadas por Wattenbach [8]), narrativas (cuento publicado por Von den Hagen, con paralelos italianos y franceses: casi todos los señalados por Legrand d'Aussy, más Doni) y dramáticas (el *Ludus Coventriae,* texto inglés del siglo xv) [9]. La popularidad del cuen-

---

[6] *Fabliaux et contes...* traduits en extraits par Legrand d'Aussy..., t. III, págs. 81-84. En esta última página, el editor cita algunos paralelos: Sansovino, Les *Facétieuses journées,* Les *Cent nouvelles nouvelles,* Malespini, Grécourt.

[7] Grimm *(Deutsche Mythologie)* sólo se ocupa, en el lugar a que remite Bédier, del nacimiento y propiedades de la mandrágora, que es precisamente lo opuesto a un ejemplo de concepción vegetal; el estudio de Andrew Lang («Moly and Mandragora», págs. 143-155 de su *Custom and Myth)* es una crítica de las hipótesis filológico-solaristas de M. R. Brown, a partir de ciertas supersticiones vinculadas con las plantas, sin aludir a la generación; el cuento egipcio traducido y divulgado por Maspéro ofrece en cambio un antiquísimo ejemplo de fecundación por una planta mágica. Bédier remite por último a las cortas anotaciones de M. Dragomanov (y no «Dragmarof»), «Légendes pieuses des Bulgares. 4. La Conception par une fleur».

[8] Wattenbach edita tres versiones latinas: el *De Mercatore,* una reducción en cuatro versos, y el *Ridmus de mercadore.*

[9] Joseph Bédier, Les *Fabliaux,* págs. 460-461. El motivo inicial de la historia de Blanca Nieves, común a varios relatos, que lleva el núme-

tecillo parece haber sido grande, a juzgar por el número de redacciones latinas conservadas: Geoffroy de Vinsauf lo utiliza como ejemplo de abreviación retórica, y da de él una versión en cinco versos, seguida de otras dos de dos versos cada una, la última de las cuales es el mismo *jocus* publicado por Paul Meyer. Faral, editor del poema de Geoffroy, remite a la descripción que hace Haureau de un manuscrito latino que perteneció a Cristina de Suecia y que contiene también tres versiones del cuentecillo; la primera, *De mercatore*, bastante desarrollada, no puede ser, para su editor, anterior al siglo XII. Y Haureau remite, a su vez, a los textos latinos publicados y estudiados por Wattenbach y a las viejas antologías de Du Méril: este último recoge otras versiones y establece una lista de las imitaciones modernas, válida todavía para Faral en un artículo de 1924 [10]. Es indudable que el to-

---

ro 2.65, 1 en el *Motif-Index* de Stith Thompson, parece conservar un recuerdo de la concepción por el copo de nieve; la imagen de la doncella de nieve pervive en el arte dramático contemporáneo en la ópera de Rimsky Kórsakov *Sñegúrochka* (libreto del compositor sobre una pieza de A. N. Ostrovsky) y en la comedia infantil *La novia de nieve* de Jacinto Benavente. (El poema inicial y epónimo del libro de Daniel Hugh Verder, *The Snow Bride and other poems* —sin lugar ni nombre de editor, 1907— es puramente lírico.)

[10] Sobre la difusión del cuentecillo, véase: Edelestand Du Méril, *Poésies populaires latines antérieures au douzième siècle...*, pág. 275, y *Poésies inédites du moyen âge*, con paralelos latinos, franceses, inglés, alemán e italianos en nota, págs. 418-419; B. Haureau, «Notice sur un manuscrit de la Reine Christine à la Bibliothèque du Vatican», páginas 240-242, «VI. De Mercatore»; Edmond Faral, *Les Arts poétiques du XIIe et du XIIIe siècle*, pág. 219, vv. 713-717, y pág. 220, vv. 733-734 y 735-736 (cf. E. R. Curtius, *Literatura europea y Edad Media latina*, página 687); la remisión de Faral (pág. 219, nota *a*) a las *Comediae Horatianae tres* editadas por Richard Jahnke *(Bibl. Scriptorum medij aevi Teubn.*, y tesis de Bonn, 1891), sobre ser imprecisa, parecería ser errada. Las versiones latinas son examinadas en detalle por E. Faral en su artículo «Le Fabliau latin au moyen âge» (en págs. 369-373, apartado «VI. De Mercatore»): considera, además del fabliau francés del niño

no de este difundido relato, ferozmente jocoso, celebra más bien el escepticismo vengativo del marido que la no creída explicación de su mujer; sin embargo, el que se la pueda utilizar y el que se pueda aparentar aceptarla indican que no se trata de una aberración insólita de la heroína, sino de un hecho en el que era posible creer, o hacer que se creía, según el propio marido lo finge. Las dudas de Bédier, por tanto, son semejantes a las que puede despertar la expresión usada por Berceo: ¿superstición, eufemismo, influencia de lo que, gracias a Bédier y a otros eruditos, sabemos ser una tradición monacal?

Para acercarnos a una solución, comencemos por recordar que Bédier, tras unas primeras indicaciones equivocadas, diluye con razón el motivo de la nieve fecundante dentro de otro motivo más amplio, el de la concepción sobrenatural. Las dos formas señaladas en la narrativa medieval vienen de muy lejos, y entroncan con formas de pensamiento ya estudiadas

---

que se funde al sol, la versión del «Modus Liebinc», «poème en forme de séquence» que parece remontar al siglo XI; el «De Mercatore», del último cuarto del siglo siguiente; las tres versiones de Geoffroy de Vinsauf, textos todos ellos más o menos emparentados, y dos versiones que considera independientes: «De Viro et uxore moecha» (¿del siglo XV?) y el poema goliardesco. (Sobre «el *Modus liebinc*, relacionado con la farsa del niño de nieve conocida por la colección de cantos de Cambridge», lo que indica también popularidad dentro de otro ámbito, véase la *Historia de la Música* de Johannes Wolf.) Las versiones latinas (y parte de las indicaciones bibliográficas precedentes) se hallan en la edición más corriente del *De Mercatore* (por A. Dain, en el t. II de *La «Comédie» latine en France au XIIe siècle*, págs. 259-278, que publica ese texto seguido del «Ridmus», de dos versiones de cuatro versos cada una, y de los tres fragmentos de la *Poetria* de Geoffroy de Vinsauf). Más ejemplos de la difusión del relato hay en el artículo de August Andrae «Das Weiterleben alter Fablios, Lais, Legenden und anderen alter Stoffe», en particular en págs. 325-326, y en el libro ya citado de Tubach, número 4.451, pág. 339. En tanto que cuento tradicional contemporáneo, la historia del niño de nieve figura, bajo el núm. 1.362, en *The types of the folk-tale* de Aarne-Thompson.

por la antropología: «Para la mente primitiva, el origen de
los hijos reside en causas míticas», dice Aldrich; y enumera:
comer ciertos frutos o sus simientes, pasar por los parajes
donde residen los espíritus de los antepasados; las palabras,
y aun el viento, pueden preñar[11]. Estas causas, y otras —la
influencia de la luna, por ejemplo—, son frecuentes en el folklore universal, y el *Motif-Index* de Thompson registra bajo
los números T. 510 y siguientes las causas más comunes de
este hecho tan poco común hoy: comer una comida, en particular un fruto (un fruto cualquiera, o bien ciertos frutos
determinados, como el de los árboles prohibidos de los Jardines custodiados, cuya consecuencia —entre otras— es parir
con dolor); otras concepciones milagrosas se originan en un
sueño, por el oído, a causa de la luz del sol o de la luna, el
arco iris, un dragón, la lluvia, el baño, el viento, una estrella
caída o caudada, el trueno, el olor, la sombra, el grito, el hecho de pisar a un animal, el deseo. Hay numerosos ejemplos
de estas «causas» en las notas de diferentes autores publicadas en la *Revue des Traditions Populaires:* una de E. Galtier,
relativa más bien a la elección de marido, por lo que se la
utilizará más adelante; otra de J. d'Armont (la luna es la

---

[11] Utilizo la traducción italiana de Tullio Tentori, pág. 196. Este
tema ya fue abordado por Edwin Sidney Hartland en el capítulo inicial
de su *Primitive paternity:* después de una breve delimitación del tema,
estudia —cito su índice analítico— «Birth as a result of eating or drink-
ing. Birth from absorption of some portions of a dead man. Birth
from smell or simple contact with a magical substance... Impregna-
tion by wind, by bathing, by rain or sun shine, by a glance, by a wish».
Al enumerar los relatos que contienen estos temas, señala sus dos
caracteres extremos: *märchen,* y *saga;* y sin tratar demasiado de los
cuentos, pone el acento en la última categoría, más próxima a la historia. Más cerca de nosotros, en todo sentido, se hallan los trabajos
de Bronislav Malinowski *(The Father in primitive psychology;* hay
versión castellana editada por Paidós en Buenos Aires), y de M. F.
Ashley-Montagu *(Coming into being among the Australian aborigins;*
tesis de Columbia, con prefacio de Malinowski).

responsable del embarazo); dos de Paul Sébillot (comidas; luna, alimentos, flor olida o comida), más una adición del mismo folklorista a la contribución de d'Armont; otra de V. Bugiel (comidas). La protagonista de un cuento de Basile se empreña con el humo del remedio para la reina [12], y

> De nos jours encore, beaucoup de femmes arabes prétendent avoir conçu tout en rêvant d'un loup, d'un crocodile ou de tout autre animal et, pour cette raison, donnent un nom bestial à leur enfant [13].

Es clásico el estudio de H. de Charancey *Le Fils de la Vierge* que, muy aumentado, se convirtió en el capítulo V, «Lucina sine concubitu», de su libro *Le Folklore dans les deux mondes* [14]. En el siglo XVIII Sir John Hill había publicado, bajo el pseudónimo de Abraham Johnson, una obra con el mismo título: *Lucina sine concubitu ou La génération solitaire* [15]: este libro, entre sátira y utopía, aporta el relato de algunas concepciones milagrosas como la de Hipócrates, y el del proceso de Grenoble, en 1537, sobre la paternidad de un niño concebido en sueños [16]. Un siglo antes, el tema había preocupado a Ludovico (en religión el P. Angelico) Aprosio, que con el pseudónimo de Scipione Glareano dedicó un capítulo de su libro *La Grillaia, curiosità erudite* a la cuestión «Se le Donne naturalmente, senza il reale congiungimento con

---

[12] *Il Pentamerone*, t. I, pág. 113; cita a Juno, etc. En nota, Croce menciona a Ovidio *(Fasti*, V, 251 sigs.)* como la fuente de Basile.

[13] *Louqsor sans les Pharaons.* Légendes et chansons populaires de la Haute Égypte, recueillies par Georges Legrain..., pág. 119.

[14] Págs. 121-256. Junto a *Le Fils de la Vierge* utiliza su artículo *Les Naissances miraculeuses d'après la tradition américaine.*

[15] Londres [en realidad, París], 1750. He podido consultar la reedición de Londres, 1776, y la de París, 1865, anotada por Jules Assézat.

[16] Págs. 45-46 de la ed. de 1776; y págs. 107-111 de la de Assézat, que da en apéndice el texto jurídico, para el proceso de Grenoble.

l'Huomo, possano divenir gravide», donde al pleito de Grenoble aúna el problema de las yeguas fecundadas por el viento —véase más abajo— según Virgilio, Giovanni Bottero y
Plinio; y trata, en el capítulo siguiente, de un tema que tiene
aún hoy actualidad tradicional localizado en las piscinas
mixtas de natación: «Se habbia del verisimile, che una Don-
na possa rimaner gravida per lo seme caduto in un bagno»[17].
Véanse, sobre estos viejos testimonios, y como prueba de la
constancia del problema en la mente del hombre, las contribuciones, mucho más próximas (en todos los sentidos), de
Van Gennep, P. Saintyves y G. Cocchiara[18]. Otto Rank, en
Der Mythus von der Geburt des Heldens, no da importancia
a la concepción milagrosa que podría interpretarse, sin embargo, como una edipiana supresión del padre que afirma
aún más fuertemente la independencia vital del hijo.

Las mitologías albergan y aprovechan este motivo del nacimiento mágico, y un sociólogo interesado por el estudio de
la creación literaria ha agrupado múltiples ejemplos de su
empleo: un héroe hotentote nace de una vaca fecundada por
el césped tierno que ha pastado; según el Ramayana, el sol
hace concebir a una ninfa tocándole suavemente la mano; la

---

[17] Cap. 10, págs. 125 sigs., y cap. 11, pág. 133. En mi adolescencia,
recuerdo haber oído en Buenos Aires historias que incriminaban las
toallas familiares; años más tarde, la culpable es «la pileta» mixta
de natación. El mismo problema reaparece todavía en alguna corresponsal de Marcelle Ségal: aún leída con el grano de sal que propone
la editora (la coloca entre las «perlas» de su *Courrier du coeur),* y que
la epístola merece sin duda, no parece tratarse de una mistificación:
«Pourriez-vous me dire comment une jeune fille s'aperçoit qu'elle est
enceinte? Je n'ai pourtant fréquenté aucun jeune homme. C'est sim-
plement mon frère qui s'est mal tenu avec moi» (pág. 248).
[18] Van Gennep, «Lucina sine concubitu», reproducido en el t. I de
su obra *Religions, moeurs et légendes,* págs. 14-25 de la 3.ª ed. Saintyves, *Les vierges mères et les naissances miraculeuses.* Cocchiara, «Come
si nasce», aparecido en *Lares,* 7 (1936), 269-275, y retomado en su libro
Il Paese di Cuccagna, págs. 13-53 y notas de págs. 220-229.

hija de la diosa finesa del aire queda preñada por el viento
marino; un héroe ruso nace de una serpiente que «se enroscó
en los borceguíes de su madre, y en sus medias de seda, y
tocó su cadera blanca»; Tùan, héroe irlandés legendario,
toma la forma de un salmón y se encarna en la mujer que lo
come, y la diosa céltica Etâin, arrebatada por el viento, cae en
una copa de oro donde la bebe una mujer que queda encinta [19]. No se reservan estas creencias al oriente, el septentrión y
los indios americanos [20]: «Raquel concibió a José comiendo
mandrágoras, Zoroastro fue concebido porque su madre bebió
leche mezclada con _homa_, y el héroe irlandés Cuchulain lo fue
porque su madre se tragó un gusano»: lo recuerda, en su
estudio clásico sobre el tabú del incesto, Lord Raglan [21]. (Sobre las mandrágoras del Génesis, xxx, 14 sigs. —gracias a las
cuales Lía, y no Raquel, concibe a su quinto hijo, pero a las
que se atribuye tradicionalmente el nacimiento de José—

---

[19] Dr. Charles-Jean-Marie Letourneau, _L'Évolution littéraire dans les
diverses races humaines_, págs. 72, 337, 446, 452, 481.

[20] Cf. la «Leyenda de los indios del Amazonas respecto al origen
del manioc», recogida por el antropólogo Couto de Magalhaês y publicada por Santiago I. Barberena en sus _Quechuismos_, 1.ª serie, páginas 273-274. En las _Lecturas araucanas_, reunidas por Fray Félix José de
Augusta con la cooperación de Fray Sigfriedo de Fraunhaeusl, misio-
neros apostólicos de la Provincia de Baviera (págs. 282 sigs.), figura
la narración denominada «El hijo del Sol»: «Érase, dicen, hace mucho
tiempo una joven. No la había amado ningún hombre y ya se había
hecho solterona. Del todo se aburrió, salió a un lugar con bella vista;
entonces, dicen, allí se echó a tierra. Entonces se bajó donde ella el
alma del sol. Éste le dio sueño, la hizo dormir y la dejó embarazada. Un mes después dio a luz a su criatura. Inmediatamente lo crió,
era hijo hombre. En un año fue joven grande».

[21] Lord Raglan, _Le Tabou de l'inceste_, trad. de L. Rambert, pág. 21;
en págs. 165-166 hay versiones complicadas con incesto —influjo de los
restos del padre o el hermano fallecidos—, similares a las señaladas
por Hartland («absortion of some portions of a dead man») y al cuento
egipcio de los dos hermanos.

pueden verse los abundantes ensayos que la voz hebrea *dudaim* ha motivado, de Johannes Drusius o de Laurent Catelan a Juan Gualberto Talegón o Ramón Hervás[22]. La creencia supersticiosa se refleja en un pasaje del *Coloquio de las damas* de Pietro Bacci, aretino: «hay un millón dellas sacadas de las cunas y de las iglesias, y de mesones y de casas ajenas, que es imposible poder adevinar, no solamente quién fue su padre, mas si lo tuvieron, por ser de hechuras de mandrágoras»[23]). San Fanuel (el padre de Santa Ana) nace de una virgen que huele una flor milagrosa, según un texto publicado por Paul Meyer[24]; y buenas prosas españolas de la edad de oro trasmiten mitos clásicos similares sobre el nacimiento de Hebe y el de Marte:

---

[22] Johannes Drusius (Jan Van den Driesche), cap. LXXIX, páginas 97 sigs. de su *Ad loca difficiliora Pentateuchi... commentarius* (obra póstuma), «An per *dudaim* mandragorae significentur» (en: *Critici sacri...* editio nova, t. I, págs. 690 sigs.), y en esa misma serie, «De Mandragoris», «An Ruben mandragoras invenit»; Laurent Catelan, *Rare et curieux discours de la plante appellée Mandragore...*; en págs. 38 y siguientes, la historia de Lía y Raquel; Juan Gualberto Talegón, *Flora bíblico-poética*, págs. 432-439, que cita además el *Cantar de los cantares*, iii, 7; Ramón Hervás, *La Magia en la antigüedad*, cap. VIII, «Raquel y la mandrágora». Sobre la tradición general, véase la Biblia francesa llamada «de Jérusalem», pág. 37.

[23] Según la vieja traducción de Fernando Juárez, en los *Orígenes de la novela*, t. IV de la 1.ª ed., pág. 267.

[24] «...Saint Fanuel, né d'une vierge qui avait respiré une fleur miraculeuse, et donnant lui-même naissance à sainte Anne» («Notice du ms. 1.137 de Grenoble», pág. 215). Léo Bachelin, en sus comentarios a los *Sept contes roumains* populares traducidos por Jules Brun (París, Firmin-Didot, 1894), recuerda los maravillosos nacimientos producidos por una lágrima milagrosa, o por haber tragado una arveja (págs. 183 y 189); en la nota de V. Bugiel ya citada («Les conceptions miraculeuses, VII», Estonia), tras el conocido cuento del pescado mágico comido por el ama, la cocinera y la perra, que quedan todas preñadas, se cita otro en el que una viuda come un guisante nacido de sus propias lágrimas, con idéntica consecuencia.

Hebe, según Teodoncio, fue hija de Juno y hermana de Marte, concebida sin ayuntamiento de varón, de cuyo nacimiento dice que Apolo aderezó un convite a Juno, su madrastra, en casa de Júpiter, su padre, y entre otras viandas le puso lechugas agrestes o campesinas, de las cuales comiendo Juno con deseo, luego se hizo preñada...

(Pérez de Moya, *Philosophía secreta*, t. II, pág. 139)

...que en la provincia de Acaya, cerca de el promontorio Arajo, hallaría una flor (de que la dio las señas), que la tocase, y quedaría preñada. Así lo ejecutó Juno; y nació Marte del contacto (cuentan la historia Arnobio, libro 4. Contra gentes, Clemente Alejandrino..., Natal Cómite, Cartario, y Textor en el Teatro de los Dioses, libro sexto, cápite primo).

(Fr. Jacinto de Parra, *Rosa laureada*, págs. 190-191)

Tampoco faltan casos de estas creencias en la poesía tradicional española —en particular la del fruto que deja preñadas a las que lo comen:

...de allí nace un arboledo
que azucena se llamaba,
cualquier mujer que lo come
luego se siente preñada:
comiérala reina Iseo
por la su desdicha mala... [25].

En los jardines del rey
hay una herba encantada,
toda mujer que a come
logo queda embarazada.
Mañanica de San Xoan

---

[25] *Primavera...*, t. II, pág. 66, núm. 146; en la *Antología* de Menéndez y Pelayo, t. VIII, pág. 261; véase a continuación la variante del número 164 *a*, y, en la *Antología*, t. X, pág. 362 (citamos por la primera ed.), el romance de don Tristán: una glosa de este romance se lee en el número 26 de «Les Cancionerillos de Prague». Sobre estos textos antiguos véase el *Tratado de los romances viejos*, t. II, pág. 475.

doña Ensenda madrugara,
en los jardines del Rey
comeu da herba encantada.
D'allí a moi pouco tempo
le recachaba la enagua [26].

La hierba misteriosa se cría, muchas veces, junto a los caños del agua [27]; de ahí que su virtud venéfica pase al agua fría, bebida sobre todo —como lo particularizan muchos cantares— de madrugada [28]. A veces se la bebe contra la prohibición paterna [29]; otras se la invoca, sin demasiada convicción, junto a otras circunstancias complementarias (como el haber «parlâ amb un cavaller, / tota sola, una vegada») [30]. También, junto a la hierba que empreña, hay otra que empreña y desempreña: aparece en el romance de doña Ausen-

---

[26] Casto Sampedro y Folgar, *Cancionero musical de Galicia.* Reconstrucción y estudio por José Filgueira Valverde, t. I, pág. 114, número 170. Creencias similares aparecen también en relaciones populares en prosa: «Hizo [Britaldo] que Iria tomase, sin saberlo, el jugo de una maléfica hierba que tenía la propiedad de producir en el cuerpo de la mujer que lo ingería una hinchazón semejante a la del embarazo...» (J. Pérez Vidal, «Santa Irene. Contribución al estudio de un romance tradicional», pág. 522).

[27] Amador de los Ríos, *Historia crítica...*, t. II, págs. 480-481, y t. VII, página 450.

[28] En romances judíos: Rodolfo Gil, *Romancero judeo-español,* núm. XXVIII, pág. lxx (versión de Danón); *Antología* de Menéndez y Pelayo, t. X, pág. 322, núm. 22; *Catálogo...* de Menéndez Pidal, número 108 bis; P. Bénichou, «Romances judeo-españoles de Marruecos» (pág. 91, núm. XXX en la publicación en revista, y págs. 202-204 de la edición en volumen). Lo mismo en versiones de lengua portuguesa publicadas por T. Braga y por Sylvio Romero.

[29] A. M. Espinosa y J. Alden Mason, «Romances de Puerto Rico», número 104, pág. 332.

[30] *Tercera serie de Cançons populars catalanes* editadas por *L'Avenç,* pág. 34; cf. Bénichou, pág. 203 del libro citado, donde señala versiones orientales con un caballero complicado en el parto.

da en la versión de Almeida Garrett[31], y aparece, también, más como producto de la fantasía de Garrett que de la fantasía tradicional.

Que «el viento hombrón» puede provocar la preñez es convicción largamente sostenida en España:

> ...Hay opinión
> que en España engendra el viento,

dice Tirso, aunque especifica, casi a verso seguido:

> Yeguas paren en España
> del viento, mujeres no.
>
> *(Quien da luego da dos veces*, pág. 542)

La afirmación, referida a la yeguada, es frecuentísima entre los clásicos, a veces en burlas, casi siempre como tópico para celebrar la celeridad de la cabalgadura. Véanse unos pocos ejemplos, casi al azar:

> Los vientos me engendran potros
> que brotan aquesos cerros.
>
> (Tirso, *Tanto es lo de más como lo de menos*,
> pág. 118)

> Veloz caballo oprime, hijo del viento,
> criado en las riberas andaluces
>
> (Tirso, *Quien habló pagó*, pág. 196)

> De un caballo, hijo del viento,
> un caballero se apea.
>
> *(Ibid.*, pág. 200)

> Los dos, en fin, muestras dan,
> uno bayo, otro alazán,

---

[31] *Romanceiro*, t. II, págs. 215-216; cf. también el *Romanceiro* de Puymaigre, núm. XL, pág. 135.

cuán bien se les medra y luce,
que si el viento los produce,
los apacienta el Jordán.

(Tirso, *La Vida de Herodes*, pág. 178)

Sobre un caballo del viento
vuela un cazador o corre.

(Ibid., pág. 181)

Decir podré, castellanos...
que por el viento he venido;
porque no dudo que fuesen
hijos del viento, nacidos
en las orillas del Betis,
los caballos que he traído.

(Tirso, *Adversa fortuna de don Álvaro de Luna*,
pág. 301)

...tomando por instrumento
de las muchas dese prado,
dos yeguas, hijas del viento.

(Tirso, *Habladme en entrando*, pág. 502)

Hijas del viento, yeguas tan veloces
que a Xanto y Pirois engendrar pudieran.

(Tirso, «Fábula de Siringa y Pan», en sus
Cigarrales de Toledo, págs. 163-164)

Noté las crías generosas de sus riberas y praderías [las del
Guadalquivir], cuya hermosa proporción y única velocidad es-
parció la voz de que sólo reconocían por padre al Céfiro.

(Suárez de Figueroa, *El Pasajero*, pág. 278)

...que aunque en Córdoba son hijos del viento,
éste lo fue del mismo pensamiento.

(Lope de Vega, *Porfiar hasta morir*, pág. 106 *b)*

...de las orillas deste río [el Tajo] firma Plinio, que las yeguas
que las pacen y habitan engendraban sólo del viento Favonio, o

Céfiro, que es lo mismo, que también se dice del Betis: pero esto fue sin duda querer significar su ligereza...

> (Lope, declaración de vocablos al final de *La Arcadia*)

...al viento, que por padre blasonaba,
en vez de obedecerle, desafía...

> (Quevedo, *Jura del... Príncipe D. Baltasar Carlos*,
> pág. 279)

Los caballos, ya se sabe:
de los que el céfiro engendra,
donde fue soplo rufián
adúltero de las yeguas.

> (Quevedo, *Las cañas que jugó Su Majestad...*,
> pág. 773)

...la gallardía de los caballos andaluces, hijos del viento...

> (*Discurso en que se refieren las... fiestas... de Lerma...*,
> fol. 16)

Respondióle Alejandro que había tres horas que en un caballo, hijo del viento, se había partido a Sevilla...

> (Pérez de Montalván, *Los Primos amantes*, pág. 33)

...mis caballos, con los que
rige el planeta mayor;
que naciendo en mis dehesas,
tan partos del viento son,
que en su esfera plazas pasan
con el neblí más veloz...

> (Luis Vélez de Guevara, *Los Novios de
> Hornachuelos*, pág. 135)

...y pacen tantos brutos, hijos del Céfiro más que los que fingió la antigüedad en el Tajo portugués.

> (L. Vélez de Guevara, *El Diablo Cojuelo*, pág. 109)

La metáfora se traslada a objetos inanimados:

Según vuelan por el agua
tres galeotas de Argel,
un Aquilón africano
las engendró a todas tres [32],

pero en tanto que creencia, figura ya en la *Semeiança del mundo*. Entre los problemas que Nectanebo, rey de Egipto, plantea a Esopo, según la vida del fabulista griego por La Fontaine, uno es: «J'ai des cavales en Égypte qui conçoivent au hennissement des chevaux qui sont devers Babylone. Qu'avez-vous à répondre là-dessus?». La respuesta del frigio muestra que no creía que «vos juments entendent de si loin nos chevaux hennir, et conçoivent pour les entendre»; pero, en todo caso, en el planteo late la idea de la concepción por el viento, o, por lo menos, la aceptación de alumbramientos similares [33]. Sobre las fuentes clásicas de la creencia en «las yeguas, hijas de Bóreas», véase *El Cuento popular hispanoamericano y la literatura*, de María Rosa Lida, que cita, en pág. 9, la *Ilíada* xx: 226-229; Hesíodo, *Las eeas*; *Eneida*, viii: 808-811; *Metamorfosis*, x: 654-655, etc.; y, más rehilado, el pasaje pertinente de Eugène Lévêque, *Les Mythes et les légendes de l'Inde et de la Perse* [34].

Rodríguez Marín comenta, en nota de su edición de *El Diablo Cojuelo*: «Esta fábula de la antigüedad había sido creída por un hombre de tan buen entendimiento como Ambrosio de Morales», y cita sus *Antigüedades de las ciudades*

---

[32] Góngora, comienzo de un romance, núm. 132 de la ed. de Foulché-Delbosc, t. I, pág. 228.

[33] La Fontaine, *Fables*, t. I, pág. 68. Véanse más abajo supersticiones españolas muy próximas a la que preocupaba al Faraón.

[34] Pág. 350 y n. 4, donde refuta a M. Benoist, editor de Virgilio, que da como fuente de la afirmación del poeta el libro VI de la *Historia de los animales* de Aristóteles: «le fondateur de l'Histoire naturelle dit expressément que c'est une fable».

de España. Hubiera podido incluir en su vituperio a otros escritores «de tan buen entendimiento» como el P. Nieremberg, Florián de Ocampo o Julián del Castillo. Nieremberg acumula testimonios clásicos (Silio Itálico, Plinio, Varrón, San Agustín —yeguas de Grecia—, Columela y Eliano, que dice lo mismo de los ratones) frente a dudas contemporáneas (Resende, Luis Carrión, Edward Weston, que testimonian no haberlo visto ni oído hablar de ello a los ganaderos), y se inclina en favor de los antiguos: «Accedit, quod natura saepe mutari soleat; nec convincit *Non est hodie, ergo non fuit heri*» [35]. Para Florián de Ocampo, Setúbal está

> rodeada de tierra saludable... bien aparejada para la conservación de sus ganados, sobre todo de vientos tan sustanciosos, que poco después conocieron notoriamente empreñárseles muchas veces las yeguas del aire, solamente con los embates que salían de la mar, y parir sin ayuntamiento de machos: la cual naturaleza me dicen que les dura también algunas veces en este nuestro tiempo, y aun Plinio, Columela, Marco Varrón y muchos otros autores de gran calidad en el suyo, por cosa muy averiguada lo dejaron escrito, certificando que los potros así nacidos eran tan ligeros, que parecen más volar que correr: a cuya causa los Poetas antiguos fingían que los vientos salían de la mar enamorados de las yeguas españolas, y se casaban con ellas, y las empreñaban [36].

Y lo copia y amplifica, añadiendo otra especie animal, Julián del Castillo:

> ...el viento Céfiro o Favonio, que según Plinio y Marco Varrón y los Poetas, con los embates de la mar empreñaba las yeguas, y los potros nacidos dellas eran tan ligeros, que parecían más volar que correr: y decían que los vientos salían del mar ena-

---

[35] *Miris et miraculosis naturis in Europa*, liber primus, caput LXVI, «De equabus Olyssiponensibus», pág. 410 de su *Historia Natural*.

[36] *Los Cinco libros primeros de la Crónica general de España*, folio xxij.

morados de las yeguas españolas: y aun ahora dicen que dellos procedieron las cebras... [37].

Repiten los testimonios clásicos no pocos autores modernos: Lord Raglan, en su obra citada, pág. 21 (Plinio, Virgilio y San Agustín, con un proverbio morisco moderno que extiende la acción fecundante del viento a la hembra del babuino); L. Verlaine, en *L'âme des bêtes*, pág. 36 (Plinio); Croce en sus notas al *Pentamerone* (t. I, pág. 202, Plinio, etc.). No interesa aquí que esta creencia sea o no verdad, ni el grado de asentimiento que le den los autores modernos; sí importa que se trate de una creencia (errónea o no), que perviva como creencia, y que deba aludírsela en obras científicas de diferente alcance (Filología, Historia Natural, Etnografía). Leroux de Lincy muestra la pervivencia de la reputación anemófila de los equinos portugueses en el dominio paremiológico francés: «Faire comme les jumens de Portugal, concevoir du vent», e indica a través de Fleury de Bellingen la clásica localización hispánica según Justino:

> Muchos autores dicen que en Lusitania, junto al río Tajo, el viento hace concebir a las yeguas. Estos relatos nacen de la fecundidad de las yeguas y de la cantidad de tropillas, que en Galicia y Portugal son tantas y tan rápidas que no sin razón parecen concebidas del mismo viento.

Concluye Fleury de Bellingen con el empleo metafórico del refrán, que «s'applique à ceux qui ont le cerveau léger, et qui ne remplissent leur corps que de vents» [38]. Un uso metafórico similar recuerda Rodríguez Marín en sus notas a los

---

[37] *Historia de los reyes godos...*, 1582, fol. xxix vº.
[38] Leroux de Lincy, *Le Livre des proverbes français*, 2.ª ed., t. I, página 295. El texto de Justino lo traducimos directamente de sus *Historias filípicas*, libro XLIV, capítulo III, 1 (y no 2, como reza la fuente francesa).

versos 176-177 del capítulo VI del *Viaje del Parnaso* cervantino:

> Preñada, sin saber cómo, del viento,
> es hija del Deseo y de la Fama [39];

y el refrán figura, variado, en la colección de Hernán Núñez: «Empréñate del aire, compañero, y parirás viento», y anda incompleto, sin el vocativo que proporciona el asonante, en la de Vallés [40]. Pero —y siempre dentro de la paremiología— la asociación es más firme de lo que parece, y aunque pueda alegarse que se trata de un simple eufemismo (pero ¿por qué con esta imagen, y no con otras?), en el norte de la Argentina se dice

> *Hijo: Hijo del viento.*— Es común esta expresión para señalar al hijo natural; hasta las mismas madres suelen responder así cuando se les pregunta acerca de la paternidad del hijo [41].

Hasta la perdiz, para Valdivielso, concibe del aura:

> ...la perdiz a engendrar de sí se aplica,
> con el soplo de la aura bulliciosa,
> sin lazo conyugal, como conciben
> las yeguas que Solino y Plinio escriben [42].

Para Sorapán de Rieros, que discute su pro y su contra, es la voz del macho la que empreña a la perdiz hembra; y de las tortugas se dice que les basta con la mirada [43]. La convic-

---

[39] Págs. 82 (texto) y 337 (notas).

[40] Folios 46 y 47, respectivamente.

[41] Carlos Villafuerte, *Voces y costumbres de Catamarca*, t. I, página 373.

[42] *Sagrario de Toledo*, fol. 138.

[43] A Sorapán de Rieros lo cita Sbarbi (que lo editó en su *Refranero general*) en su *Diccionario...*, pág. 683 de la edición argentina. Comentando la expresión andaluza «Empreña con la bista, como los galápagos», Rodríguez Marín explica que «Es opinión vulgar que el

ción, como puede verse, goza todavía hoy de una aceptación
suficientemente amplia, aunque limitada al dominio animal
sin sombra de duda ni metáfora. Entre los humanos, por lo
menos en el ámbito de la literatura tradicional española, lo
corriente es que el efecto mágico fecundante se deba a una
hierba «malvada» que preña a las que la pisan:

> Hay una yerba en el campo
> que se llama la borraja;
> toda mujer que la pisa
> luego se siente preñada [44].

> En mi huerto hay una yerba
> blanca, rubia y colorada;
> la dama que pisa en ella
> della queda embarazada [45].

El rasgo es muy corriente (C. Casas Gaspar da dos versiones más) [46], y aunque aparezca mitigado en colecciones modernas:

> En el campo hay una rosa
> encarnada y deshojada;

---

galápago fecunda a la hembra con sólo mirarla», y que «En la comparación se juega del vocablo en su acepción corriente y en la andaluza
de *fastidiar, enojar*. Dícese de las personas antipáticas y repulsivas»
(Mil trescientas comparaciones..., pág. 13). Todas estas formas son moneda corriente en China: «Lorsque la femelle du héron blanc regarde
fixement le mâle, elle est fécondée. Chez les insectes, le mâle chante
sur les hauteurs, la femelle lui répond d'en bas, et elle est fécondée».
(Lou Siun, *La Traversée de la passe*, pág. 134; sigue con el caso, más
complicado, de una especie de zorro crinado que es hermafrodita:
notas de pág. 184).

[44] Durán, *Romancero*, t. II, pág. 666.

[45] *Antología de poetas líricos castellanos* de Menéndez Pelayo, t. X,
página 105, núm. 39; lo mismo en el núm. 40 y el 41 (págs. 106 y 108).

[46] T. II, pág. 22. Detalle interesante: Brian Dutton, en su reciente
edición de los *Milagros de Nuestra Señora* de Berceo, afirma que ha
recogido la copla en tierras del poeta (pág. 174; variantes, con respecto
a la versión de Durán: v. 3 «pise»; v. 4 «luego queda embarazada»).

> la doncella que la pise
> ha de ser la desgraciada [47],

la mitigación es puramente superficial. Echevarría Bravo, que da el romance completo, con la variante «ha de ser muy desgraciada», y que agrega a renglón seguido «Quiso Dios, quiso la Virgen / que Rosita la pisara», cuenta que cuando llaman a «siete doctores», de «los mejores de España» para dictaminar sobre el misterioso mal de Rosita,

> Los que la miran de pie
> dicen que no tiene nada;
> los que la miran sentada
> dicen que está embarazada [48].

Menéndez Pelayo señala que «la virtud supersticiosa atribuida en estos romances a la borraja (en serio o en burla) es la misma que se atribuye a la azucena en los romances de Tristán e Iseo» [49]. Coincide con los romances una adivinanza popular:

---

[47] García Matos, *Cancionero popular de la Provincia de Madrid*, tomo I, pág. 88 (textos), núm. 158. Lo mismo en cancioneros infantiles: *Lo que cantan los niños*, de Fernando Llorca (pág. 70 de la 4.ª ed.): «aquella que la pisase / se quedaría baldada». En Sixto Córdova y Oña, *Cancionero popular de la Provincia de Santander*, t. I, pág. 42, núm. 26, idéntico eufemismo.

[48] *Cancionero popular manchego*, págs. 404 y 405, núm. 75.

[49] *Antología*, t. X, pág. 109. Más o menos lo mismo en sus *Orígenes de la novela*, t. I, pág. clxxxii de la 1.ª ed.: «Los romances de *Doña Ausenda*, tan divulgados en Asturias y Portugal, atribuyen a cierta planta la misma virtud generadora que el antiguo presta a la azucena que creció regada con las lágrimas de Tristán e Iseo» (y cita cuatro versos dobles). J. C. Dunlop, que conoce por Grimm el romance de Iseo y la azucena, cita paralelos orientales y clásicos: toma sus ejemplos de De Gubernatis, Lecky, Leith, etc., y —con seguridad directamente— de Ovidio (*Fasti*, V, 229); recuerda además la forma racionalizada que ofreció a los lectores del siglo XVI la lectura de *Silves de la Selva*: «Amadis and Finiesta came to a desert island, where, having

> Una mujer me pisó
> y por mó de mí parió;
> cayó mala la mujé
> y con mi fló la curé.
> ¿Qué yerba yerbita es?
> —La borraja [50].

La creencia ha pasado a tierras de América; en Chile, por ejemplo, esta virtud se canta no sólo en romances tradicionales, sino también en composiciones populares más modernas

---

partaken a certain fruit, they totally divested themselves of their platonic habits, and a son was in consequence produced...» *(The History of fiction*, t. I, pág. 376). Supone además que la idea fundamental de estas creencias «probably originated in the employement by early races of certain trees and plants as phallic symbols» (t. I, pág. 205, y nota 1). Esta relación parecería ser menos simplista de lo que se la imagina: sea testigo la voraz asimilación del amado muerto —precisamente por parte de quien no lo gozó en vida— que pinta Miró en *Las cerezas del cementerio.*

[50] Rodríguez Marín, *Cantos populares españoles*, t. I, pág. 231, número 499; en pág. 346 la aclaración «por mó o por mor de mí: por mi causa», y notas sobre la solución: «*borraja* y no *urraja*, como ella [la anciana de Gilena (Sevilla) que la dictó] decía, porque la creencia popular de que el acto de pisar la borraja produce el embarazo está comprobada por ciertos versos de un romance antiguo»; y cita a Durán (t. II, pág. 666) y la *herva fadada* del romance de dona Ausenda como lo publicó Théophilo Braga *(Cancioneiro e romanceiro geral portuguez,* t. I, págs. 162-163); añade «además —y esto explica el resto de la adivinanza— que el cocimiento de flores de borraja es un excelente sudorífico», y concluye recordando también aquí «que es opinión vulgar la de que el galápago fecunda a su hembra con sólo mirarla». Durán, en el lugar citado, reproduce una variante del romance de don Tristán en la que se trata de «el agua que d'ellos sale / un azucena regaba: / toda mujer que la bebe / luego se siente preñada», y la comenta por el comienzo de un romance asturiano tradicional («antiguo», como dice Rodríguez Marín, es calificación equívoca) cuyo comienzo se transcribió más arriba. Copia la adivinanza, como por lo demás todos sus materiales, salidos del *Cancionero* de Rodríguez Marín, Alcázar, pág. 154, número 681.

que desarrollan fragmentos de romances viejos, como en esta
zamacueca:

> 'Ay una yerba en er campo
> de la vorraja yama'a,
> toda mujier que la pisa
> se siente ar tiro preña'a.
> Mucho cúida'o, niña',
> con la vorraja,
> porque no tiene espina'
> y tam'ién crava.
> Y tam'ién crava, sí,
> yerva marva'a,
> que cuando una la pisa
> que'a preña'a.

La copla aparece adecentada en versiones argentinas, pero
la asociación erótica persiste, y la verdolaga es la planta inculpada:

> En el campo hay un yuyito
> que le llaman verdolaga:
> la soltera que lo pise
> al año estará casada... [51].

---

[51] La zamacueca chilena ha sido publicada con el romance por Vicuña Cifuentes entre sus *Romances populares y vulgares*, págs. 109 y
siguientes. La copla inicial es la de un romance asturiano —el que
cita Durán— que pasa de Amador de los Ríos a Puymaigre (*Vieux
auteurs castillans*, t. II, pág. 355), y de allí la toma Charancey (*obs. cits.*,
páginas 26 ó 230); Charancey cita también la Dona Ausenda de Garrett
que le llega por la misma vía, y la aderaza con una explicación de su
cosecha, basada sobre el juego de palabras —tan poco hispánico— que
vincularía *bourrache* 'borraja' con *bourrer* 'rellenar, atracar, hinchar';
y quizás fuera tan aventurada o descarriada la explicación, más española, que partiera de uno de los significados del verbo *pisar*. La copla
argentina procede del *Romancero* editado por I. Moya, vol. I, págs. 247-
248. Los puntos suspensivos finales parecerían delatar una sustitución
pudorosa. No sabría decir si el pareado que figura en el *Cancionero
popular bonaerense* recopilado por Eduardo Jorge Bosco:

> ¿Qué me cuenta la biznaga?
> —¡No me haga reír, no me haga!

También refleja esta creencia, aunque burlescamente, un pasaje de Lope que me señala mi maestro Marcel Bataillon:

> ...hasta ver si acaso
> este bulto mengua
> por lo menos, tía,
> cinco meses sean,
> que bien hará cuatro
> que pisé las yerbas...
>
> *(El acero de Madrid,* pág. 380 c)

(Obras, t. II, pág. 202, núm. 53; suministrado por L. Benarós) se burla de una afirmación —no me atrevo a escribir «creencia»— análoga; tampoco podría afirmar de manera terminante que se trata de una pieza tradicional. Sí puede asegurarse, en cambio, que superstición y eufemismo cooperan activamente en el campo de la *kryptadia* y las «secretas»: hacia 1930, en Buenos Aires (y seguramente todavía hoy, en medios rurales) era corriente oír a personas mayores que ciertas enfermedades procedían ya «de tomar mucha cerveza», ya «de mear contra el viento», con lo que volvemos al terreno de estas notas. (Los vocabularios regionales dan sólo un valor metafórico a esta última expresión: «Dar coces contra el aguijón; empeñarse en lo que es imposible» en el *Diccionario de argentinismos* de Lisandro Segovia, pág. 777; Tito Saubidet, en su *Vocabulario y refranero criollo,* da sólo la segunda parte de la explicación de Segovia). La influencia del viento en las enfermedades (cf. *malaria)* es evidente en el «mal viento» registrado por P. de Carvalho Netto *(Diccionario del folklore ecuatoriano,* págs. 277-278), en las supersticiones gallegas sobre los diferentes «aires» malignos, en las tradiciones italianas estudiadas por De Martino, etc. La misma función parece indicar para el rocío y el aura matinal un texto de Salas Barbadillo: «...muchos días le coronó la aurora del mismo rocío que a las plantas y flores, siendo incomodidad en él lo que en ellas belleza, porque de semejantes gentilezas le pudieran resultar algunos achaques franceses tan notables, que unas veces se curan sudando agua mansa, y otras bebiendo agua fuerte» *(Don Diego de Noche,* fol. 138 vº). Es también evidente que una misma simbología erótica vegetal corre por toda la poesía folklórica:

> Matica de verdolaga
> qué verdecita que está,
> ya se fue el que la pisaba,
> ya no se marchitará

donde Belisa hace una «maliciosa alusión al origen de su preñez». Y también Góngora, rehusando enviar castañas y bata-
tas a una monja que se las pedía, enhebra con otros juegos
verbales el recuerdo de esa

> fruta que por las mañanas
> ...hace parir las doncellas.
>
> *(Obras*, t. II, pág. 8, núm. 238)

Y todavía hoy, en todo el ámbito del español, sin que pensemos ni un instante en las profundas raíces del dicho casi
cotidiano, es frecuente atribuir los altibajos en el humor de
los otros a «la yerba que han pisado», sobre todo si humor
y yerba son malos («enconados»), y la expresión es, en consecuencia, corrientísima en toda la literatura de la lengua:

> ...¿Qué yerbas pisas?
>
> (Tirso, *El castigo del penséque*, pág. 78 c)

> *Palemón.* — Encantadora la viudita... ¿No le parece a usted?
> *(A Gabriel, el cual lo mira duramente y no le contesta. Aparte.)*
> ¿Qué yerba habrá pisado este guaso?
>
> (Nicolás Granada, *¡Al campo!*, pág. 227)

> —Querido, yo no puedo explicarte nada, ¿estamos?... Hoy has
> pisado mala hierba. Ya veo que no me libraré hoy de un po-
> quillo de mareo.
>
> (Galdós, *El Grande Oriente*, pág. 122)

> Mala hierba había pisado aquel día la guapa moza, porque no
> bien entró en el taller, le salió al encuentro una nueva des-
> dicha...
>
> (Galdós, *Los Duendes de la Camarilla*, pág. 145)

(V. M. Patiño, «Fitofolklore de la costa colombiana del Pacífico», página 120, núm. 245);

> Arsa, niña, que pisas
> la hierba buena...

(García Matos, *op. cit.*, t. II, pág. 60, núm. 408, 1952).

...le pregunté: «qué le pasa, qué mala yerba ha pisado?...
...¡y a poco me echa de casa!
>
> (Ramón A. Urbano Carrere, *El Herbolario*, pág. 111)

—¿Qué mala yerba pisó hoy, don Andrés, que tan furioso viene?
>
> (Palacio Valdés, *El Idilio de un enfermo*, pág. 215)

...Al cabo de un rato Miss Florencia levantó la cabeza y le dijo con acento más suave:
—Siéntate. ¿Qué mala hierba has pisado hoy?
>
> (Palacio Valdés, *El Señorito Octavio*, pág. 246)

...¿Qué has dicho a don Lope? Hoy ha pisado mala hierba. Está tétrico.
>
> (J. Menéndez Ormaza, *La Predicción de la Zarabanda*, pág. 41)

Y razón tiene Gillet cuando interpreta en este sentido la interrogación incompleta de la *Comedia Serafina* de Torres Naharro:

¿Qué has pisado esta mañana?

En su edición de Torres Naharro (t. II, pág. 16 —texto—, y notas de t. III, pág. 262), Gillet parte de Correas:

> *Buena hierba ha pisado.* Dícese cuando uno está más alegre y gracioso que suele. Varíase: «Alguna buena hierba has pisado»; «¿qué hierba has pisado?». También se dice al contrario: «alguna mala hierba ha pisado»; «debe haber pisado alguna mala hierba», cuando uno está desgraciado y enojoso.
> *Pisar buena hierba.* Dícese de la persona que está de buen humor, mejor que el que tiene.
>
> (*Vocabulario de refranes...*, págs. 69 y 630 de la ed. de 1924, o págs. 362 y 722 de la reciente ed. de Combet)

Agrega Gillet la remisión a la *Fraseología* de Cejador, y el «éste ha pisado qualque malicia» de la *Égloga interlocu-*

toria de Diego de Ávila. Es superstición difundida que «El estar desacertada una persona en un día, en las cosas que hace, es porque ha pisado alguna mala yerba. (Frase: *Pisar mala yerba*, es igual a hacer mal las cosas)» [52]. Registra la expresión (y sus variantes), como hemos visto, Correas; consignan la expresión peyorativa Montoto y Caballero Rubio; y contemplan las dos posibilidades —pisar buena, o mala hierba— Sbarbi, José Musso y Fontes, Cejador, y José María Iribarren [53]. Charancey relaciona también los romances españoles y portugueses de la mala hierba con la frase francesa «Sur quelle herbe avez-vous marché?» aunque, naturalmente, piensa que no se trata de una misma planta con múltiples efectos. Sin duda cabe relacionar esta expresión con la creencia, más general, en el influjo del pie —bueno o malo, cabal o siniestro— con el que, real o metafóricamente, se inicia un negocio [54]. También Antonio Machado y Álvarez, en su im-

---

[52] Guichot y Sierra, «Supersticiones populares andaluzas», en *Biblioteca de las tradiciones populares*, t. I, pág. 229; también en *El Folklore andaluz*, pág. 414; y lo mismo dice Rodríguez Marín en la nota antes citada de sus *Cantos populares españoles*, t. I, pág. 346.

[53] Montoto, *Un paquete de cartas de modismos, locuciones, frases hechas, frases proverbiales y frases familiares*, pág. 225; Caballero Rubio, *Diccionario de modismos*, pág. 655; Sbarbi, *Diccionario*, págs. 468 y 1.020; Musso y Fontes, *Diccionario de las metáforas y refranes de la lengua castellana*, pág. 186; Cejador, *Fraseología*, págs. 630-631, con ejemplos de Tirso, del refranero inédito de Galindo, la *Comedia Tebaida*, A. Pérez y Lucas Hidalgo; Iribarren, *El Por qué de los dichos...*, página 262.

[54] Sobre el «entré con pie derecho» del sabido soneto de Lope, véanse, barajados al azar de la lectura, Garcilaso («entró con pie derecho», *Égloga II*, v. 1.467), la *Farsa del triunfo del Sacramento* (en los *Autos...* de Rouanet, t. III, pág. 355: «¡Ay! Engaño, plega a Dios / que entremos con pie derecho»), Espinel *(Marcos de Obregón*, ed. Gili Gaya, t. I, pág. 218: «Vime en gran peligro, porque si quería bajar con el pie de derecho había de rodar por la sierra abajo»), Minsheu *(Diálogo 2.º*, pág. 89: «Thomás: En el nombre de Dios, entremos en esta tienda. Margarita: Plegue a Él sea con pie derecho»), las *Coplas y ro-*

portante estudio sobre «La yerba que extravía», considera las
diferentes especies de malas yerbas, de las que existen «dos

---

mances que cantan los mozos·en algunos pueblos de Castilla la Vieja...,
recogidas por Gabriel Vergara Martín (pág. 52: «...tú te entras en la
iglesia, / entras con el pie derecho»), la *Comedia Florinea* (pág. 163:
«En nombre de Dios entro con el pie derecho»), la *Tragedia Policiana*
(pág. 22: «Dor.: Sube, tía, si mandas. Clau.: Con el pie derecho delante,
porque no tropiece a la entrada»), el ya citado *Coloquio de las damas*
del Aretino (pág. 270: «les hacen caricias sea quien se fuere, con tal
que entre con el pie derecho gastando...»), la *Comedia Armelina* de
Lope de Rueda (que Pascual inicia con estas palabras: «En el nombre
sea de Dios Todopoderoso, siempre el pie derecho delante...», en su
Teatro, ed. Moreno Villa, pág. 95), Ruiz de Alarcón *(La prueba de las
promesas*, ed. Millares Carlo, pág. 19: «Hoy has salido, sin duda, / de
casa con pie derecho»), Galdós *(El Grande Oriente*, pág. 113: «Entró con
pie derecho este insigne personaje en la burocracia revolucionaria...»;
Bodas reales, págs. 115-116: «Su buena figura, su arte de *llevar la ropa*
y de bien hablar sin decir nada, su mediano saber de lenguas, marcá-
banle el camino de la diplomacia, en el cual entraba con pie derecho»;
La Primera República, pág. 199: «...pensé que entraría con pie derecho... si *Mariclío* me agraciaba... guiándome»). Hilario Pipiritaña (pseudónimo de Monlau) atribuye a esta creencia el que las escalinatas de
los templos paganos tuvieran un número impar de escalones, para que
la entrada al santuario se verificase «necesariamente con el pie derecho»: cf. su miscelánea *Las Mil y una barbaridades*, pág. 288; y Bastús
recuerda que «No por superstición, sino por razones misteriosas, la
Rúbrica de los Misales encarga que el sacerdote, al decir misa, después
del introito cuando se dispone a subir las gradas del altar, mueva primero el pie derecho» *(La Sabiduría de las naciones...*, 3.ª serie, págs. 312-
313, núm. 202); una de las *Supersticiones* publicadas por Guichot y
Sierra *(El Folklore andaluz*, pág. 60, núm. 8) sostiene que puede cono-
cerse el sexo del niño aún no nacido según el pie que pone en la esca-
lera la mujer embarazada: será varón si empieza con el pie derecho, y
hembra si comienza con el izquierdo (superstición vinculada sin duda
con el menor aprecio que se hace de las hijas: «Mala noche y parir
hembra» es refrán corriente en varias colecciones). Emplean la expresión «con buen pie», especificando que éste es derecho y bueno a la
vez, entre otros, Tirso («¡Con buen pie / me levanté hoy!», *Don Gil
de las calzas verdes*, pág. 422 c; «¡No hay sino perdonarse unos a otros,
y entrar con buen pie en la cuaresma, que es mañana!», novela de
«Los Tres maridos burlados» en sus *Cigarrales de Toledo*, pág. 366) y
Castillo Solórzano *(Las Harpías de Madrid*, pág. 142: «—O yo he salido

por lo menos, que hacen un daño especial *cuando se pisan;*
una: ocasionar la pérdida de la conciencia; la otra: dejar

---

con buen pie de casa, o v. m. quiere parecer prodigio en esta Corte...»;
La Garduña de Sevilla, pág. 73 de la 2.ª ed. de Ruiz Morcuende, novela
de «Quien todo lo quiere todo lo pierde»: «Sin duda que hoy me levanté
con buen pie —dijo la dama—, pues oigo en mi favor tantos...»), Galdós
(«A pesar de esta desventaja, empezó con muy buen pie su campaña»,
Los Cien mil hijos de San Luis, pág. 36); compárese con Correas, ed.
Combet, pág. 709 —consigna también «Con buena mano»—, 622 y 665;
con Cejador, *Fraseología,* t. III, págs. 326, 327, 338, y con Musso y Fontes, págs. 48 y 101. Del «pie izquierdo» se acuerdan Sánchez de Badajoz *(Farsa de la ventera,* ed. Barrantes, t. II, pág. 246: «*Rico*: Triste de
mí, dolorido, / si he venido con pie izquierdo...») y Milán en su *Cortesano* (pág. 9 de la reed. en la *Colección de libros raros o curiosos:*
«*Gilote* respondió: Senyora, vostra altesa es exida muy ab lo peu es-
querre»). Reflejan (o adquieren, al pasar de una lengua a otra) supersticiones semejantes *El Asno de oro* de Apuleyo («pero con el pie izquierdo entré en la negociación», «que con mal pie entró en nuestra
casa», en la versión de Diego de Cortegana, en *Orígenes de la novela,*
páginas 5 y 51) y las *Chasses subtiles* de Ernst Jünger («Je m'étais déjà
levé du pied gauche...», en la traducción de Henri Plard, pág. 265: el
modismo falta en el texto alemán, *Subtile Jagden,* pág. 200). Del «mal
pie» dice Ramón Gómez de la Serna («Yo sé cómo es ese ritmo, con
el que de pronto comienzan a andar los relojes como entrando en
marcha con mal pie...», *El Doctor Inverosímil,* pág. 46); y del cuidado
en elegirlo trata *La Lena* de Velázquez de Velasco (págs. 28 y 59). Refranes sobre el pie izquierdo sólo recuerdo uno —y sospechoso— del
Refranero dado a luz por Ismael Moya (pág. 562). La superstición relativa a este pie se refleja, en la Italia del siglo XIV, en el *Trattato della
scienza* de Iacopo Passavanti (ed. Polidori, 309 sigs.); en español ha
originado la expresión «cojear del pie izquierdo» 'estar por morirse':
«...así, desde que el rey cojea del pie izquierdo, ya me tienes haciendo
las maletas» (Galdós, *Los Apostólicos,* pág. 239), así como la frase definitiva «mala pata»: «Tú me has traído la suerte, pues yo venía con
mala pata, y desde que te encontré todas las cartas me salen buenas»
(Galdós, *La Campaña del Maestrazgo,* pág. 42; y pág. 62: «Para tener
mala pata en todo, me estrené con un acto militar que ha dejado en mi
espíritu una sombra lúgubre...»; *Narváez,* pág. 178: «—Yo todo lo temo
de esta gente y de su mala gente —declaró mi amiga»; *La Primera República,* pág. 107: «¡Y con qué mala pata llegué, Señor!...»). Uno de
los más importantes libros de Nicolás Olivari —el único poeta argentino «sospechoso de genio» según Jorge Luis Borges) se llama *La Musa*

embarazadas a las mujeres»[55]. La difusión del motivo de la hierba que preña en el ámbito actual del español, su pervivencia en tierras riojanas, su vinculación con otras creencias similares (algunas específicamente españolas)[56], y el uso de un motivo análogo en otro relato antiguo difundidísimo, permiten conjeturar sin riesgo que el creer en esta especie de «mala yerba» era ya corriente en España en tiempos de Berceo, tanto más cuanto que las creencias supersticiosas en las yerbas que despiertan, apagan y simbolizan el amor remontan (ya se tratará de ello más adelante) a la más alta antigüedad y se reflejan en la vieja poesía bucólica[57]. Menos fácil es aqui-

---

de la mala pata. Una fórmula sin duda vinculada con estas expresiones y creencias acuña Galdós en *Aita Tettauen* (pág. 40): «¡De buena gana le habría ella [...] regalado unas botas decentes para entrar con pie seguro en la nueva vida!». Y, a propósito del pie adecuado para entrar en una embarcación o salir de ella —el derecho, naturalmente—, Guichot y Sierra registra la frase «Entrar en alguna parte con bueno o mal pie» (*Bibl. de las tradiciones populares*, t. I, pág. 299, núm. 312).

[55] En *El Folklore andaluz*, págs. 453-457; lo citado —el subrayado es original— corresponde a pág. 456.

[56] No sé que la frase «Pisar buena (o mala) yerba» tenga equivalentes literales en otras lenguas; ya vimos que Charancey la traduce por un modismo más amplio, y E. Contamine de Latour y F. Novión (*Palabras y modismos*, 2.ª ed., pág. 156) la vierten por otra expresión general: «Être de bonne (ou de mauvaise) humeur». Y por lo que respecta a la misma concepción «por pisar hierba», tampoco conozco ejemplos que no sean hispánicos: Hartland (*op. cit.*, pág. 19) sólo cita a la antecesora mítica de los reyes de *Kân*, en China: «*Kiang-Yüan was childless until she trod on a toe-print made by God*».

[57] Sobre las hierbas y el amor —tema que se tocará más adelante— véase la frase «estar tocado de la hierba: enamorado, por las hierbas y filtros amorosos» en la *Fraseología* de Cejador, pág. 630, con un ejemplo clásico. Pensé que quizás el hermoso y enigmático verso de Quevedo,

Esento del amor pisé la hierba

(*Canción VII* de Euterpe)

aludía también a la borraja, como parecía sugerirlo el verso siguiente («que retrata el color de mis martirios»): la borraja tiene flores azules,

latar la actitud de Berceo al transmitirnos este motivo dentro
de un relato hagiográfico. No porque esa actitud sea insólita:
en otro lugar he tratado de la libertad con que se manejan
ciertos detalles secundarios en el interior de este tipo de relatos sagrados [58]; y desde los albores del cristianismo, por razones de propaganda o de comprensión, el motivo de la concepción virginal fuera del Misterio de la Encarnación ha ocupado plumas ilustres [59]. En el caso de Berceo, no es posible

---

del color clásico de los celos, y el equívoco entre «celos» y «cielos»
abunda en la literatura del Siglo de Oro. Me parece ahora que mi
suposición se confirma por la expresión similar del _Entremés de la He-
chicera_ de Quiñones de Benavente (pág. 630): «de celos soy la flor de
la borraja». Y sobre la expresión «esento del amor», o, simplemente,
«exento», véase este ejemplo de la _Flor IX_ (fol. 16 vº, en la reed. facsimilar de Rodríguez-Moñino, _Las Fuentes del Romancero General..._):

> Los agrauios de Cupido
> le salieron a la cara
> a la pastorcilla essenta...

[58] Véanse, en «Métamorphoses d'une cithare», los variados instrumentos que va tocando San Millán a través de una veintena de textos
escalonados del siglo XIII al XIX.

[59] Véase un ejemplo de cada una de estas actitudes, en Tertuliano
(Apol., 21, 41, col. 399), dirigiéndose a los paganos: «Recipite interim
hanc fabulam, similis est vestris, dum ostendimus quomodo Christus
probetur» y en el abate Matthieu Orsini, que insiste sobre la «attente
universelle de la Vierge et du Messie», y sobre el hecho de que «on
trouvera la Vierge promise et son enfantement divin au fond presque
de toutes les théogonies», enumerando Tibet, Japón, India, China,
Egipto, Mesopotamia, druidas, etc. _(La Vierge, Histoire de la Mère de
Dieu_, París, Société agiographique [_sic_], 1837, pág. 1 y págs. 3-6; este
último desarrollo pasa, en ediciones ulteriores —por ejemplo, 1850— a
notas, y la última que hemos consultado (París, A. Courcier [1861]) da
el texto en págs. 21-22, lee en pág. 25: «Ce n'est point par hasard que le
mystère de l'incarnation d'un dieu dans le sein d'une vierge est une
des croyances fondamentales de l'Asie», y aloja las notas eruditas en
la pág. 461). Sobre la utilización cristiana de estas creencias, desde muy
antiguo, véase la _Dissertation sur la légende_ Virgini pariturae _d'après
laquelle les druides, plus de cent ans avant la naissance de Jésus-_

determinar si él mismo introdujo este motivo en su narración, reemplazando los usos corrientes de la natura, o si se
sirvió de una versión en la que el cambio ya había sido ope-
rado (el hecho de que hoy no poseamos ninguna de este tipo
no prueba de manera terminante que no hayan existido, y ya
vimos que hay algunas en las que todo elemento sobrenatural
falta). Lo que sí es innegable es que para el poeta riojano el
motivo tiene un valor genésico total (en resultado y en sí
mismo) y entraña una fuerte connotación volitiva e inten-
cional: nos dice que la abadesa «pecó», que «fizo una locura
que es mucho vedada», y ambas expresiones conllevan un
juicio de valor y afirman una voluntad, una conciencia y un
albedrío incompatibles con el pasivo azar de pisar una yerba
maléfica. Por otra parte, el poeta suele dar a las cosas su
nombre exacto; baste recordar los pormenores anatómicos
del milagro del romero de Santiago, y los detalles precisos de
éste mismo de la abadesa encinta: los clérigos que la exami-
naron, por orden del obispo,

> Qujtaron li la saya maguer que li pesaua,
> Fallaron la tan seca que tabla semeiaua.
> 556 Non fallaron en ella signo de prennedat,
> Nin leche njn batuda de mala malueztat...,

---

*Christ, auraient rendu un culte à la Vierge Marie et lui auraient élévé
une statue et consacré un sanctuaire sur l'emplacement actuel de la
Cathédrale de Chartres*, de A. S. Morin: para dar una antigüedad mayor
y una falsa preeminencia a la iglesia carnotense, se habría echado mano
de un culto legendario de Nuestra Señora. Claro está que también se
han aprovechado estas analogías con intención diametralmente opuesta; baste un ejemplo: «También nos ha contado historias de ídolos
chinos, de una diosa de buen ver que se llamaba *Ton-Poo*, y que con
sólo mirar a una estrella tuvo un hijo, a quien pusieron el nombre de
To-Hi... Te aseguro que es muy divertido oír estas cosas...» (Juan de
Urríes relata en carta un discurso de Suñer, en *España sin rey* de
Galdós, págs. 135-136).

como tenía que ser y como la propia abadesa lo había com-
probado al despertar del parto milagroso:

> 537 Palposse con sus manos quando fue recordada,
>   Por ujentre, por costados, e por cada yiada;
>   Fallo su ujentre laçio, la çinta muy delgada,
>   Como muger que es de tal cosa librada,

bien que antes

> 508 Fol creçiendo el vientre en contra las terniellas,
>   Fueronseli faciendo peccas ennas masiellas,
>   Las unas eran grandes, las otras mas poquiellas,
>   Ca ennas primerizas caen estas cosiellas [60].

Una sola posibilidad podría conciliar estas actitudes aparentemente opuestas: aceptar que Berceo, al redactar el milagro de la abadesa que pecó «una vegada» (y que es, no lo
olvidemos, un relato hagiográfico, que es decir fundamentalmente creedero), introduce o acepta el efecto de la hierba
enconada porque lo considera también creíble, por lo menos
para su auditorio, y se inscribe, no en la línea de los clérigos
retozones que saben —como el marido excesivamente gratifi-
cado del *fabliau*— que un niño de nieve no es tal hijo de un
copo, sino en la de los que aceptan (hasta hoy, en cierta medida) que de la tumba o la sangre de dos amantes desdichados
nace una flor maravillosa de virtud fecundante [61]; en la de los

---

[60] El refranero recoge otras señales análogas de las primerizas, insistiendo sobre todo en su desarrollo mamal: «A la mujer primeriza,
antes se le parece la preñez en el pecho que en la barriga» (Hernán
Núñez, fol. 23; Correas, pág. 9, y simplificado en pág. 207; Mal Lara,
Cent. VIII, 320, que da de esto «traslado a parteras y médicos»). Antonio Castillo de Lucas, miembro de esta última corporación, recoge el
refrán de Correas en su *Refranero médico* (pág. 14, núm. 163), abonán-
dolo con su autoridad y con términos propios de su arte.

[61] Compárese: «Unos dicen que el ofendido padre ordenó tirar,
abatiéndolos en la misma descarga. Que de su sangre, así unida, brotó
la azucena roja, siempre solitaria, y raras veces vista entre los riscos
más arduos del Champaquí» (Leopoldo Lugones, «Águeda», de sus *Cuen-*

que creen, a medias o del todo, en las virtudes esenciales de
la borraja y de la verdolaga; en la de los que creyeron, hasta
ayer, o casi hasta hoy, que el viento fecunda y que un sueño
puede conformar la vigilia a su imagen (lo que parece ser no
poco cierto). Es decir, puesto que hay que decirlo, que Berceo entra en la línea de los que creyeron o creen algo semejante a lo que cree hoy la ciencia, llamándolo eruditamente
«partenogénesis», y llevándolo primero de los insectos a los
vertebrados inferiores, para elevarlo luego a los mamíferos
más empinados de la escala zoológica.

Pero lo más importante, en esta sustitución —sea Berceo
transmisor o introductor del motivo tradicional, que lo mismo da—, es que el símbolo elegido no es fruto de la comodi-
dad inventiva ni capricho personal del poeta; lo importante
es que no se reemplaza al azar una acción por otra cualquiera,
sino que ambas significan lo mismo para la conciencia y la
no conciencia del auditor y del relator (que aplica a una
las responsabilidades y vituperios que le merecería la otra)
hasta el punto de cobrar idéntico valor significante. Apoyándose por un lado en la esfera de la creencia que nos señalan
la etnografía y las historias antiguas, y por el otro, si se
quiere, en la esfera de burlas transparentes en que se mueven
Góngora y el cantor anónimo de la zamacueca chilena (burlas
que también presuponen un fondo de extendida credulidad,
sin la cual no podrían existir) [62], la narración tradicional ha

---

tos fatales, pág. 166). También, aunque a medio camino de tornarse
mandrágora, de la sangre que chorrea la cabeza del Bautista nace la
azucena en un dibujo de Aubrey Beardsley para la primera edición de
la *Salomé* de Wilde.

[62] Para María Rosa Lida de Malkiel, un poco sumariamente, «El
austero Berceo [que «agrega detalles escabrosos al texto latino de sus
Milagros»]..., al romanzar el de la abadesa encinta no resiste a la
tentación de guiñar humorísticamente el ojo a su auditorio, y explicar
que la prelada, en quien 'iazie mucha bondat' (507 *cd*), 'pisó por su

variado sin alterar su esencia y sin empañar su potencial de
transmisibilidad, como sucede siempre que estas transformaciones sólo aparentemente caleidoscópicas van regidas por la
verdadera poesía.

---

ventura yerua fuert enconada, / quando bien se catido, fallóse enbar-
gada'» (*Nuevas notas...*, pág. 49, y nota).

QUEBRAR

El «trufán falso» y «falso consejero» de que se vale Teófilo para cobrar su estado era, nos dice Berceo,

> 722   ...lleno de malos ujçios,
> Sauja encantamjentos e muchos malefiçios,
> Fazia çercos el malo e otros artefiçios,
> Belzebub lo gujaua en todos sus offiçios...
> 724 Cuydauan se los omnes que con seso quebraua,
> Non entendian que todo Sathanas lo gujaua;
> Quando por auentura en algo açertaua,
> Por poco la gent(e) loca que no lo adoraua.

Los primeros versos citados son transparentes: el truhán
sabía encantamientos y maleficios, hacer cercos mágicos y
dar malos consejos. La última copla es menos clara: «todos
creían que con seso quebraba». ¿Qué quiere decir esto? *Seso*,
en Berceo, significa 'sentido', tanto en su valor de aptitud
del alma como en el figurado de 'prudencia, madurez'; «ver
por seso», con este valor metafórico, aparece un par de veces
en el *Alexandre* (P 179 *b* —falta en O—; P 728 *b*, O 700 *b*). Los
que olviden este milagro de Teófilo carecerán además de «seso
natural nin complido» (859 *d*): recuérdese el «seso complido» de los *Bocados de oro* (ed. Knust, pág. 212), y ese «seso
natural» del *Alexandre* (P 267 *c*) que mienta a cada paso *El*

Caballero Zifar. La aposición del *seso natural* (cf. la «razón natural» que es, según la Real Academia, la 'potencia discursiva del hombre, desnuda de toda especie científica que la ilustre') y del *seso complido*, completado, da como sentido total: 'si no aprovechamos del milagro que acabamos de oír, somos gentes desprovistas de seso: no lo tenemos ni natural ni cultivado, nutrido por la experiencia, así sea ésta ajena'. *Con seso*, en 724 *a*, cobra un valor análogo: 'con conocimiento, con ciencia'.

La dificultad del pasaje reside en el *quebraua*. Ninguno de los significados que da el léxico oficial casa con el sentido de la frase; Gonzalo Menéndez Pidal, en su excelente edición parcial de los *Milagros*, propone corregir «obraba»[1]. Creo que se trata del arcaísmo que pervive en la expresión argentina «quebrar el empacho» y designa las operaciones del curandero (más generalmente, la curandera). La técnica de curar el empacho o indigestión —considerado un poquito como un «daño» o maleficio— consiste en levantar la piel que cubre las vértebras del paciente (casi siempre un niño de pecho) hasta percibir un crujido que indica que el mal ha sido «quebrado»; y es usual decir: «Ña Fulana quiebra», o «sabe quebrar». La voz tiene aquí un sentido emparentado con el de quebrantar o romper un maleficio, y es frecuente en las operaciones supersticiosas:

> Si querés quebrar la «guigne», date vuelta la pisada,
> conseguíte un amuleto y una llave te colgás.
> Si encontrás una herradura la llevás para la pieza
> y al respaldo de la cama con piolín la asegurás[2].

---

[1] *Milagros de Nuestra Señora* [y otros textos], pág. 62.
[2] «Fierro Chifle», tango de Alfonso Tagle Lara, con música de César de Pardo, citado por José Gobello, *Vieja y nueva lunfardia*, página 196.

En la literatura costumbrista —y hasta en la literatura a secas— no son raras las descripciones de esta operación:

> ...la curandera coloca al paciente, generalmente un niño, en posición horizontal y boca arriba; comienza a darle suavemente un pequeño masaje en la parte superior del estómago con un aceite preparado por ella o con una mezcla de ceniza y cierta materia grasa. Durante el masaje presiona una o varias veces con fuerza en la boca del estómago, hasta que se produce un pequeño ruidito que significa que el *empacho* está localizado. Seguidamente hace poner al paciente boca abajo y toma entre sus dedos, índice y pulgar, como si fuera una tela, la piel de la columna vertebral y la recorre pellizcando suavemente de arriba abajo. Si este tironeo produce un leve ruido semejante al de las castañetas indica que el *empacho* ha sido *quebrado*. [Sigue con la descripción de un régimen alimenticio y la aplicación de cataplasmas frías, y termina:] Éste es quizá el más eficaz de los tantos tratamientos que se conocen en el campo para la cura de tal dolencia [3].

> Para curar el empacho —afirma Gudiño Kramer— que en realidad no se cura sino que se quiebra, se somete a las criaturas a unos dolorosos masajes en la espina dorsal, tironeos de la piel sobre la última vértebra, y a un ceremonial variado... [4].

El uso del «variado ceremonial» puede apreciarse en la novela *Historia de perros* de Leonidas Barletta: en la pág. 7 se nos dice solamente que «el empacho se cura tirando la piel de la espalda de la criatura», pero en la 133 se dan muchos pormenores más:

> —Cuando alguno se empachaba, mi madre, que en paz descanse, se medía con una cinta del codo al hombro, del pecho a la frente, hacía caer una gota de aceite en un plato con agua,

---

[3] Saubidet, pág. 317.

[4] Félix Coluccio, *Diccionario folklórico argentino*, págs. 139-140; en 313, «Quebrar el empacho». Villafuerte (t. I, pág. 303, s. v. *empacho)* allega una técnica más espectacular, que consiste en poner al pequeño paciente dentro de un vacuno recién degollado.

ponía un puñado de ceniza, le tiraba de la piel de la espalda
y el chico se sanaba...

«Quebrar el empacho» puede aparecer, pues, con justo título entre los «Modismos argentinos» que recoge Juan B.
Selva en el *Boletín de la Academia Argentina de Letras;* lo define
en la pág. 272: «curarlo levantando el pellejo de la rabadilla».
Pero en realidad no es —como tantos otros— sino un falso
localismo: «*¿Modismos argentinos?*» se pregunta una comunicación de Augusto Malaret en la misma revista, porque él
los ha «estado oyendo por estas tierras [centroamericanas]
desde hace más de medio siglo»; por lo que cree legítimo
concluir: «Me parece que la mayoría de ellos ha venido de
España» (pág. 9), y entre los que cita como comunes a varias
regiones de América figura con el número 290, en la pág. 19,
«quebrar el empacho». Santamaría da la expresión como frase
figurada y familiar usual en México y Cuba (t. II, pág. 539),
y Morínigo la extiende a Argentina, Cuba, México, Paraguay
y Uruguay (s. v.). Sobre esta vasta difusión geográfica, que ya
es indicio de antigüedad, el valor terapéutico de «quebrar» se
conserva en España en expresiones como «quebrar un roma-
dizo» (que no figura en el Diccionario de la Real Academia).
No parece, pues, desatinado pensar que entre las actividades
del mal consejero de Teófilo se contara la de «curar [quebrar]
con ciencia», según el parecer de las gentes, entre mágica
y medicinal: recuérdense, para apreciar la interacción de estas dos esferas, los variados remedios de la *Vida de Santo
Domingo,* 403 *ab:* oraciones, ayunos —seguramente similares
a los que ordenaba la Iglesia como preparación o penitencia—, encantos, médicos —apenas en el cuarto lugar—, cirios
y ofrendas. (La misma terapéutica se emplea, inútilmente, en
un romancillo de fines del siglo XVI: «consejos de sabios, /

virtudes de yerbas, / acentos de Magas, / devotas ofrendas»[5]).
El «truhán falso» sabía, así, encantamientos y maleficios, y
aunque en realidad podía curar guiado de Satanás (y no
siempre, le escatima el poeta: acertaba «por aventura»), las
gentes, deslumbradas, «cuydauan... que con seso quebraua»:
creían que sabía curar con conocimiento reflexivo, es decir,
con algo qué corresponde a lo que llamamos hoy práctica
científica.

---

[5] *Las Fuentes del Romancero General de 1600,* tomos IV: 63 [*sic*
por 74] vº, y VII: 363. Véase más adelante el desarrollo de este tema.

TARDÍO Y TEMPRANO

Teófilo, una vez recobrada su «carta firme» por la intercesión de la Virgen, «confessó [al Obispo] su proçesso tardío e temprano» *(Milagros de Nuestra Señora, 833 d)*. *Proceso* es sinónimo de *pleito* y *pleitesía,* que salvo casos muy especiales (el emplazamiento ante la Virgen, 205 *b;* la indecisión del obispo que no quiere pronunciarse en un caso que escapa a su jurisdicción, 900 *a)* carecen de connotación jurídica y valen simplemente por 'asunto', o 'querella, materia de disputa'. Según Lanchetas, «*Tardío e temprano* quiere decir en todo tiempo, mientras vivió. Es una de las maneras de individualizar que tiene Berceo otras proposiciones más generales, v. gr.: siempre, en todo tiempo, etc.». La expresión significa, para el *Tentative Dictionary,* «tarde y mañana, en todo tiempo».

La explicación —en el fondo las dos anteriores son tan sólo una—, sobre atribuir un sentido poco corriente a estas dos voces, tampoco casa muy bien con el contexto. Se entiende que Teófilo confesó *todo* su «processo» al obispo. De su proceso «en su totalidad» a su proceso «en todo tiempo» el paso no es difícil, pero sí es inútil. Berceo emplea una metáfora de otro tipo: «confesó *todo* su proceso, *con toda su labor y con todo su fruto»,* es decir, desde los malos medios por los que obtuvo su reposición hasta su arrepentimiento final. Esta ex-

plicación, más natural y que no da valores desusados a las
palabras mismas del texto, se ajusta a ese trasfondo rural
que es una constante en la obra del poeta. Berceo escribe en
sus tierras de vino y de pan, y para hombres de esas tierras:
el trigo místico es para él a la vez un trigo concreto y presente, y la vid de la Escritura se le torna a menudo majuelo
dialectal [1]. Los padres de Santo Domingo eran buenos, y para
decirnos que su hijo salió como ellos, escribe: «La cepa era
buena, emprendió buen sarmiento, / no fue como caña, que
la torna el viento» (9 *a*); y el rey don Fernando, al ver reflo-
recer el convento de San Sebastián de Silos, «vedie que su
majuelo naturalmente priso [prendió]» (219 *c*; la metáfora
se retoma en 500 *a* y *c*, y en 501 *b*: «nos atal lo trobamos,
como viña dañada... agora es majuelo, en preçio tornada...
...en esti majuelo metrá él [Cristo] tal bondat...») [2]. Inversamente, el brote anticristiano de Toledo es «amargo majuelo»
(*Milagros*, 420 *c*), y la herejía puede volcar en la fe «la fez
de su mal vino» (*Santo Domingo*, 77 *d*); «de rruyn vid, rruyn
sarmiento» es refrán viejo, glosado con una ligera variante
por Sebastián de Horozco («De ruin cepa, / ruin sarmiento»)
y aludido por Juan Marmolejo en el *Cancionero general:*

---

[1] Sobre las metáforas relacionadas con el cultivo de la vid, véase
G. Cirot, «L'Expression dans Gonzalo de Berceo».

[2] La voz aparece también en el *Libro de Alexandre* («dizien que
auje Etor plantado mal majuelo», P 631 *d*, O 604 *d*; «non plantara
majuelo en ajeno lugar», P 1617 *b*, O 1475 *b*), con otras análogas («sarmiento», P 619 *d*, «enxierto», O 592 *d*) y con metáforas similares («que
de tan malas vides non sallesen mugrones», P 208 *d*, diferente en O).
El provincialismo riojano *majuelo* 'cepa nueva' (Caballero Rubio, *Diccionario de modismos*, pág. 751, y también *Diccionario* de la Academia)
pervive en un refrán a primera vista opuesto a las metáforas de Berceo: «Guay de la viña cuando torna a ser majuelo!» (Correas, pág. 344;
todavía en Barthe, 33); lo explica satisfactoriamente Hernán Núñez:
(fol. 125): «Reniego de la viña, que torna a ser majuelo. Contra los
viejos que tornan a ser niños en el poco saber y en la flaqueza del
cuerpo».

...diéronle cinquenta palos
no muy ralos
alas puertas de Madrid.
dixeron, id,
sarmiento de mala vid... [3].

La unión de la vid con la idea de descendencia, que se lee
también en el *Libro de Apolonio* (al hijo menor del rey de
Tiro «dieron le muy grant guarda como a buen maiuelo»,
636 *c)* y se canta en un villancico tardío:

De la cepa de David,
viña de la estirpe real,
nace un racimo que anuncia
de promisión la tierra celestial... [4],

es una asociación conocida desde —por lo menos— el sueño
de Astiajes, rey de los Persas, trasmitido por Heródoto *(Clío,*
107) y divulgado por Valerio Máximo [5], y que entronca con la
tradición bíblica: «uxor tua sicut vitis abundans» (Salmo 127,

---

[3] El refrán viejo figura en la colección de Eleanor S. O'Kane, *Refranes y frases proverbiales de la edad media* (pág. 230, con remisión
a *cepa);* también en «Una colección de refranes del siglo xv», núm. 95,
página 437. La glosa de Horozco se lee en la copla 727, pág. 386; el
poema de Marmolejo figura al fol. ccxxxiij de la reed. facsimilar de
Antonio Rodríguez-Moñino. La versión del refrán que trae Barthe, página 50: «De ruin cepa mejor sarmiento», parece deturpada. La «mala
cepa» figura ya en el *Alexandre* (2.332 *a,* ms. P; en O 2.190 *a,* solamente «la cepa»).

[4] Cejador, *La Verdadera poesía castellana,* núm. 2.271. Procede de
Córdoba, y data de 1718; de acuerdo con su (compartida) manía de hallar por doquier cantos «para varias ocupaciones de la vida», denomina
a éste: «(de vendimiadores)». La expresión «de buena cepa» (aunque no
forzosamente referida a la vid, sino a especies vegetales indeterminadas, que tal es la primera acepción de esa palabra) es corriente en todo
el ámbito del español.

[5] I, vii, 5, *De Somniis:* «quia similiter quietis temporibus existimaverat genitali parte Mandanes enatam vitem eo usque crevisse, donec
cunctas dominationis suae partes inumbraret» (Ed. P. Constant, t. I,
página 66).

3), «Vitis frondosa Israel, fructus adaequatus est ei» (Oseas, X, 1); y —lo que es muchísimo más importante— Cristo mismo se identifica con la vid y llama a sus discípulos, a su descendencia espiritual, ramas suyas (Juan, XV, 1 sigs., sermón después de la Cena) [6].

Las alusiones al trigo son en Berceo aún más numerosas, y están, además, frecuentemente unidas a expresiones más

---

[6] «Dixit Jesus discipulis suis: Ego sum vitis vera: et Pater meus agricola est...» El texto del Evangelio se cantaba hasta ayer en latín en la misa «Protexisti» para un obispo mártir, o un mártir, en el tiempo pascual, así como en la misa «Sancti tui», para varios obispos o varios mártires en el mismo tiempo. Un poema de autor encubierto, presentado en 1531 a una justa poética en honor de San Juan Bautista, remonta esta genealogía espiritual con el sabido proverbio: «de tal cepa tal sarmiento / sarmiento que luz nos dio» *(Justas poéticas sevillanas*, ed. S. Montoto, pág. 68). Alonso de Ledesma ofrece también una levísima trasposición de la imagen escrituraria: «Aquel padre de familias / quiso una viña plantar, / es Cristo la primer cepa, / y sarmientos los demás» («Al Santísimo Sacramento», en el t. II de sus *Conceptos espirituales*, pág. 136, núm. 69); Galdós da una valoración puramente mundana al tópico para calificar a un hijo natural: «ese diablillo de Salvador Monsalud, que no se sabe de qué tronco vino ni de cuál cepa sacó D.º Fermina este mal sarmiento» *(El Equipaje del rey José*, página 55). Y Castillo Solórzano complica la imagen con un jueguecillo de palabras —el Bachiller Trapaza, héroe de la novelita homónima, dice llamarse Hernando del Parral, «Buen racimo ha criado el tal Parral, replicó el don Tomé; así dé buen vino en su servidumbre» (pág. 124). Y Quevedo escribe del padre de su *Buscón*: «Dicen que era de muy buena cepa; y, según él bebió, puédese muy bien creer» (citado por A. A. Parker en la pág. 108 de su excelente estudio *Los Pícaros en la literatura).* Ya en el siglo XIV Fra Domenico Cavalca escribió que «i cristiani e massimamente i religiosi sono singolarmente condotti a lavorare in questa vigna della Chiesa, e hannolo promesso» *(Disciplina degli spirituali...*, cap. XX, pág. 135); y no es extraño, ya que la expresión proverbial «de todo hay en la viña del Señor» es de las más corrientes (cf. el Salmo 79, sobre todo a partir del versículo 9; Isaías, 3, 14 y 5, 5; Jeremías, 12, 10 sigs.; Marcos, 12; Juan, 12). Una comparación de la vid con la maternidad (inspirada del Ecli. 24, 23-24 —unido a Luc. 1, 28) figura en el aleluya pascual de la fiesta de Nuestro Señor del Santo Cenáculo.

marcadamente proverbiales. Ateniéndonos sólo a los *Milagros*,
puede citarse la «mala farina» de 139 *b* [7] (en el Río de la
Plata las cosas torpes o turbias se califican de «mala fariña»,
por cruce del refrán con el nombre de la harina gruesa de
mandioca); opuesta a la metafórica «harina de ordio» (552 *d*),
va la expresión «buscar mejor que pan de trigo» en 341 *c* y
759 *c:* compárese con «Busca pan de trastrigo. Buscáis pan de
trastrigo. Buscar pan de trastrigo. Por: buscar ocasión de
enojo con demasías imposibles. El trigo es el mejor grano y
pan más subido, y es imposible hallarle mejor, ni trastrigo;
es lo del otro: 'Dar un pan como unas nueces'» [8].

---

[7] Cf. también aquí el *Alexandre*, P 891 *d*, O 862 *d*.

[8] Correas, pág. 366. También en los *Refranes* de Hernán Núñez,
folio 20: «Buscáis pan de trastrigo: que es imposible hallar pan que sea
más que de trigo, y por consiguiente es cosa vana buscarle». «Buscar
pan de trastrigo» en Oudin, pág. 29; lo mismo en Caballero Rubio, ya
como origen de querella (pág. 205: «Buscar pan de trastrigo. Dar ocasión y pretexto para disgustos, riñas y trifulcas»), ya como resultado
de la enojosa demasía (pág. 307: «Comer pan de trastrigo. Tener algún
quebranto, alguna contrariedad o algún desengaño»). Cejador, en su
Fraseología, 615, da un ejemplo de Vallés («Demandar trastrigos»); en
el *Viaje del Parnaso*, el comento de Rodríguez Marín remite a una de
sus ediciones del *Quijote*, y en la postrera y póstuma (t. I, pág. 236,
nota al cap. vii de la 1.ª parte) cita a Correas, la copla 759 de los
Milagros, el *Libro de Buen Amor* y el *Guzmán de Alfarache*, el *Libro
de refranes* de Vallés y la forma italiana «cercar miglior pan che di
formento», registrada en 1618; también Sbarbi —*El romancero general
español*, t. VI, págs. 284-285—, anotando el cap. lxvii de la 2.ª parte del
Quijote, cita la misma copla de los *Milagros*. Véase también H. R. Lang
(recensión de los *Spanish idioms with their English equivalents* de
Sarah Cary Becker y Federico Mora): cita, a propósito de esta frase y
de otras expresiones relativas al trigo, entre otros textos medievales
—Juan Ruiz, los *Castigos e documentos*—, San Millán, 268, y *Milagros*,
659, 341 y 759. Tanto ellos como la primera redacción de esta nota se
dejaron en el tintero el pasaje análogo del *Alexandre*, «e non qujsiese
buscar mellor de pan de trigo» (P 141 *d*). Para otras expresiones véase
Torres Naharro, t. II, pág. 435 («que soy el mayor villano / que comiesse
pan de trigo»), Hernán Núñez, 109 («Quien no quiere pan de trigo,

Las referencias a Cristo como trigo (137 *c*, 659 *a*, etc.)
abundan en toda la poesía religiosa; baste un ejemplo:

> ¡Divino trigo sembrado
> en tierra virgen nacido!...
> ¿Ves, hermano, por los ojos
> cómo nació Cristo trigo? [9].

Los frutos menudos revisten todas las formas del diezmo
campesino; Berceo sabe el valor del haba, la chirivía, la arveja [10]. No en vano otro poeta ha comparado su estrofa con

---

cómalo de cebada»), Caballero Rubio, pág. 718 («¡Lástima de pan de
trigo!», o «...de pan que comes»).

[9] Sánchez de Badajoz, *Farsa del colmenero*, ed Barrantes, t. I, página 310. Incluso una canción eucarística reciente de la Iglesia católica
inglesa borda este tema, uniéndose al menos frecuentado de María
panadera:

> The baker woman in her humble lodge
> Received the grain of wheat from God.
> For nine whole months the grain she stored,
> Behold the handmaid of the Lord.
> Make us the bread, Mary, Mary,
> Make us the bread, we need to be fed.

(«The baker woman», words and music by Hubert Richards, págs. 17-
19 de *Go tell everyone*). Véanse más ejemplos (Lope, cantares populares) en las notas de nuestra versión de los *Milagros de Nuestra Señora*,
páginas 223 y 234.

[10] Las expresiones del tipo «no valer una cosa un pepino» han sido
estudiadas por H. R. Lang, «Contributions to Spanish grammar»; A. R.
Nykl, «Old Spanish terms of small value»; G. I. Dale, «The figurative
negative in Old Spanish», y Nykl (respuesta al precedente); véase también Gillet, t. III, pág. 567 y sigs. Bernard Pottier me indica, además,
los estudios de E. L. Llorens, *La negación en español antiguo* (Madrid,
1929), y K. Wagenaar, *Étude sur la négation en ancien espagnol jusqu'au
XVe siècle* (Groningue, 1930). Los artículos de Nykl señalan la abundancia de estas comparaciones en los poemas clericales de la cuaderna
vía, y su vinculación con los diezmos pagados en especie: explicación
que aclara, agrega, las «frutas de diversas monedas» de *Milagros*, 4 *c*.
El *Traité touchant l'origine des dixmes et l'obligation de les payer*, del
canónigo Charles Bault, muestra cómo en mitad del siglo XVII el Par-

el trazado paralelo de las pardas sementeras castellanas; y
sus alusiones de tipo campesino, un poco insólitas ya para el
lector urbano, debían ser claras e inmediatas para su auditorio, en el que no faltarían esos

> labriegos que siembran los tardíos
> con las lluvias de abril...,

si hay que seguir citando a Antonio Machado (ahora en *A José
María Palacio*, de *Campos de Castilla*, como me lo recuerda
Alonso Zamora Vicente). El trabajo, según una loa en su
alabanza,

> a los árboles tiernos
> hace dar frutos tempranos;

Alonso de Ledesma llama «árbol temprano» a Nuestra Señora, Galdós habla de «las riquísimas verduras y las frutas tempranas», Castillejo exhorta a coger «tarde y temprano / las
blandas fresas», y Sánchez de Badajoz también coloca juntos,
en una enumeración de frutos, «los tempranos y tardíos» [11].
Y lo mismo en las coplas tradicionales:

---

lamento de Toulouse, siguiendo el ejemplo del de París, «mantenía
a la Iglesia en la facultad de tomar los diezmos de todos los granos...
cebollas, ajos, arvejas, habas y otras legumbres, según el uso común, a
razón de uno por cada diez» (pág. 229). Sobre las variedades del diezmo,
véase la nota a «pan de diezmo» en el Libro I, cap. ii, del *Guzmán de
Alfarache* en la edición de Gili Gaya (t. I, pág. 89); y para la realidad
de los diezmos en la España de Berceo, véase el *Dictionnaire d'Ar-
chéologie Chrétienne et de Liturgie* de Dom Cabrol, s. v. *Mozarabe*. Un
personaje de Galdós pide todavía, al mediar el siglo pasado: «Déjenme
ahora maldecir y renegar del diezmo, de la primicia, del voto de Santiago» y de otras calamidades, colocando en primer término los impuestos de naturaleza eclesiástica *(Narváez*, págs. 74-75).

[11] «Loa famosa en alabanza del trabajo», en la *Colección...* de Cotarelo, pág. 428; Ledesma, *Conceptos espirituales*, t. I, págs. 240-(241),
número 96; Galdós, *De Oñate a la Granja*, pág. 323. Cita a Castillejo
Rafael Lapesa, pág. 159; en pág. 160 recoge la notación, como muestra

La mañana de San Juan
¿a quién daré yo mi ramo,
si se han ido mis amores
a segar trigo temprano? [12].

Y una canción extremeña aplica incluso uno de estos adjetivos a una voz dialectal con la que ya hemos topado:

La mujer bonita,
majuelo temprano... [13].

Tardío es lo «que tarda en venir a sazón y madurez algún tiempo más del regular. Dícese comúnmente de las frutas y frutos», y también el «sembrado o plantío de fruto tardío»; y *temprano* lo «adelantado, anticipado o que es antes del tiempo regular u ordinario», y designa también el «sembrado o plantío de fruto temprano» (definiciones del Diccionario de

---

«de la abundancia, de la inagotable productividad de la naturaleza todoparidora»; Sánchez de Badajoz, *Farsa de Santa Susana*, ed. Barrantes, t. II, pág. 135. Los refranes del Comendador Griego también colocan tardíos y tempranos entre las cosas usuales que pertenecen a las faenas rurales (fol. 8 vº, anotación de un refrán gallego, «Allá va lo tardío con lo temprano»; 97 vº, «Poda tardío y siembra temprano, si errares un año, acertarás cuatro»; 120, «Siembra temprano y poda tardío, cogerás pan y vino»); los dos últimos figuran en Correas, páginas 482 y 290, junto, en éste, con «Siembra temprano: si te burla un año, no serán cuatro». Todavía en Fernán Caballero *(Cuentos y poesías populares andaluces)* se lee, con una errata, «Todo [*sic*] tardío y siembra temprano, / Si erraste un año, acertarás cuatro», junto a otro refrancillo agronómico similar:

¿Dónde vas, tardío?
—En busca del temprano.
—Ni en paja ni en grano.

[12] *Mil coplas de jota aragonesa*, colección de D. Miguel Sancho Izquierdo..., pág. 50, núm. CDLXXV.
[13] Bonifacio Gil, *Cancionero popular de Extremadura*, t. I, pág. 23, número 13.

la Academia). Y si la continuidad tradicional no bastara para
certificar que estas voces eran corrientes en tiempos de Berceo con estos sentidos, la viña de pedrerías del palacio de
Poro, en el *Libro de Alexandre,* «leuaua la uendimia tardia τ
temprana», y entre sus uvas las había «tardanjellas» y «ten-
pranjellas» [14].

Tomadas en este sentido, las dos voces dejan de ser un
accidente esporádico del texto, un ripio más o menos confe-
sable, una de las «maneras de individualizar» que el poeta
permite a su fantasía, y se integran en una larga figura que
equipara la labor espiritual del hombre con la labor rural y
que no carece de antecedentes escriturarios [15]: Teófilo, según
una expresión que Berceo gusta repetir, «non dexó de dezir
menudo njn granado» [16]. El símil del fruto y su cosecha prosigue todavía más allá, y remata en la prédica del obispo:

---

[14]   O 1.968 *b* (P 2.110 *b,* «lleuaua uendymya tardana e temprana»);
P 2.108 *a* y *b* (O, en el primer verso de la copla correspondiente, lee
«cardeniellas», que es evidente yerro de copia, puesto que aparece repetido en el verso *d*).

[15]   Sobre el texto evangélico citado recuérdese que, según Fray Luis
de León, Isaías «habla de Cristo... usando de la misma figura de plantas y frutos y cosas del campo», y que «lo que toca a la gracia que
desciende de Cristo en las almas, y a lo que en ellas fructifica esta
gracia, díceselo debajo de semejanzas tomadas de la cultura del campo,
y de la naturaleza de él, y... para figurar este negocio hace sus cielos
y su tierra, y sus nubes y su lluvia, y sus montes y valles, y nombra
trigo y vides, y oliva con grande propiedad y hermosura» *(De los Nombres de Cristo,* ed. F. de Onís, t. I, pág. 77, y t. II, pág. 58; el triunfo
de Cristo, en cambio, se expresa por imágenes guerreras). I. L. Trotter
(1853-1928, alabada por Ruskin como pintora) escribe e ilustra sus pensamientos religiosos basándose en imágenes vegetales (cito por la traducción francesa sus *Paraboles de la Croix. Fleurs et graines).*

[16]   Copla 836 *c.* Compárese con «menudas e granadas» *(Signos,* 9 *a);*
«menudos e granados» (20 *b);* «menudo e granado» (70 *a);* «granadas e
menudas» *(San Millán,* 477 *a).* También: «cuitas... granadas» *(Duelo,*
55 *d),* «facienda granada» *(Santo Domingo,* 700 *b),* «cosecha granada»
(Sacrificio, 132 *d).* Los ejemplos abundan en los *Milagros.*

Dios, dice, «non qujso que granassen essas tales labores, / ca eran barbechadas de malos labradores» (843 *cd;* corrijo «ganassen» —lección evidentemente errada— en «granassen»: compárese con el castigo de los réprobos, que «segarán tales mieses qual fiçieron el barbecho», *Loores,* 184 *d).*

Dando a *tardío* y a *temprano* el valor exacto que sin lugar a dudas tenían para Berceo, el milagro de Teófilo se adorna de una extensa metáfora campesina, y la vida del vicario penitente de Adana en Cilicia recobra un trasfondo rural y riojano que está —así me parece, por lo menos— bien lejos de oscurecer su sentido o de quitarle sabor.

LA CORONA DEL REY APOLONIO

Apolonio, rey de Tiro, naufraga cerca de Pentápolin huyendo de la cólera de Antíoco, y es recibido con bondad por Architrastres, rey de esa comarca. Para confortar a su huésped, Architrastres pide a su hija Luciana que cante; pero Apolonio, a diferencia de todos los demás circunstantes, no se muestra del todo satisfecho por el concierto y manifiesta, como hábil conocedor que es, que él sabría hacerlo mejor. Requerido por la princesa, acepta dar una muestra de su habilidad y toma una vihuela, pero después de haberla templado

> Dixo que sin corona non sabrie violar (185 *c*).

El rey de Pentápolin, entonces,

> Mandó de sus coronas aduzir la meior,
> Dio la a Appolonio hun buen violador (186 *cd*).

Al estudiar las fuentes del poema, su editor, Carroll Marden, a quien tanto deben los estudiosos de la poesía medieval española, opina (pág. xliv) que

> This idea of Architrastres giving Apolonio a «crown» is due to the fact that the Spanish version is based on a corrupt Latin version as represented by a group of manuscrits to which **P** belongs in the present instance:

«Rex Architrastes dixit: 'Apolloni ut intelligo, in omnibus est locuplex'. Et movit statim et *corona* eum caput coronavit». In the original story the singer must have worn a «wreath» which he probably put on with his own hands, and a trace of this original version is seen in MS. β, which was clearly not the source of the *Apolonio* in the present instance:

> «Rex Architrastes ait, 'Apolloni, intelligo te in omnibus locu-
> pletem'. Et jussit ei tradi lyram. Egressus foras Apollonius in-
> duit statum [lyricum], corona caput decoravit, et accipiens
> lyram introivit triclinium» (Riese, p. 31).

Las diferencias que Marden cree advertir son dos: Apolonio debía contentarse con una guirnalda (no una corona) y colocársela él mismo. El segundo detalle es secundario, no sólo por serlo, sino porque aparece como consecuencia del primero: el valor del gesto depende también de la categoría del ornamento que se maneja (corona real, o simple guirnalda), y la preferencia —puramente subjetiva— de Marden se reafirma por el adjetivo que introduce entre corchetes[1]: debe entenderse *status* a secas, ya con el sentido de 'honoris et dignitatis gradus' que da Du Cange[2] *(induit statum* 'asumió

---

[1] En la pág. 31 de la edición de Alexander Riese *(Historia Apolloni Regis Tyri)*, las dos versiones latinas superpuestas carecen del «lyricum» que agrega Marden.

[2] Este sentido es corriente: Aubry-Vitet, en *Les Sermonnaires du moyen âge* (pág. 17: es la tirada aparte de su reseña —aparecida en la *Revue des deux mondes*— de *La Chaire française au moyen âge* de Lecoy de La Marche), trata de «les sermons *ad status*, nom bizarre, mais qui a le mérite de bien exprimer ce qu'il veut dire. Chacun de ces sermons en effet s'adresse tout spécialement aux fidèles d'un certain état, d'une certaine classe: l'un aux riches, l'autre aux mendiants, ce-lui-ci aux 'maires de la cité', celui-là aux 'usuriers', cet autre 'aux folles femmes'». Luciana de Stefano («La Sociedad estamental en las obras de Don Juan Manuel», pág. 331 —nota 7 de la página precedente), y José Manuel Blecua (en su edición de *El Conde Lucanor*, n. 2 de la página 47) recuerdan el pasaje pertinente de las Partidas: «*Status homi-num* tanto quiere decir en romance como el estado o la condición o la manera en que los homes viven o están» (IV, xxiii, 4).

su grado'), ya con el más amplio de 'aspecto exterior que
indica un grado o dignidad' ('se revistió de sus atributos'); y
en los dos casos se trata de su condición de rey, y no de vio-
lero. Entender lo contrario, como lo hace Marden, está en
contradicción con los textos todos: en la versión española,
no sólo Architrastres

> Mandó de sus coronas aduzir la meior,
> Dio la a Appolonio hun buen violador (186 *cd*)

(versos que el propio Marden cita en pág. xlvi), sino que el
mismo Apolonio lo ha manifestado en la copla precedente:

> Dixo que sin corona non sabrie violar,
> Non queria maguer pobre su dignidad baxar

(copla 185 *cd:* versos también aducidos en la pág. xlvi). Marden no se ha preguntado qué «dignidad» podía dar al rey de
Tiro una guirnalda de tañedor, así como tampoco ha postulado que con el cambio de ornato capital el poeta español
introducía nuevas (y adecuadas) notaciones. Más aún, la actitud de Apolonio plugo al rey de Pentápolin:

> Ouo desta palabra el rey muy grand sabor (186 *a),*

y no solamente porque le parecía que a su huésped «le yua
amansando la dolor» (186 *b),* sino porque veía en ello (como
trataremos de mostrar) una señal más de la calidad singular
de Apolonio.

Sabido es el papel que la música juega en la historia del
rey de Tiro, y en otro lugar hemos señalado cómo el autor
de la versión española de esta historia tenía plena conciencia
de ese papel y poseía las condiciones necesarias para reves-
tirlo de toda su importancia. En la precisa escena de la corte
de Pentápolin, las notaciones musicales son tan minuciosas
como exactas y muestran a Apolonio tañedor consumado

(«cantor», o músico práctico, en la terminología medieval) y consumado teórico («musicus»). En esta doble perspectiva de la práctica y del arte de la música, en la que se mueve el poeta, es donde hay que situarse para poder conferir su valor real al pasaje que Marden estima corrompido.

Todo a lo largo de su historia, Apolonio no pierde jamás conciencia de lo que debe a su condición liberal de rey, de caballero; y no puede decirse lo mismo de todos los otros personajes «simpáticos»: su futuro yerno, por ejemplo, más atento a no gastar de lo que se esperaría en un príncipe. Luego de ceder a los de Tarso cien mil modios de trigo a precio de costo, les entrega el importe de la venta para que con ese dinero construyan las murallas de la ciudad (copla 87); y todas las escenas con Tarsiana previas a la anagnórisis están enfiladas en el idéntico desprecio que padre e hija hacen de la soldada: aunque el canto de la juglaresa no llega a curarlo de sus penas, Apolonio le da «diez libras de oro escogido» (498 *b)* que ella no sabría tomar («Mas aun por prender las non so yo acordada», 499 *d),* y acepta volver a recibir a la cantora porque «dubda que si la desdennyasse, / Que asmarien los omnes, quando la cosa sonasse, / que por tal lo fiziera que su auer cobrasse» (505 *ac);* y aunque suelta todos los enigmas que la doncella le propone, no sólo le concede cuanto antes le dio, sino que agrega: «te quiero avn anyader en soldada» (525 *c).* En todas las situaciones, anímicas, o económicas, en que lo pone su movido destino, Apolonio nunca olvida que su conducta debe ser la de un rey, sin querer «maguer pobre su dignidad baxar». Y parecería, *a priori,* que el tañer sin ornamentos de rey tuviera para él este preciso efecto.

Sabemos lo que fue la música en la educación y la vida de Tarsiana. ¿Qué lugar podría tener en la de los reyes? Se conoce desde siempre la importancia que el ejercicio mu-

sical tuvo entre los griegos, y la repetida anécdota de Sócrates, que de viejo quiso aprender música, corre a lo largo de
las letras españolas [3]. Gregorio López Madera señala con exactitud

> que muchas cosas que nos pueden parecer en un tiempo poco
> graves, en otro las han ejercitado varones eminentísimos. Ejem-
> plo desto puede ser la música, que agora se deja para los mozos
> y gente más profana, y en tiempo de los Griegos, escribe Cice-
> rón, que se tuvo por defecto, en un hombre tan insigne como
> Temístocles, general de toda Grecia, y supremo gobernador de
> Atenas, que no sabía cantar... [4].

Curt Sachs recuerda puntualmente cómo entre griegos y
chinos música y ética anduvieron de consuno, hasta el punto
de que en ambas naciones la música fuera considerada asunto
de Estado [5]. Por lo tanto, tiene que ser óptimo que los reyes

---

[3] Baste un ejemplo, para mayor claridad latino: el del P. Andrés
Mendo, S. J., en su *De Jure academico...*, L. III, núm. 530, pág. 379.

[4] Gregorio López Madera, *Discurso sobre las... reliquias... que se
han descubierto en... Granada este año de 1595...*, Apéndice en respuesta
a otras dudas, fol. 1; cita el texto de las «Cuestiones Tusculanas».

[5] Baste recordar el tema de las «músicas de perdición» que, partiendo de una anécdota traducida del chino por Édouard Chavannes,
van a dar a «La musique de perdition» de Maurice Barrès (relato recogido en el volumen póstumo *Le Mystère en pleine lumière*, págs. 67-
92): de Chavannes *(Les Mémoires historiques de Se-ma-Ts'ien)* el trágico
cuentecillo pasó a Louis Laloy *(La Musique chinoise*, págs. 29-32) y a la
tesis de Maurice Courant *(Essai historique sur la musique des Chinois)*
que es, según el testimonio de F. Baldensperger, la fuente directa de
Barrès («Le thème chinois de la *Musique de perdition* dans le *Mystère
en pleine lumière* de Maurice Barrès»). Pero la homologación de música
y política no queda confinada en el Lejano Oriente, y las letras clásicas
españolas la conocen; Tirso de Molina la alude en *Averígüelo Vargas*
(pág. 674 *a):*

> ...y por enigma del cuidado inmenso
> del gobierno real pinta y señala
> el griego un instrumento no templado;
> que es más difícil gobernar su Estado...;

la aprendan, como jefes natos de la comunidad [6], y debe figurar en la instrucción y nutrición espiritual de los príncipes [7]; es, con la caza, ocupación de príncipes y señores [8], y conviénela oír al rey [9]. A esta altura, sin embargo, ya se advierte una fisura en la aplicación de la doctrina clásica: una cosa es oír música, aprovechándola, y otra hacerla, practicándola. Es lícito, por tanto, preguntarse si el estudio de la música conviene o no al religioso, concluir que es ciencia no muy necesaria a los obispos, y prohibir explícitamente a los miembros de algunas órdenes el tener instrumentos músicos en sus casas [10]. De modo que si «la inteligencia de la música, clara-

---

y la alude Quevedo *(Sueños,* ed. Cejador, t. II, pág. 264): «La igualdad es armonía, en que está sonora la paz de la república, pues en turbándola particular exceso, disuena y se oye rumor lo que fue música». Y la *Dorotea* de Lope puede hablar del «notable gobierno» de la «república de cuerdas» de su arpa (acto II, scena quinta).

[6] Juan Gallego de la Serna (médico de Felipe III y IV y de la reina de Francia), *Tractatus duo... Optimi regis educandi ratio* (segunda parte del vol. de sus *Opera),* págs. 124-127: «Caput XV: Utrium optimo conueniat Regi musicam addiscere, & quo modo ipsa uti debeant Imperatores».

[7] Jerónimo Osorio da Fonseca, *De Regis institutione et disciplina,* parte del *Liber quartus* (fol. 150 vº y sigs.) y del *Liber quintus* (fol. 156 vº y sigs.): si no todas las músicas son buenas, y algunas deben evitarse, la disciplina en sí es inexcusable: «Musica regibus maximi necessaria» reza el índice, remitiendo al fol. 152. Hay traducción francesa, con el suculento título de *L'instruction et nourriture du prince,* por Pierre Brisson, aparecida en 1582 y 1583.

[8] Tal es la opinión de Covarrubias en su *Tesoro,* s. v. *caçador.* Sobre los numerosos textos que la unen a la caza y la guerra, descuella el *Vergel de príncipes* de Sánchez de Arévalo.

[9] El consejo aparece ya en los *Castigos e documentos...,* pág. 187. El P. Mariana *(Del rey y de la institución real)* y Saavedra Fajardo *(Empresas)* opinan lo mismo, y lo recuerda Mariano Soriano Fuertes en su *Historia de la música española desde la venida de los fenicios hasta el año de 1850,* t. II, págs. 228-229 para el primero, y n. 1 de pág. 229 (termina en 230) para Saavedra Fajardo.

[10] Véase: Giovenale Sacchi, *Don Placido... se lo studio della musica*

mente hallada en San Pablo, no se excusa en el Predicador»,
esta inteligencia musical, por inexcusable que sea, no es garantía ética suficiente:

> Ya reparó Teodoreto en las palabras del Génesin: *Videntes
> filij Dei filias hominum quod essent pulchrae acceperunt sibi
> uxores.* ¿Por qué (dice el Santo) se dejaron rendir los hijos de
> Set buenos, de las hijas de Caín malas? ¿Qué hallaron para se-
> guirlas? ¿Qué tuvieron para quererlas? Responde, que cantaban
> bien: *Illecti filij Dei ut verosimile est instrumentis musicis à
> filiabus hominum excogitatis.* Debieron de aprender de Tubal la
> música, para rendir los ánimos, cantando bien y viviendo mal,
> que como dijo San Antonio: *Vide infinitos tam viros quam mu-
> lieres tanto peioris vitae quanto melioris vocis* [11].

Casi todos los músicos son unos perdidos, y tan disolutí-
simos que han dado origen al adagio «*musicè vivete,* hoc est
dissolute, et effoeminate» [12]. Pero no solamente las razones

---

al religioso convenga o disconvenga; Rodrigo da Cunha, *Commentarii
in primam partem Decreti Gratiani:* a la Dist. 37, c. 10, n. 4 (pág. 285),
«Scientia musica, an sit necessaria in Episcopo», responde redonda-
mente: «Huius modi scientia non est multum necessaria in Episcopo».
Constitutiones Societatis Iesu...: «Non possunt in domibus teneri ins-
trumenta musica», p. 3, c. 1, § 14, pág. 96.

[11] Juan Rodríguez de León, *El Predicador de las gentes San Pablo...,* fol. 66 rº y vº, capítulo XXXI, cuyo título se da entrecomillado
en el texto.

[12] Rodrigo da Cunha, *op. cit.,* «Musici ferè omnes sunt deperditae
vitae» (Dist. 92, c. 1, n. 4, pág. 801); y en el texto, en ese cap. 1 dedicado
a los «Cantantes», precisa: «Verum hodie musici, qui cantorum vice
funguntur, dissolutissimi sunt, adeo ut adagium populo dederint *musicè vivete,* hoc est dissolute, & effoeminate...». Considerados entre las
personas pobres y miserables, el acceso a las órdenes sagradas les está
limitado («Musicus si beneficium, vel patrimonium congruum non habet, licèt ex musica victum quaerere valeat, ad sacros Ordines promoueri
non potest»: así en el índice del *Tractatus de privilegiis pauperum et
miserabilium personarum,* I, de Gabriel Álvarez de Velasco, sign. cc2,
y en fol. 45 el cortísimo texto que los aparta); y la literatura del Siglo
de Oro hormiguea de burlas sobre su falta de valor personal, la «fu-

morales parecen oponerse a la práctica de la música; hay
también otras, de carácter social, no menos fuertes. Juan de
Horozco y Covarrubias en sus *Emblemas morales*, las trae
desde Homero: Telémaco, «viendo a los Procos regocijados
y entretenidos en músicas y canciones, como cosa que a él
no le convenía, dijo: traten otros de la cítara y el canto»,
porque si hay cosas «que de suyo no sean malas», también las
hay «que de suyo son buenas, y por eso lícitas, mas no con-
venientes a todos», y de éstas dice San Pablo:

> «Todo es lícito, mas no todo me conviene». Y de esta manera
> es claro que hay muchas cosas que aunque sean a otros lícitas,
> no lo son a personas que su edad, o el puesto y lugar que tienen
> les estorban.

> [Ladillo: «A quién conviene el usar de la música»] Y para
> esto decimos, que la música de suyo es, como se dice, cosa del
> cielo, y admirable cuando con moderación se trata y ejercita,
> porque si en ella se ocupa uno siempre, habrá gastado el tiempo,
> y ninguna cosa habrá mejorado en el ánimo y en la virtud. Y por
> esto según Diodoro Sículo entre los Egipcios no fue recibida en
> uso la música, teniéndola por peligrosa y de mucho perjuicio:
> según lo cual podrán sólo tratar siempre della los que lo tienen
> por oficio, y son para el servicio de la República necesarios, y
> así se tuvo un tiempo su ejercicio en algún desprecio, conforme
> a lo que dijo Filipo a su hijo: No tienes vergüenza de haber can-
> tado también? [*sic*] y lo que el músico respondió al otro Rey
> que le notaba de alguna falta, diciendo: No quiera Dios, señor,
> que sepáis vos tanto como yo en este oficio. Y lo que decimos
> desprecio, es cuanto a que los príncipes usasen de la música,
> porque en lo demás que es gustar della, y estimar los músicos,
> siempre se usó tanto, que al inventor de la cítara, como es no-

---

ga» motivada por el deseo de proteger sus instrumentos, etc.: baste un
ejemplo sólo, con la alabanza de la música pero no de los cantores, y
con la historia de uno que murió de miedo con los dedos en cruzado,
etcétera, en Salas Barbadillo, *Corrección de vicios*, fol. 133 vº, y anécdota en 129 [que debe ser 137] vº.

torio, hicieron Dios los de Grecia, y al de la flauta los de Arcadia.

(Emblema XXXI del libro II, fol. 61 rº y vº)

El texto es bien preciso: la música es *oficio*, y como tal, confinado a los que «son para el servicio de la República necesarios» y desaconsejado a los príncipes[13]. Prosigue Horozco diciendo que deben abstenerse de tal ejercicio «las personas graves que por sus ocupaciones no tienen lugar ni les conviene», y trae, según Aristóteles, el sabido cuentecillo de Minerva y la flauta: vista la deformidad que el tañerla producía en su rostro, y también la diferencia del entendimiento con las flautas[14], «huyó de la música [práctica], y sólo se contentó con saber algo de la Teórica».

---

[13] Este concepto de las artes como «oficio» y como ejercicio manual e indigno, por lo tanto, del caballero, rige hasta bien avanzado el siglo xvii (y es este trasfondo el que da todo su sabor a la anécdota de Carlos V inclinándose para recoger un pincel caído al Ticiano). El primer cuidado de Francisco Pacheco, en su *Arte de la pintura, su antigüedad y grandezas*, es explicarnos «Qué cosa sea la Pintura, y cómo es Arte liberal...» (cap. I del Libro primero, pág. 1), y no arte mecánica, uniendo su destino al de la Geometría y la Música: «que aunque el Geómetra ocupa las manos tirando líneas, formando círculos, cuadrángulos y otras semejantes figuras, ninguno por esto ha dicho jamás que la Geometría es Arte mecánica, y lo mesmo es en la Música y otras Artes» (pág. 4). Y si éste es el primer cuidado de Pacheco, fue antes el único de don Juan de Butrón, profesor de ambos derechos y autor de los *Discursos apologéticos, en que se defiende la ingenuidad del arte de la pintura, que es liberal, de todos derechos no inferior a las siete que comúnmente se reciben*. Aunque nada hallo sobre esto en el discurso de recepción de Menéndez Pelayo en la R. Academia de Bellas Artes de San Fernando («Tratadistas de bellas artes en el Renacimiento español»), la discusión debe haber venido desde lejos, como lo muestra el debate paralelo (considerado como un caso particular de la querella entre las armas y las letras) sobre el lugar y preeminencia de la medicina y el derecho (véanse los textos italianos editados por Eugenio Garin, *La disputa delle arti nel quattrocento*).

[14] Cf. D. Devoto, *Carta a Esteban Eitler en defensa de la flauta*.

Incluso el Rey Profeta es reprendido por usar de la música. A imagen de Micol, Diego Matute de Peñafiel, antes de enhebrar sus ejemplos clásicos, repite (aunque sea para contradecirlas) las palabras de Alessandro Alessandri que no excusan ni al propio Rey David:

> El eruditísimo Alejandro ab Alejandro, *libro Genialium dierum*, 2, cap. 25, entre otras cosas que prueban ser indecoroso, y más en un Rey como David, el ejercicio de la música, refiere una gran sentencia de Filipo, el cual por sentencia de afrenta le dijo a Alejandro; *debere ipsum pudere quòd tam pulchrè caneret*. Que debía afrentarse de cantar también [*sic*]. Pareciéndole ignominiosa cosa a Filipo oír cantar y preciarse de músico un Alejandro. Y aquel Ilustre Filósofo moral Plutarco en la vida de Pirro, como refiere Alejandro ab Alejandro citado, cuenta que preguntado Pirro cuál le parecía más insigne músico, Cafias o Fitión? respondió: Poliperconta es mejor Capitán. *Rogatus Pyrrhus*, dice, *Caphias an Phytion melior musicus videretur, Polyperconta meliorem Ducem respondit*. La cual respuesta tuvo dos ocultas reprehensiones. La primera culparles de que a un Capitán como él, domador de ejércitos, no le habían de preguntar de música, sino cuál era más valiente de sus Capitanes, y así preguntado cuál era mejor músico, Cafias o Fitión? respondió: Poliperconta es mejor capitán. La segunda reprehensión fue culparles de que entre gente de guerra se estimase, ni tomase en la boca, el preciarse de música, la cual, y su hermana de leche la Poesía son moles, y desdicen de la fiereza que profesan los bravos; como si en el Cielo no estuvieran contiguos el cielo de Febo y el de Marte, y no se dieran las manos estos Planetas de Marte y Apolo por la contigüidad de Esferas.
>
> *(Prosapia de Cristo...*, fols. 158 vº-159)

Lo mismo dice Pedro González de Salcedo: la música debe el rey oírla y no practicarla. Reconoce que es, según las instrucciones del Rey Sabio,

> una de las disciplinas lúdicras y de alegría en que se deben acostumbrar los reyes: *Para tomar conorte en los pesares, e en los*

cuydados, quando los huuiesse, es oír cantares e sones de ins-
trumentos.

En este contexto parece que quiso el Santo Rey aprobar la
música, y que era ejercicio que se debía mostrar y enseñar a los
príncipes, y no ser contrario(s) a la Soberanía, pues lo hallamos
recibido y ejecutado de aquel no bastantemente alabado tebano
Epaminondas, y que el grande Alejandro fue primoroso músico,
como el Emperador Tito. Alejandro Severo, entre su disciplina
usaba de su dulce diversión, como honesto ejercicio y útil a
componer el ánimo, a dar perfección al entendimiento; y por
esto le aconsejaron los Padres de la Política [ladillo: «Plat. lib.
7. de legib. Arist. lib. 8. Politic. cap. 3.»], elevando el aplauso
común tanto su perfección, que fingieron para designación de su
poder, que a la dulzura del instrumento de Amfiction [*sic*] se
movían las piedras, que a sus fantasías se redujeron los peñascos,
fabricando ellos mismos los muros de Tebas, y que en lo racional se mudaban los ánimos, cual sucedió a los Árcades, que
de fieros e intratables, a la música de Orfeo se convirtieron a
Políticos; advirtiendo la curiosidad en el grande Alejandro, que
se conmovía de suerte al oír tocar al Músico Timoteo, que obraba en sí las acciones de ira o templanza al compás que él las
ejecutaba en el instrumento.

Mas si se advierte la Majestad con que se formaron las palabras de la ley, se hallará que no quiso que los Reyes supiesen
cantar, sino que se alegrasen oyendo músicas de voces o instrumentos. Son, pues, éstas, aunque las volvamos a referir: *Ale-*
grías, e ha otras, sin las que diximos en las leyes ante de ésta,
que fueron falladas, para tomar ome conorte en los cuydados e
en los pesares, quando los ouiesse: E estas son oir cantares, e
sones de instrumentos.

No es el cantar ni el tocar de la Soberanía, baja la Majestad
de su altura y sublimidad cuando sube la voz o se aplica la
mano al instrumento, como decía el Emperador Alejandro Severo. Por esto fue ley suprema entre los Persas, que no se ense-
ñase música a los Reyes, sino que tuviesen Músicos perfectos
de todas suertes que los divirtiesen; y así Filipo se enojó con su
hijo Alejandro, porque le conoció aplicado a la Música: y oyén-
dole un día cantar, le reprehendió, diciéndole cómo no tenía
vergüenza de cantar tan bien? Era apotegma del valeroso Alci-

bíades que en común era dañosa la música a la República, pero,
que para los Reyes y Príncipes, indigno el saberla.

Tengan los Reyes Músicos que con perfección de voces, con
armonía sonora de instrumentos los diviertan y alegren de los
pesares, les alivien del afán y cuidado de el gobierno: no canten, por no merecer la corrección que dio Filipo a su hijo Alejandro; no toquen, porque no descaezca la Majestad, como dijo
Alejandro Severo; ni toquen ni canten, porque no padezca su
memoria lo que Suetonio ponderó de Nerón [15].

No ya en los reyes, sino incluso en los simples señores, la
práctica de la música que vaya más allá del propio placer
aparece como reprobable: «no me persuado», dice Matías de
los Reyes, que el caballero

> querrá cantar donde sepa da gusto a nadie; porque yo he oído
> decir que semejantes ejercicios para recreación propia son loa-
> bles, y para darla a otros son vileza, y tocan mucho en lo
> bufonesco.
>
> (*El Menandro*, pág. 208)

Y también dice lo mismo, dentro de una bien subida alabanza general del arte músico, Alonso Núñez de Castro: «Así
la música, tomada por tarea, es vergonzoso empleo de un
cortesano»; y la contraparte («mas saber el arte, para divertir
pesares, no sé por qué ha de merecer censura») va ratificada

---

[15] Pedro González de Salcedo, *Nudrición Real, Reglas o preceptos
de cómo se ha de educar a los reyes mozos, desde los siete a los ca-
torce años. Sacados de la vida y hechos de el Santo Rey don Fernando,
Tercero de Castilla, y formados de las leyes que ordenó en su vida y
promulgó su Hijo el Rey don Alonso...*, págs. 262-265. También el P. Juan
de Torres, de la Sociedad de Jesús, se extiende largamente en su
Filosofía moral de príncipes para su buena crianza y gobierno, páginas 290-294, sobre el buen y el mal uso de la música, y luego de
referir el consabido vituperio de Filipo de Macedonia a su hijo, agrega
que «Del mesmo parecer fue Aristóteles [Aristo. lib. 8. polit. c. 5.],
trayendo por ejemplo el uso delos Reyes Medos y Persas, que se con-
tentaban con oír la Música, pero no les era permitido ejercitarla».

tres folios más adelante: «Ésta es de las gracias que es buena
para tenida, y afrentosa para blasonada en hombre de obli-
gación y puesto» *(Sólo Madrid es corte...* Dogma VI, *De la
música,* fols. 47 vº y 50 vº). Y no se diga que estas consideraciones son propias del altanero carácter de la nobleza española: en un galateo francés, compuesto por un ginebrino
para los que quieren aprender esa lengua (e impreso por
añadidura en Estrasburgo) la misma práctica del laúd —instrumento cortesano por excelencia— termina por ser repro-
bada:

> *Vlysses.* ...le iouer du luth quoy qu'il soit compté entre les
> exercices que doit apprendre vn gentil homme, & que tel pere
> se trouue, qui ne croit point que son fils aye rien appris qui
> vaille, s'il n'auoit aussi cette partie, si ne me semble-il pourtant
> si honorable à vn gentilhomme, que ie voulusse qu'un enfant y
> eust employé la moitié du temps qui est requis pour acquerir
> seulement quelque passable suffisance de cest instrument: & ma
> raison est que ces heures là peuuent estre mieux donnees ailleurs,
> & que le plus souuent on void ceux qui s'y affectionnent estre
> d'vne humeur fantasque & resueuse, preferans quelquesfois l'en-
> tretien de leur luth à celuy d'vn amy, qui viendra chez eux, ou
> qu'ils deuroyent aller trouuer.
>
> *Palamedes.* Mais ie vous repartiray, que le luth fait voir &
> honorer en compagnie vn gentilhomme, & le fait affectionner,
> comme estant orné d'vne telle partie qui est agréable.
>
> *Vlysses.* Et moy ie suis de contraire aduis: car ie tiens que
> le luth, le fait bien plutost mespriser.
>
> *Palamedes.* Comment cela?
>
> *Vlysses.* Parce qu'vn gentilhomme de bon lieu doit prendre
> plaisir d'autruy, sans que luy mesme cherche & serue de su-
> biect d'en donner aux autres.
>
> *De Soligny.* Quittez luy ce ieu [16].

---

[16] Samuel Bernard, Genevois: *Tableau des actions du ieune gentil
homme, divisé en forme de Dialogues: pour l'usage de ceux qui appren-
nent la langue française... Dialogue sixieme. Des exercices de la noblesse* (págs. 142 y sigs.), págs. 168-169.

No se diga, tampoco, que estamos frente a una concepción tardía, puramente renacentista: junto a San Fernando y su hijo Alfonso, don Juan Manuel, casi tan cercano como ellos al *Libro de Apolonio*, trata de lo que es y lo que no es propio del caballero, y del buen y mal uso de los instrumentos. En su *Libro del caballero et del escudero* [17], el caballero anciano repite al caballero novel («ca muchas otras vegadas vos lo he dicho») que basta al caballero con conocer las cosas propias de su estado, y que «si se quiere entremeter en otras muchas ciencias sería maravilla si las pudiere saber», y quizás dejara, practicándolas, algo de lo «que pertenece a la caballería». Y en el *Libro de los estados* diferencia entre «El rey David e los otros sanctos que ficieron los estrumentos» y «los que agora tañen los estrumentos, cantan e facen sones con ellos», dictamina sobre oír juglares que «canten e tangan estormentes» y el oír «estrumientes et cantares», recordando también que a él hay quienes lo profazan porque hace libros [18]. También Galdós se burla del Infante don Antonio, hijo de Carlos III, por razones semejantes:

[17] Págs. 251-252. Idéntica argumentación opone todavía el músico don Agapito Quitoles al padre de *Don Lazarillo Vizcardi* en la novela homónima del P. Antonio Eximeno: «Vuestra merced me hace lástima cuando le oigo decir que no reconoce en mí señales de esta vocación; me hace lástima, digo, porque descubre en ello su ignorancia en materias que los que ciñen espada, como vuestra merced, no saben ni pueden saber» (págs. 194-195 del t. I de la edición de Asenjo Barbieri). Como se lo ha apuntado más arriba, y como lo certifica la mención de «los que ciñen espada», estamos ante una forma particular de la querella de las armas y las letras, que veda al caballero toda práctica que no sea la que él mismo ha abrazado ascéticamente: en la ceremonia de armar caballero a Tristán, según un texto italiano del siglo décimotercio, éste «rinnunzia a ogni mercatanzia e arte [sc. 'oficio', pero entre éstos llegaban a contarse las artes mismas], o vero sollecitudine la quale appartenesse ad avanzar mondano» (ed. de Filippo Luigi Polidori, *La tavola rotonda o l'Istoria di Tristano*, pág. 67, cap. XVII).

[18] Págs. 311, 328 y 275. María Rosa Lida de Malkiel anota que «la reflexión sobre el uso desviado de la música (*Libro de los estados*, pá-

Sí; encuadernaba primorosamente, hacía jaulas y tocaba la
zampoña, artes de gran utilidad y nobleza en un hijo de reyes.

(Memorias de un cortesano de 1815, pág. 49)

Y antes de don Juan Manuel, los *Castigos y documentos
del rey don Sancho* afirman lo mismo, usando la misma voz
técnica —*estado*— que la versión latina de la historia de
Apolonio:

Non cae al rey de tañer él por su mano estormentos en
plaza, nin de cantar ante los homes, nin de bailar e danzar;
ca son cosas que si lo feciese, que daría gran despreciamiento a
su estado.   (pág. 114)

Desde los albores de la prosa castellana vemos así ya
figurado el ademán del marqués de Bradomín cuando muestra en carne propia hasta qué punto es lícito al caballero usar
de las artes de adorno y diversión:

Don Carlos me habló en secreto:
—¡Bradomín, qué haríamos para no aburrirnos!
Yo me permití responder:
—Señor, aquí todas las mujeres son viejas. ¿Queréis que rece-
mos el rosario?
El Rey me miró al fondo de los ojos con expresión de burla:
—Oye, dinos el soneto que has compuesto a mi primo Alfon-
so. Súbete a esa silla.
Los cortesanos rieron: Yo quedé un momento mirándolos a
todos, y luego hablé, inclinándome ante el Rey:
—Señor, para juglar nací muy alto.

Y el Pretendiente, luego de un instante de duda, decide:

—Bradomín, no he querido ofenderte: Debes comprenderlo.

---

gina 306 *a)... coincide con el *Policraticus* de John de Salisbury» *(Tres
notas sobre don Juan Manuel*, en sus *Estudios de literatura española
y comparada*, pág. 130).

—Señor, lo comprendo, pero temí que otros no lo comprendiesen

para concluir, «con severa majestad: —Tienes razón» [19].

Esta es, en el fondo, la misma escena del *Libro de Apolonio*. «No quiso Apolonio la duenya contrastar», y tomó una vihuela y la templó; pero para violar requirió una corona, repitiendo sin duda su práctica acostumbrada cuando tenía un reino, para no bajar de su estado; y Architrastres «ouo desta palabra... muy gran sabor», es decir, reconoció, como el Pretendiente de la *Sonata de invierno*, la justeza de la actitud e hizo traer la mejor de sus coronas para ese «buen violador» que era, por sobre todo, un señor como él. No hay en este lugar del poema una escena estrafalaria, surgida de un original latino estragado y zurcida más o menos bien o mal, sino un clarísimo ejemplo de lo que son las jerarquías (las jerarquías sociales, y las de las artes liberales dentro de ellas) y de esa exquisita lucha de cortesías que llevará al desposorio de Apolonio y Luciana sin que éste se permita promoverlo: fina cortesía del ruego de la princesa y del astuto circunloquio que la expresa; delicada cortesía del invitado que no quiere «contrastarla» y la obedece hasta donde se lo permite su propia dignidad; exquisita cortesía del huésped que reconoce a Apolonio como digno de su mejor corona, todo ello enmarcado dentro de un concepto del orden y los diferentes órdenes tan bien entendido que no impide el que Apolonio sea, aunque rey, «hun buen violador».

---

[19] Ramón del Valle-Inclán, *Sonata de invierno*, págs. 108-109. Para Galdós, incluso «El elegante [de ésos que se pasan 'el día ostentando formas y estilos nuevos de carruajes, guiándolos con más trabajo de cocheros que descanso de señores'] toma con esto un carácter profesional; siente sobre sí la mirada crítica y exigente del público; ha de divertir antes que divertirse...» *(O'Donnell*, pág. 67).

EL HARNERO DE TROTACONVENTOS

A Pilar y Rafael Lapesa

Después de la substancial conversación de don Melón con Trotaconventos —señalamiento de doña Endrina, requerimiento de donas y obtención de un pellote por la alcahueta—, Juan Ruiz presenta a la vieja disponiéndose a cumplir su oficio, en cuatro versos que valen su peso en oro:

> La buhona con harnero va tañendo cascaveles,
> meneando de sus joyas, sortijas con alheleles,
> decía por hazalejas: «¡Compradme estos manteles!»
> Vídola doña Endrina; diz: «Entrad, non receledes».

Esta estrofa (la 723) y las subsiguientes, dice Corominas en su edición del *Libro de Buen Amor*, son «enteramente ajenas al *Pamphilus*. Como nota Lecoy, pintan de cuerpo entero a la Vieja en plena actividad, plantándola desenfadadamente ante nuestros ojos de un pincelazo. Comienzo magistral»[1].

De acuerdo: comienzo magistral, y que nada debe al *Pamphilus*, o sea, cuyos elementos son propios de ese lugar y de ese momento. El Arcipreste presenta a la Vieja como se diría que la vio, y Lecoy tiene seguramente razón cuando

---

[1] Juan Ruiz, *Libro de Buen Amor*, edición crítica de Joan Corominas, pág. 276.

piensa que «la realidad le ofrecía ciertamente ejemplos de esas viejas oficiosas que nunca faltaron en ningún país ni en tiempo alguno» [2]. Pero entre los rasgos con que el poeta la adorna hay uno que no parece haber despertado gran interés entre los críticos, y que, sin embargo, merece un instante de reflexión: ¿qué es, y qué hace allí ese harnero de la buhona?

Cejador conjetura, en su edición: «Las buhonas o vendedoras de menudencias parece llevaban en un harnero o en una cesta las cosillas que vendían por las casas» (t. I, pág. 253). María Rosa Lida es más prudente, o, por lo menos, menos asertiva: para ella, harnero «parece designar la cesta en la que la buhona lleva su mercancía» (pág. 101). Nótese que Cejador da por seguro que las buhonas llevaban harnero o cesta —como si diera lo mismo uno u otro adminículo—, mientras que para la distinguidísima romanista *harnero* sería sólo una manera de designar la cesta: se diría que un harnero no le parece el instrumento apropiado para llevar mercancías, como efectivamente no lo es. Corominas, en nota a la copla 718 *d*, acepta empero plenamente que se trata de un harnero real, «en que ella lleva a manera de bandeja sus chucherías, zarandeándolas para llamar la atención de las vecinas hacia el ruido metálico de su mercancía» (pág. 276), y más abajo (nota a 723 *b*) reitera «meneándolas o zarandeándolas en su harnero» (*id.*), subrayando el valor de 'bullicio' que tienen *mercar* y sus variantes. Nada hallamos al respecto en la edición de Chiarini.

Tratemos de imaginar, para verlo mejor, el implemento de la vieja buhona. Dice bien Rodríguez Marín que

> Las voces *criba, harnero* y *zaranda* de nuestros diccionarios están necesitadas de una delicada y prolija revisión, para la cual se consulte a las personas prácticas de las diversas regiones

---

[2] Félix Lecoy, *Recherches sur le Libro de Buen Amor*, pág. 318.

peninsulares. Es frecuente y antiguo confundir estos utensilios agrícolas en lo tocante a sus oficios, y definir con harta ligereza los dos últimamente nombrados remitiéndolos a *criba*, mal que viene de un léxico en otro, a lo menos, desde el *Tesoro* de Covarrubias, que dice de la voz *crivo*: «Latinè c r i b r u m, crebris pertusum foraminibus, es la çaranda, o harnero, conviene a saber un cerco de aro con el suelo de cuero crudo de cavallo, o de otro animal, todo agujereado». Pero luego distingue entre *harnero* y *zaranda*, «porque el harnero tiene los agujeros menores, y passa por ellos el polvo o tierra menuda, y quédase el grano en él, sea trigo o cevada. La *çaranda* —añade— despide el trigo, y quedan grançones y qualquier otra cosa mayor que el grano de trigo». Ésta es la *zaranda* a que se hace mención en el texto [del *Viaje del Parnaso*], y ese oficio, el mismo del *harnero*, a lo menos en mi tierra andaluza, donde un refrán distingue claramente entre *harnero* y *criba*, por sus respectivos empleos, diciendo: «En la *criba*, lo bueno queda arriba; en el *harnero*, cae abajo lo bueno»[3].

Vale decir que no es imposible llevar cosas en un harnero, siempre que sean sólidas y no muy menudas (los «alheleles» tendrían que ir empaquetados, o clavados en un lienzo, lo que no dejaría de empobrecer manifiestamente su ya pobre capacidad sonora). Bien sabe esto la conciencia popular, que equipara con el llevar o coger agua dentro de un harnero los trabajos inútiles y perdidos[4]. Cuenta el harnero con un re-

[3] Notas a su edición del *Viaje del Parnaso*, pág. 211, corroborando las definiciones populares andaluzas con textos de Gómez Manrique y de Alonso de Herrera. D. López de Haro (*Cancionero general*, fol. lxv) atribuye al cedazo la misma función del harnero: «al cedaço es comparado / quando lança la harina / y él queda con el saluado».

[4] Compárese: «Agua lleva en un harnero quien se cree de ligero» (Diccionario de la Real Academia, penúltima edición, s. v. *agua);* el refrán figura ya en la vieja versión castellana de los *Disticha Catonis:* «quien crey [de ligero] su verdad agua coge en farnero» (75 *d,* pág. 29 de la ed. de Karl Pietsch, que da en nota a Santillana, Torres Naharro y la *Farsa llamada Salmantina).* Alisa emplea (*Celestina,* auto cuarto) la expresión «agua en cesto», que Cejador explica con palabras de Co-

borde que impide caigan por los lados los objetos puestos
sobre su fondo perforado o enrejado; en su contra tiene el
que sea casi siempre redondo, forma poco apropiada para

rreas: «A trabajo perdido», agregando un ejemplo del *Guzmán de Alfa-*
rache; en *La Verdadera poesía castellana,* t. VII, pág. 203, núm. 2.864,
registra otro de López de Úbeda. Ya usaba la expresión Pero López de
Ayala: «Que el agua en la çesta mucho non durará» (copla 654 *d,* t. I,
página 111 de la ed. Kuersteiner, o copla 666 *d,* t. II, pág. 113, con la
variante «que agua...»), y «Así se vierte el agua, tomando la en çesto»
(copla 210 *d,* pág. 37 del t. I, o copla 211 *d,* misma página del t. II,
variando «Asy» y «tomando la en vn»). La dama que fue enamorada de
Ferrant Sánchez Calavera lo rechaza llamándolo «amor de agua en
çesto» *(Cancionero de Baena,* ed. Azáceta, t. III, pág. 1.089, o pág. 257
de la antología final de *Le Moyen âge espagnol* de L. Clare y J.-C.
Chevalier). Pérez de Ayala hace de la frase un *leit-motiv* de su «Filosofía» *(El Sendero andante,* págs. 195 y 199: «Agua en cestillo; / llanto
femenino; / congoja de niño. / Todo es uno y lo mismo», «...lloremos
llanto femenino, / sintamos congojas de niño, / cojamos agua en cestillo. / Mañana haremos lo mismo, / ...si mañana vivimos»); y el propio Pelléas, en la escena final del acto IV de *Pelléas et Mélisande,*
usa la misma imagen: «Et tous ces souvenirs... C'est comme si j'em-
portais un peu d'eau dans un sac de mousseline». Barthe consigna el
irónico «En todo se mete Peralvillos / como el agua en los cestillos»,
y Villafuerte *(Refranero,* pág. 45, en su comentario al refrán «Arre,
arre, borrico...», pero sin tomar la expresión que comentamos en su
lugar alfabético propio) se refiere «a aquel... que ha tenido dinero y lo
ha perdido, como agua en cesta» Le Sieur des Roziers introduce la
locución en la pág. 191 de su *Grammaire espagnole* (1659): «*enseñando
a V. M. cojo agua en cesto,* je travaille en vain de vous enseigner»
(comunicación de Mme. Collet Sedola). Los cantares populares usan indistintamente ambos implementos, cesta y harnero: «Amor mío, come
y bebe, / por mí no pierdas la siesta, / que me tienes tan seguro / como
el agua en una cesta» (Tomás Segarra, *Poesías populares...,* pág. 41);
«Compañerilla del alma, / de mí no tengas recelo, / que me tienes tan
seguro / como el agua en un harnero» (Lázaro Núñez Robres, *La Música del pueblo...,* págs. 43-44, núm. 23). Para un escritor italiano del
siglo XIV, Armanino Giudice, la barca de Caronte no es de materia
no permeable, «ma tessuta come canestro, che acqua non tiene». La
expresión no es infrecuente en los cuentos populares: para alejar a sus
nietos, a fin de que no presencien el asesinato de su madre, que ella
proyecta, una vieja bruja «los mandó a traer agua en una canasta,
pero los chicos no querían ir pretextando no poder llevar agua en la

llevarlo colgando de los hombros como bandeja; y, sin duda, en ningún tiempo pudo haber sido difícil el reemplazarlo con ventaja por cualquier otro implemento más adecuado para el acarreo de menudencias: la cesta que proponen Cejador y María Rosa Lida, el tablero suspendido del cuello que llevan hoy los expendedores de golosinas —incluso en los cinematógrafos más modernos—, las vendedoras de cigarrillos de bares y otros lugares de diversión, y los comerciantes ambulantes de juguetes pequeños. Lo corriente, más que una «buhona con harnero», es

> ...algún buhonero tuerto o barbudo con la bandeja de baratijas colgada del cuello... [5].

Bandeja o tablero son más funcionales, y tan fáciles de procurar como el harnero. Pero de este último implemento, por fácil de reemplazar que fuera, mune Juan Ruiz a su buhona: alguna razón tendría para ello.

A pesar de sus inconvenientes como instrumento de transporte, que saltan a la vista, el aventador —que llega incluso a servir de cuna— aparece desde muy antiguo figurado en escenas religiosas como instrumento en el que se llevan niños, frutos, cereales y otras imágenes de la fecundidad. El

---

canasta. Entonces la vieja le [*sic*] dijo que fueran y taparan los agujeritos de la canasta con piedrecitas, a fin de que se demoraran, y ella pudiera realizar su horrendo crimen»: para tranquilidad del lector, no ocultaremos que los niños escapan con el mismo pretexto («Mama Galla», narración recogida en Canta por Emma Dextre, pág. 104 (-105) de *Mitos, leyendas y cuentos peruanos*, selección y notas de José María Arguedas y Francisco Izquierdo Ríos). Y von der Leyen refuerza su teoría sobre el origen onírico de las narraciones populares con el ejemplo de esta penosa tarea (llevar agua en un harnero), procedente para él de pesadillas y malos sueños (E. E. Kiefer, *Albert Wesselski and recent folktale theories*, pág. 16).

[5] Camilo José Cela, «La Romería» (de *El Gallego y su cuadrilla...*), en *Obra completa*, pág. 99.

artículo *Van* 'harnero' del *Dictionnaire des antiquités grecques et romaines* de Darenberg y Saglio nos informa que
todo lo que se lleva sobre un aventador tiene —o adquiere—
un carácter relacionado con la fecundidad de la tierra y del
hombre, evidentemente vinculadas entre sí (recuérdese que el
dios Falo era el protector de jardines y vergeles, y que sus
símbolos —la higa entre los primeros— sobreviven aún hoy
como protección contra el aojamiento, maleficio que ataca
sobre todo la fecundidad en sus obras y en sus centros orgá-
nicos) [6]. Y los objetos sagrados se presentaban sobre el aventador porque éste era, a su vez, un objeto sagrado, que de la
purificación del grano ascendió a la precedencia de purifi-
cador ritual (o a la inversa); «mystica vannus» lo llama Vir-

---

[6] Algunos estudios arqueológicos insisten sobre esta relación, así
el del Cav. Michele Arditi, *Il Fascino e l'amuleto contro del fascino presso gli antichi...* (sobre un elocuente relieve pompeyano que lleva la
leyenda: «Hic habitat felicitas»), o el de Alfred Vaissier, *Un Dieu des
jardins... et l'aenochoé priapique.* Véanse también las notas de Gotthold
Ephraim Lessing, «*Priapeia*». El empleo de símbolos sexuales para
proteger las cosechas y promoverlas abarca, en la literatura occidental,
desde el pasaje de Varrón citado por San Agustín en su *Ciudad de
Dios*, 7, 21, hasta, por lo menos, el pasaje análogo de Marguerite Your-
cenar: «...les symboles sexuels érigés dans les champs pour obliger la
terre à porter des récoltes...» *(Notre-Dame-des-Hirondelles*, en sus *Nouvelles orientales*, pág. 105). Un singular adecentamiento del principio
vital se lee en *L'abeille des jardins*, por M. Brés (pág. 124): el antiguo
dios se ha convertido en «une figure des plus bizarres et qui faisait
trembler de peur les petits enfants: elle était destinée à effrayer les
voleurs et les oiseaux: c'était la statue de Priape, fils de Vénus et de
Bacchus... dans sa main était une énorme massue pour frapper les
voleurs...». La nariz, símbolo fálico por excelencia, tiene también este
papel preservador: «et, pour finir, elle lui tira le bout du nez, en le
baisotant, pour le préserver du mauvais oeil, le pauvret» *(Sept contes
roumains*, pág. 228, y nota 1: «Il s'agit ici de la coutume de tirer un
enfant par le bout du nez, tout en faisant des lèvres le bruit d'un baiser,
ce qui est censé le préserver du mauvais oeil»). El símbolo de la nariz
larga, que gusta a los espíritus —bien que con una explicación fanta-
siosa—, llega hasta el drama *Zincalí* de Arturo Capdevila (págs. 36-37).

gilio en un lugar archicitado de las *Geórgicas* [7]. Basta recorrer el índice de *The Golden Bough* de Frazer para apreciar
sus constantes connotaciones rituales con la serpiente y con
Dionisos, su uso propiciatorio como cuna, su empleo en la
expulsión ceremonial de la miseria, la adivinación, la obtención de la lluvia y otros ritos mágicos relacionados con la
fecundidad humana y telúrica. El artículo *Fan* de la *Encyclopaedia of Ethics and Religions* de Hastings, redactado por
J. E. Harrison, que estudia en particular la espuerta de mim-
bre tejido [8], recuerda su uso en los sacrificios («aunque no
estaba construida para llevar objetos, como se ve por su extremo abierto, podía servir para acarrear frutos o granos»),
como cuna (un escoliasta de Calímaco declara que aportaba
al infante frutos y riquezas) y en los ritos nupciales. Harrison
resume su doble carácter basándose en sus dos propiedades
fundamentales: purificación, y protección mágica de la fecundidad [9]. (Añade que teóricamente todas las formas de los
instrumentos aventadores podían haber cobrado este valor
de símbolo y de vehículo de la purificación, pero que, de hecho, se arrogó solamente tal carácter a los receptáculos
—cuya forma condecía con la idea fundamental de materni-

---

[7] Cf. Andrew Lang, *Custom and Myth*, págs. 36-37, que alude al comentario poco terminante de Servius.

[8] La espuerta, que es eminentemente un implemento de transporte,
sirve también para aventar el grano en la región central de España. Si
bien el Dic. de la R. Academia no le reconoce esta función, su diminutivo *esportillo* significa también, según el mismo léxico, 'soplillo, aventador' en algunas regiones de la Península; y aunque estas voces parezcan denominar exclusivamente el abanico, «abanar» (del latín *vannus*,
que significa 'criba'), torna patente la similitud original de estos instrumentos.

[9] La distinguida hispanista Marie Laffranque me señala el libro de
Jean Servier *Les Portes de l'année*, que registra el empleo constante del
harnero, en África del Norte, ya como portador de ofrendas agrarias,
ya en las ceremonias nupciales y fúnebres (págs. 117-118, 141 y sigs.,
y 258).

dad y aposentamiento— y no a los bieldos u horquillas.) De todos estos empleos mágicos, el más difundido y el más vivaz hoy parece ser el adivinatorio; tanto, que ha dado origen a un término técnico, *coscinomancia* o adivinación por el harnero. La voz falta todavía en la Academia, pero figura ya en Terreros, a vueltas con la legendaria mujer que habría dado nombre al procedimiento —con un total olvido de su significado etimológico—: idéntica paparrucha se repite a propósito de la zarabanda y de mil cosas más [10]. H. J. Rose, en el artículo *Divination* (Introductory and primitive) de Hastings, da el nombre general de *coscinomancy* a la adivinación por medio de objetos movidos, según toda probabilidad, por acción muscular inconsciente (en el mejor de los casos): en uno de sus ejemplos, malayo, y tomado de Skeat, se trata en realidad de un péndulo, no de un harnero; y en el otro, también tomado de Skeat pero oriundo de Melanesia, se opera con un tazón de agua: no parece, por tanto, aplicar con propiedad el nombre de la técnica adivinatoria. En cambio, la *Ency-*

---

[10] «*Coscinomancia*, especie de adivinación, que se hacía por medio de una criba, o cedazo, tomándole en dos dedos, o en la punta de unas tijeras, &c. y diciendo algunas palabras; y si al nombrar la persona sospechosa andaba, o temblaba, se tenía por culpada. Fr. *cisnomance, conskinomance, coskinomantie*. Lat. *coscinomantia*. Una mujer llamada *Coscinomantia* se dice que fue célebre en esta patraña» (Terreros, *Diccionario castellano...*, 1786, s. v.). Partiendo de la obra de Gaspard Peucer sobre la adivinación (Wittebergae, 1553: hay traducción francesa de Simon Goulart, Anvers, 1584), Robert-Léon Wagner establece, en su libro «*Sorcier*» *et* «*magicien*» (págs. 150-151) una lista de términos adivinatorios técnicos; vemos allí que *coscinomantie* figura, además, en el diccionario bilingüe (inglés y francés) de Cotgrave (1611), pero que falta en Richelet (1680), Furetière (1690) y el de la Academia Francesa (1694). El *Hegemón eis tas glossas, id est Ductor in linguas...*, de John Minsheu da la voz castellana «Coscinomancia. A[nglicum] Witchcraft by a sieve», pero sin el equivalente inglés ya conocido de Cotgrave. La *Historia de los reyes godos* de Julián del Castillo, limita igualmente a *Sciromancia, Nicromancia, Piromancia* e *Ydromancia* las cuatro prácticas «a que se redujeron las adivinaciones».

clopédie de la Divination registra la operación denominada
«tourner le sas» [11] —con ayuda de dos tijeras y de dos ope-
radores, y no como en España y África, donde, según veremos, hay en general un solo manipulador y un solo implemento auxiliar— y la ilustra por un texto de Halbert d'An-
gers (siglo XIX) y otro de Jean Belot (siglo XVII).

La literatura occidental acoge esta práctica —entre otros
ejemplos que el lector del *Greek Dictionary* de Oxford loca-
lizará fácilmente, como el de Artemidoro en sus libros sobre
los sueños— en el idilio tercero de Teócrito, que Ipandro
Acaico vierte con fidelidad suficiente:

> Y la adivina disipó mi duda
> que el porvenir verídica escudriña
> del tamiz infalible con la ayuda [12].

Un fragmento del poeta cómico Filípides también presenta artefacto y operación como implemento y operación feme-
ninos: «...Las viejas que con harneros van a los pastores y a
veces a los boyeros, y curan a los párvulos enfermos mediante la adivinación» [13]. Agitar el harnero es ocupación que
complementa los ensalmos y oraciones mágicas, según la
vieja versión francesa de las *Piacevoli notti* de Straparola:
«Cela fait, elle prit le sas et commença à sasser et à dire l'orai-
son qu'elle avait appris...» [14].

---

[11] Incluye el *Dictionnaire des arts divinatoires* de Gwen Le Scouézec,
donde *cosquinomancie* figura en págs. 56-57. Estas grafías diversas o
divergentes casi casi llegan a inocentar a Terreros.

[12] *Poetas bucólicos griegos*, traducidos por Ignacio Montes de Oca
y Obregón (entre los Árcades Ipandro Acaico), pág. 24.

[13] *Comicorum Atticorum fragmenta*, Edidit Theodorus Kock, vol. III,
página 311, fragm. 37. Agradezco al profesor y poeta Gabriel-Pierre
Ouelette el haberme facilitado la traducción de este pasaje.

[14] T. I, pág. 365. Sigue una oración burlesca (se trata de una treta
análoga a la de *El viejo celoso* cervantino, pero doblada de operación
mágica, con uso del *sas* 'cedazo, tamiz' para darle mayor colorido).

En la literatura clásica española abundan las referencias al cedazo como instrumento mágico, y Rodríguez Marín, al comentar un pasaje de *El Diablo Cojuelo:*

> ...que si son [cosas] de la nigromancía, me pierdo por ellas; que nací en Triana, y sé echar las habas y andar el cedazo mejor que cuantas hay de mi tamaño...
>
> (págs. 159-160, y nota de págs. 162-164),

y rectificar la anotación de Bonilla en su edición de esta misma novela (págs. 74 y 121), recuerda el acto primero de *El Rufián dichoso* de Cervantes («la que echa por cinco blancas / las habas y el cedacillo»; no hay nota en la edición Schevill-Bonilla), el primero de *En Madrid y en una casa* de Tirso («¡Vive Dios que ha habido / haba y cedazo!»), el segundo de *La Cueva de Salamanca* de Ruiz de Alarcón («...un poco de echar las habas / y un mucho de conjurar / el cedacillo...»), el libro primero de *El Viaje entretenido* de Agustín de Rojas («cogiéronla haciendo bailar un cedazo y echando las habas»; no hay nota en los *Orígenes de la novela*, t. IV, página 479), el tercero de la segunda parte del *Guzmán de Alfarache*, capítulo III («no dejó cedazo con sosiego, ni habas en su lugar, que todo lo hizo bailar»; Gili Gaya, en su edición, t. IV, pág. 246, remite a Rodríguez Marín), y el poema de Quevedo (no hay nota en la edición de Blecua), de una «hechicera antigua que deja sus herramientas a otra reciente», entre ellas, «el cedazo que sabe hacer corvetas». Agrega todavía la declaración de un proceso seguido por la Inquisición de Toledo hacia 1625, que describe la operación —tal como la explicará Terreros—, así como una versión moderna del conjuro (la *orasión der seaso*) recogida por el folklorista murciano Pedro Díaz Cassou. Las relaciones de los autos generales de la fe pueden aportar nuevos datos: en la del que «se celebró en la Ciudad de Córdoba, a veintiuno del mes de

diciembre de mil y seiscientos y veinte y siete años...» figura,
entre las *Hechiceras*, «María de S. León por otro nombre Espejo vecina y natural de Córdoba... Hechicera, embustera, in-
vocadora de Demonios, con los cuales tenía comunicación y
pacto, y los consultaba, y daba crédito a sus respuestas. Y en
especial, que para saber un día si a cierta muger a vía [sic]
de regalar su galán, había hecho ciertos conjuros, y que con
ellos se había meneado tres veces un Cedazo, lo cual ella
decía ser cierta señal, de que el galán había de regalar a la
dicha su amiga» (fol. B v°).

Fuera de la nota de Rodríguez Marín, poco hay de aprove-
chable en español sobre este tema, que ni siquiera se mienta
en el estudio de Amador de los Ríos sobre las artes mágicas
y la adivinación en la Península. Menéndez Pelayo no parece
estar muy al corriente de esta práctica adivinatoria, y se limita a citar, con palabras de Pedro Ciruelo, a los que «con un
cedazo y tijeras adivinan quién hurtó la cosa perdida o dónde
está escondida», mentando ocho páginas después a Martín del
Río a propósito de «la *coskinomancia*, que usaba como instrumentos una criba y unas tenazas», pero sin establecer
conexión alguna entre ambos testimonios [15]. Esta escasez de
datos no debe sorprender: en el denso y extenso estudio de
Lynn Thorndike sobre la historia de la magia y las ciencias
experimentales, sólo se menciona tres veces la coscinomancia: a propósito de George Pictorius, que dice en 1563 haber
tentado en tres ocasiones esta experiencia, treinta años antes; a causa de Jean Belot, que cita a Pictorius como Del Río,

---

[15] *Historia de los heterodoxos*, t. II, págs. 650 y 658. Parte de la
culpa recae sobre Martín del Río, que en sus *Disquisitionum magicarum*
(en la edición lionesa de 1604 como en todas las otras ediciones antiguas
que he podido ver) emplea *forceps* 'tenazas' y no *forfex* 'tijeras'; Del
Río cita, entre los antiguos, a Teócrito, Luciano, Julio Pollux, y entre
los modernos, a Pictorius.

y parece dar a la voz un carácter más general, como algunos
estudiosos contemporáneos; y por Moncaeus, cuyo testimonio
es de 1683 [16].

Sobre la difusión, antigua y moderna, de la coscinomancia, aporta concisas noticias un breve y jugoso artículo homónimo de José Leite de Vasconcellos, que estudia la relativa
modernidad de la voz (frente al nombre del adivino, *koskinó-
mantis*, el nombre de la práctica misma no iría más allá de
una nota de Juan Luis Vives a San Agustín) y la dispersión
de la práctica: Alemania, Dinamarca, Francia (según Grimm
y Wutke), los árabes (Liebrecht); Galicia y Portugal según sus
propias noticias: *Constituciones* de los obispados de Évora,
1534, y Goa, 1568; proceso inquisitorial del siglo XVII; noticias actuales de Beira —tomadas de P. F. Thomas— y el Alto-
Minho, donde él mismo se sometió a la ceremonia de *botar*
o *deitar a peneira:* operan (con unas tijeras, algunos adminículos propiciatorios —rosarios, etc.— y conjuros) la ex-
perta y el consultante, sobre un harnero que ambos sostienen;
la pregunta fue, naturalmente, amatoria (si él se casaría,
«acrescentando a feiticeira que eu era casado, ou estava para
casar, asserções ambas falsas», pág. 2); y señala cómo una
de las fórmulas que transcribe homologa la pureza de la
harina con la de la verdad.

La práctica de consultar el cedazo parece estar bastante
difundida aún hoy, desde Galicia hasta Andalucía, a juzgar
por el artículo *coscinomancia* del Espasa, que da una formulilla gallega de consulta; y una informante castellana, natural de Piedrabuena, me cuenta que durante la guerra civil
una muchacha separada de su novio y en trance de reemplazarlo consultaba con su harnero estas delicadas materias.

---

[16] *A History of magic and experimental science*, t. VI, págs. 503
y 508, y t. VII, pág. 492.

El musicólogo André Schaffner, gran conocedor de los usos
africanos, me certifica que esta operación es práctica corriente en todo el norte de ese continente. Pero quizás sea
Andalucía donde más se la practica (la Rufina María del *Cojuelo* blasona de saber estas artes por haber nacido «en Triana»). Pedro López Fernández describe una escena andaluza
de coscinomancia a comienzos de siglo, destinada a saber qué
nombre se dará a un recién nacido; ante varias sugestiones
desechadas, el padre del niño propone: «Ná, a casa; jecha-
remo er ceaso. Er dirá». Para la consulta,

> ...la casa de María Jesús estaba de bote en bote. Iban a pre-
> guntarle al cedazo, con la fe ciega en su designio, qué nombre
> se le pondría al churumbel.
> Una pequeña zaranda, un cedazo de panadero, mostrábase el
> héroe de la fiesta. Pronto, una vecina sacó unas tijeras y clavan-
> do una de sus puntas en el aro de la zaranda, suspendió de ella
> el oráculo, majestuosamente, en medio del silencio más perfecto.
> —Ceaso: ¿se llamará el niño Juaneque?
> Esta fue la primera pregunta que hizo la madre. El oráculo
> permaneció inmóvil.
> ... ...
> —¿Se le pone el santo del día en que nació?
> La zaranda se movía. Se estrecharon aún más los grupos. Un
> largo silencio siguió el movimiento del cedazo, y éste dio una
> vuelta, y desprendiéndose de la punta de las tijeras cayó al suelo
> entre el loco palmoteo del público.
> Se concluyó la ceremonia. ¡Ya tenía nombre el churumbel!
> A la iglesia inmediatamente [17].

El empleo más frecuente de la coscinomancia tiene que
ser el de la adivinación con fines amorosos, como la practi-

---

[17] Pedro López Fernández, *Del Alma de Sevilla*, págs. 80, 88 y 90-91.
El librito, con prólogo de Rodríguez Marín, tiene un contenido absolutamente folklórico, como el chascarrillo que termina el relato: por haber nacido el niño en Jueves Santo, piden al cura que le ponga de

caban Ana Hernández, la acusada en el proceso de 1625, «que tenía un mozo en Almagro y deseaba saber si la esperaba o si había de venir» (Rodríguez Marín, pág. 163), María de S. León, por otro nombre Espejo (Lite de Vasconcellos), y la de Piedrabuena, compatriota del mozo de Ana Hernández. También en Escocia, para ver al cónyuge futuro, el (o la) postulante, luego de adoptar una serie de precauciones rituales, coge un harnero y hace como si aventara grano; a la tercera vez que repita esta operación, el cónyuge esperado cruzará delante del que oficia [18].

Trotaconventos no desdeñaba seguramente valerse de todas estas artes: Cejador no vacila en calificar de «sin duda encantada» la sortija que pone en entrando al dedo de doña Endrina; quizás sea ello excesivo, y diga más verdad cuando llama, por el contrario, «escanto moral, atrayéndosela a palabras», a la acotación de la copla 756 *a:*

començó su escanto la mi vieja coytral.

Pero parecería que la propia Trotaconventos toma en serio sus artes cuando anuncia:

Yo iré a casa de esta vuestra vezina
e le faré tal escanto, le echaré tal atalvina...

Corominas le presta aquí entero crédito: no sólo explica el primer hemistiquio de 709 *b* «le echaré tal embrujo», sino que insiste sobre las prácticas mágicas en lo restante del

---

nombre «Monumento». La agudeza figura, medio siglo antes, en las *Mil y una barbaridades* de Hilario Pipiritaña: «Decía un gitano a otro: —¿En qué día naciste? —En Juévedes Santo... —¡Chiquiyo!, pues entonces te llamarás *Monumento*» (pág. 310).

[18] E. O. James, *Sieve* ('harnero'), en Hastings, t. XI, pág. 506; lo mismo en Frazer, *The Golden bough*, t. X (primero de la séptima parte, *Balder the beautiful*), págs. 235-236.

verso, comentando *atalvinas* 'gachas' con estas palabras: «sabido es que se han empleado horrendas mixturas para ganar voluntades» (pág. 272; cf. pág. 192, nota a 438-446 *b).*

Insiste la vieja otras dos veces sobre sus poderes mágicos:

> doblarse ha toda dueña que sea bien escantada
>
> (711 *d*)

y los une, en el segundo de estos dos pasajes, a su harnero:

> Yo faré con mi encanto que se vengan paso a pasillo:
> con aqueste mi harnero la traigo yo al çarcillo.
>
> (718 *cd*)

Dada la coloración general de la escena, no parece inadecuado pensar en un «encanto» mágico: el harnero, implemento femenino adivinatorio desde Teócrito y Filípides, podía servir, como en el siglo XVII y en la España actual, para invocar al galanteador o, por lo menos, para inclinar el ánimo de las «dueñas y las mocetas» ayudándose con la fuerza de la superstición. (Recordemos que don Amor aconseja al Arcipreste servirse de «unas viejas / que andan las iglesias e ...escantan las orejas», o «de unas viejas que se fazen erveras», o de «estas trotaconventos»: y todas tienen algo que ver con salutaciones [19]).

El harnero, como vehículo de mercancías, parece evidentemente más incómodo que eficaz; deja de serlo, en cuanto per-

---

[19] «Ervera —especifica Lecoy— no es hechicera, sino vendedora de simples, que lleva de casa en casa las hierbas necesarias para confeccionar medicinas o cosméticos». Corominas aprueba esta definición, que es inexacta, puesto que olvida que los límites de una y otra ocupación son en verdad inciertos, y desconoce además que «herborera» y «hechicera» han sido sinónimos: el *Fuero de Baeza* (ed. Roudil) trata «De las herboreras & fechizeras», especificando: «Otrosí, mugier que fuere herborera o fechizera, sea quemada o salue se por fierro» (pág. 108, 264 y 264 *a*, y glosario, pág. 315).

mite acarrear disimuladamente otras prácticas que las simplemente comerciales. Las alhajuelas que la vieja lleva tienen, claro está, poder de por sí: y tanto, que el propio Mefistófeles, maestro de brujas, no desdeña el usarlas con Margarita. Pero si a este poder se agrega el del harnero como elemento de conjuro y de adivinación, la potencia de la vieja buhonera se acrecienta hasta el punto de que pueda jactarse de ella, como lo hace. Al igual que su alnada Celestina, a Trotaconventos no pueden faltarle sus puntos y ribetes de bruja [20].

La buhona que con harnero va tañendo cascabeles está provista de mejor equipo que se pensaba; y junto con ese harnero, no parece desacertado suponerla munida de cascabeles de verdad, a la manera de los vendedores ambulantes que con campanillas, triángulos o cornetas advierten todavía hoy su paso a los compradores. No tañe cascabeles porque entrechoca sus mercancías en el harnero, que es procedimiento menos fácil, menos sonoramente eficiente, y más riesgoso para sus baratijas que el agitar realmente cascabeles. Así hacía el melcochero que nos presenta Góngora:

> Pasa el melcochero,
> salen las moças

---

[20] El estudio de M. J. Ruggerio *(The evolution of the Go-Between in Spanish Literature through the Sixteenth Century)*, aunque centrado en cómo —según él— la alcahueta se transforma de hechicera en bruja, y aunque afirme que «the figure of the go-between in general [*is*] a figure that from the very beginning was concerned with the arts of magic» (pág. 7; y cf. pág. 8: «True, she [Trotaconventos] is mentioned as having knowledge of hechizos, but she is not presented as performing them»), es terminante en la pág. 1: «Trotaconventos was not a witch; nor did she even use sorcery to attain her ends». Por el contrario —y con razón— María Rosa Lida de Malkiel opina que «El Arcipreste... al referir brevemente otras hazañas de la vieja... atribuye su éxito exclusivamente a sus artes, alabadas en términos de magia (941 sig.)» *(Nuevas notas...,* pág. 59).

                    a los cascabeles
                de las melcochas... [21],

y así hizo hasta no hace mucho un personaje popular de la
novela mexicana, representado con dos cestas, una bajo cada
brazo, y campanillas en las asas de cada una de ellas, en su
sombrero y en el cuello [22].

Harnero adivinatorio y cascabeles publicitarios completan
la figura de la vieja: su «escanto» más seguro, claro es, reside
en su arte de persuadir, pero no es desatinado suponer que
la brecha por donde penetra su prédica pueda abrirla muchas
veces el instrumento supersticioso de que se sirve para ganar
a sus víctimas y, con ellas, su sustento.

Los buenos escritores lo son precisamente porque saben
lo que tienen que decir y lo dicen, de modo que la mejor manera de entenderlos consiste en darles crédito. Cuando Juan
Ruiz pone en boca de Trotaconventos «con aqueste mi harnero la traigo yo al çarcillo» es porque él y la vieja piensan
en el harnero, y no en el ocasional contenido de ese harnero:
si hubiera querido decirnos eso otro, Juan Ruiz habría sabido
decírnoslo. Igualmente, cuando dice que la vieja «va tañendo
cascaveles, meneando de sus joyas», es porque la vieja menea
sus joyas —probablemente todo su andar sea meneo— y tañe
cascabeles: sortijas y alfileres entrechocados —y muchísimo

---

[21] Estribillo de la composición 494, págs. 45-47 del t. III en la edición de Foulché-Delbosc; lo mismo en Juan Rufo: «asechar por las so-
najas / cuándo pasa el melcochero», pág. 295 (la anotación va errada).

[22] Raúl Arreola Cortés, «José Rubén Romero: vida y obra»; en página 25 reproduce la placa recordatoria de Pito Pérez, personaje de José
Rubén Romero que, al parecer, existió realmente. El profesor Arqueles
Vela me confirma que el uso de campanillas por los vendedores ambulantes fue frecuentísimo en México, y mi amigo el profesor Ángel
González Araúzo me dice que aún hoy las emplean. (La confusión entre
campanillas y *cascabeles*, en el habla popular —y en todos los niveles—,
es constante.)

menos si los ensordecen manteles y telas labradas— no son enseña digna del talento comercial y persuasivo de Trotaconventos. ¿Sabrán estos cascabeles servirnos de advertencia a lectores y comentadores del poeta?

TROYO, TROYA

En su edición del *Corbacho* del Arcipreste de Talavera (que contiene algunos comentarios excelentes), Mario Penna tropieza con un vocablo oscuro: «Troyo [pág.] 186, [línea] 17 — non è registrato in R[omera] N[avarro], *Reg[istro de Lexicografía Hispánica]*»[1]. El pasaje aludido del libro se refiere a aquéllos que son «odiosos (sobre) detractores, murmuradores [...], míseros al esecutar, troyos a perdonar». Al reseñar la edición de Penna, apunté que «El contexto subraya el sentido de deslealtad que tiene la voz en francés antiguo: 'troilleor' (y diez formas emparentadas) en Godefroy, con el sentido de 'trompeur, faux, dissimulé'», agregando que «El italiano conoce *troja* 'detto a femmina per ingiuria', con cuatro diminutivos-despectivos, en Tommaseo e Bellini, tres derivados más, y las formas masculinas *trojo*, que indica suciedad, y *trojone*»[2]. La asociación con *troya* me parecía no sólo natural, sino fatal y obligadísima. Pero hete aquí que, desde hace no mucho, *troya* no existe en castellano, o casi; y antes de deplorar definitivamente su pérdida, no estaría de más

---

[1] Alfonso Martínez de Toledo, *Arcipreste de Talavera*, edito da Mario Penna, pág. 249. A pesar de su título, la *Contribución al estudio del vocabulario del «Corbacho»*, de A. Steiger, es más lingüística que léxica, y no trata de esta voz.

[2] *BHi*, 59 (1957), 100.

emprender una corta peregrinación a su sepulcro, para saber a ciencia cierta si se trata o no de un cenotafio.

El estudio más detenido que se llevó a cabo en vida de esta palabreja es el de Carlos Clavería: «*Libro de Buen Amor,* 699 c: '...estas viejas troyas'»: comienza por combatir la vieja interpretación (Cejador, Aguado, María Rosa Lida) «que compara a esta vieja con la ciudad de Troya como símbolo de guerra y destrucción», de donde se saca su sentido de 'cosa vieja'; retoma luego una explicación de don Tomás Antonio Sánchez desarrollada por Diez y otros etimólogos (Körting, Gröber, Bloch y Wartburg, Meyer-Lübke), que se apoya sobre el nombre de la hembra del cerdo «esp. ant. *troya,* prov. *trueia,* fr. *truie*» (pág. 269), y que llega a Richardson con el valor de 'alcahueta'; sostiene luego que ninguno de estos sentidos es aplicable al pasaje de la copla 972, verso *b,* del *Buen Amor:* «la chata troya» no es ni alcahueta, ni antigualla, ni ruina; y partiendo de las connotaciones corrientes del cerdo, «símbolo de suciedad y de lujuria... aplicado como epíteto a los seres humanos de descuidado aseo o de desenfrenada moral» (pág. 270, con abundantes ejemplos literarios de numerosos sinónimos castellanos de *cerdo),* concluye que «*troya* significa sin duda en el lenguaje gráfico del Arcipreste 'puta' o 'moza monstruosa'» (pág. 271). Aceptan esta explicación Anthony N. Zahareas [3] y Giorgio Chiarini, para quien el de Clavería es «un dottissimo articolo» que «fa giustizia sommaria dei deliranti fraintendimenti, giustificabili forse come prepotente manifestazione di una istintiva autocensura anticoprolalica, del Sánchez... del Cejador... di Aguado... e di M. R. Lida» [4]. No sabría decir hasta qué punto el párrafo del

---

[3] *The art of Juan Ruiz, archpriest of Hita,* pág. 161, nota 183.
[4] Ed. crítica del *Libro de Buen Amor,* notas de pág. 134.

Chiarini «è vero», pero me parece fuera de toda duda que «è ben trovato», en el antiguo sentido poético de esta voz.

La monumental edición crítica del _Buen Amor_ por Corominas viene a aniquilar estas certidumbres, por galanamente expresadas que estén. Ya el sabio lingüista había manifestado sus dudas sobre el valor de _troya_ en los pasajes estudiados por Clavería: «(es dudoso que _troya,_ J. Ruiz 699 _c,_ 937 _c,_ designara propiamente la puerca, como en otros romances)» se desliza así, entre paréntesis, en su _Diccionario crítico etimológico,_ s. v. _puerco._ En el texto y las notas del _Buen Amor_ la duda se le convierte en mucho más que certidumbre: _troya_ no existe, y hay que leer, en los pasajes criminosos, _croyas,_ 'ruines, malas, viciosas'. Sostiene el distinguidísimo erudito que si todos los comentaristas del poema «imprimieron _troyas»,_ como lo hicieron, es porque «en general prescindieron aun de comparar a Juan Ruiz con Juan Ruiz mismo» (página 266); y si Sánchez, Janer y Ducamin «leyeron _troya_ sin vacilar en los dos mss.», agrega, «por mi parte no me empeñaré en contradecirles», puesto que, «en definitiva, en el aspecto paleográfico, siempre nos quedará alguna duda, si no en cuanto a lo que quisieron escribir los copistas de los códices actuales... por lo menos en cuanto a lo que hallaron ellos en sus modelos y éstos en el arquetipo» (pág. 268).

Comienzo por inclinarme respetuosamente ante el maestro de etimologistas, y por declinar mi humilde condición que ni siquiera es la de un etimólogo dominical: siendo apenas un lector atento —en todos los sentidos de la voz— quisiera apenas formular atentamente algunas dudas de lector (dudas muy diferentes, en cuanto a peso, de las dudas metódicas y paleográficas copiadas arriba). La primera concierne la forma gráfica de la voz suprimida por Corominas, que consagra media columna de letra menuda a explicar las características del manuscrito G del _Buen Amor,_ en el que «el trazado de la

letra... es de una ambigüedad lamentable»; empero, en 699 *c*
el ms. G «trae el vocablo escrito con claridad: la *t* y la *c* son
sumamente próximas en este tipo de letra, pero no deja de
haber alguna diferencia, y más bien parece una *t*, aunque
una arruga del papel... nos deja con escrúpulos»; y en 972 *b*,
en cambio, «nos hemos de preguntar» si tal rasgo «no quiere
ser más bien una *c*, y entonces... entonces deberíamos leer
croya» (pág. 268). Suprimimos aproximadamente dos tercios
de la argumentación, por menos probatoria todavía: evidentemente, «en el aspecto paleográfico siempre nos quedará
alguna duda, si no en cuanto a lo que quisieron escribir los
copistas de los códices actuales... por lo menos en cuanto a
lo que hallaron» los lectores en esos códices. También podrá
dudarse si el arquetipo fue escrito o no sobre un pergamino
raspado, y, en caso afirmativo, cabrán dudas sobre lo que
primero llevó escrito antes de ser el arquetipo, y sobre la
biblioteca o animal de que procede. Las dudas siempre caben,
y pueden llevarnos muy lejos: hasta puede dudarse de qué
autoridad gozan para modificar un texto escrito.

Podría aceptarse, como hipótesis de trabajo, que los tres
editores que en tres siglos sucesivos transcribieron el texto del
Arcipreste, influidos todos por una primera lectura absoluta
apresurada y no rectificada después, hayan equivocado todos
idénticamente la voz en sus ediciones; pero también hay que
reconocer que también Corominas prescinde de comparar a
Juan Ruiz con el Arcipreste, él, y el de Talavera. En el caso
de este último, un manuscrito copiado en vida del autor y un
incunable sólo treinta años posterior leen *troyo* y no *croyo*
(me parece que debe descartarse la posibilidad de que se trate
de dos palabras diferentes, *troyo* y *troya*; además, la *vita
croia* de los «dialectantes italianos» que cita Corominas en su
apoyo en pág. 268 se parece escandalosamente a la «vita spor-

ca», la «porca miseria» y otras expresiones populares de idénticos orígenes y sentido).

La otra duda que nos permitimos formular concierne otra afirmación de la misma página 268: Clavería, dice Corominas, «resucita una idea de Diez, que yo mismo había tenido en escéptico examen por algún tiempo, según la cual *troya* sería un hermano castellano del cat. *truja* 'cochina' —palabra prerromana y no alusión al caballo de Troya, como fantásticamente aseguran—, pero ni este vocablo ha existido nunca fuera de los límites galorrománicos *lato sensu*, ni se aplicaría su sentido a la serrana monstruosa».

La falla mayor del estudio de Clavería consiste en que desconoce algunos precedentes importantes, que Corominas está lejos de ignorar y utiliza en el artículo *puerco* de su *Diccionario:* tales la nótula de Baist «*Écrou — Écrouelle*», que vincula *écrou* con *scrofa*, a semejanza del castellano *puerca*, hoy *tuerca* (Corominas acepta la relación al tratar de esta última voz), y la contribución, mucho más extensa e importante, de Gerhard Rohlfs, «Phallische Vergleichen bei technischen Ausdrücken». Rohlfs remite allí a la primera de sus «Etimologie italiane: tosc. *succhio, verrina*, e franc. *verrou*», donde establece que ya en latín *sucula* 'hembra pequeña del cerdo' y *porculus* 'cerdito' designan utensilios o artefactos, al igual que los demás nombres de estos animales pasados a las diferentes lenguas romances, a los que agrupa en siete familias: derivados de *sucula-suculus*, de *porcus* y *porcellus*, de *porca*, de *scrofa, scrofula, scrofina*, de *troja*, de *verres*, y de *masculus*. Las características esenciales de estos derivados son las siguientes:

> Si osserva che quasi esclussivamente la denominazione dello strumento che entra è presa dal porco maschio (pork, porculus, mastio, macho, succhio, succhiaru, verrina, verrou), mentre la femmina denota la cosa nella quale si entra (skroa, écrou, troja,

puerca)... Non si può essere in dubbio che la funzione di tutti questi vari strumenti sia stata paragonata alla funzione delle parti genitali... [5].

Idénticas conclusiones sostiene en su estudio ulterior [6], donde trae a cuento el catalán *truja* (cubo de la rueda, destinado a recibir el eje); lo sigue, tanto en este ejemplo como en sus conclusiones, E. Tappolet en su estudio sobre «Les Noms galloromains du moyeu» (pág. 483, y sobre todo en páginas 522-523).

Los nombres de la hembra del cerdo no son inusitados en el vocabulario del juego: *chancha* es «la ficha doble del dominó, y también la pieza ahogada en el juego de damas» [7]: compárese con «*Chancho*. En la expresión: *dejar a uno chancho* (del juego de damas): dejarlo solo» [8]. «Se le echó la chancha» 'perdió', 'dejó de ir ganando', es usual en los juegos —de cartas, de azar, de habilidad— rioplatenses; el español *acochinar* (tercera acepción: «en el juego de las damas, encerrar a un peón de modo que no se pueda mover») es el venezolano *encochinar* [9]. En el dominio francés, el *jeu de la*

---

[5] Pág. 384. Compárese con las expresiones «llave hembra y llave macho» (macho, la que no tiene agujero; hembra, la que lo tiene), en las «Voces andaluzas (o usadas por autores andaluces) que faltan en el Diccionario de la Academia», de Miguel de Toro y Gisbert, pág. 493.

[6] Pág. 128; conclusiones levemente escamoteadas en el resumen de A. Chr. Thorn, resumen que, sin embargo, me puso sobre la pista de estos trabajos de Rohlfs.

[7] Ciro Bayo, *Manual del lenguaje criollo de Centro y Sud América*, página 91.

[8] José Gobello y Luciano Payet, *Breve diccionario lunfardo*, pág. 30.

[9] Lisandro Alvarado, *Glosarios del bajo español de Venezuela*, segunda parte (t. III de sus *Obras Completas*), pág. 106. Según Picón Febres (citado por Toro, págs. 358-359), en Venezuela se llama *bicha* a la ficha con que se cierra una partida de dominó: aquí la voz es eufemismo evidente por cerda o marrana, así como en otros lugares parece derivar del nombre de un ave de rapiña (como se ve en la *Colección de voces y frases provinciales de Canarias*, de Sebastián de Lugo, ed. de

truie («jeu de boules pratiqué avec des bâtons»), citado por Rabelais, se practica hoy en varias regiones de Francia y de América [10].

La voz *troya* —que en materia de juegos, de Terreros acá, se vincula solamente con los juegos troyanos, y no siempre— designa un juego de niños en el Río de la Plata:

> *Troya (A la)*. Juego infantil. En un círculo descrito en el suelo se hace rodar un trompo; los jugadores tiran a dar sobre él y sacarle del ruedo, lo que se consigue haciendo *quiñe* o *cachada* [11].

La reconocida capacidad de fantaseo de Ciro Bayo, cuya es la cita precedente, no permite concederle *a priori* autoridad bastante para documentar una voz que, de acuerdo con una de las mayores autoridades en materia de lengua, «no ha existido nunca fuera de los límites galorrománicos *lato sensu*»; pero esta vez Bayo tiene razón. En su *Manual* ha aglutinado —entre otras cosas— la diversión rioplatense con una variante más septentrional del mismo juego:

> *Picar Troya*. Dentro de un círculo se coloca el valor de la apuesta: un real, un bolívar, o un objeto cualquiera que pone cada jugador. El trompo se tira procurando que el objeto quede fuera del círculo, en cuyo caso, pasa a ser propiedad del pro-

---

José Pérez Vidal, pág. 70, o *BRAE*, pág. 333). El masculino *bicho*, referido al toro, no es ya eufemismo cortés, sino forma reverencial de un tabú lingüístico, y pertenece a otro orbe distinto.

[10] Cf. G. Massignon, «Survivances modernes des jeux de Gargantua», y su reseña por L. Sozzi.

[11] Ciro Bayo, *Vocabulario de provincialismos argentinos y bolivianos*, pág. 537; dice exactamente lo mismo en su *Vocabulario criollo-español sudamericano*, pág. 229; pero lo varía enteramente en su *Manual*, pág. 250: «Troya (A la). Juego infantil. Sacar con un trompo una moneda puesta en un círculo en el suelo. *La mancha*, en Sud América [?]».

pietario del trompo cuya acción hizo posible que quedara
fuera [12].

La difusión geográfica de estos juegos es muy amplia: la
Academia los registra, entre otros, con los nombres de *boche*
y *hoyuelo* (más la variante chilena registrada en *hoyitos)*;
«jugar al hoyuelo» es la expresión que emplea Tirso en el
acto primero de *La Dama del Olivar:*

> Pues los dos hoyuelos chicos
> que hace en riéndose, el cielo,
> a tener allá su cara,
> con ellos cro que jugara
> con el amor al hoyuelo [13].

Da también la Academia la forma alavesa *vico*, que usa
Baroja:

> ¡Y el ciclo de los juegos! ¡Qué preocupación para Silvestre era
> el pensar en esto! ¿Quién dispondrá —pensaba él— cuándo se
> ha de empezar a jugar a los bolos, y cuándo a las chanflas y a
> los cartones de las cajas de cerillas, y cuándo al marro, a la
> comba, al vico, al trompo y a los ceros? [14].

Julio Casares anunciaba hace años la inclusión de la forma *gua* en el Diccionario, donde ya ha sido acogida; Alcalá
Venceslada registra la voz *formilla* [15], y Baráibar agrega los
nombres *bocho* (que es *boche* con un ligero cambio fonético)
y *chol;* en América conozco las variantes que da Toro [16]:

---

[12] Lourdes Dubuc de Isea, *Romería por el folklore boconés,* página 387, núm. 1.679.

[13] Pág. 210 *a.* El juego del hoyuelo figura también en el *Guzmán
de Alfarache* (t. II, pág. 26 de la ed. Gili Gaya).

[14] *Aventuras, inventos y mixtificaciones de Silvestre Paradox,* página 35.

[15] *Vocabulario andaluz,* pág. 138, s. v. *chon.*

[16] *Americanismos,* págs. 80-81.

*bocha, bote, chicola, chicolo, chicolongo, chocla, choclón, cho-
cola, chócolo, chocolongo, cholla* (le vienen de Arona, Gagini,
Barberena y Bayo), y algunas otras denominaciones: en Salta
(Argentina) *hormillas, hoyo, troya* y *utico*[17]; en Honduras,
pacones; en Chile, *trinca;* en Colombia, *moma;* sobre ligeras
variantes en el modo de jugar, los proyectiles suelen, a veces,
diferir[18].

De todas estas denominaciones, *troya* parece ser la más
extendida: Santamaría explica el juego detenidamente, como
uso local que es (t. III, pág. 223), Malaret lo señala en Argentina, Bolivia y Venezuela, y Morínigo (pág. 646), recogiendo
estos datos, le da una extensión prácticamente continental
(Argentina, Bolivia, México y Venezuela; recoge también el
uso diferente de la voz *troya* en Chile y Perú —juego de boliche, quinta acepción de la Academia— que trae Malaret, quien
da además la variante gráfica *trolla* como usual en Chile). La
difusión del juego, y la extensión muy dilatada del nombre
troya en América, son indicios de antigüedad considerable:
una vez más tenemos probado, experimentalmente, que los
niños son «notables conservadores», pues «en sus formulillas
folklóricas, del habla tradicional»[19], subsiste una voz desaparecida desde el siglo xv, y sólo por ellos conocida fuera de los
límites estrictos de lo galorrománico.

---

[17] Juan Vicente Solá, *Diccionario de regionalismos de Salta;* la última forma figura también en Juan Carlos Dávalos, «Lexicografía de
Salta», pág. 18, donde se nombran además las hormillas. Solá registra,
además de *troya* y el derivado *troyero,* los juegos más o menos similares denominados *cafúa* y *triángulo.*

[18] Alberto Membreño, *Hondureñismos,* pág. 112; Zorobabel Rodríguez, *Diccionario de chilenismos,* pág. 464; P. Julio Tobón Betan-
court, *Colombianismos.* Malaret *(Diccionario de americanismos)* recoge
en pág. 667, sin localizarla con este sentido, la voz *pite.*

[19] Rodríguez Marín, en sus notas al *Viaje del Parnaso* cervantino,
página 552.

¿Qué relación tiene la *troya* de los juegos infantiles con la *troya* de Rohlfs? No ha faltado quien aplicara al juego americano la misma etimología clásica otrora adscrita a las mujeres de Juan Ruiz:

> Nadie se acuerda, por ejemplo, de la guerra de Troya y los chicos sí, a cada rato la sacan a relucir porque llaman Troya al sitio donde está el montón de bolitas de vidrio que han de derribar con un golpe brutal de otra más grande, la *anchera*. Igualmente llaman *Troya* al juego de trompos donde el perdedor debe presenciar el acto salvaje de ver deshacer su propio trompo con los golpes asestados por el ganador contra otro trompo dispuesto con púa de hacha hacia arriba, indicándonos de este modo que la idea de *Troya* tenida por ellos, es la de una brutal destrucción [20].

La relación de la voz *troya* con los significados antiguos de la palabra la aclara el dúplice valor del nombre del juego:

> *Troya* s. f. Juego de trompos. // s. f. Circunferencia que para dicho juego se marca en el suelo. Este entretenimiento figura en todos los diccionarios americanos que he consultado [21].

Troya es, pues, el juego, y el lugar donde se lo juega: el «juego de la troya» consiste ya en llevar los trompos a la «troya», ya en desbaratar la «parada» que la «troya» contiene, y este nexo —la «troya», y no la idea «de una brutal destrucción»— es lo que conecta las dos variedades argentinas. Algunos textos literarios y populares lo mostrarán aún más claramente:

> Alléguense, compañeros,
> como trompos a la troya... [22].

[20] J. A. Carrizo, «Poesía tradicional argentina», 9.

[21] Solá, pág. 333. Cita a continuación «Troyero. adj. El trompo que ha sido preparado para jugar a la troya».

[22] Copla popular citada por Villafuerte, II: 362, s. v.; en la página siguiente da *troyón*, «una variedad del juego de los trompos».

> Zumbaban los trompos a concierto —para llevar a botes a la
> «troya» al viejo «servidor» que, sin cabeza y luciendo las cica-
> trices de las púas, estaba por ahí, a medio camino... [23].

> En el centro de la troya había una parada de tres trompos.
> Alejo alzó el brazo, con un trompo grande como batata, en la
> mano, de acerada púa robusta, fajado desde ésta hasta el lomo,
> de apretados rollos de cháguara. Les tiró un puazo a los de la
> parada troyera, con tanta furia de costado que saltaron del
> círculo. El picador zumbó en un salto largo y semillano [24].

Como en los casos estudiados por Rohlfs, también aquí el
nombre de la hembra del cerdo «denota la cosa nella quale si
entra»: la *troya* que da nombre a los juegos —incluso al de
boliche— no es ni la ciudad famosa ni la idea de desbarajuste
que ésta arrastra, sino el ámbito (generalmente circular, a veces en forma de triángulo, casi siempre a manera de recinto
excavado en tierra) que recibe las «paradas» y la destructora
visita de los trompos con púas de hacha. Tanto es así que
este hoyo es la constante inseparable del nombre del juego
y su definición: *bocho* es «boche o vico, hoyo pequeño y redondo que hacen en el suelo los muchachos para jugar, tirando a meter dentro de él huesos de albérchigo o agallas» [25];
chocolón «es un pequeño agujero hecho en la tierra... y sirve
a los muchachos para jugar botones, bolitas u otros objetos
menudos, tirándolos con la mano desde cierta distancia, un
metro poco más o menos, de modo que caigan dentro del
hoyo...» [26]; *choclón* es «juego infantil: meter una bolita en el
hoyo...» (Bayo, *Manual*, pág. 104); la *chócola* «consiste en tirar a un hoyuelo hecho en la tierra cierto número de bolitas»

---

[23] «Fray Mocho» (pseud. de José S. Álvarez). «¿Y a mí quién me
agarra?», pág. 461 de sus *Obras completas*.

[24] Fernando Gilardi, *Silvano Corujo*, pág. 147.

[25] Baráibar, pág. 55; también denomina el «hoyo abierto en la
tierra para poner plantas».

[26] Santiago I. Barberena, *Quicheísmos...*, 1.ª serie, pág. 108.

(Gagini, pág. 117); el *chol* «consiste en meter en un agujero abierto en el suelo, agallas o huesos de albérchigo que le tiran desde cierta distancia», así como el «boche u hoyo preparado para este juego» (Baráibar, pág. 99); *hacer chon* es «frase que usan los niños en los juegos del *tejo* y de la *formilla* para indicar que meten todos los *volantines* o botones en un agujero, con lo cual ganan» (Alcalá Venceslada, pág. 138); el *gua* «consiste en lanzar bolitas de barro o canicas para que entren en un hoyo hecho en la tierra» (Casares); las *hormillas* son un «juego de niños que consiste en introducir tal clase de botones en un pequeño agujero practicado en el suelo» (Solá, pág. 177); «en el juego de *pacones* se hace *moca*, cuando el muchacho logra meter en el hoyo todos los que tira de una vez» (Membreño, pág. 112); *utico* es «hoyo que los niños hacen para jugar a las hormillas» (Dávalos, pág. 18), «hoyo que se cava en el suelo para jugar a las bolillas o a las hormillas» (Solá, pág. 342); *vico* es «boche, hoyo pequeño y redondo que hacen los muchachos en el suelo para jugar, tirando a meter dentro de él huesos de albérchigo o agallas. // El mismo juego» (Baráibar, pág. 255); para no decir nada de *hoyito, hoyuelo* y *hoyo*, el último de los cuales, en algunos lugares, se ha convertido (lo que refuerza la convicción de su valor sexual) en sinónimo de «suerte» [27].

Fuera del español, y sin poder asegurar la estricta vinculación del nombre de ese juego con el de la hembra del cerdo, hallamos una asociación semejante en inglés:

> I remembered that it was on that hill that nurse taught me to play an old game called «Troy Town», in which one had to dance and wind in and out on a pattern in the grass... [28].

[27] Solá, pág. 177: «Hoyo, s. m. Suerte. '¡Qué hoyo tiene ese tipo!' // s. m. Juego de *bolillas* u *hormillas*, v. *utico*. En Salta se juega en un solo *hoyo*; en Cuba y Chile, en tres».

[28] Arthur Machen, *The white people*, pág. 168. Parece que el nombre

Pero que la asociación del juego y el animal doméstico es verdadera y constante lo prueba, en dos campos lingüísticos diferentes, un viejo estudio de Lazare Sainéan, que muestra, entre los derivados de *troja*, las variantes dialectales del *jeu de la truie* de Rabelais: *treue* en el Berry, el provenzal *trueio* (amén de otras formas diferentes, como *boque* 'truie' en el Franco Condado, y muchas similares), agregando como correspondencia al «jeu de la crosse» el «all. *Sauball*, balle placée au milieu des joueurs dans un creux» [29].

Los nombres del cerdo y de su hembra, ya por la suciedad que los caracteriza, ya por la fuerte carga sexual que poseen, han servido desde antiguo como términos denigrativos [30]; y

---

se relaciona aquí con la idea de confusión y de laberinto; *The English Dialect Dictionary*, ed. by Joseph Wright, registra «Troy-fair... Used to describe a time of household confusion... 2. Troy-town», y «Troy-town. 1. A maze, a labyrinth of streets... 2. A state of confusion or disorder; a litter. Cf. troy-fair»; como nombre de juego, la expresión falta, pero se la encuentra en *The Traditional games of England* de Alice Bertha Gomme, que describe la diversión —Machen deriva hacia las prácticas esotéricas que forman el andamiaje de su relato— como un juego cuyo principal elemento es un laberinto en cuya ciudadela central se trata de penetrar (al parecer, se trata de un juego de la familia del infernáculo), pero para la autora parecería proceder de «the medieval mazes or labyrinths called 'Troy Towns' or 'Troy Walls', many of which existed in different parts of England and Wales. It appears that games connected with the midsummer festivals were held in these labyrinths» (t. II, pág. 310); la fecha corroboraría las connotaciones mágicas que Machen explota; pero no deja de ser interesante que el juego conste también de una figura dibujada sobre el suelo, con una «ciudadela» receptora central en la que se danza y «wind in and out».

[29] *La Création métaphorique en français et en Roman... Le Chien et le porc...*, págs. 102 y 111. A. H. Krappe, en su estudio sobre las fuentes del *Libro de los enxemplos*, llama escuetamente *jeu du pourcel* a la querella de los ciegos, núm. 64, con referencia al núm. 43 de Jacques de Vitry en la ed. de Crane (pág. 20).

[30] Sobre los cuantiosos ejemplos españoles reunidos por Clavería, véase uno o dos del francés: «Avec l'oie, il [le cochon] réunit d'ailleurs un ensemble de traits qui, transmis à l'homme, permettent de décrocher à certains d'aimables qualificatifs. Ne dit-on pas: 'Il a une vraie

la literatura ha recogido constantemente ecos de este uso general, que van —para citar dos ejemplos extremos— del sueño de Julio César soltado por el mago Merlín, a la frase criolla (que el uso ha tornado inocente) recogida por García Velloso en *Gabino el mayoral* [31]. Por lo que respecta en particular a los derivados de *troja*, la homofonía con la renombrada ciudad asiática, cuyo nombre también pervive hasta hoy en letras y en tradición oral [32], origina cruces semánticos

---

tête de cochon', 'Il est sale comme un porc', 'Il boit comme trente-six cochons' (mais on peut aussi être saôul comme une vache), 'Il m'a joué un tour de cochon'. Les cochons de payants, vous les connaissez? Et que pensez-vous, mesdames, des hommes qui ont les yeux cochons?» (Albert Fratellini, *Nous, les Fratellini*, pág. 55). Comentando un pasaje del *Journal particulier* de Paul Léautaud, Pierre Michelot escribe en su prefacio: «Dans l'intimité, le mari et la femme se donnaient les petits noms de: *le nochon, la nochonne*. Léautaud ayant interrogé là-dessus la dame de ses pensées, celle-ci répondit tout bonnement que c'était par bienséance, pour ne pas dire publiquement: *le cochon, la cochonne*. Léautaud, comme tous ceux qui se piquent de n'être jamais roulés, n'y vit que du feu, trouvant cela très drôle. Dans les ménages ou 'rien ne va plus', on n'a pas de ces façons!» (t. I, pág. xiii).

[31] La cerda coronada rodeada de doce lechoncillos que ve César en sueños no es otra que la emperatriz y las doce falsas doncellas de su séquito: fábula y paralelos en Dunlop, t. I, págs. 459 sigs. Cf. «...¡Yo gozo con estas cosas, yo gozo como un chancho!», en la pieza de Enrique García Velloso (citamos por la antología *El sainete criollo*, página 124; la obra se estrenó en 1898).

[32] Valgan sólo dos ejemplos —más uno posible de Juan Ruiz—; uno de comparación literaria: «desonbrada como Troya / reziẽ robada y ardida», del Ropero, en el *Cancionero general*, fol. ccxxv; otro de utilización artística de una expresión tradicional: «Cuando al espejo te mires / y digas: ¡aquí fue Troya!» (*Romancero general* de 1604, número 2830 de Cejador, *La verdadera poesía...*, t. VII, pág. 169). En la literatura moderna española el uso es también frecuente: sobre *La casa de la Troya* de Pérez Lugín, recuérdense las Troyas de *Doña Perfecta*, que «estaban hasta cierto punto proscritas, degradadas, acordonadas, lo cual indicaba también algún motivo de escándalo», aunque su escándalo inofensivo se manifestara en especial por «soledad, pobreza, abandono... remiendos, zapatos rotos...» (B. Pérez Galdós, *Obras Completas*, t. IV, págs. 438 y 439). Para Gilman, «La referencia clásica es en

desde los tiempos de Macrobio hasta hoy (yo mismo he oído decir de las ventosidades —en la Argentina aunque en italiano— «che nel tempo dei Troiani si chiamavano sospiri», jugando con el doble sentido del vocablo). Lo que interesa sobre todo aquí es que esta falsa etimología, repetidísima, haya preservado hasta hoy, en español, la forma *troya*, atestiguada por dos escritores medievales y viva en toda la América española como nombre de un juego de niños. Inclusive en España, nos informa María Brey, «en Veguellina de Órbigo, en comarca leonesa, de tanta importancia para la transmisión del *Libro de Buen Amor*, se llama corrientemente *troyas* a los sapos, mejor dicho, a las *sapas*, lo que es aún más curioso: por ejemplo, es frase usual decir a quien parezca estar adormilado: ¡Espabílate, que pisas la troya!» (glosario de su edición de Juan Ruiz, pág. 273).

Si el uso de esta voz en Arreola puede avalorarse como mero eco literario del Arcipreste: «Lo que pasa es que todas aquí son unas moscas muertas, unas viejas troyas» [33], el testimonio del *Corbacho* y la difusión del juego infantil invalidan, creo, una de las razones aducidas por Corominas contra las dos apariciones de «troya» en el Arcipreste de Hita («este vocablo no ha existido nunca fuera de los límites galorrománicos *lato sensu*»). En cuanto al final de esa misma frase («...ni se aplicaría su sentido a la serrana monstruosa»), confieso que me deja algo pensativo. Por más que busco, no veo ni la diferencia entre el «*troya* 'puta' » de Clavería y el «port. dial. *croia* 'mulher de maus costumes' » de Corominas, ni el abismo semántico que puede separar el significado del *troilleor* (etc.) de Godefroy y el de las formas *croi, cruei, croei, croio* que propone Corominas: como se dice en el Plata, me

---

este caso tan clara que no necesita comentario» («Las Referencias clásicas de *Doña Perfecta*». Tema y estructura de la novela).

[33] Juan José Arreola, *La Feria* (la 1.ª ed. es de 1963), pág. 182.

parece que «por áhi, por áhi, cantaba Garáy». Cuenta tenida de todo esto, así como los complejos equilibrios que hacen falta para leer, en sólo un pasaje de sólo uno de los manuscritos del *Buen Amor*, una palabra distinta de la que todos los demás editores y críticos del poema han aceptado buenamente, me parece permisible adoptar la correctísima y modestísima actitud de don Joan Corominas frente a Sánchez, Janer y Ducamin: «por mi parte, no me empeñaré en contradecirle». Pero en mi fuero interno seguiré también su ejemplo, y continuaré prefiriendo una forma atestiguada en toda la Romania, según un módulo aún más universal, a ese raro «*Reliktwort* del Guadarrama, legado a nosotros sólo por Juan Ruiz», que él nos propone y que no aclara maldita la cosa.

EL ZAPATERO DE DON JUAN MANUEL

En el «prólogo general que a sus obras puso», don Juan Manuel relata «una cosa que acaesció a un caballero en Perpiñán, en tiempo del primero rey don Jaimes de Mallorca»: y es cómo el caballero tajó cuantos zapatos tenía hechos un zapatero porque éste, al decirla, estropeaba una muy buena cantiga que el caballero había compuesto (*BAE*, LI, pág. 231). Ticknor fue el primero en señalar la similitud de este apólogo inicial con la novela 114 de Franco Sacchetti, que atribuye el hecho a Dante y a un herrero; y Milá y Fontanals agregó que el Conde Balbo inserta la anécdota en su vida de este poeta, «junto con otra en que se ve al Alighieri muy enfadado con un arriero que introduce muchos *arres* en una de sus canciones [1]». La frase de Milá —que en su libro *De los trovadores en España* usa el texto de don Juan Manuel como si éste pudiera ofrecer una información histórica [2]—

---

[1] *Noticia de la vida y escritos del Infante don Juan Manuel*, prólogo de la edición de 1853 de *El Conde Lucanor*, reproducido con algunas adiciones en el t. IV de las *Obras Completas* de Milá (pág. 137, n. 2 de esta reedición).

[2] Milá, *De los trovadores en España*, págs. 444-445, n. 2 de pág. 444: «Don Juan Manuel cuenta un lance ocurrido a un caballero trovador de Perpiñán en tiempo de don Jaime de Mallorca que en caso de referirse a persona determinada, ignoramos si es alguno de los [ya] nombrados: ...», y sigue el texto, sin comentario alguno. M. Alvar también recuerda

no es muy clara: la «otra» anécdota citada por el Conde Balbo es la novela 115 del propio Sacchetti. Sería curioso establecer cómo pasó este dato de Ticknor a Milá; lo que es seguro es lo siguiente: Ticknor *(History of Spanish literature*, t. I de la ed. de 1849, nota 27 de págs. 67-68) escribe «Sachetti», con una sola «c» (así está también en todas las ediciones ulteriores que he podido ver); la misma grafía incorrecta se mantiene en la traducción española (t. I, nota 13 de pág. 73), y Gayangos, uno de los dos traductores, la introduce en la nota pertinente de su edición de don Juan Manuel (pág. 231, n. 1; remite allí a la edición española de Ticknor); el error sólo se corrige en la traducción francesa de Magnabal (t. I, n. 1 de páginas 65-66). Dos años antes había aparecido la segunda serie de *Les vieux auteurs castillans* del Conde de Puymaigre, en cuya pág. 6, tras citar a los traductores españoles de Ticknor, se recuerda la novela de «Sachetti» (el texto es idéntico en las dos tiradas de ese mismo año); la reedición de 1890 (pág. 182) agrega en nota: «Novella CXIV: Dante Alighieri fa conoscente uno fabro e uno asinajo del loro errore perche con nuovi volgari acutavano [*sic*, por 'cantavano'] il libro suo». Milá, como vimos, cita a Cesare Balbo (que separa cuidadosamente los dos relatos de Sacchetti)[3], pero sin que su redacción sea

_____

el relato de don Juan Manuel —pero por su valor ejemplar, y no histórico— al final de una reseña.

3 *Vita di Dante*, vol. I, Torino, presso G. Pomba e C., 1839, págs. 351-352. Lo mismo —aunque tipográficamente menos claro: las notas 1 y 2, que remiten respectivamente a las *novelle* 114 y 115, están compuestas sobre una misma línea— en la edición «con le annotazioni di Emmanuele Rocco», t. I, págs. 188-189. Hemos consultado la edición de 1804 de las *Novelle* de Franco Sacchetti (t. II, págs. 148 sigs., y 151-152); todas las que hemos visto (Firenze, 1724; Londra, 1795; Milano, 1815) llevan el «argomento» ambiguo que transcribe Puymaigre, sin nota alguna. Sólo la de O. Gigli (1860-1861) advierte: «Cosí i Cod., quantunque la novella dell'asinaio faccia seguito a questa» (t. I, pág. 274); lo mismo en la «2.ª impressione», 1888, en la misma página.

terminante; además, escribe, como Ticknor y Puymaigre, «Sachetti». Parece así haber mezclado tres fuentes distintas, y haber confundido, siguiendo a Puymaigre, los dos relatos del antiguo novelador; en todo caso, puede darse por cierto que no verificó con cuidado el dato de Ticknor.

Los textos de Sacchetti han sido estudiados por Giovanni Papanti en su libro sobre *Dante, secondo la tradizione e i novellatori* [4]. Papanti agrega al primer relato de Sacchetti otros paralelos, comenzando por el más antiguo: el caso del poeta Filóxeno con los ladrilleros, narrado brevemente por Diógenes Laercio en su vida de Argesilao; señala luego una falsa pista dada por F. D. Guerrazzi, y concluye con una versión popularizada por Blanchard y cuyo héroe es Ariosto. El texto de Diógenes Laercio ha sido también señalado por María Rosa Lida de Malkiel, que no recuerda el libro de Papanti [5]; Guerrazzi *(I dannati,* en *Dante e il suo secolo,* t. II, pá-

---

[4] El cuento del herrero va en págs. 53-56; el del arriero en 57-58. Las notas comienzan en pág. 61 e incluyen la remisión a las que pone D'Ancona a las *Novelle* de Giovanni Sercambi, donde a propósito de Dante se cita a Sacchetti y se trae a colación a don Juan Manuel y a quienes lo han estudiado (Ticknor, Puymaigre, el Milá de *De los trovadores...*). Siguen las transcripciones: don Juan Manuel (según Ticknor-Magnabal), Diógenes Laercio (en traducción italiana), Blanchard (ed. de 1832).

[5] *Tres notas sobre don Juan Manuel,* pág. 188, n. 4. Señala que también de Diógenes Laercio parece proceder el «celebrado símil de Solón... que compara la justicia a la telaraña que aprisiona al insecto liviano y débil mientras el fuerte la rompe y escapa», que don Juan Manuel recuerda en el *Libro de los estados* (pág. 359). Ya en su *Idea de la Fama,* pág. 217, n. 60, la autora había señalado que don Juan Manuel, en el Ejemplo XXXVII, «pudo adaptar a un concreto y familiar marco español un cuento de origen independiente, tal como lo hizo en el Prólogo general de sus obras con el de Filóxeno y los ladrilleros (Diógenes Laercio, IV, 6, 11), transformándolo castizamente en el caballero y el zapatero de Perpiñán...». Croce, y tras él Menéndez Pelayo, no daban con el relato más antiguo: «...un cuento contenido en el prólogo de las obras de don Juan Manuel (el del trovador de Perpiñán

gina 348) dice que el cuentecillo se encuentra en las «*Facezie del Dolce*» y que allí «il fabbro è convertito in pentolaio», pero sólo se trata de un *lapsus memoriae,* como el propio Guerrazzi comunicó a Papanti. Y agrega éste:

Mi avverte oltresì il Dr. Köhler, che l'inglese Dunlop nella sua *History of fiction,* dice che [la stessa storia] fu pur narrata dall'Ariosto e da altri poeti; mentre poi trovo che il francese Blanchard *(Plutarque de la jeunesse)* pone addiritura messer Ludovico in luogo di Dante a fronte di un pentolaio, cui rompe una parte della sua fragile mercanzia. I biografi dell'Ariosto, che in buon numero consultai, non fanno menzione alcuna di ciò che raconta il Blanchard; anzi dall'indole mite, cortese, affabile e modesta da tutti attribuitagli, non parrebbe ch'egli fosse stato tal uomo di prendersela colle pentole. Ma a proposito di cotesti granciporri che gli stranieri, massimamente i Francesi, prendono sovente, e forse troppo sovente intorno le nostre cose e i nostri sommi, è propriamente il caso di ripetere coll'antico adagio toscano: *Dove vai? le son cipolle.*

(pág. 62)

Las consideraciones de Papanti no son excesivamente felices. Ante todo, la primera biografía de Ariosto que nos vino a la mano —«*La Vita di M. Lodovico Ariosto* scritta dall'Abate

---

y el zapatero que le estropeaba los versos) se encuentra en Sacchetti como anécdota atribuida a Dante. El señor Croce supone con verosimilitud que ambos relatos proceden de una fuente común, pero no indica cuál sea, y en las vidas de los poetas provenzales (donde parece que debiera encontrarse) no hay rastro de ella» (Menéndez Pelayo, «Primeros contactos entre España e Italia», comentario sobre una memoria homónima de Benedetto Croce (1893) aparecido en *La España moderna* en mayo del año siguiente y recogido en los *Estudios y discursos de crítica histórica y literaria* de sus *Obras Completas,* t. V, págs. 286-287; compárese con la escueta mención del «apólogo clásico del poeta y el menestral, que le estropeaba sus versos», en sus *Orígenes de la novela,* t. III en la ed. de las *O. C.,* pág. 72, n. 1, a propósito del cuento 72 de la primera parte de la *Sobremesa* de Timoneda). Pero ya Arturo Farinelli nombraba a Diógenes Laercio a propósito del cuento del zapatero en don Juan Manuel *(Italia e Spagna,* t. II, pág. 15, n. 2).

Girolamo Baruffaldi giuniore, bibliotecario pubblico, e segre-
tario perpetuo dell'Academia Ariostea»— nos transmite la
anécdota con su fuente inmediata, sin darle —con toda prudencia— mucho crédito:

> ...narra il Riccoboni nella *Storia del Teatro Italiano*, che
> passando un giorno Lodovico dinanzi all'officina di un Vasajo,
> nel mentre che questi sgraziatamente andava canticchiando un
> tratto del *Furioso*, cioè la stanza 32. del Canto primo:
>
> > Ferma Bajardo mio, deh ferma il piede,
> > Che l'esser senza te troppo mi nuoce
>
> udillo il Poeta, e mostrandosi corrucciato, fracassò urtando al-
> quante stoviglie esposte in vendita; di che lagnandosi fortemente
> l'Artefice, disse: o chi vi a punto Messere, onde meritar questo
> insulto? A cui Lodovico, eppure non mi sono ricattato a dovere:
> io finalmente non ho che infranti pochi vasi del valore appena
> d'un soldo; voi mi avete guastato i miei versi, che senza para-
> gone costano molto piú. Non so quanto sia vero questo racconto,
> nè d'onde ricavato l'abbia il Riccoboni; so bene di aver letto
> tra le Novelle di Franco Sacchetti un fatto a questo somiglian-
> tissimo, che ivi narrasi accaduto al Dante, mentre udì cantare
> i suoi versi da un Fabbro.
>
> (págs. 168-169)

El nombre de Riccoboni —corresponsal de Rousseau, y
cuya obra fue bien conocida en Francia— basta para justificar a Blanchard, cuya versión es en todo semejante a la de
Baruffaldi [6], y limpiarlo de todo propósito avieso contra los

---

[6] El *Plutarque de la jeunesse* comienza por el mismo elogio del
oído de Ariosto en lo referente a la justeza del verso, y concluye con
consideraciones similares a las de Baruffaldi: «Ce trait est d'un fou;
aussi faut-il croire que c'est un de ces contes ridicules dont l'envie ou
la crédulité chargent avec plaisir la mémoire des grands hommes». Así
en las ediciones más antiguas (1804-An XII, y 1818); las más modernas
(1857 y 1884; 1890) mitigan aún más «Ce trait est...» en «serait presque».

italianos. En segundo término, R. Köhler debe haber citado a Papanti el texto de Dunlop en la traducción anotada de Liebrecht que es equívoca: «Diese närrische Geschichte wird auch von Ariost und anderen Dichtern erzählt» (pág. 256); la segunda edición inglesa (t. II, pág. 359) reza inequívocamente: «This foolish jest is elsewhere told of [y no 'by'] Ariosto and other poets». Y el aclarar que el rasgo no le parece verosímil, dado el carácter del poeta, es por lo menos innecesario, ya que él mismo nos informa que el cuentecillo, antes que a Ariosto, se atribuyó a Dante —«granciporrado» por italianos— y a Filóxeno y al innominado caballero de Perpiñán; y su propio libro muestra que el nombre de Dante —como el de otros grandes poetas— cubre y ampara multitud de hechos y dichos tradicionales [7].

---

[7] Para uno de ellos («Dante non è un cane»: quienes quieren avergonzarlo, durante un convite, dejan caer junto a él los huesos de sus platos, para luego acusarlo de glotonería), dado en cinco versiones (Poggio, Saba da Castiglione, Lodovico Carbone, Giovanbattista Giraldi —reproducido por Dionigi Filadelfo— y Antonfrancesco Doni), los paralelos llegan hasta Pedro Alfonso. De otro («L'abito non fa il monaco»: al ser rechazado de un banquete por ir modestamente vestido, Dante vuelve ataviado ricamente y refriega las viandas por su vestidura) se dan, sobre los paralelos señalados por Köhler, dos versiones populares que lo atribuyen a Giufá, personaje folklórico siciliano. Crane *(Medieval sermon books and stories,* pág. 66) señala que Étienne de Bourbon ya lo atribuye a Homero; Tubach lo registra bajo el núm. 1.113, pág. 90, anotando que se lo atribuyó a Homero y a Abelardo; y corre hoy por la tradición popular hispánica: «Comed, mangas...» es refrán que aparece en muchas colecciones, que glosa Sebastián de Horozco (3 [1916], 598, núm. 591) y que alude el *Guzmán de Alfarache* (t. IV, pág. 91 de la ed. de Gili Gaya, quien remite a dos versiones registradas por Correas, página 116 *a* de la ed. de 1924). Vincenzo Courir sostiene la fundamental vaguedad histórica de las alusiones en estos relatos: «Osserviamo, anzitutto, che molti illustri personaggi delle novelle si riducono a puro nome senz'altra più concreta determinazione o sono rappresentati in modo assai generico. ...La varietà... dei personaggi storici... non riesce nella maggior parte dei casi se non a una varietà di nomi...» («Nota critica al *Trecentonovelle* di Franco Sacchetti», pág. 26).

Estamos pues frente a un relato netamente tradicional, de ésos que don Juan Manuel «presenta... cual casos concretos acaecidos en su círculo personal o, cuando menos, en su nación [8]». En este caso preciso de adaptación y acercamiento de un relato folklórico, es de preguntarse si todos los elementos de esta aproximación se deben a don Juan Manuel. Ninguna duda cabe en lo que respecta a la época y el lugar atribuidos al suceso, que el autor adopta como bastante precisos y bastante vagos a la vez; en cambio, el que el rival del poeta sea un zapatero parece ser un rasgo tradicional, respetado y no introducido por el narrador.

Es cierto que la tradición, para facilitar la andadura del relato y hacer más inmediata, violenta e irreparable la reacción del autor de los versos, suele emplear a su contrincante en el manejo de materiales frágiles: los ladrilleros de Diógenes Laercio parecen más adecuados que el herrero de Sacchetti, porque mayor destrozo es romper lo que no puede soldarse que arrojar a la calle las herramientas del malhadado operario («...piglia Dante il martello, e gettalo per la via, piglia le tenaglie e getta per la via, piglia le bilancie e getta per la via...», Sacchetti, pág. 149). No solamente el Ariosto tradicional y el falso Dante de Dolce-Guerrazzi colocan frente al poeta un alfarero; así también corre la anécdota —en forma semiliteraria— por el Río de la Plata, y así figura en la *Sobremesa* de Timoneda:

> Filóxeno famosísimo poeta, viendo que unos cantareros cantaban sus versos trastrocando y quebrando algunos dellos, con un báculo que llevaba dio en los jarros y quebró los diciendo: Pues vosotros dañáis mis obras, yo también dañaré las vuestras [9].

---

[8] M. R. Lida de Malkiel, *Tres notas...*, pág. 181.
[9] *Segunda parte del Sobremesa*, cuento lv, fols. xvi vº-xvii de la edición de Zaragoza, 1563. El cuentecillo parece haber sido desplazado

Debo a don Antonio Rodríguez-Moñino otra versión de
esta historieta: la que aporta Vasco Díaz Tanco de Fregenal,
y reza:

> ...y este Archesilao hizo ciertos Metros o Coplas, las cuales
> se cantaban comúnmente por el pueblo así con Vihuelas como
> con otros Instrumentos, τ sin ellos; τ yendo un día este Filó-
> sofo por una Calle oyó un ollero que se los estaba cantando me-
> tido en su rueda cercado de jaros, τ visto que los medía τ
> Pausaba mal τ no como debía ni él los sentía, con mucho enojo
> se arojó entre los jaros saltando τ haciendo con los pies mucho
> estrago en ellos diciendo: ¿tú corrompes mis metros? yo que-
> brantaré tus Jaros [10].

Y así también conocía el cuentecillo Lope de Vega, que
lo alude al pasar, como a cosa sabida de todos, en la dedicatoria de su comedia *La Arcadia*, al quejarse de «unos hombres que viven, se sustentan y visten de hurtar a los autores
las comedias» tomándolas de oído y alterando sin miramien-
tos sus textos:

> Pues si aquel antiguo poeta quebró al ollero los vasos con el
> báculo, porque cantaba mal sus versos, ¿qué harán los que ven
> contrahacer los suyos de oro en barro? [11].

---

en las diferentes ediciones de la *Sobremesa:* lleva el núm. lxxii de la
primera parte, pág. 202 de la reedición moderna de Valencia, y, lo que
es muchísimo más digno de fe, don Antonio Rodríguez-Moñino, que
me lo recordaba, lo cita también como perteneciente a la primera parte.

[10] Pág. 17 de la *Introducción Bibliográfica* de don Antonio Rodríguez-Moñino a la *Palinodia de los Turcos* de Vasco Díaz Tanco de Fregenal; corresponde a la *Epístola prologal* del *Terno comediario autual.*

[11] Tomo V de la edición de la Real Academia Española, 1.ª serie,
página 308. Menéndez y Pelayo no pone nota al cuentecillo, aunque
señala con cuánta oportunidad dirige Lope su comedia «al Dr. Gregorio López Madera... que, a título de protector de los hospitales de Madrid, venía a ser de hecho el Consejero encargado de la inspección de
los teatros» (pág. lxv), lo que justifica la propiedad con que el poeta
se queja y trae a cuento la anécdota.

A pesar de lo dicho, y aunque un fabricante de cacharros o de ladrillos case tan bien con la rápida marcha del relato, la elección de un zapatero condice con una línea de expresiones proverbiales españolas: «zapatero» —como *savetier* en francés— es todo el que por torpeza echa a perder alguna cosa:

> *Zapatero.* Suele compararse con este artesano a todo aquél que hace una obra chapucera o ramplona [12].

También «se queda zapatero» el jugador incapaz de hacer baza o de anotarse un solo tanto en el juego [13]. (Recuérdese además la expresión proverbial «Zapatero, a tus zapatos», con la que se aconseja no opinar sobre lo que no se entiende, ligada a un cuentecillo tradicional que se hace remontar hasta Apeles [14].) El mismo valor de «echado a perder» cobra la voz

---

[12] J. M. Sbarbi, *Florilegio o ramillete alfabético de refranes y modismos comparativos de la lengua castellana...*, pág. 295.

[13] Cf. Correas, pág. 688 («Dejar zapatero. Por: dejar al otro sin ganar raya al juego») y pág. 705 («quedar zapatero. El que no gana ninguna mano al juego»). Usual en la Argentina (Segovia, pág. 927: «Quedarse zapatero. Frase fig. y fam. En ciertos juegos, no hacer ni un punto, ni una baza, no ganar ni un juego») y en la República Dominicana (Emilio Rodríguez Demorizi, *Refranero dominicano*, pág. 241: «Se quedó zapatero. Sin acertar en el juego», y pág. 229: «Quedar zapatero. No ganar ni una mano en el juego», con indicación del segundo ejemplo de Correas que citamos, y de que es usual en la Argentina).

[14] Es la versión española del adagio latino «Ne sutor ultra crepidam» (cf. Valerio Máximo, VIII, xii, t. II, pág. 246, y, entre otros, Charles Vincent, *Histoire de la chaussure, de la cordonnerie et des cordonniers célèbres*, pág. 71, y William Edward Winks, *Lives of illustrious shoemakers...*, págs. 235-236, «The Cobbler and the artist Apelles»: el proverbio lo usa ya Plinio). En español, conozco la forma con *zapatos* en plural («Zapatero, a tus zapatos», en Barthe, pág. 59; da también el refrán análogo «Buñolero, a tus buñuelos»), y otra en singular («Zapatero, a tu zapato», en Bastús, t. I, págs. 134-135, núm. 91). Ambas han dejado su huella en las letras españolas contemporáneas: «Borbón, a tus zapatos; zapatero, a tu monarquía...» (Galdós, *España trágica*, pág. 67); «Zapatero, a tu zapato, os dirán. Vosotros preguntad:

adjetiva «zapatero» referida a los alimentos: se aplica «a los
garbanzos, judías y otras legumbres que se encrudecen de
resultas de echar agua fría en la olla cuando se están cocien-
do», «a los manjares que se ponen correosos por estar gui-
sados con demasiada anticipación: *patatas zapateras*», a las
aceitunas que han «perdido su color y buen sabor por haber
comenzado a pudrirse» *(Diccionario de la Academia, s. v.
zapatero y aceituna).* La tradicionalidad del zapatero en nuestro cuento cobra mayor peso por estas inferencias, pero no se
basa exclusivamente sobre ellas: existe por lo menos otra
versión hispánica del cuento en la que el antagonista del
poeta es un remendón, y este antagonismo tradicional lleva en
el índice de motivos de Stith Thompson el número J. 1636 y
el rótulo «The minstrel pays the cobbler». Thompson recoge
este rasgo tradicional del *Motif-index of medieval Spanish
exempla* de John Esten Keller [15], y remite al *Index of Spanish
folktales* de Ralph Steele Boggs, que resume así el cuentecillo:

> Cobbler remembers minstrel's songs and sings them to the
> people so that when minstrel returns they tell him they do not
> need him. At night he sews cobbler's leather in crazy shapes.
> Cobbler accuses him and he claims he has done no worse to
> cobbler's leather than cobbler has done to his songs. They both
> sing and people realize the contrast. Minstrel pays cobbler for
> leather but makes cobbler promise not to sing his songs.
>
> (pág. 139)

Boggs tomó el cuento de las *Patrañas & Spanish stories,
legendary and traditional*, de Rachel Henriette Busk (Lon-

'¿Y cuál es mi zapato?'. Y para evitar confusiones lamentables, ¿querría
usted decirme cuál es el suyo?» (Antonio Machado, *Juan de Mairena*,
en sus *Obras*, pág. 691). Y Julio Caro Baroja recuerda, en sus *Semblanzas ideales*, pág. 115, la novela humorística de Luis Taboada *Pescadero
a tus besugos*.

[15] Se cita el texto de don Juan Manuel en pág. 27.

don, 1870, pág. 140), que no he podido procurarme; pero la autoridad reconocida de Boggs, así como la seriedad de la autora (que requirió la colaboración de Giuseppe Pitrè para su colección de canciones tradicionales italianas traducidas al inglés) son garantía suficiente.

En otras lenguas deben existir versiones similares [16], y la graciosa escena del segundo acto de *Los Maestros Cantores de Nuremberg* en la que Hans Sachs ritma sobre las suelas de los zapatos de Beckmesser las faltas prosódicas del cantor, suena a parodia lo suficientemente como para delatar, en sus líneas generales, el recuerdo de un cuentecillo parecido al de don Juan Manuel, al que sirve de contraparte. El propio Wagner relata [17] —casi un cuarto de siglo antes de su realización definitiva— que encaró su obra como la contraposición burlesca del noble torneo de canto de Wartburg presentado en *Tannhäuser,* de la misma manera que los poetas griegos cerraban el ciclo trágico con un drama satírico. Y en su resumen muestra claramente que el nudo espiritual de la acción consiste en la oposición del cantor verdadero y del aún innominado «Marcador» (Merker) que practicando el arte lo destruye (lo que constituye el principio mismo del cuento que estudiamos). Sachs, zapatero y poeta, permite al desdichado «Marcador» de la corporación que cante su serenata, «pero a condición de que le permita marcar a *su* manera (la de un zapatero) las faltas que a *su* juicio encuentre en el canto del Marcador» («...die Fehler, die er nach s e i n e m Gefühle in dem Liede des Merker's finden würde, auch auf s e i n e

---

[16] En francés existe una locución semejante, de uso restringido; «...une sorte de critique commerciale, le point de vue du cordonnier sur la Marche nuptiale de Mendelssohn» (Marcel Dommergues, *Le Mirliton du libraire,* pág. 12).

[17] *Drei Operndichtungen nebst einer Mittheilung an seine Freunde als Vorwort.* Reemplazo ahora mi traducción por la de Blasco Ibáñez (Ricardo Wagner, *Ideas y Pensamientos,* pág. 221).

Art —als Schuster— anzumerken...», pág. 93). Se trata, como se ve, del mismo principio de crítica activa, y, gracias a un artista y artesano sin par, del desquite del zapatero. La erudita reseña de Reinhold Köhler, que nos puso sobre la pista del libro de Papanti, agrega que la novela de Dante y el herrero, según Sacchetti, se halla traducida en la obra de Arnim *Trost und Einsamkeit oder Zeitung für Einsidler* (1808), con una consideración final del «Solitario»: quizás desde entonces Dante, en el cielo, prefiera ser comprendido por un bravo herrero a su manera, que hojeado por centenares de sabios que sólo se interesan por la historia de la poesía («...und möchte viel darum geben, lieber von einem ehrlichen Schmied nach seiner Art begriffen, als von tausend Gelehrten wegen der Geschichte der Poesie durchgeblättert zu wenden», páginas 424-425). Es posible que la versión de Arnim no sea ajena a la génesis del drama wagneriano, como también es posible que el zapatero Hans Sachs figure en él como zapatero sólo porque lo fue realmente. Pero, sin insistir sobre el discutible valor testimonial de la obra de Wagner, las correspondencias españolas bastan para afirmar que el autor del *Conde Lucanor*, localizando y actualizando según su costumbre el relato popular que empleaba, no inventó la profesión de la víctima victimaria del caballero trovador, y que ésta era, ya en sus tiempos, un zapatero.

DON JUAN MANUEL Y *EL CONDENADO*
POR DESCONFIADO

Don Ramón Menéndez Pidal, al estudiar el tema de *El Condenado por desconfiado* de Tirso de Molina, lo rastrea —siguiendo de cerca, aunque a considerable distancia, a Simrock, a Köhler y a Gaster— desde el *Mahabharata*[1]; y señala que dentro de «la substancia del cuento, que es la humillación del hombre religioso» (pág. 26), las variantes posibles son muchas, pues se obtienen

---

[1] *Discursos leídos ante la Real Academia Española en la recepción pública de don Ramón Menéndez Pidal el día 19 de octubre de 1902,* completado por una nota adicional, *Más sobre las fuentes del Condenado por desconfiado.* Ambos trabajos, con nuevas adiciones, fueron incluidos en sus *Estudios literarios.* La nota V, en pág. 66, no tiene cuenta del estudio del P. José López Tascón, O. P., *El Condenado por desconfiado y Fr. Alonso Remón,* que aboga por la paternidad de éste. No he podido ver el estudio de Benito Valera Jácome, *Antecedentes medievales de El Condenado por desconfiado,* que parece coincidir con Menéndez Pidal; la reseña de Montserrat Llorens Serrano lo resume así: «Se encuentran algunos antecedentes de esta obra de Tirso de Molina en los Milagros, en Juan Manuel y en el Cancionero de Baena, pero falta en la literatura medieval española el tema del justo que se condena por desesperación». El artículo de Leo Spitzer, *Una variante italiana del tema del Condenado por desconfiado,* no toca los temas aquí tratados; el de Julio Cejador, *El Condenado por desconfiado,* se limita a un detenido análisis de la pieza como paso preliminar para un examen, también detenido, de la opinión de Menéndez y Pelayo sobre ella.

con sólo mudar la calidad de la persona cuya vida compensaba todas las prácticas del ermitaño, único centro fijo del cuento según su nueva moralidad [cristiana]; el carnicero, el curtidor era sólo una herencia inútil de las creencias indias, y desapareció como vemos en las redacciones más meditadas y originales. El personaje que le sustituyó en las variantes cristianas citadas hasta ahora lleva vida santa y ordenada en medio de los quehaceres mundanales, para contrastar con el aspecto antisocial de la vida ermitaña; pero también se idearon contrastes más atrevidos, como el que se da en la variante del gran prosista español de la Edad Media, don Juan Manuel, nacida del choque de las ideas caballerescas con las monásticas. Don Juan compara los méritos del ermitaño a los del rey Ricardo de Inglaterra, rey guerrero que había muerto, robado y desheredado mucha gente y que parecía muy alejado del camino de salvación; pero que en un lance apurado de la Cruzada, con un salto heroico había decidido la suerte de un desembarque y ganado más para la cristiandad que el ermitaño con sus penitencias.

(págs. 37-38)

Agrega además Menéndez Pidal que la versión de don Juan Manuel desarrolla la repetida instancia del ermitaño («pidió a Dios por merced quel' mostrase quién avía de seer su conpannero en parayso. ...tanto se afincó en su petición...»), y que este rasgo parece haber inspirado a Tirso[2]. Concluye, con razón, que «la tradición dio la trama entera de la obra» (pág. 60), y señala al pasar —creemos que con menos fundamento— que «la del príncipe don Juan Manuel»

---

[2] *El Conde Lucanor*, ed. Hermann Knust, pág. 21. Cf. Menéndez Pidal, *op. cit.*, págs. 41-42: «Sabido es que los admirables cuentos de don Juan fueron saboreados por nuestros poetas dramáticos, y parece que esta pregunta insistente y la seguridad de la salvación, de que habla don Juan, inspiraron a Tirso el tipo del desconfiado que pinta en la primera escena del drama...»; 44: «Hasta aquí, Tirso no hizo más que dramatizar el cuento de San Pafnucio, mezclándole algunos toques del de don Juan Manuel»; y 56: «...y en esto Tirso parece recordar las primeras palabras del cuento de don Juan Manuel».

es sólo «una variante española» de este relato tradicional
(pág. 59). En su trabajo complementario, Menéndez Pidal,
abandonando la idea de que Tirso pudo conocer una leyenda
morisca que explicara algunos detalles de su drama, da algunas «variantes modernas populares del cuento de la comparación de méritos que sirve de base a ese drama religioso»
(pág. 75), a la espera de «que aparezca en la tradición de hoy
alguna variante que reúna ya en sí, como el drama de Tirso,
la leyenda de la comparación de méritos con la del bandolero
salvado» (pág. 83). La última versión que transcribe se titula
El solitario condenado, no obstante su conclusión:

> A pesar de este final, con la resignación humilde del solitario,
> conforme con la tradición literaria conocida, las varias personas
> que en Alcuéscar sabían este cuento decían que su argumento
> era cómo «un solitario se condenó por tener el orgullo de
> creerse el más santo de todos los hombres»; algunas recordaban
> que había otra versión de *El ermitaño y el bandolero;* una mu-
> jer de Miajadas había oído «el cuento de un ermitaño y de su
> hermano, que era bandolero». Estos vagos informes nos indican
> que en la imaginación popular hay algo de la fusión de los dos
> temas que vemos en el drama de Tirso. Si se trata de una fusión
> real o de una mera confusión, y si la fusión es antigua o mo-
> derna, son cosas que sólo un estudio hondo y extenso de la tra-
> dición podría decidir.

(págs. 84-85)

El *Exemplo III* de *El Conde Lucanor*, que Menéndez Pidal
considera como «una variante española» de este tema, tiene
una estructura más complicada que la generalidad de los relatos del libro, compuestos por lo regular de un marco más
o menos uniforme que rodea un apólogo narrado por Patronio. Aquí, el consejero relata la historia del ermitaño a quien
Dios prometió paraíso y que desea saber quién será su compañero en la gloria; y tanto insiste, que por orden divina un
ángel termina diciéndole «que el rrey Richalte de Inglaterra

e él serían compannones en parayso», con lo que «estava el hermitanno de muy mal talante». Por lo cual Dios le envía a decir que más servicios y merecimientos contaba «el rrey Richalte en un salto que saltara, que el hermitanno en quantas buenas obras fiziera en su vida» (ed. Knust, págs. 21-22). Aquí, el ermitaño se maravilla, y, a semejanza de lo que el Conde Lucanor acostumbra rogar a Patronio, pregunta al ángel «cómo podía esto seer», con lo que se abre una nueva dimensión en el relato al convertirse el cuento del ermitaño en marco de la nueva narración, la cual (como lo da a entender su título) es el verdadero *Exemplo III:* «Del salto que fizo el rrey Richalte de Inglaterra en la mar contra los moros».

Esta observación no busca ni mostrar la complejidad del *Ejemplo*, ni insistir sobre la exacta calidad de su mensaje [3], sino precisar que en él el relato de la comparación de méritos se compone de un elemento fijo, ligado a otro que sobre pertenecer a un ámbito narrativo diferente —cuento intercalado en un cuento, y no acaecer novelesco concomitante— puede tener vida artística o tradicional aislada: ya Knust señaló que el salto del rey Ricardo es un relato análogo al del «salto del templario» [4]. Menéndez Pidal, que recuerda la «graciosa variante [que] apunta el autor de la vida de San Gregorio» (un ermitaño ponía en su gata más interés que el

---

[3] «Todo el bellísimo *Exemplo III*, sobre el salto del rey Richalte, está desviado de su sentido ascético original (hasta un notorio pecador puede salvarse por una sola buena acción), para ensalzar el servicio caballeresco a Dios en el mismo sentido en que había de entenderlo Jorge Manrique...» (María Rosa Lida de Malkiel, *op. cit.*, pág. 159; cf. pág. 160). Sobre la relación entre los relatos de *El Conde Lucanor* y su marco, véase el fino estudio de Alberto Várvaro, *La cornice del «Conde Lucanor»*.

[4] Pág. 307. Remite a la obra de Thomas Wright, *A selection of Latin stories...*, pág. 9, núm. v.

santo papa en todo el esplendor de su papado), olvida anotar
que el propio don Juan Manuel recuerda esta anécdota dos
veces en su *Libro de los estados*, y que en las colecciones de
exempla circularon narraciones análogas [5].

En el estudio de Gordon Hall Gerould citado en las adiciones a su discurso de recepción, don Ramón Menéndez Pidal hubiera podido hallar la pista del cuento tradicional que
buscaba. Gerould transcribe indirectamente, a través de Simrock, un relato folklórico de Baden publicado por Baader:

> ...a youth, one of the somewhat numerous class who seek
> release from a compact made in their behalf with the devil, visits
> a hermit and is sent on to a murderer, who is expiating his sins
> by terrible penance. This scarcely belongs with the group under
> consideration, even though the reformed robber is represented
> as holier than the hermit. In point of fact, it is a variant of *the
> child vowed to the devil* [6].

Gerould tampoco sintió que el nudo del cuento reside en
que «se presenta al bandolero arrepentido como más santo
que el ermitaño», así como tampoco vio que en una versión
francesa antigua de este relato, publicada por Paul Meyer y
a la que él mismo remite, el protagonista pasa de un ermitaño a otro más santo, de éste a San Gregorio, y de San Gregorio al mismo Jesucristo: y no se trata, como afirma Paul
Meyer, de «l'idée des cas réservés poussée à l'extrême [7]», sino

_____

[5] Págs. 308 y 359; cf. el *Libro de los ejemplos*, núm. 51, págs. 459-
460 del mismo volumen (véase el cap. VII de la Vida de San Gregorio
en la *Leyenda dorada*). Un relato semejante —la contraparte del ermitaño es un rey piadoso que vive entre duras penitencias— en los *Kleinere Schriften* de Reinhold Köhler, t. II, págs. 442-444, núm. 57, *Zum
Fabliau vom Stadtrichter von Aquileja*.

[6] G. H. Gerould, *The Hermit and the Saint*, pág. 545.

[7] Paul Meyer, *L'Enfant voué au diable*, pág. 166, n. 1. Una progresión similar —el papa, su confesor que es un santo ermitaño, otro que
es más santo que éste y que envía a un tercero que lo es aún más— se

del ascenso —aquí repetido— de un santo a otro mayor. El cuento alemán, así como la antigua versión francesa, pertenecen a la familia de narraciones con ermitaños y penitentes que llevan en el catálogo de Aarne-Thompson el núm. 756. El tipo 756 B, que es el que nos interesa aquí, va resumido como sigue:

> 756 B. The Devil's contract.
> I. *Journey for the contract.* (a) A boy who has been sold to the devil before birth journeys to hell to get back the contract. (b) A hermit, from whom he has asked the way, directs him to a robber, his brother. (c) The brother takes him to hell.
> II. *The Fires of Hell.* (a) In hell the youth obtains his contract and (b) sees the fiery bed or chair prepared for the robber.
> III. *The Penance.* (a) Thereupon the robber does penance until his staff puts forth fresh blooms and fruit; assured of forgiveness, he dies happy. Cf. Type 756 C.
> IV. *The Hermit.* (a) The hermit is astonished but reconciles himself to God's judgement; or (b) blasphemes God and is damned [8].

---

halla en un *mystère* análogo (aunque no enteramente idéntico al relato novelesco), el de *L'Enfant donné au diable,* analizado por Petit de Julleville *(Les mystères,* t. II, págs. 228-230). Ascensión similar verifica un rey, para evitar que le dé muerte el padre de la niña que pretende, visitando a tres santos ermitaños, en un cuento brasileño recogido por Sylvio Romero («Cova da Linda Flôr», núm. XXII de sus *Contos populares do Brasil).*

[8] El tipo 756 A, *The self-righteous hermit,* es el que parece más corriente en España: cf. Aurelio M. Espinosa, *Cuentos populares españoles.* El t. I, págs. 143 sig., contiene, bajo el núm. 81 y con el título de *El ángel y el ermitaño,* una versión del tipo 756 A: un ermitaño, al ver pasar un condenado a muerte, encuentra justo su castigo; por este acto de soberbia pierde la visita cotidiana del ángel que le aporta su sustento y lo conforta, y hace entonces penitencia hasta que, con el relato de su vida, logra hacer arrepentir a una banda de ladrones y obtiene que el sarmiento que le sirve de almohada se cubra de brotes (estas penitencias recuerdan la que el papa impone a Tannhäuser). Esta versión de Cuenca debe ser la única hallada por Espinosa, por cuanto en las notas del t. II (págs. 323 sigs.), manifiesta que «El... tipo... estudiado con tan exquisita erudición por Menéndez Pidal no es el que

Para este tipo de cuento, Thompson señala versiones tradicionales de la Europa central y septentrional (Alemania, Ru-
sia, Suecia, Lituania, Noruega, Irlanda, Hungría, Checoslo-
vaquia, Serbocroacia), más una versión italiana[9]. Sin embargo, el cuento fue recogido en Francia en el último tercio
del siglo pasado, y Luzel da, entre otras, una versión que corresponde exactamente al tipo 756 B y que conserva además
la progresión de santidades contenida en el antiguo poema
publicado por P. Meyer: su padrino, un cura, dirige al joven
a «un saint prêtre de mes amis», éste al Papa, el Papa a «un
frère ermite qu'il avait», y éste, por último, a su hermano
«le brigand». Cumplidos viaje y penitencia, el ángel que pla-
tica con el ermitaño le informa que tanto el joven como el
bandido se salvaron:

> Quant il fut parti, l'ermite s'écria, outré de colère et de
> jalousie:
> —Eh bien! Dieu n'est pas juste, puisqu'il reçoit dans son
> paradis un méchant comme mon frère, un brigand chargé de
> crimes et d'iniquités de toute sorte, et qu'il m'oublie et semble

---

ahora nos interesa» (pág. 324). Espinosa reproduce este cuento en su
antología de *Cuentos populares de España*, págs. 91-92, núm. 26. Según
Aurelio M. Espinosa (h.), colector de una nueva versión de *El ángel y el
ermitaño*, este relato «tiene relación con las leyendas, de origen oriental, en las cuales, según ha demostrado [?] Menéndez Pidal, debió
inspirarse el autor de *El condenado por desconfiado*» (*Cuentos populares de Castilla*, pág. 11, y texto en págs. 84-85). No he podido consultar
las *Narraciones populares* de Antonio de Trueba, donde al parecer figura un cuento de esta familia.

En cuanto al tipo 756 C, *The Great Sinner* —el criminal que obtiene
la absolución a pesar de haber interrumpido su penitencia, porque la
quiebra para impedir un crimen— corresponde al relato que don Juan
Manuel adscribe, sin razón histórica alguna, a Lorenzo Suárez Galli-
nato *(exemplo 28)*.

[9] Sobre las versiones medievales del «enfant voué au diable», de
Alfonso el Sabio a Vincent de Beauvais, a propósito de un relato italiano antiguo, véase el artículo de A. Mussafia y E. Monaci en *Rendiconti della R. Ac. Naz. dei Lincei*, pág. 491.

me repousser, moi qui ai passé toute ma vie à le servir, à l'ado-
rer et à faire pénitence!...

A peine eut-il prononcé ces paroles, qu'un grand coup de
tonnerre se fit entendre, et il fut précipité au fond de l'enfer,
sur le siège qui y était destiné à son frère le brigand [10].

Faltaban, sin embargo, versiones hispánicas similares. La
única de que tengo noticia, y que no aparece en las adiciones
de Menéndez Pidal a su discurso de recepción, es la que aporta
J. Pijoán («Acerca de las fuentes populares de *El Condenado
por desconfiado*»), quien traduce del catalán un cuento tradicional que publicó en 1907 en la revista catalana *Empori:*
«La fe de bautismo al infierno», aparecido bajo el pseudónimo
de *La Señora Pepa* (nombre de la narradora, «vieja campesina propietaria de la grande hacienda de la Figuera de la
Mora en las montañas del Montseny, en Cataluña»). Se trata
de una versión de *L'Enfant voué au diable* bastante completa, con viaje a Roma, reunión de cardenales y remisión a un
«santo ermitaño» —futuro condenado—, que envía al protagonista a ver al «gran ladrón» que se salva porque el niño
le dice haber visto la cama ardiente preparada para él en el
infierno. Pero hace más de un cuarto de siglo que se vienen
publicando relatos de este tipo recolectados en la América
hispanoparlante. Transcribimos parte del último publicado,
que su colectora, Susana Chertudi, recogió en enero de 1958:
el ermitaño da al protagonista una carta para «el gran tirador: es mi hermano y mata al que va pasando». Falta el

[10] F.-M. Luzel, *Légendes chrétiennes de la Basse-Bretagne*, I. En el
cuento *Le fils du diable* (pág. 161 sigs.), el ermitaño es un antiguo bandido; *L'enfant voué au diable et le brigand qui se fait ermite* (páginas 175 sigs.) fue contado en 1876; lo citado pertenece a pág. 186. Los
cuatro relatos siguientes (págs. 187-215) son historias de bandidos sal-
vados antes que sus hermanos o rivales los ermitaños.

episodio del sitial para el bandido en el infierno, pero la
vuelta del joven tiene un efecto semejante:

> Llegó de vuelta a casa el gran tirador.
> —¿Cómo ti ha ido? —le preguntó.
> El joven le contó todo. Después siguió yendo su camino.
> El gran tirador, al escucharlo, se había arrepentido. Se golpió
> el pecho con una piedra, y en eso han venío los ángeles y lo
> han llevao cuerpo y alma al cielo, en medio una fragancia.
> El ermitaño, cuando supo lo que le había pasao a su hermano,
> dijo:
> —¿Cómo se ha salvao mi hermano bandío?
> Y empezó a echar maldiciones. En eso ha venío una *jotería*
> [bandada de cuervos]; los jotes (qu'eran los diablos) lo han
> llevao pelotiando, cuerpo y alma, al infierno. ¡Ya no era fra-
> gancia sino hedentina [11]!

Juan B. Rael publica una versión recogida en Colorado,
cuyo héroe es un sacerdote franciscano, y que dice expresamente que «aquella cama que tenían preparada para el compadre [del diablo, en el infierno] la gozó [*sic*] el armitaño que
estaba en la serranía con el cual el sacerdote había platicado
en el camino para el infierno. El armitaño, por haber puesto
duda de la providencia de Dios, ya habiendo estado salvado,
gozó la cama del compadre del diablo [12]». La versión argentina
contiene un detalle digno de atención: los diablos llevan al

---

[11] Susana Chertudi, *Cuentos folklóricos de la Argentina*, 2.ª serie,
páginas 151-153, núm. 61, *El ermitaño y el gran tirador;* versión procedente de Anjullón, provincia de la Rioja. La colectora señala otras versiones argentinas entre los cuentos de Catamarca recogidos por Jesús
María Carrizo (1948) y en *Las Mil y una noches argentinas*, cuentos de
Mendoza publicados por Juan Draghi Lucero (1940); agrega el cuento
chileno recogido por Pino Saavedra, «versión estropeada», dice el colector, a la que «le falta el... motivo del eremita ensoberbecido» *(Cuentos
folklóricos de Chile*, t. II, págs. 121-122, núm. 102, y pág. 315, comentarios).

[12] Juan B. Rael, *Cuentos españoles de Colorado y de Nuevo México*,
t. I, pág. 172, núm. 97.

ermitaño «pelotiando, cuerpo y alma, al infierno». Una lectura poco atenta encontraría quizás aquí un ejemplo de la influencia del deporte sobre la literatura popular: *pelotear*, sobre 'arrojar una cosa de una parte a otra' (Diccionario de la Real Academia, 3.ª acepción figurada), es una expresión local relativa a la técnica del fútbol, y consiste en pasarse la pelota entre dos o más jugadores, burlando a otro u otros que intentan apoderarse de ella. Pero aquí designa una ocupación constante de los diablos, que desde la Edad Media —por lo menos— se divierten torturando así el alma de los condenados: «los diablos la traían com a pella», «esta alma que traíen a pella» (Berceo, *Milagros*, 86 *a* y 256 *c);* el *Espéculo de los legos* (pág. 73, núm. 112) describe así el fin de la manceba de un sacerdote: «E dixo el osso: ¡Ahe a Gilota! E firiendo el un pie con el otro a manera de los moços que juegan con la pella, tragóla»; Santillana pide a Nuestra Señora, en su *Oración*,

> que si me quisiera cobrir de tu manto
> asy no jugaran comigo a la pella [13].

Cejador da en su *Fraseología* (t. III, pág. 288) un ejemplo similar del P. Valderrama: los demonios, dice el predicador, «lo persiguieron cruelmente jugando con él a la pelota»; y la misma suerte amenazó al gracioso Boceguillas en el *Bellaco sois, Gómez* de Tirso de Molina (pág. 610 *a):*

> «...a la pelota con él
> juguemos.» Yo, de rodillas,
> dije: «Si del Purgatorio
> sois, ¿qué mal os hice yo?...»

---

[13] Rafael Lapesa, *La obra literaria del Marqués de Santillana*, página 235.

Y hasta los diablos más modernos de Galdós practican el mismo juego: «me vi entre una caterva de demonios que allí estaban congregados; y después de zarandearme jugando conmigo a la pelota, me mandaron que los adorase...»; «volvieron los diablillos a cogerle... Entretuviéronse en jugar con él a la pelota, lanzándole de un torreón a otro...»[14]; que, como dice el *Libro de Alexandre*, el diablo está siempre «faziendo a las almas iogos que lles non plaz» (O 2248 *d*; P 2340 *d* levemente variado, «quales juegos non les plas»). Los diablos pueden incluso variar de objeto —los de la visión de Altisidora, en el *Quijote*[15], juegan a la pelota con libros—, o de juego:

> All alma tened mancilla;
> que con ella juegan diablos
> diz que «a salga la parida»[16].

---

14 *La Campaña del Maestrazgo*, 3.ª serie de los «Episodios Nacionales», Madrid, obras de Pérez Galdós, 1899, págs. 155 y 264 (o págs. 150 y 255 de la ed. ya citada).

15 II, lxx; t. VIII, pág. 199 de la ed. póstuma de Rodríguez Marín.

16 Tirso, *La Mujer que manda en casa (NBAE*, IV, pág. 488 *a)*. Son locuciones empleadísimas «jugar a la pelota con algo» (falta en el Diccionario de la Real Academia) y «andar como pelota», explicada solamente, que sepamos, en el *Diccionario del Martín Fierro* de Pedro Inchauspe, pág. 18: «Anduve como pelota. De un lado para otro; se dice, también, 'como bola sin manija'». El Arcipreste de Hita desea que su libro ande de mano en mano «como pella [en las de] las dueñas» (1.629 *d)*; en el *Fernán González* se lee: «qua traxyst a Casty[e]lla gran(d) tiempo a la pella» (287 *c*, pág. 86 de la ed. de Zamora Vicente, que cita en nota a Berceo y da una referencia complementaria en página 93). Por avaricia, dice López de Ayala, «A rricos τ a pobres traen los a la pella» (ed. Kuersteiner, t. I, pág. 15, 79 *c*, o t. II, pág. 15, 80 *c)*; «anduvo de mano en mano / como si fuera pelota» (Diego de San Pedro, en el *Cancionero general*, fol. cxv); «A quien falta ellexercicio / porque la fuerça rebota / va jugando ala pelota / quando busca ellarteficio» (Juan el Trepador, *ibid.*, fol. ccxxx, con metáfora algo diferente); «A la pelota contigo, [nave,] / de la mar y de la tierra / jueguen los vientos...» (Tirso, *La Ninfa del cielo*, pág. 447 *a)*; «...esos pobrecitos que hace dos meses están en la cárcel de la villa porque jugaron a la

La versión de Colorado posee también un rasgo de alto interés: el ermitaño, nos dice, se condenó «por haber puesto duda de la providencia de Dios, *ya habiendo estado salvado*»,

---

pelota con seis pellejos de vino sobre las tapias de Gilimón...» (Galdós, *Napoleón en Chamartín*, págs. 114-115); «—¿Y qué le han hecho? —Nada más que jugar a la pelota —respondió riendo—. Su paternidad llora y calla» (Galdós, *La Batalla de los Arapiles*, pág. 31); «Nuestras pobres vidas obedecen a un gobierno superior, y, como dice Miguel de los Santos, nada podemos contra la soberana disposición que nos arroja al Sur como pelota cuando queremos ir al Norte» (Galdós, *De Oñate a La Granja*, pág. 298); «Doña Robustiana podía coger a su marido debajo del brazo como un falderillo y aun jugar con él a la pelota si hubiera tenido tal antojo» (Galdós, *El terror de 1824*, pág. 92); «Más que de los dolores de sus mataduras quejábase de la crueldad de Bartolomé Gracián, que había dado permiso a sus tropas para zarandearle y jugar con él a la pelota...» (Galdós, *La Revolución de julio*, pág. 195); «Eran dos monomaníacos que jugaban a la pelota con la idea que a entrambos enardecía y fascinaba» (Galdós, *España sin rey*, pág. 25); «Meditando en ello me digo: 'El universo es un trinquete, y yo la pelota con que juegan, para pasar el rato, lo humano y lo divino'» (Galdós, *La Primera República*, pág. 273); «Pero ni la familia ni rastro de ella encontró Santiago, aunque lanzado anduvo como pelota de barrio en barrio...» (Galdós, *Prim*, pág. 272); «Jugábamos a la pelota con nuestras almas, mandándolas de un lado para otro» (Galdós, *Carlos VI en la Rápita*, pág. 179); «Como les hiciera frente, indicándoles que no estaba dispuesto a dejarse acorralar en la glorieta, cerraron el círculo y empezaron a darle empujones, lanzándolo de uno a otro como si fuera una pelota» (José Bianco, *La Pérdida del reino*, pág. 67). Véase además: «Juega de mí como de vna pelota» (Ms. de Gerona citado por Sbarbi en su *Monografía...*, pág. 343); «Tratar a alguno como quien juega a la pelota. Tratarle con menosprecio; abusar de su posición desgraciada, o de su carácter condescendiente» (Sbarbi, *Florilegio...*, pág. 224). La frase aparece también en el *Martín Fierro* (II, v. 4.390):

> ...no me gusta que conmigo
> naide juegue a la pelota...

«expresión de altanería, equivalente a [no dejarse] zarandear, llevar de un lado para otro», explican (?) Rela y Gargánico en pág. 277 de su *Antología de la literatura gauchesca y criollista*.

lo que recuerda la seguranza tan repetidamente solicitada por el ermitaño de don Juan Manuel.

Estos cuentos tradicionales —y que conservan semejantes caracteres arcaicos— permiten afirmar que en la tradición popular y literaria española, el tema de la «comparación de méritos» (o, como dice Menéndez Pidal, «la humillación del hombre religioso») contaba con dos familias de relatos de final diferente, según fuese esta humillación transitoria o definitiva: el «hombre religioso» acepta —y con alegría— la lección que le da la justicia divina (vida de San Gregorio, don Juan Manuel, Köhler, etc.) o, por el contrario, se rebela y se pierde (Tirso, cuentos europeos y latino-americanos de la familia del «contrato con el diablo»); este último tipo —un ermitaño que se rebela al ver subir al cielo el alma de un bandolero, y decidiendo abandonar su penitencia muere en pecado— está atestiguado (por lo menos) desde Jacques de Vitry [17]. Ambos relatos pueden constituir una narración autónoma (o, por lo menos, principal), o formar parte de un complejo narrativo más vasto. Puesto que la autoridad de don Ramón Menéndez Pidal lo afirma varias veces, puede darse por cierto que algún elemento del *Exemplo III* de *El Conde Lucanor* haya inspirado algún rasgo del *Condenado;* pero, de una manera general, la obra de don Juan Manuel y la de Tirso pertenecen a dos órbitas tradicionales diferentes. Y mientras en el príncipe podemos apreciar, una vez más, la libertad con que maneja los temas tradicionales que le sirven (ensamblaje de «la humillación del hombre religioso» con «el salto del templario» dentro de un nuevo marco históricamen-

---

[17] Ex. LXXII, págs. 32-33 de la edición de Crane, que en págs. 166-167 señala varios paralelos, tanto en las colecciones antiguas de *exempla* (*Promptuarius* de Herolt, *Fiori di virtù*) como en las de narraciones folklóricas.

te falso), el drama de Tirso nos aparece hoy como más cercano a los relatos folklóricos difundidos en los sermonarios por toda Europa y luego por toda la América Española que a una versión literaria determinada, sea ésta sánscrita, judía, morisca o española.

EL HALCÓN CASTIGADO

El ejemplo XXV, de Saladino y el Conde de Provenza, «cumple», según un crítico reciente, «una función didáctica, más pura que la de algún otro cuento, como el XXXIII»: De lo que contesció a un falcón sacre del infante don Manuel con un águila et una garza [1].

Sucede que este ejemplo XXXIII —tan esencial, a mi parecer, para aquilatar la actitud literaria de don Juan Manuel— es uno de los más desdichados en lo que respecta a la atención de la crítica. Hace más de un cuarto de siglo que Alexander Haggerty Krappe desentrañó claramente su sentido, y todavía hoy la crítica se empeña en considerarlo como una anécdota familiar muy claramente prescindible [2]. Krappe coloca frente al ejemplo XXXIII tres relatos paralelos: dos

---

[1] José Frádejas Lebrero, «Un cuento de don Juan Manuel y dos comedias del Siglo de Oro», pág. 69.

[2] A. Haggerty Krappe, «Le faucon de l'infant dans *El Conde Lucanor*». Paradójicamente, Krappe, que establece el carácter literario del ejemplo, comete un lapsus y lo llama autobiográfico («...il contient un élément biographique, puisque l'infant parle de lui-même...», pág. 294). Quizás no sea ajeno a este lapsus su sospechoso conocimiento del español, que le hace agregar detalles inexistentes en el texto castellano al sumario del ejemplo XLV: «he [the devil] gaves him a magic key... don Martín hands him a box which is to contain one thousand maravedís...» («The Vassal of the Devil», pág. 470).

italianos (el *Novellino*, Bandello) y un tercero judío (A. M. Tendlau): en los tres, un ave de cetrería vence a un águila —símbolo del imperio o de la realeza— y es muerta por este crimen simbólico [3]. Establecido así el valor del águila como

---

[3] Un viejo texto combina también algunos de estos valores simbólicos (caballero = halcón, reyes = águilas): «In the *Nibelungen*, Krimhilt sees in a dream his beloved hawk strangled by two eagles» (De Gubernatis, *Zoological Mythology*, t. II, pág. 191); el combate de dos águilas caudales es uno de los signos que acompañaron el nacimiento de Alejandro Magno *(Alexandre*, 9 *d)*, y, de manera inversa, un águila que cae de la cimera de su casco es para el rey Manfredo augurio de su derrota en la batalla de Benevento según la *Cronica* de Giovanni Villani (libro VII, 8 y 9). En *El nacimiento de Montesinos*, de Guillén de Castro, Grimaldos ve volar en sueños «un águila... con seis halcones tras ella»: «El águila perseguida / es la persona real; / los halcones, los traidores» *(Obras*, ed. Juliá Martínez, t. I, pág. 426). Valerio Máximo recuerda un combate de águilas semejante a la rivalidad entre Bruto y César y Antonio (I, iv, 6, t. I, pág. 32; un poco más adelante, cuenta de un águila que protege a un rey para que no se aposente en una casa que se derrumbará imprevistamente, I, v, 2, *ibid.*, t. I, pág. 34; y es archisabido el cuento difundidísimo del águila que vuelca la copa donde una serpiente ha depositado su veneno). Traspuesta a otros ámbitos y a otra zoografía, la correspondencia se mantiene: «También es interesante la interpretación de tres acontecimientos asociados, como presagio del final de los Incas: la caída de una virginidad consagrada al Sol, *los halcones que abaten al cóndor* y la extinción del fuego sagrado *(Las Vírgenes del Sol*, de Alfredo Luis Schiuma, libro de Ataliva Herrera)» (Mario García Acevedo, *La Música argentina contemporánea*, página 120). Y así, el apóstol San Pedro, en el *Auto de la Pasión*, de Lucas Fernández, aplica el símil al propio Salvador:

> Entre los fieros halcones
> muere'l águila caudal...
>
> (ed. Cañete, pág. 240)

Don Juan Manuel mantiene la misma relación entre águila e imperio en su *Tratado sobre las armas (BAE*, LI, págs. 258-259): sus armas llevan alas porque «es parte del linaje de los emperadores que traían águilas». Torres Naharro juega del vocablo con la expresión «águila real» (el ave le costó un real, y la da a persona real, *Comedia Trophea*, IV, t. II, pág. 127 de la ed. de Gillet, y notas de t. III, pág. 368; en el t. II, pág. 335 —acto I de la *Comedia Jacinta*—, repite los mismos

representante de la máxima autoridad, puede apreciarse la tranquila manera en que, según don Juan Manuel, el halcón vuelve a apoderarse de su presa, «una vez que se hubo desembarazado de aquel águila que se lo estorbaba». Pero no me parece ocioso examinar algunos de estos relatos más de cerca.

El ejemplo del *Novellino* merece transcribirse por entero:

> Lo 'mperadore Federigho andava una volta a falchone et avevane uno ch'era molto sovrano: tenealo charo più ch'una cittade. Lasciollo a una grue. Quella montò alta. Il falchone si mise in aria molto sopra lei: videsi sotto un'aguglia giovane, perchossela a terra e tennela tanto che l'uccise. Lo' mperadore chorse credendo che fosse una grue: trovò quelli ch'era. Allora chon ira chiamò il giustiziere et chomandò che al falchone fosse tagliato il capo, però che avea morto il suo sengnore [4].

---

versos sobre la liberalidad del águila, rasgo que heredará más tarde el gavilán: véase el *Guzmán de Alfarache*, ed. Gili Gaya, t. II, pág. 17, y t. III, pág. 178). Para Lope de Vega, «el campo alegra / al aire el águila negra / con plumas y alas reales» *(Contra valor no hay desdicha*, pág. 6 a)*. Y entre los árabes el águila goza de igual preeminencia: reina de las aves, es sagrada por haber llevado sobre sí a Salomón, e, invitada a una reunión general de volátiles, «froissé de sa conduite, n'assistait pas à la réunion générale» por haber sido convocada como las demás aves, sin hacer diferencia —o deferencia— a su rango (P. Antonin Janssen, O. P., *Coutumes des Arabes au pays de Moab...*, páginas 383-384).

[4] *Le Novelle antiche*, ed. Guido Biagi, pág. 123, núm. cxxvi, *Qui conta come lo' mperadore uccise un suo falcone.* Krappe cita el comentario de Letterio (y no «Letterario», como yerra el *BHi*) di Francia, en su *Novellistica*, t. I, pág. 39, que, si bien califica el relato de «piuttosto insipido», reconoce en el águila «il sacro uccello che rappresentava la maestà dell'impero». Sobre este relato, véase el estudio de Alessandro D'Ancona, *Le Fonti del Novellino* (págs. 138-139 de la 2.ª ed. en libro; cita a Tendlau según comunicación privada de Köhler), y, ahora, la reciente ed. del prof. Lo Nigro, págs. 198-199, núm. xc: cita a Neckam, Bandello y Tendlau.

El relato aparece entretejido por Bandello en la contienda de generosidades entre el rey de Persia y su senescal Ariobarzanes: lanzado contra una garza,

> ...L'animoso falcone, veduta l'aquila, non degnò più di combattere il timido airone, ma con rapido volo verso l'aquila si rivolse... Alla fine il buon falcone con i suoi fieri artigli quella nel collo afferrò, e dal busto gli spiccò la testa onde in terra in mezzo alla compagnia che con il Re era, cadde.

Por las mismas razones que el emperador Federico, el rey de Persia ordena levantar un rico estrado en el que coronan al halcón con una pequeña corona de oro (a causa de su valor) y luego lo decapitan (en razón de su desacato) [5].

En fin, un relato judío de Tendlau presenta a un rey joven que se sirve de su halcón y de un águila domesticada para dar a sus cortesanos idéntica lección que los señores precedentes [6].

María Rosa Lida de Malkiel agrega a estos paralelos la remisión a un texto de Alejandro Neckam, *De accipitre suspenso:* un cierto rey, en Gran Bretaña («In Britania igitur majore rex quidam...») lanza su halcón; un águila lo persigue y el halcón se refugia entre las ovejas; el águila, para seguirlo atacando, pasa la cabeza por el vallado («intra cratem ex viminibus contextam») y el halcón le da muerte. Lo alaban los cortesanos, «tam milites quam adolescentes nobiles», pero el rey, «censens eum reum laesae majestatis... accipitrem suspendi jussit». Thomas Wright, el editor de Alejandro

---

[5] Bandello, *Novelle*, t. I, págs. 64-65. Es la segunda novela de la primera serie, y no la primera, como se lee en Krappe.

[6] No he podido ver los *Fellmeiers Abende* (Frankfurt, 1856) de Tendlau, que cito por el resumen de Krappe: éste da la pág. 271; d'Ancona *(Le fonti del Novellino*, en *Ro*, pág. 183), cita, a través de Reinhold Köhler que es su informante, la pág. 25, y da el título del cuento: *Der junge König und sein Falke*.

Neckam, observa que éste no aporta sobre el águila nuevos
hechos sino meras moralizaciones, y que son las otras aves
de presa las que lo mueven a narrar sus anécdotas:

> The king of birds, however, draws from the pen of Neckam
> no new facts, but is chiefly the subject of numerous moralisa-
> tions; — it is with the leser birds of prey, specially the hawk,
> the different falcons, and the sparrow-hawk *(nisus)*, that Neckam
> becomes communicative of his anecdotes. A hawk *(accipiter,* the
> goshawk) one day by craft and accident, and not by mere
> strength, killed an eagle. This occurred in Great Britain, the king
> of which country with his courtiers were witnesses of the ac-
> cident.

En el índice, Wright vuelve a mostrar que acepta el carácter anecdótico del relato:

> Hawk, story of the king of Britain who hanged the hawk
> because it had killed the eagle, [p.] 75 [7].

Krappe anota que en los libros de cetrería del emperador
Federico (héroe del cuentecillo en el *Novellino)* y de don
Juan Manuel (relator del suceso que atribuye a su padre) se
buscaría en vano algo semejante a estos relatos («Notre conte,
il est vrai, ne se trouve ni dans l'un ni dans l'autre de ces
deux opuscules, et pour cause», pág. 296). En efecto, el cuento
—no como «historia», sino como «historia natural»— es difícil de creer, y los mismos relatos parecen convenir en ello al
mitigar su inverosimilitud de diversas maneras: en el *Novellino* se trata de un águila joven, en Bandello de un ataque re-
pentino, de «ardid y accidente, y no simple fuerza» en Alexander Neckam, según su editor; de un águila domesticada

---

[7] Alexandri Neckam, *De Naturis rerum libri duo...,* ed. by Thomas
Wright, págs. 75-76 (lib. I, cap. XXIV), prefacio, pág. XXI, e Index, página 516.

en Tendlau, tan solamente de un ala quebrada en don Juan
Manuel. Lo que debía pasar en la realidad es lo que relata
Diogo Fernández Ferreira en su arte de la caza de altanería:

> A mim me aconteceo sendo moço andando à caça do Assor
> largando a hũa perdiz, cair a elle hũa Aguea, a qual deuia estar
> tão metida no alto, que a não vio o meu Assor, porque se a vira
> não voara traz a sua perdiz... [y en cuanto la ve] de medo dei-
> xou a perdiz & se meteo em hũa aruore, sendo de mim com
> muita pressa socorrido... [8].

Y que esto era así, y que las águilas eran un impedimento
para la caza de altura, don Juan Manuel mismo se encarga
de certificárnoslo al hacer el elogio de la caza en Villena:

> Et dize [don iohan] que *sinon porque ay muchas águilas* e
> que alugares enla huerta ay muy malos pasos, que él diría que
> era el mejor lugar de caça que él nunca biera [9].

Solamente un ave mágica o simbólica —es decir, un halcón
literario— parece atreverse a acometer al águila. *El caballero Zifar* nos ofrece un ejemplo de la primera especie, ante
la cual huyen no sólo el águila, sino «el falcón oriol»:

> ...nunca lançó el açor quel errase, e lançó tan bien a las
> ánades commo a las garças e a huestores e a las autardas, e
> non le escapaua ninguna presión, por grande que fuese. E avn
> non dexaua la presión maguer viese las águilas; ante fuyan dél
> commo sy fuese señor de todas las aues. E avn el falcón oriol
> que paresçió y en ese tienpo, non lo osó esperar, e fuese des-
> terrado [10].

---

8 *Arte da caça da altaneria...*, fols. 36 y 36 vº.
9 *Libro de la caza*, ed. Baist, pág. 69, líneas 15-18.
10 *Zifar*, ed. Wagner, pág. 469. Halcón, o halcón palumbario, da lo
mismo, en esta materia más fantástica que puramente zoológica. Pero
aun en libros de historia natural la confusión subsiste: «El Alcón, como
en el arte de la Alconera son llamados algunas vezes con vn vocablo
general, que significa todas las Aues de la Alconera, y otras vezes espe-

Y cuando en la comedia de Francisco de Rojas *No hay dicha ni desdicha hasta la muerte* don Diego Porcelos ofrece su espada al pretendiente don Ordoño contra su hermano el rey don García de León, el contexto —ataque a un rey, leones de las banderas— autoriza a colocar el águila real entre «la varia plumajería de su hueste»:

> ...si [esta cuchilla] a tus pies
> dichosamente derriba
> como un halcón bien templado,
> la varia plumajería
> de su hueste, y los leones
> coronados que iluminan
> con los rayos de sus ojos
> las banderas enemigas,
> qué más gloria para mí [11]...

«Krappe subrayó agudamente cómo» —dice María Rosa Lida— «muy lejos de limitarse a narrar un inocente suceso de caza, don Juan Manuel trastornó la intención primitiva del cuento para acomodarlo a su propia conducta de vasallo rebelde» (pág. 189). En esta transformación estriba el mérito primordial de don Juan Manuel. Otros grandes escritores se sirvieron del mismo relato, variando también ellos su sentido. Así, Lope, en *La pobreza estimada* —que se inspira, no lo olvidemos, en otro relato del mismo libro del príncipe— presenta a uno de los pretendientes de Dorotea en el acto de fingir que persigue a un azor imaginario para llegar a la presencia de la dama; y cuando ésta le dice, excusándolo,

cial, y ay diuersas suertes, que se dexan aquí distinguir» (Fr. Miguel Agustín, *Libro de los secretos de agricultura, casa de campo y pastoril* [trad. del catalán por el mismo autor], pág. 641).

[11] Acto I; cito por una suelta s. l. n. f., Yg. 345 (3) de la Bibliothèque Nationale de París, sin numeración de páginas.

> ...que una simple palomilla
> que allí me puede haber muerto,
> no era tesoro encubierto,
> si a tan vil presa se humilla...

responde el caballero, iniciando su declaración:

> —Si la ha muerto, ¡vive Dios
> de cortarle la cabeza,
> si no usáis de la nobleza
> que os dio el cielo, con los dos!
> Que como el azor culpado,
> a vos me lanzó el amor...
>
> (Acto I, escs. iii y iv, pág. 143)

En Lope se une el motivo del ave castigada por un crimen de lesa majestad (amorosa), con el motivo contrario de la cetrería erótica y de la provocación que motiva las quejas de Jimena al buen rey:

> ...cada día que amanece
> veo a quien mató a mi padre,
> caballero en un caballo
> y en su mano un gavilán;
> por hacerme más enojo
> cébalo en mi palomar:
> con sangre de mis palomas
> ensangrentó mi brial [12]...

Con su maestría habitual, Lope desflora apenas el tema del azor castigado, así como también ha esbozado apenas el tema del ave de caza perdida («Háseme huido un azor / de

---

[12] Menéndez Pidal, *Flor nueva de romances viejos*, Flor cuarta, tercer romance de la primera parte. En *Las mocedades del Cid* se mechan versos que separan «el gavilán» de las palomicas, y Guillén de Castro empalma «y por hacerme despecho / dispara a mi palomar / flechas...» (*Obras* de Guillén de Castro, ed. Juliá Martínez, t. II, pág. 195).

las manos...») y encadena, en solos cuatro versos, con la personificación habitual del ave de presa y el galán [13]: virtuosismo perfecto ante el que sólo cabe decir, una vez más, que «es de Lope».

D'Annunzio hace un uso diferente del motivo, menos irisado y más literal, pero de un trasfondo trágico más oscuramente conminatorio, en el acto cuarto de su *Francesca da Rimini*, cuando ésta departe con el menor de sus cuñados, Malatestino dall'Occhio:

> *Francesca:*   Sei un fanciullo crudele, che prendi
> vendetta da un falcone!
> Perchè l'hai morto, mentre pur l'avevi
> caro?
> *Malatestino:* Per la giustizia.
> Io l'avevo lasciato ad una grù.
> Quella montò alto, il falcone molto
> alto si mise sopra lei, e sotto
> vide un'aquila giovane volare.
> La prese e la percosse a terra e tanto
> la tenne che l'uccise.
> Corsi credendo che fosse la grù;
> ma trovai ch'era un'aquila.
> Allora m'adirai.
> E il bel falcone fu decapitato
> perche aveva morto il suo signore.
> *Francesca:*   Folle tu fosti.
> *Malatestino:* Aveva morto il suo
> signore. Fu giustizia [14].

D'Annunzio emplea las palabras mismas del *Novellino*, pero su intención es enteramente distinta: Malatestino se

---

[13] Sobre la halconería amorosa, véase *Annales musicologiques*, 4 (1956), 105-106; sobre el halcón perdido, *Studia philologica, Homenaje ofrecido a Dámaso Alonso*, t. I, págs. 486-488.

[14] Págs. 211-212 de la tragedia en la edición nacional de las obras de d'Annunzio.

sirve del castigo del halcón para dar a entender a su cuñada, de quien también él está enamorado, que conoce sus amores con Paolo y que en sus manos está el que se la castigue si lo desdeña. La historia conserva su valor de amenaza, pero en cada una de las aves late ahora un símbolo distinto.

La lección literaria del ejemplo XXXIII de don Juan Manuel, que ha sido menos puesta en relieve que su sentido político, reside precisamente en esto: frente a un grupo de escritores —entre ellos Matteo Bandello— que practican todos la obsecuente fidelidad al texto tradicional propia del relator de *exempla*, otros —don Juan Manuel, Lope, d'Annunzio— se sirven del tópico (aún literalmente repetido) para expresar un contenido nuevo y por completo diferente. De todos ellos, es don Juan Manuel quien más abiertamente varía el relato tradicional para imponerle su propia impronta: impronta que no consiste en convertirlo en una alusión pasajera dentro de un fresco ramillete de motivos simbólicos —Lope— ni en cargar su torvedad de un diferente destino —d'Annunzio—, sino en variar totalmente su forma hasta el punto de hacerle perder su condición de tópico. El castigo del halcón, que es la esencia ejemplar, la «ejemplaridad» propia de este ejemplo, desaparece sólo con don Juan Manuel, que afirma, fuera de toda consideración cronológica, una libertad de escritor superior a la de sus precursores y a la de su posteridad literaria. Por ello este ejemplo XXXIII, uno de los menos estimados por la crítica, me parece el más interesante del libro, y como el símbolo de don Juan Manuel, no sólo por ser muestra de su ambicioso atrevimiento en materia política, sino considerándolo en su pura condición de escritor.

Postscriptum. Recientemente, Nicholson B. Adams y Frank M. Bond («Story thirty-three of *El Libro de Patronio*») re-

consideran el asunto de este *exemplo* apoyándose en su condición de «members of the North American Falconer's Association», lo que puede ser excelente para entender a los halcones pero no concede infalibilidad frente a don Juan Manuel: lo prueba la frase

> Since don Juan Manuel reports the event as one that had
> happened to his own father, the burden of proof is on anyone
> who tries to refute the author's own statement, or tries to claim
> any other origin for the story.
>
> (pág. 110)

Sin buscar fáciles argumentos especiosos (no se trata del
«author's own statement», sino de una afirmación de Patronio; si se admite el traslado de responsabilidades, habría que
aceptar otras cosas que Patronio nos afirma como ciertas y
que son históricamente falsas: la cruzada de los reyes incluye
un rey de Navarra que nunca anduvo por allí, y hace des-
embarcar juntos a ingleses y franceses que se habían separado; los datos biográficos de Rodrigo el Franco son de una alta
fantasía, etc.), es fácil recordar que el príncipe tenía dos
años a la muerte de su padre el infante don Manuel, y que
el suceso, para nuestro autor, es un cuento ('algo que le contaron', y no 'algo de lo que fue testigo presencial'), y que
como cuento aparece en otras versiones de varias partes de
Europa y goza de larga vitalidad (el argumento cronológico
que oponen los autores carece de toda autoridad, en esta
materia de probada difusión; y a ellos correspondería «the
burden of proof» de cómo fue a dar de don Juan Manuel a
Alejandro Neckam). Concluyen Adams y Bond que la situación presentada por su colega español en halconería es posible (pág. 111): posible, y no más. Otra cosa no puede arries-
garse; y molestarse en asegurar que lo que don Juan Manuel
nos relata es posible no está lejos de injuriar su memoria
como escritor: de no serlo no lo hubiera contado vinculán-

dolo con la memoria del infante su padre. Integrado el cuento
en el tema global de la caza en don Juan Manuel (las alusiones
a este deporte son constantes: capítulo XLI del *Libro del
caballero et del escudero*, capítulo LXXXII de la primera
parte del *de los estados:* véase el apartado de Castro y Calvo,
«La caza en las obras de don Juan Manuel» en su edición del
Libro de la caza, y el *Libro* todo), el cuento «posible» aparece
como una de esas historias que hacen tratar de «chufador» al
cazador que las relata; pero si esta perspectiva refirma lo
«posible» del cuentecillo, es justo y equitable realizar la
misma labor con el tema del águila en la obra toda del mismo
escritor, y bien se ve por el *Tratado de las armas* que para
don Juan Manuel la reina de las aves es el ave del rey. En el
delicado equilibrio entre realismo y simbolismo, los filólogos
halconeros pueden inclinarse por la veracidad de la historia;
los que no somos ni lo uno ni lo otro nos atenemos a la
opinión de los que sabían de halconería cuando la halconería
era una ocupación real y cotidiana, y no meramente «posible»: don Juan Manuel el primero —Villena sería el mejor
lugar de caza «sinon porque ay muchas águilas»—, Diogo
Fernández Ferreira, también citado ya, y hasta Gonzalo Correas: «las águilas, si las acometen halcones, los suelen ma-
tar» (pág. 33 de la edición Combet): como «burden of proof»
me parece que basta.

UN INGREDIENTE DE CELESTINA

Hacia el final de los largos parlamentos de Pármeno contra Celestina, demediado el acto primero de la Comedia, se enumeran los materiales que la vieja «en otro apartado tenía para remediar amores, y para se querer bien»[1]. Allí figura, entre «tela de caballo» y «haba morisca», el que nos ha de ocupar: «mantillo de niño».

¿Qué es «mantillo de niño»? No hay nota alguna sobre esta expresión en la edición anónima de 1841 (con algunas notas, pero sin comentar este pasaje de pág. 27), ni en la de Aribau (pág. 11 b), ni en la de Menéndez Pelayo (vol. I, página 51 —texto—, y vol. II, pág. 396, notas) ni en su reseña por Hugo A. Rennert, ni en la edición de Fritz Holle (pág. 56), ni en la anónima de Garnier (pág. 42). La de Cejador (pág. 81, nota 2 *in fine*) aclara:

> *Mantillo de niño*, mantecas o redaños. A la cuenta, Celestina era también curandera sacamantecas.

Explicando esta explicación con ayuda del Diccionario de la Academia, obtenemos: *manteca* 'gordura de los animales'; *redaño* 'mesenterio', o sea 'repliegue del peritoneo [...] En él

---

[1] Reimpresión de Foulché-Delbosc, pág. 24.

se acumula a veces una enorme cantidad de células adiposas';
sacamantecas 'criminal que despanzurra a sus víctimas' [2]. Lo
que Cejador parece haber querido indicar es algo así como
'grasa de niño obtenida por procedimientos más o menos cri-
minales'. La edición de Martín de Riquer (pág. 203, nota 117)
da un paso más:

> *Mantillo*, excrementos o grasa.

La disyuntiva confiesa que no sabemos muy claramente
lo que la voz significa, ya que ambos términos distan de ser
equivalentes: tanto, que ninguna receta (de magia, o de lo
que fuere) puede utilizarlos indistintamente. La segunda explicación, 'grasa', debe provenir de Cejador; la primera parece salir —aunque, casi con seguridad, indirectamente— del
diccionario académico, que da dos acepciones para la voz *mantillo:*

> Capa superior del suelo, formada en gran parte por la des-
> composición de materias orgánicas. // 2. Abono que resulta de
> la fermentación y putrefacción del estiércol.
>
> [2.ª acepción aumentada en la 19.ª ed.]

---

[2] Las dos primeras definiciones han sido modificadas en la última
edición del *Diccionario*, bien que sin mayores cambios en lo que aquí
nos interesa. La tercera voz, *sacamantecas*, cobra en algunas regiones
de la América española significados diferentes: «el Sacamantecas» es un
espanto tradicional manejado por el muy distinguido costumbrista
argentino Roberto J. Payró *(Pago Chico*, pág. 36); es también nombre
de un juego de niños —el «Salga la parida»— en el Ecuador (Hum-
berto Toscano Matheus, *El Español en el Ecuador*, pág. 461), y nombre
del mismo juego y de un vegetal en México (Santamerina, *s. v.).* La
interpretación de Cejador pervive en autores contemporáneos: a continuación de un pasaje del *Malleus Maleficarum* de Prenger y Kramer,
limitado a la condena de las malas parteras que causan la muerte de
los recién nacidos para usar su enjundia y sus otros restos en la con-
fección de sus ungüentos y bebedizos, M. J. Ruggerio agrega: «It
should be noted that 'mantillo de niño' forms part of Celestina's labo-
ratory» (págs. 45-46, y 88, n. 4).

(El *Diccionario etimológico* de Roque Barcia reduce las dos
acepciones a una sola: «estiércol menudo, podrido y mo-
lido»)[3]. La original explicación propuesta, empero, no es
tan original, y ya aparece en la edición de *La Celestina* publicada en París a comienzos de siglo, con introducción de
«Zeda»[4]; y desde hace más de un siglo se la puede leer, además, en todas las ediciones de la traducción de Germond de
Lavigne, uniendo en un mismo error el término *mantillo* con
el que lo precede en la enumeración de Pármeno:

---

[3] En este primer sentido la voz es corriente en España: la emplean,
entre muchos otros, Galdós («...y reaparecían entre un cenador en
ruinas y un rimero de mantillo», *España trágica*, pág. 23), Azorín («Pedro. — Parece peña dura, porque está sin romper; pero todo es mantillo». *El segador*. En: *Teatro*, II, pág. 116), Unamuno («Pasado el otoño — se pasa la fruta / Y se va cayendo — de puro madura; / Que le
tira a tierra — su íntima dulzura / Y se hará mantillo — su entraña de
pulpa». *Cancionero. Diario poético*, núm. 1.609, pág. 440: ya había empleado la misma imagen en «El fin de la vida», del *Rosario de sonetos
líricos*: «Mantillo al fin la oscura flor se hizo»), y Dámaso Alonso («...deja
que me pudra hasta la entraña, / que se me aniquilen hasta las últimas
briznas de mi ser, / para que un día sea mantillo de tus huertos!»
De Profundis). También se lee en un escritor costumbrista menos conocido, Pedro Pérez Fernández («Esos padre [capuchinos], tienen una
mano pa las bendiciones, y pa er mantillo (1), y pa las plantas, que no
hay má que pedirle...», *Del alma de Sevilla*, págs. 2-3; pero agrega en
nota, sin duda por parecerle necesario, «(1) Tierra abono». La palabra
es mucho menos usual en América, donde aparece, sobre todo, usada
por los lexicógrafos para explicar las voces o locuciones regionales que
la reemplazan («*Tierra negra*. Tierra vegetal, humus, mantillo», en Segovia, pág. 377; «*Tierra podrida*. Mantillo, tierra vegetal», en Membreño, pág. 159). Se sirve de ella, sin embargo, Horacio Quiroga en carta
a Martínez Estrada: «Hay que sacar todos los yuyos enterrados y amon-
tonarlos entre plantas, a cuyo pie irán un poco más tarde a formar
mantillo...» (Ezequiel Martínez Estrada, *El Hermano Quiroga*, pág. 63).
Como otra muestra de que debe ser corriente en la región litoral de la
Argentina, valga la cita, entre muchos diminutivos de valor positivo
usuales, y sin aclaración alguna, de Antonio Rubén Turi (*El Castellano
en nuestros labios. Ensayos sobre el habla entrerriana*, pág. 107).

[4] París (¿hacia 1910?). En la reedición de 1938, pág. 59, n. 6, se lee:
«*Mantillo de niño*. Excremento de niño».

...des excréments de cheval et de petit enfant... [5].

El error fundamental de estas interpretaciones estriba en considerar *mantillo* como un sustantivo simple, y no como lo que es: el diminutivo de *manto;* y éste, según el Diccionario de la Real Academia (s. v., undécima acepción) es la 'manteca o sebo en que nace envuelta la criatura'. Más exactamente, la voz designa, lo mismo que *cofia,* o *cofia fetal,* la porción del amnios que envuelve la cabeza de algunos recién nacidos. La palabra *cofia* falta en el léxico oficial con esta acepción; el Diccionario etimológico de Corominas tampoco la trae, ni da *manto* o *mantillo* con este sentido, pero es voz

---

[5] París, 1841, pág. 37; París, 1863, pág. 30; París, [1883], pág. 30; París, 1922 —«revue et corrigée»—, pág. 38; París, 1942, pág. 38; París, [1949], pág. 50; París, 1949-1950, t. I, pág. 34; Lausanne, [c. 1961], página 316; lo mismo en la reedición parcial con introducción de Ernest Martinenche, [1920], pág. 80, y reedición ulterior de 1946, en la misma página. Otro traductor francés moderno, René-Louis Doyon, mitiga a Germond de Lavigne aunque manteniendo su errónea traslación, en «du fumier d'enfant» (pág. 24). Dos adaptaciones francesas modernas —la de Paul Achard, págs. 22-23, y la de Georges Brousse, pág. 32— saltean la expresión incómoda, como dándose cuenta de su incongruencia; la «adaptation complète» del mismo Paul Achard (pág. 64) vierte, a imitación de Germond de Lavigne, «du crottin de cheval et des excréments de jeunes enfants». Fernand Fleuret y Roger Allard, en fin, se equivocan también, pero de manera más original, en su adaptación escénica: «des langes de nouveaux-nés, des crins de cheval...», pág. 30. La molesta palabra falta también en una «libre adaptación» alemana: «Fernando de Rojas, *Die Celestine.* Eine Tragikomödie in fünf Aufzügen nach der dramatischen Novelle des spanischen Dichters frei bearbeitet von Richard Zoozmann»; debiera estar en pág. 25. Un traductor inglés reciente anda también descarriado por la interpretación falaz de Cejador: «asses' brains, cauls of new-born foals, babies' fat, French beans» *(The Celestina,* translated by Lesley Byrd Simpson, pág. 19). Y, como algunos traductores franceses, saltea la palabreja Mario N. Pavia en su enumeración de los «remedios» celestinescos: «In another room she has many love remedies, such as a sea compass [¿guija marina?], eaglestones, and ropes by which men had been hanged» *(Drama of the Siglo de Oro.* A Study of magic, witchcraft, and other occult beliefs..., pág. 31).

corriente en los vocabularios medicinales. El *Dictionnaire de Médecine* de Pierre-Hubert Nysten la traduce y explica hace siglo y cuarto:

> *Coiffe.* s. f. [*pilleus*, all. *Haube*, esp. *cofia*]. Portion des membranes foetales que l'enfant pousse quelquefois devant lui, **et** qui se trouve alors sur sa tête dans l'accouchement ordinaire. Il peut en résulter des accidents graves et pour la mère et pour l'enfant; mais un préjugé vulgaire regarde cette disposition comme d'un heureux présage. De là l'expression proverbiale: *être né coiffé* [6].

El *Diccionario de Medicina francés-español* del Dr. R. López-Ruiz da en la pág. 46 «coiffe, s. f. —*cofia*— fetal, etc.», y en pág. 276 «Cofia, s. f. —*Coiffe*— membraneuse du foetus, etc.», pero no da *mantillo*; mientras que el *Glosario médico castellano del siglo XVI* de César E. Dubler no da ni cofia ni manto ni mantillo. El *Dictionnaire polyglotte des termes médicaux* del Dr. A.-L. Clairville registra sus equivalentes en cuatro lenguas bajo los números 2.817 y 2.818:

> 2817 [francés] coiffe; [inglés] caul; [latín] pilleus; [id.] pilleum; [alemán] Glückshaube.
>
> 2818 [francés] coiffé (né); [inglés] born with a caul; [alemán] mit der Glückshaube geboren.

La versión española —más exactamente: el complemento español— de este léxico, por E. Vélez y A. Galván, con prólogo de Gregorio Marañón, traduce, más o menos incompletamente:

---

[6] T. I, pág. 299. *Cofia*, en el *Glossaire espagnol*, t. II, pág. 1.439, pero no *manto*; falta también en reediciones ulteriores. El texto citado aparece copiado literalmente en el *Dictionnaire de Médecine* de Robin. La denominación que aparece en el *Dictionnaire des symboles* de Jean Chevalier y Alain Gheerbrant, y que falta en los demás repertorios («L'enveloppe amniotique que l'on nomme le bonnet de félicité...», t. I, pág. 220), parece una traducción desmañada del término alemán correspondiente.

2817 cofia.
2818 nacido con una cofia.

(*Manto* aparece en el núm. 4.663, pero sólo con referencia
a los hemisferios cerebrales.) Y la versión italiana da:

2817 cuffia (parte dell'amnio che talvolta avvolge il capo dei
neonati).
2818 nato coll'amnio in capo; con la camicia.

La voz «camicia» falta en la parte alfabética del vocabulario italiano e indica el valor metafórico de la expresión,
que los traductores españoles no han sabido verter: «camisa»
es en algunas partes —como veremos algo más adelante—
sinónimo de «cofia»; y «nato con la camicia» corresponde a:

Nascer vestito, o Esser nato vestito, si dice in modo prov. di
Chi è fortunato: per la opinione del volgo, che chi nasce coperto
e comè vestito dalle seconde, avrà buona fortuna [7].

La expresión italiana es también propia de otras lenguas
romances; en castellano, la emplea Joaquín Bastús: «A este
tal se dice que: *los perros le ponen huevos; que ha venido al
mundo calzado y vestido*, etc.» (t. I, pág. 69, núm. 30: A los
atrevidos la Fortuna les favorece), explicándola detalladamente más adelante: el afortunado es

Hombre que nació vestido. ...Se aplica esta expresión al que
al nacer sale con la cabeza envuelta con la membrana *amnios*,

refiriéndola a creencias generalizadas desde los romanos, a la
amniomancia, a la prohibición respectiva de S. Crisóstomo,
etcétera (t. II, págs. 225-226, núm. 129). Y con el mismo sentido aparece en los *Contes et discours d'Eutrapel* de Noël
Du Fail:

---

[7] Tommaseo e Bellini, *Dizionario della lingua italiana*, t. III, página 431, s. v. *nascere*.

De vray, celuy de qui les biens et fortunes sont ou petits ou
brouillés se sait mieux avancer et rendre honneste homme que
ceux qui sont nés chaussés et vestus...

(éd. C. Hippeau, t. I, pág. 199)

En castellano, «nacer calzado y vestido» 'tener buena fortuna', corresponde también a la expresión francesa «il est né
coiffé» (que, aunque bastante corriente, se ha tornado por lo
general críptica para el hablante medio) y a la inglesa «born
with a caul», cuya equivalencia exacta con «né coiffé» está
confirmada por los diccionarios bilingües usuales, como el
Harrap's, y hasta por alguna fantasía literaria[8]; en cuanto
al alemán, el *Glück-* inicial indica inmediatamente el valor
fasto de la frase. Lo que es difícil de explicar es —frente a
coiffé, con la camicia, calzado y vestido (y sus equivalentes
francés e italiano)— el olvido de la voz *manto* o *mantillo* en
los léxicos usuales[9]. Su ausencia en el diccionario académico
es tanto más extraña cuanto que la palabra aparece usada
desde los comienzos de las letras castellanas:

...et cúmplese la su criación e la su forma a cabo de setenta
días, et tiene las manos sobre las mejillas e la barbilla sobre los
hinojos, et yace encogido en su mantillo, así como si fuese
ligado e envuelto en una bolsa...[10].

---

[8] Chrysostome Dagobert: *Tout l'anglais en un seul conte écrit pour
ceux qui ne peuvent étudier qu'à bâtons rompus: born to good luck,
né coiffé...*

[9] En un estudio de materias folklóricas, como es su libro ya citado
sobre el cuento tradicional y la literatura, María Rosa Lida ignora
estas expresiones y menciona, en pág. 106, «el cuento de Grimm del
niño que nació de pie» (el texto alemán usa la fórmula tradicional
consagrada que estudiamos aquí; sobre *nacer de pie*, véase el *Postscriptum* final de este trabajo).

[10] *Calila e Dymna*, ed. P. de Gayangos, pág. 18 *a*. No hay anotación
ninguna en la ed. de José Alemany Bolufer, pág. 3. Pero Raoul M. Pérez,
en su vocabulario del *Kalila et Digna*, explica la voz correctamente
—«membrana en que está envuelto el feto», pág. 33—, con remisión a

Pero nascer [los hombres] con vn manto sangriento de mal star
es pelleiuela de carne non la sabria preciar
quando nasce el corderuelo y lo podredes asmar
conprelo del carnedero quien lo quiere abrigar.

(Libro de miseria de home, ed. Artigas, copla 50)

Y no es rara en los viejos tratados de ginecología y obstetricia:

La tercera y última túnica, llaman los Griegos Amnion, y
Avicena Ábgas, y las parteras Mantillo. Esta postrera túnica cubre toda la criatura, y la defiende de su mesma orina y de otras
superfluidades, y de la dureza de las pares o segundinas.

(Francisco Núñez, *Libro intitulado del Parto humano...*,
folio 3)

Curiosamente, este autor no trata de las propiedades mágicas del amnios, aunque recoge todo género de supersticiones
relacionadas con el nacimiento y crianza de los niños (el
cap. xxxj trata «de los remedios para contra las brujas, y
contra todo género de sabandijas que ofenden a los niños»,
fol. 159 vº y sigs.; en 164 menciona las «vívoras, culebras que
vienen al olor de la leche»; el cap. xxxij —fol. 165 sigs.— trata
«del aojo y su cura»; el fol. 108 recuerda que «se toman algunos pronósticos del ombligo» para partos futuros, etc.). A diferencia de Núñez, que usa la voz corriente *mantillo*, otros
autores antiguos prefieren, sin embargo, el positivo *manto* y
sus sinónimos: «*Silia*, que quiere decir *Secundina vel bursa,
aut Pellicula*, el manto que es la tela que saca el embrión...
esta película, tela o manto, en que se envuelve el hijo en el
vientre... se fragua de sola la sustancia de la Madre, de suerte
que el *Silia*, que es el zurrón, el manto, y la película, o tela,

la ed. de Solalinde, sólo dos años (1917) posterior a la de Alemany
Bolufer, y donde figura, en efecto, (pág. 288): «*Mantillo:* membrana en
que está envuelto el feto».

que saca el niño, no se forma de la sustancia o simiente del
padre, sino de sola la sustancia y sangre de la madre» (Diego
Matute de Peñafiel, *Prosapia de Cristo*, fols. 133 vº y 134). Lo
mismo en Juan Valverde de Amusco, *Historia de la composición del cuerpo humano*, fol. 69 [en realidad 58] vº de la
tercera parte: «Esta segunda tela es de la mesma figura que
la primera, y sembrada de la mesma manera de venas y arterias, que nace de los vasos del ombligo, las cuales aunque son
muy delgadas, no dejan de verse muy claramente, por ser esta
túnica muy más delgada y floja que la primera, y blanda como
pellejo de cordero, por lo cual fue llamada de los Griegos
Amnios. Nosotros la llamamos el Manto. ...Empero si algunas
veces acontece romperse la primera tela, y desasirse la segunda, sale la criatura envuelta en el manto sin ser por ello
más dichosa, ni tener el pergamino (que desta tela se hace)
más virtudes que los otros, aunque las hechiceras más le ala-
ben»; la voz figura también en el índice: «Manto se llama la
segunda túnica de la criatura». La traducción italiana del libro de Valverde conserva la misma voz, *manto* (fol. 91 vº
y fol. 92: «Noi altri la chiamiamo il Manto»; «esce la criatura
involta nel manto»); ni qué decir que la palabra perdura en
la reedición veneciana de 1586. La versión latina de Valverde
(aumentada con algunas láminas), por Michael Colombo, se
sirve del término clásico *amictus:* «nobis amictus dicta est»
(pág. 197). Voz conocida, «mantillo» hasta ha producido el
verbo derivado *enmantillarse,* corriente en algunas partes de
América [11].

---

[11] Lisandro Alvarado, *Glosarios del bajo español de Venezuela,*
2.ª parte. Neologismos y arcaísmos *(Obras Completas,* t. III): «Enmantillarse. Refiriéndose al reciennacido, desprenderse de la matriz llevan-
do consigo la membrana de los amnios» (pág. 109). En el mismo dominio lexicográfico de cuidado faltaban otros vocablos corrientes, *pares*
por ejemplo: «Pares, s. f. pl. Placenta (m. pl. en And.) 'El pueblo andaluz las llama las pares (a las secundinas)' »: Miguel de Toro y Gis-

Ya hemos visto que tanto médicos como paremiólogos testifican el aprecio en que se tiene el mantillo. En efecto, para casi todos los pueblos es éste un amuleto de extraordinarios poderes. El folklorista inglés E. Sidney Hartland dice, en la introducción del artículo *Birth* de la enciclopedia de Hastings:

...a child born with a caul is endowed with extraordinary powers. Among the Negroes of the West Indies and North America, and among the Dutch, he can see ghosts. In England it is believed that he cannot be drowned, perhaps because (as the Icelander believe) the caul contains the child's guardian spirit *(fylgia)* or a part of its soul. The Icelandic midwife therefore is careful not to injure the caul. She buries it beneath the threshold over which the mother has to pass (Grimm, *Theut. Myth.*, 1880-1888, ii, 874). It is probable that this proceeding is adopted in order that in the event of the child's death the soul may reenter the mother and so the child may be born again —a belief frequently implicit, in the like burial of dead and still-born babes. However may that be, the caul is everywhere prized. In many places it is sewed up in a bag and hung round the child's neck, or preserved elsewhere. In Könisberg it is carried to baptism with the child (Ploss, *Kind*, i, 13). It is also regarded as a talisman valuable in itself, and is sold and bought as a preservative against shipwreck and for other luckbringing purposes. In England, a century ago, or even less, advertisements of such objects for sale were not very rare in the newspapers [12].

---

bert, «Voces andaluzas... que faltan en el Diccionario de la Academia», página 530; «Pares. En lenguaje corriente son las secundinas que arroja la mujer después de un alumbramiento»: R. Palma, *Dos mil setecientas voces que hacen falta en el Diccionario...*, pág. 205; «Pares. Secundinas»: Membreño, pág. 125; «pares. s. f. La placenta»: Solá, pág. 250, etc. *Pares* figura en las últimas ediciones del *Diccionario* de la lengua.

[12] *Encyclopaedia of Religion and Ethics*, t. II, pág. 639 *b*. En el artículo *Life-token* de la misma enciclopedia (t. VIII, pág. 45 *a),* Hartland vuelve a ocuparse de este tema y de las relaciones entre el estado de la prenda y la salud y prosperidad de la persona que nació

La descripción de Hartland corresponde exactamente con lo que dice Dickens en el primer capítulo de *The Personal history of David Copperfield*. Después de registrar varias predicciones supersticiosas —que sería infortunado, y que vería espíritus y fantasmas, por haber nacido «in the small hours of a Friday night»—, el protagonista agrega:

> I was born with a caul, which was advertised for sale, in the newspapers, at the low price of fifteen guineas,
>
> (pág. 2)

con ciertas bromas sobre la incredulidad de la gente de mar, que parecía no tener mucho dinero por entonces, si no es que prefería los chalecos de corcho, y la historia de los regateos del comprador y la reventa de la pieza, diez años más tarde, a una anciana que murió en su cama sin ahogarse [13]. Recuerdo

---

con ella, según creencias supersticiosas letonas, inglesas y escocesas; sobre la relación entre mantillo y *fylgia* hay datos en el mismo artículo *Birth*, apartado *Teutonic* (por E. Mogk, t. II, pág. 663 *a*).

[13] Sobre esta superstición en Inglaterra da cantidad de informes John Brand en sus *Observations on the popular antiquities of Great Britain* (t. III, págs. 114-119, «Child's caul, or Silly how»): partiendo de la antigüedad clásica (Ælius Lampridius, Vida de Antonino; S. Crisóstomo, contra un clérigo que compró uno de estos adminículos; comentarios de la Historia Augusta) estudia rápidamente la época moderna (Sir Thomas Browne, el *Traité des superstitions* publicado en 1679 en París [y que es la conocida obra del Ab. Jean-Baptiste Thiers]), cita a Weston para el Oriente, da noticia de avisos de periódicos sobre la compra y venta del artículo (años de 1779, 1790, 1823, 1848), informa sobre sus virtudes contra el riesgo de morir ahogado, y termina con una serie de ejemplos literarios sobre la creencia (*Elvira* de Digby, el *Alchymist* de Ben Jonson, el *Astrologaster* de Melton, *Mount Tabor, or Private exercices of a Penitent Sinner* [1639] de Willis, y un ejemplo animal del poema *Advice to a Painter* [1681]). Debo a la gentileza del profesor Edward M. Wilson la comunicación de algunas notas sobre esta práctica tomadas por diciembre de 1938 entre las comadronas del condado de Westmorland: «Nurse Teasdale reports that the caul is still very carefully preserved in Kendal. It used to fetch a big price; she knew of one that was sold recently to a sailor for five pounds. She

perfectamente, aunque no estoy en condiciones de comprobarlo, que la traducción española publicada en Buenos Aires por la «Biblioteca de *La Nación*», que leí hace casi medio siglo, empleaba la expresión obstétrica «cofia fetal».

Las felices propiedades del «mantillo» aparecen también consignadas en otra obra literaria, menos importante artísticamente que *La Celestina* o el *David Copperfield*, pero ciertamente valiosa en cuanto aporta un testimonio de otra región y de otra religión. Al comienzo de *La Chemise qui porte bonheur*, de Élissa Rhaïs, se lee:

> Le bruit se répandait que... venait de naître une petite fille «coiffée»! ...Elle allait apporter avec elle, grâce à Allah, le bonheur dans sa famille, dans le quartier, sur tout l'Islam algérois [14].

El mismo potencial de felicidad posee, y por la misma razón, el afortunado niño llamado a casarse con la hija del rey a pesar de las múltiples asechanzas de su futuro suegro, héroe de un cuento popular alemán publicado por los hermanos Grimm [15].

---

has, to satisfy the mother and the grandmother, herself spread the caul over a basin and then put it between the leaves of a Bible. Another midwife told the story of a London unmarried mother. She learned that her baby had been born with a caul, and she asked anxiously if it had been kept. They said 'No', they had burned it. She was extremely upset, because the father was a sailor, and if they had kept the caul he would have been sure to have come back to her». El aviso del *Times* del 8 de mayo de 1848 está reproducido fotográficamente en la página 56, y transcrito en la siguiente de la obra de Douglas Hill, *Magic and superstition*. En la misma pág. 56 se apunta que «Christina Hole, one of Britain's leading folklorists, records a case known to her of an offer made for a caul in 1954».

[14] Pág. 3. Nótese que el texto da «coiffée», pero que el título habla de «chemise».

[15] *Der Teufel mit den dreigoldenen Haaren*, pág. 137 de la selección bilingüe de París, 1943. Stephan Grudzinski, «Vergleichende Untersu-

Así entendido —y solamente así—, el *mantillo de niño* ocupa lógicamente su lugar, como talismán portador de felicidad, entre los ingredientes «para remediar amores, y para se querer bien», con muchas más razones que el unto de niño (que sólo podría justificarse en prácticas de magia negra) o que el fiemo de crío, que sobre ser una simple porquería, provista —todo lo más— de cierta relación simpática con el sujeto del que procede, no es un objeto tan difícil de procurarse que merezca ponerse en el mismo apartado que (por ejemplo) «la piedra del nido del águila»[16]. Y si estas consideraciones no bastaran para convencernos de qué es «mantillo de niño», tenemos además el testimonio de la casi totalidad —o la totalidad a secas— de las traducciones antiguas de *La Celestina*, unánimemente divergentes de las modernas. Y puede decirse «la totalidad» porque la sola excepción es la versión francesa anónima de 1527 —reimpresa en 1529—, que se dice retraducida del italiano y que se saltea, como se hace hoy, los términos más difíciles de traducir:

> ...elle avoit os de cueur de cerf, teste de caille, ceruelle dasne, la corde dung pendu, une espine de herisson...
>
> (pág. [30] sin foliar)

Todos los otros traductores antiguos vierten correctamente. Jacques de Lavardin trae:

---

chung und Charakteristik der Sage vom Findelkind, das später Kaiser wird», señala estudios precedentes y analiza una decena de versiones diferentes; la única que dice contener el detalle que nos interesa —y al que no presta atención alguna— está en «Die Sage bei den Gebrüdern Grimm» *(Deutsche Sagend*, II. Band).

[16] Fuera del plano mágico, la substancia se empleó en el cuidado de las aves de caza: «Otro sí dize que la mejor e mas çierta melezina que falla para esto [las llagas de los halcones] es tomar el estiércol del moço chico que mama e deuen le poner en una cuchar de fierro e poner lo enel forno o sobre el fuego e desque fuere seco en guisa quelo pueden fazer poluos deuen le echar enla llaga dellos». Don Juan Manuel, *Libro de la Caza*, ed. Baist, pág. 57, ll. 20-25.

...os de coeur de cerf, langues de viperes, testes de cailles, ceruelle d'asne, la toille qu'apporent à leur naissance les enfants, & de celle des poulains...

(fol. 25 vº; fol. 22 de la ed. de 1598)

La traducción italiana de Alfonso Ordóñez, revisada por Jerónimo Claricio, también parece homologar —como lo hará tres siglos más tarde Germond de Lavigne— *tela* y *mantillo;* aquí nos interesa solamente la exacta comprensión de este segundo término:

...quela tella che portano li Mammoli: quando nascono: & de quella deli Cauali... [17].

También trasladan acertadamente el traductor francés anónimo de 1633:

...coiffe d'enfant naissant...

(pág. 47)

(se equivoca en el «crin de cheval» que precede), el neerlandés:

...Noch had sy in een ander busse... / huyven daer de kinders nuede gheboren worden...

(sin foliar)

(*huif* —plural *huiven*— es 'coiffe'), el alemán (que da la correspondencia con la tela de caballo y precisa el sexo de la criatura):

...die netzlein d'erst geborn kneblein die brachend jr...

(sign. «c»),

---

[17] *Tragicomedia di Calisto e Melibea...* traducta... per Hieronymo Claricio... (S. l. n. f.), sin foliar. Lo mismo, salvo leves correcciones ortográficas («di», «delli», etc.) en la ed. de Millano [*sic*], 1514 (frente a la signatura «D»), la de [Vinegia], 1518, y en las que llevan por traductor a Alfonso Ordóñez (Vinegia, 1525, fol. 17 vº; (s. l.), 1531; Vinegia, 1531; (s. l.), 1541).

el traductor latino, Caspar von Barth:

> ...palliola quibus infantes obvoluti nascuntur...
>
> (pág. 30)

(*pallium* 'manto pequeño' o 'capuchón', es *mantillo* tanto como *cofia)*, y el inglés, «Puede Ser»:

> ...the kalls of young Coltes, when they are new foaled, the bearing cloth of a new-borne babe... [18].

Todavía la refundición del capitán John Stevens, a comienzos del siglo XVIII, da en el clavo:

> ...she had a Closet stor'd with *Bones* found in the *Hearts* of *Stags, Vipers Tongues, Heads* of *Quails, Asses Brains, After-births* of *Mares, Caules* Children had been born in... [19].

También así se entendió en España: la oficina de amores que Fray Eugenio Martínez introduce en su *Libro de la vida y martirio de la divina virgen y mártir sancta Inés* [20], evidentemente imitada de la de Celestina («óleo serpentino / que es remedio eficaz y peregrino», fol. 116 vº; «Haua morisca», y las invocaciones a Plutón y sus auxiliares, fol. 119, con muchas otras correspondencias), cuenta con nuestro producto:

---

[18] Pág. 43 de la traducción de James Mabbe, 1631, según la reedición de 1894 (The Tudor Translations, 6).

[19] «The Bawd of Madrid», chapter I, pág. 72 de *The Spanish libertines* (versiones muy libres de *La Pícara Justina, La Celestina,* el *Estebanillo González* y una pieza de Juan de Ávila).

[20] Canto octavo, fol. 118 vº. También Rodrigo de Reinosa, en sus *Coplas de las comadres,* saquea el arsenal de Celestina («cabeças de codornizes / y la tela del caballo, / espina de erizo o gallo / con çumo de cocatrizes / y de bíuora una lengua...»), pero no utiliza el mantillo de niño. Tampoco lo mienta Guillén de Castro que en *La Manzana de la discordia y Robo de Elena (Obras,* t. III, pág. 380), cita en cambio la soga de ahorcado, las habas, etc.

Sesos de Asno, y membrana de Conejo,
Hyspomenes [hipómenes] de yegua, y la envoltura
que del vientre sacó la criatura,

como cuenta con él el anónimo *Testamento de Celestina* publicado por Foulché-Delbosc: la maestra deja a Elicia

...un pedaço de la tela
que sacó el niño en el paso... [21];

y en la *Loa* sin título en que Agustín de Rojas imita variadas maneras de hablar, declarando al final de cada una de ellas cuál es su modelo, se lee:

Laurel blanco, gramomilla,
flor salvaje e higueruela,
aceites para la cara,
de jazmín, limón, violeta,
de azufaifas, de estoraques,
de altramuces y de abejas,
cabezas de codornices,
los granos de aquella hierba,
piedra del nido de águila,
lengua de víbora fiera,
aguja marina y soga,
bata [sic] morisca, y la tela
del caballo y la criatura,
sesos de asno y flor de hiedra,
bien sé que sólo me entienden
no más de las hechiceras [22].

---

[21] «Romancero de la Biblioteca Brancacciana», pág. 385, composición núm. 50.

[22] En Cotarelo, *Colección de entremeses...*, págs. 363-364, núm. 102, y núm. XVIII de las Loas de Rojas. Los *Orígenes de la novela...* (t. IV, página 541) leen correctamente «haua». (Sin anotar en ninguna de las dos ediciones.) Agradezco a mi maestro Marcel Bataillon el haberme recordado este ejemplo.

Y, con seguridad independientemente de la tragicomedia, y basado en su propia experiencia profesional, Torquemada se indigna, en sus *Coloquios satíricos*, contra

> los que buscan supersticiones y hechicerías... Y así unos traen consigo nóminas con nombres no conocidos, o por mejor decir de demonios, otros traen sogas de ahorcados, otros las redecillas o camisas en que nacen vestidos los niños, otros traen mandrágulas y otros mil suciedades y abominaciones.
>
> (pág. 600)

Estas notas quisieran sugerir dos consideraciones. Una es recordar, una vez más, lo que escribió el distinguido hispanista cuyas notas sobre las comadronas inglesas aprovecho aquí: gran parte de nuestra tarea erudita consiste en recuperar lo que nuestros predecesores sabían y hemos olvidado. La otra es mostrar que, hasta en mínimas cuestiones de detalle como ésta, el método empleado por mi maestro Marcel Bataillon en sus estudios sobre *La Celestina* es un método excelente. La actitud de sus contemporáneos y de sus lectores más inmediatos nos da la clave segura para la interpretación de esta obra maestra, y muestra que los hombres del siglo XVI y del XVII sabían lo que los del XIX y el XX ignoramos y debemos volver a aprender.

PS. M. Bataillon me señala la reedición crítica, por Gerald J. Brault, de la traducción francesa de 1527, la cual, contra lo que afirma su portada, parte del texto español y no de la versión italiana, que utiliza sólo parcialmente. Las notas de Brault, sobre palabras mal traducidas, no consideran las omisiones [23].

---

[23] El artículo de Henry Mendoloff, «On translating *La Celestina* into French and Italian», toca poco más que el caso de unos pocos proverbios (pág. 115). El importante artículo de Gerard J. Brault, «English translations of *The Celestina* in the sixteenth century», aclara

También debo a la comunicación de mi maestro la noticia de la edición bilingüe de *La Celestina*, traducida y anotada por P. Heugas, que me había escapado por la obligada lentitud del servicio de entradas de la Bibliothèque Nationale. P. Heugas traduce correctamente (pág. 157): «de la coiffe de nouveau-né», y en nota (pág. 529, nota 61), transcribe el comentario anónimo del ms. Gayangos 674 de la Biblioteca Nacional de Madrid: «Es una telica con que algunas criaturas nacen envueltas. Dizen que quien las trae es muy dichoso, pero es superstición grande», y el pasaje pertinente del *Trésor des deux langues* de César Oudin (citado en la edición de Antoine Oudin. París, 1660): *mantillo* es «la coiffe qu'apporte un enfant quand il naît», agregando: «cf. en français *être né coiffé*». La versión trilingüe de Oudin por J. Nicot *(Le Thrésor des trois langues...)* añade la expresión italiana: «la scuffia, che porta il figliuolino, quando nasce»; las correspondencias faltan en *scuffia* y en *coiffe*, que da sin embargo «la coiffe des entrailles, *la rete delle interiora*, el redaño». Los léxicos del siglo XVII no son —en esta materia como en tantas otras— totalmente precisos: P. P. Billet *(Gramática francesa...*, página 196) da la equivalencia —por lo demás correcta— «naciò de pies. il est né coefé», sin la exacta correspondencia anatómica, y lo mismo, en el primer cuarto del siglo, consigna Jerónimo de Tejeda *(Méthode pour entendre facilement... la langue Espagnole...*, pág. 311): «Nazer de pies, estre nay coiffé». La expresión elegida —corriente hasta hoy, y aplicada por Valdivielso a los Santos Inocentes *(Romance de todos los Santos*, pág. 262 de la ed. de Mir): «Los Meninos de Su Alteza / a la mesa se sentaron, / que se nacieron de pie, / pues en flor se los llevaron»— corresponde a una creencia

---

cronologías y dependencias y despeja la incógnita de alguna falsa traducción, pero no toca el punto que tratamos.

determinada, y distinta de la que hemos tratado: «El niño que nace de pie es dichoso. Frase —nacer de pie— indica que la persona es afortunada» (Guichot y Sierra, en *Biblioteca de las tradiciones populares españolas*, t. I, pág. 286, núm. 267; lo mismo en Lisandro Segovia, entre los refranes, pág. 862: «Nacer de pie. Frase fig. y fam. Ser afortunado y tener acierto en cuanto se intenta»). Galdós, que la emplea repetidamente (*La Primera República*, pág. 21; *O'Donnell*, pág. 151; *España trágica*, pág. 179), gusta también de amplificarla socarronamente: «nació de pie, y sus pies echaron, desde la infancia, profundas raíces en la Administración española» *(Prim*, página 147), «Bueno es nacer de pie, caballerito; pero aún es mejor nacer a caballo» *(Las Tormentas del 48*, pág. 118).

A los ejemplos de la difusión de la creencia en la fuerza mágica de la cofia fetal debe agregarse la anotación de Ernesto de Martino: en el sur de Italia los escapularios («abitini») se asocian conceptualmente con «el velo orgánico (llamado *camisa),* cuya continuación psicológica representan» [24]. La publicidad italiana explota también la superstición: un aviso (en *Oggi illustrato*, anno xxvii, núm. 21, 24 maggio 1971, página 18) reza: «Oggi hanno battezato Marco. Il primogenito della famiglia è nato con la camicia. Il papà di Marco ha assicurato il suo avvenire con la...» (sigue la sigla de una compañía de seguros).

---

[24] *Sud e magia;* cito por la traducción francesa de Claude Poncet, *Italie du Sud et magie*, pág. 52. Sobre la antigüedad y pervivencia de prácticas relacionadas con los accesorios natales, véase: «Aujourd'hui encore, certaines tribus des régions du Haut-Nil, lors de la naissance d'un futur roi, traitent avec honneur le placenta et le cordon ombilical du prince royal, le conservant dans un édifice, et lui attribuent un pouvoir mystique sur la vie du roi» (pág. 83 —nota de la pág. precedente— de los *Mystères égyptiens* de A. Moret); lo mismo en el libro citado de Jean Servier.

Sobre el nombre de esta creencia y sus derivados, el *Standard Dictionary of Folklore, Mythology and Legend*, que repite los datos de Sidney Hartland, registra incluso, en artículo aparte, el término preciso de «amniomancy», así como la *Encyclopédie de la Divination* incluye la «amniomancie» (con una cita de Collin de Plancy); «amniomancia», que vimos usado por Bastús, figura en el Espasa, pero falta en el Diccionario de la Real Academia. El carácter «técnico» del mantillo de niño, así como la eficacia tradicional que para otros ingredientes de Celestina señala P. E. Russell en su excelente artículo del homenaje a Dámaso Alonso [25], contribuirán quizás a consolidar la opinión de que la magia de la vieja no es un mero ornamento literario, sino una característica esencial de la «algebrista de voluntades».

---

[25] «La Magia como tema integral de la *Tragicomedia de Calisto y Melibea*», en el t. III de la miscelánea. El artículo de Fernando Toro-Garland, «Celestina, hechicera clásica y tradicional», aparecido en *Cuadernos Hispanoamericanos*, no toca este tema. La *Revista de Literatura* registra la tesis de Teresa Vilardell Viñas, «Aspectos de la brujería en *La Celestina*, de Fernando de Rojas», sostenida en Barcelona en 1962, y al parecer inédita.

MUDO COMO UN PESCADO

> Par contre, d'autres [animaux] ont une con-
> formation générale qui leur interdit de son-
> ger à se lancer dans la carrière artistique:
> les poissons, par exemple. Ces pauvres bêtes
> n'y songent même pas.
>
> Erik Satie, *Conférence sur «Les ani-
> maux dans la musique»* (Novembre
> 1916).

No cabe duda alguna que entre los más hermosos y misteriosos versos del romancero viejo se cuentan los que abren
la llamada «visión del rey Rodrigo»:

> Los vientos eran contrarios,
> la luna estaba crecida,
> los peces daban gemidos
> por el tiempo que hacía,
> cuando el buen rey don Rodrigo
> junto a la Cava dormía...,

y que siguen con la esplendorosa descripción de su tienda:
sostenida por trescientas cuerdas de plata, alberga cien
doncellas, cincuenta cantoras y cincuenta que tañen para
alhajar el sueño del rey. Citamos estos versos por la edición
de la *Floresta de leyendas heroicas españolas* compilada por
Ramón Menéndez Pidal (t. II, págs. 75 sig.); la más reciente

del *Romancero tradicional* (t. I, págs. 42-43), al tiempo que restituye las grafías obsoletas, aglutina los manifiestos octosílabos en unos imaginarios versos de gesta que nunca fueron; y marco aquí solamente mi preferencia, en el cuarto verso, por la versión de la vieja *Floresta* de 1605: «el *mal* tiempo» —a diferencia del «buen» rey que lo sigue y que el contexto tiñe de terrible ironía— es un expletivo que no agrega poéticamente nada (ni siquiera una sílaba, prescindible en razón del fácil hiato «que hacía» en el que no es ni siquiera necesario aspirar la hache). «El tiempo que hacía», y que hacía dar gemidos a los peces, es, poéticamente, muchísimo más eficaz que un anodino «mal tiempo» de boletín meteorológico.

Ajenos a toda consideración de orden poético, los eruditos editores de este poema —el *Romancero hispánico* retoma al pie de la letra párrafos enteros de la *Floresta de leyendas heroicas*, alargándose una que otra vez— estudian sucintamente las «opiniones sobre el origen y estilo del romance» (que ni Milá ni Menéndez Pelayo creyeron viejo ni tradicional) y los «Orígenes del romance: Corral»; un rápido examen de su *Crónica sarracina* les permite concluir que

> La selección y la concentración poéticas que distinguen el estilo épico-intuitivo hallan en este romance un ejemplo preeminente: de la muy extensa relación de Corral, el romancista elige varios pasajes portentosos y construye un nuevo sueño profético como preliminar del funesto fin del último rey godo.
>
> (pág. 45)

En más de treinta años, de 1926 a 1957, la crítica no ha avanzado un centímetro:

> ...encontramos dispersos en la novela todos los elementos que forman el fondo del romance: «los vientos [eran] contrarios», la tienda regia, las cien doncellas «vestidas a maravilla»

que están tañendo y cantando, la doncella Fortuna que anuncia
al rey sus malos hados. [...] Aquí tenemos la misma materia
desarrollada en el romance: las gentes muertas, la batalla perdida, las villas y castillos entregados a otro señor y la peor
postrimería del rey.

(*Floresta*, t. II, pág. 11; *Romancero tradicional*, t. I,
    págs. 45-46)

Sólo se ha agregado la palabra «eran», puesta aquí entre
corchetes, y se ha reemplazado, por «desarrollada», un primitivo «revelada»; nada más. Nada se dice de lo único que
importaría decir: el partido que el desconocido poeta sacó
de ensamblar los «elementos dispersos» de la novela de Corral. El autor del romance comienza por establecer un contraste inicial entre la furia de la tempestad (la segunda acepción del Diccionario de la Academia parece calcada sobre el
romance: «Perturbación de las aguas del mar, causada por
el ímpetu y violencia de los vientos») y la quietud con que
«el buen rey» duerme «en una rica tienda». Sin insistir, el
poeta desliza que «Rodrigo / junto a la Cava dormía»: los
que saben la historia (¿y quién no la sabía?) pararán mientes
en ese descuidado dormir junto a la que es causa de su mal
y ya ha consumado su venganza: segundo contraste, más
profundo y más astutamente diseñado que el anterior. Diez
versos se detienen —nada ociosamente— en la descripción
de la tienda, de las doncellas y de sus músicas, y otros dos
introducen a la «que Fortuna se decía», que tras dos versos
más, llenos de gentileza, acumula sobre la descuidada cabeza
del rey la suma de sus desdichas. Rodrigo despierta acongo-
jado, y agradece el anuncio (confirmado inmediatamente) con
una melancólica cortesanía —«Mercedes a ti, Fortuna, / desta
tu mensajería»— que recuerda, en una coloración infinitamente más amarga, las irónicas albricias del Cid a Álvar
Fáñez. Tempestad exterior y calma de la tienda real, descuido

y perdición, catástrofe anunciada y recibida con las más ex-
quisitas maneras, todo lo disperso en la novela se concentra
en poco más de treinta versos que cuentan entre los más
bellos de la lengua.

Por lo que se nos dice, la obra de Pedro del Corral —donde faltan estas delicadas cuplas de antagonismos— tiene de
común con el romance «la misma materia» —lo contrario
sí sería sorprendente y digno de señalarse—, pero *a priori*
(y con mayor razón *a posteriori*), aparece como demasiado
sencillo atribuir casi automáticamente al «estilo épico-intuitivo» el estudiadísimo equilibrio de fuerzas contrastantes que
estructura el romance y que falta por completo en Corral. Y,
además —y esta nota se dirige a estudiar tal afirmación— se
nos asegura que «encontramos dispersos en la novela todos
los elementos que forman el fondo del romance»: al enume-
rarlos —vientos, tienda, doncellas, Fortuna— la anotación
permanece muda como un pescado ante el gemido de los
peces. Acaso deba el lector poner el acento, no en «*todos* los
elementos» del romance, sino solamente en todos aquellos
«que forman el fondo» del poema, y aceptar que para los sabios estudiosos del *Romancero tradicional* los versos espan-
tables y bellísimos

> —los peces daban gemidos
> por el tiempo que hacía—

no forman, en manera alguna, parte del «fondo del romance»,
y sí forman parte de él «los vientos... contrarios, la tienda
regia, las cien doncellas *vestidas a maravilla* que están tañendo y cantando, la doncella Fortuna que anuncia al rey
sus malos hados»: es decir, todo, salvo los desdichados y
extraños peces que dan gemidos. Sin embargo, los propios
editores registran en la página siguiente la pervivencia de

este elemento en un romance religioso asturiano (al parecer
bastante centonizado):

> Agua de la mar salada en sangre se convertía,
> los peces daban gemidos con el mal tiempo que hacía;
> dicen que ya viene el alba, dicen que ya viene el día;
> ajúntanse los romeros a complir la romería,
> uno era San José y otro la Virgen María.
>
> (Andrés de Navia, Asturias)

Esta cita es todo lo que se saca, en el *Romancero tradicional*, de estos raros peces auriculares que, al parecer, no
pican en la curiosidad de los romancerotradicionalistas. No
parece rezar con ellos la advertencia de John Frith, que re-
unió en 1627 tres tratados morales, escritos en la prisión, bajo
el título de *Vox piscis, or the book fish, containing three trea-
tises which were found in the belly of a cod-fish in Cambridge
Market, on Midsummer Eve last Anno Domini*, 1626:

> And why the *speaking Fish*? The Latin proverbe is, *Tam mu-
> tum quam piscis*, as dumb as a fish.
> I marvelle not (courteous Reader) if thou marvellest at the
> *voice of the Fish*. But if thou be pleased to enter into the
> bowels of the matter...
>
> (pág. 4)

Algo debe de tener, sin embargo, este tema inquietante
capaz de pervivir en la memoria tradicional durante tantos
siglos, y cuya extensión temporal y espacial puede adelantarse como harto mayor de lo que aparece. Tratemos de ver
de dónde viene, de «penetrar en la entraña de esta materia»,
para comprender qué voces tocan estos peces vaticinadores en
la historia del último rey godo.

Lo primero que cabe recordar, con John Frith, es que los
peces son, de ordinario, muy poco expresivos en lo que res-

pecta al dominio del sonido. Juan Suárez de Godoy lo asegura al comentar el cuarto capítulo de San Mateo en su *Tesoro de varias consideraciones* [título harto merecido] *sobre el psalmo de misericordias Domini in eternum cantabo:*

«Vení, seguíme y haréos pescadores» [Math. 4]: ¿pues no lo son ya? sí, pero es ésta otra pesquera que con la red del sancto silencio se pesca, y así veréis que el primer precepto 'del pescador es que cuando va a sacar la red, ni aun los remos si es posible suenen, porque dela naturaleza de los peces es tener gran silencio, y si alguno se halla entre ellos que no lo tenga es el perro marino, de donde vino Horacio a llamarlos mudos, y Lucrecio nadadores mudos.

(pág. 13)

Mudos son pues los peces, en el consenso general, y Quevedo está a la vez en lo cierto y en la mejor tradición clásica —y no es tan raro que ambos órdenes coincidan— cuando apostrofa, en un soneto a Luis Carrillo, al «sagrado mar» con los hermosos versos

...así tu mudo pueblo esté seguro
de la gula solícita... [1].

Otro predicador (el P. Nicolás Bravo, de la Orden de San Bernardo) conjuga en media columna —lo delata en sus ladillos— al Salmista, a Robert Estienne, a Plinio y a Erasmo: partiendo del salmo VIII, 2 («Ex ore infantium [et lactantium] perfecisti laudem...»), encadena:

Porque *infans* es lo mismo que *non fans*, el que no habla. Y de los peces dijo Roberto Estéfano que eran de esta manera infantes. *Piscis dicitur de vehementer infantibus*, y se decía de los muy sin habla, fundado en lo poco que son vocales los peces, *solis piscibus nulla vox*, dijo Plinio, libro 9, de donde nació el

---

[1] Citado por L. Astrana Marín, *La vida turbulenta de Quevedo*, página 136, y pág. 272, núm. 230 de la primera ed. de Blecua.

adagio *magis mutus quam piscis* por el naturalísimo silencio deste género de animales [2].

El adagio latino que cita el P. Bravo no es muy corriente en castellano; no recuerdo haberlo hallado en las grandes colecciones folklóricas: no lo registran ni la Academia ni el refranero general ideológico compilado por Martínez Kleiser, lo que confirmaría su rareza, y sólo he dado con él en el *Florilegio* de Sbarbi: «Quedarse mudo, o callado como un pez. No hablar o responder palabra» (pág. 231). Lo utilizan Villalón, en el *Diálogo de las transformaciones:*

> ...y si más te aplace el dormir yo te contestaré callando y me haré más mudo que los peces de la mar...
>
> (pág. 121)

y un personaje del cuento *El genio de la especie*, de Aurelio Lomeli:

> —¡Chico, cuenta con que estaré más callado que un pez! [3],

y lo confirma una divisa cortesana:

> ...y la cifra de mi adarga
> esta intención clara prueue,
> pues va sembrada sobre aguas,
> cual ves, de pequeños pezes
> que jamás sonido alguno
> con la lengua formar pueden;
> si no fuere yo más mudo,
> mude Amor mi alegre suerte [4].

---

[2] *Razonamientos para los domingos de Adviento...*, fols. 31 vº-32, en la fiesta de San Andrés Apóstol. La afirmación de Estienne parece ganaría invirtiéndola; retengamos, sin embargo, la equiparación de los peces con los niños de que dice el salmo.

[3] En sus *Seis cuentos*, pág. 98.

[4] *Las Fuentes del Romancero General...*, t. XI, fol. 75.

El silencio de los peces es, sin embargo, una de sus características constantes desde los albores de las letras españolas: así lo establece uno de los enigmas que Tarsiana propone y suelta Apolonio:

> Los huéspedes son mudos, da bozes la posada.
> ...Los peces son los huéspedes que siempre están callando [5].

La expresión aparece en Basile, figura dos veces en la traducción antigua de Straparola, y llega a una traducción española de Lovecraft [6]. Y hasta La Fontaine, que se jacta de hacer hablar incluso a los pescados:

> Tout parle en mon ouvrage, et même les poissons,

reconoce que lo normal —como sucede en su fábula *Les poissons et le berger qui joue de la flûte*— es que los peces no contesten:

> L'auditoire était sourd aussi bien que muet [7].

Esta discreción ictiológica no es, sin embargo, ni constante ni absoluta: a la par que los modernos servicios de

---

[5] *Libro de Apolonio*, versos 505 *c* y 506 *d*, pág. 59 de la ed. de Carroll Marden. El acertijo llega mal al incunable en prosa descubierto recientemente («El huéspede sonante, ella no murmura nada»), como lo confirma la misma respuesta: «...la casa que en la tierra suena, la honda es. El huéspede callado, es el pez el cual con su casa corre» *(La Vida e hystoria del Rey Apolonio,* fol. sign. ciij).

[6] «...a dare il cavallo [castigo scolaresco] ai pesci perche imparino a parlare» *(Pentamerone,* t. I, pág. 84, y nota de Croce). «Ce que voyant Ortodose, devenu plus muet qu'un poisson, ne sceut que repondre...»; «Mais elle parloit à un sourd, car le pauvre homme ne luy respondait non plus qu'un poisson» (Straparole, *Nuits,* t. II, págs. 75 y 134).

[7] La Fontaine, *Fables,* t. I, pág. 73 («A Monseigneur le Dauphin»), y t. II, pág. 190. «Et vous restez muet comme une carpe», se lee en la pág. 61 de *L'Herbe à pauvre homme* de André Billy.

contraespionaje, un ilustre dramaturgo contemporáneo duda
de ella:

> Avez-vous assisté à un combat de poissons? un combat à mort,
> terriblement silencieux, mais quel faux silence! Car il est impos-
> sible que ces bêtes ne soient pas, dans l'eau sourde, hurlantes
> de terreur, de colère et de douleur [8].

Ya Suárez de Godoy nombra al perro marino como especie fonética [9]; y según Covarrubias —s. v. *gruñir*, nada menos— el propio Plinio proporciona otro ejemplo:

> ' Plinio, lib. 32, cap. 2, cuenta de un pez que cuando le tiene
> preso el pescador, gruñe como puerco, y por esto le dieron ese
> nombre, que por otro le llaman los lacedemonios *orthragoriscon*.
> Déste hace mención Rondelecio, lib. 15, cap. 7.

Desde Aristóteles, en las viejas historias naturales y en las
tradiciones locales (incluso americanas), hay determinadas
especies de peces que producen diferentes sonidos, sobre todo
al ser capturados. Pero no son éstos, al fin y al cabo excep-
cionales, los que mueve el romance del rey Rodrigo: aquí
son «los peces», sin excepción, 'todos los peces', y algo muy
grave tiene que ser lo que los mueva a expresarse colectiva-
mente en forma sonora: algo equivalente, por lo menos, a
una captura general, como también es algo muy alto lo que

---

8 Armand Salacrou, *Certitudes et incertitudes* (la cita viene de su
Théâtre complet, t. VI, pág. 210, y la recuerda el propio autor en su
Impromptu délibéré, pág. 175).
9 También lo cita Erasmo, según me lo señala Marcel Bataillon, mi
maestro; y Pere Torrá, en su *Dictionarium sive Thesaurus catalano-
latinus verborum ac phrasium*, incluye el «Caragol, peix que canta.
Echinophora, ae». También cantan los peces del Paraíso, según una
leyenda medieval italiana (*Del Paradiso Terrestre*, pág. 496, t. I, de las
Leggende del secolo XIV editadas por I. Del Lungo), y por tierras de
América habría especímenes similares: el «Bufeo... Debe su nombre
al bufido que da en sus arfadas» (Ciro Bayo, *Manual...*, págs. 48-49).

les propone William Dumbar para que abandonen su natural
mutismo:

> All fish in flud and fowl of flicht
> Be mirthful and make melody!.
> All *Gloria in excelsis* cry! [10].

Y ese algo muy grave es nada menos que el Juicio Final.
Una copla, o dos, si se quiere, del conocido poema de Berceo
están dedicadas a este signo pavoroso:

8. En el tercero signo nos conviene fablar,
   que será grant espanto e un fiero pesar:
   andarán los pescados todos sobre la mar
   metiendo grandes voces non podiendo quedar.
9. Las aves esso mesmo menudas e granadas
   andarán dando gritos todas mal espantadas:
   assí farán las bestias por domar e domadas,
   non podrán a la noche tornar a sus posadas.

> *(Colección... de Sánchez, II: 274-275)*

La tradición de los *Signa Judicii* corre por toda Europa:
el primer trabajo de conjunto que conozco sobre ellos es
obra de una distinguidísima romanista, doña Carolina Mi-
chaëlis, que trazó hace exactamente un siglo las líneas generales del tema y citó algunos de sus textos más característicos [11]. Paul Meyer publicó luego algunas versiones, en sus
noticias sobre manuscritos de diferentes bibliotecas europeas,
en 1877 y en 1879, y en ese último año apareció el importante
trabajo de G. Nölle, «Die Legende von den fünfzehn Zeichen
vor dem Jüngsten Gerichte» [12]. Nölle señala la huella del

---

[10] *On the Nativity of Christ*, pág. 30 de *The Oxford Book of English Verse*.
[11] «Quindecim Signa ante Judicium»; lista de textos en págs. 44-48.
[12] P. Meyer, «Notice sur un ms. bourguignon (Musée Britanique,
Addit. 15606)», en particular págs. 22-26. Id., «Notice du ms. Plut. LXXVI

cuarto libro apócrifo de Esdras sobre la literatura escatológica medieval, y establece los principales tipos que adopta la leyenda, según se inspire de la predicción acróstica de la Sibila —como el *Juicio fuerte* del *Cancionero de Palacio*—, de un texto atribuido a Beda el Venerable, de la *Historia Evangelica* de Petrus Comestor —en cuya tradición inscribe a Berceo—, del comentario de Santo Tomás al cuarto libro de las *Sententiae* de Pedro Lombardo, o de la poesía en dialecto normando *Oez tous communement* (más, bien entendido, algunas redacciones extravagantes); cierra Nölle su estudio con tres apéndices: un conjunto de textos, lista de las versiones utilizadas, y lista de las que no ha podido emplear. Años más tarde, Suchier acompaña una versión provenzal de los *Signa Judicii* con abundantes comentarios y noticias bibliográficas; y Chaytor publica, más recientemente, un poema sobre el Juicio Final —no exactamente sobre los signos— que aporta, sin embargo, algún auxilio bibliográfico; finalmente, William W. Heist comenta su edición y traducción de siete versiones galesas de los *Signa* por su correlación con los tres tipos que él considera principales de esta leyenda: el Pseudo Beda, Comestor y Vorágine [13]. Ya se ha señalado que no todos los

---

numéro 79 de la Laurentienne (Florence)». Nölle: Noticia de una tirada incompleta en *Ro*, 9 (1880), 176.

[13] Suchier, *Denkmäler provenzalischen Literatur und Sprache.* Erster Band, págs. 156 sigs. «Uebersetzung des Altfranzösischen Gedichts von den Fünfzehn Zeichen des jüngsten Gerichtes»; correcciones en página 525. *Poem on the Day of Judgment*, edited by H. J. Chaytor, páginas 27-33 de *Cambridge Anglo-Norman Texts.* W. W. Heist, «Welsh prose versions of the fifteen signs before Doomsday». Acaba de aparecer, en el *Grundriss der romanischen Literaturen des Mittelalters*, volumen VI/2, *La Littérature didactique, allégorique et satirique*, el estudio de Hans Robert Jauss «Genèse et structure des formes allégoriques», que trata en págs. 236-239 de los signos del Juicio: da una bibliografía extensa, y distingue cinco tipos de relato (Pseudo Beda, Comestor, Vorágine —donde coloca a Berceo—, *Jeu d'Adam*, y acróstico de la *Sibila*); no trata en especial de los peces.

textos sobre el Juicio Final contienen la enumeración de los
signos precursores, que de ordinario faltan en la serie de la
Sibila (caso de P. Meyer, 1879) y que cuando figuran pueden
variar en su naturaleza y en su orden. El gemir de los peces
se organizará en el cuarto día, para Beda (o para quien
lleva su nombre) y para Santo Tomás, y en el tercero para
Pierre Le Mangeur, latinizado Comestor:

> Quarta die pisces et omnes belluae marinae, et congrega-
> buntur super aquas, et dabunt voces et gemitus, quarum
> significationem nemo scit nisi Deus.
>
> (Beda, en Nölle, pág. 460, núm. 4)

> Quarto belluae omnes, et alliae quae mouentur in aquis,
> congregabuntur, et levabuntur super pelagus more conten-
> tionis invicem mugientes.
>
> (Santo Tomás, en Nölle, pág. 461, núm. 6)

> Tertia marine belue apparentes super mare dabunt rugi-
> tus usque ad celum.
>
> (Comestor, ed. de Estrasburgo, 1485, según Suchier,
> pág. 492; variantes gráficas en Nölle, pág. 461, nú-
> mero 5; «rugitus suos ad coelum», en Michaëlis,
> pág. 56)

Otros textos de Nölle se complacen en variantes literarias
menos eficaces, pero casi todos conservan un «nimio clamo-
re» *(Spicilegium Solesmense;* pág. 462, núm. 7) o un «gros-
sem geschray» (ms. de Munich, etc., núm. 11 y sigs., págs. 466-
468).

Una circunstancia singular es la sustitución —sobre todo
en los textos vinculados a la predicción sibilina— de los peces
por los recién nacidos o los niños por nacer: los *non fantes*
se vuelven a tornar *infantes* por una oscura e inversa magia:
así en el poema *Des XV signes* (edición de Paul Meyer, 1877)
y en el canto de la Sibila propiamente dicho:

Los infants que nats no seran
dintre ses mares cridaran...

Li enfans que nas no sseran
dedins los ventres cridaran
an clara vos, mot autamens...

aunque en otras versiones de este ciclo el signo conserve su forma exacta:

los pexos donaran gran crit,
perdent son natural delit... [14].

En una larga relación del fin del mundo que cerraba, por boca de Nabucodonosor, el *Mystère d'Adam*, el tema de los niños nonatos que gritan en el vientre de sus madres se articula con el de los animales que no podrán pedir merced y con el más insólito de los ríos que hablarán con voz de hombre, donde parece pasar un eco del salmo XCII, 4 («Elevaverunt flumina, Domine, elevaverunt flumina vocem suam»):

Car toz les fleuves parleront
E voix d'ome parlant auront,

hasta que, por fin, la tierra misma, espantada, irá dando terríficos gritos [15].

---

[14] M. Milá y Fontanals, «El Canto de la Sibila en lengua de oc»; lo citado corresponde a págs. 361, 357 y 362. Entre los versos finales de una «Sibila» catalana dialogada figuran (interrumpidos por estrofas que corresponden al César, el otro interlocutor):

Los infants que nats no serán...
E criderán tot altament...

(páginas 437-438 de los «Textes vulgars catalans del segle XV, publicats per E Moliné y Brasés»).

[15] *Adam, mystère du XIIe siècle*. Texte critique accompagné d'une traduction par León Palustre, pág. 156; palabras puestas bajo la autoridad de San Agustín. La edición ulterior de Paul Studer considera el

El tema aparece a veces en la poesía artística; junto a Du Bartas:

> La mer deviendra flamme: et les sèches balènes,
> Horribles, mugleront sur les cuites arenes,

palidecen los píos versos de Fr. Paulino de la Estrella:

> Será la señal tercera
> (¡qué espectáculo tan feo!)
> que las ballenas del mar
> y los monstruos más horrendos
> serán vistos sobre el agua,
> y harán tan grandes estruendos
> con los gemidos que lleguen
> sus bramidos hasta el cielo [16].

Pero lo más corriente es que figure —como en los dos ejemplos del *Romancero tradicional*— en poesías de tradición popular. Juan Alfonso Carrizo publica, en sus *Antecedentes hispano-medievales de la poesía tradicional argentina* (páginas 484-489), cuatro versiones que no lo exponen con exactitud; la más cercana, que conserva el detalle literal de los cuarenta codos de altura que alcanzarán las aguas, es una glosa que reza:

> Se elevará en lo profundo
> cuarenta codos el mar.
> Los peces saldrán volando
> del centro del mar a fuera...

Dit des quinze signes du jugement como adición de un copista, que quizás trató de mejorar el fin del misterio reemplazando una tirada análoga por un texto más desarrollado sobre el mismo tema; y por esta razón, al igual que otros editores de la pieza, lo omite (cf. págs. xix y xxxi de la *Introduction*).

[16] Du Bartas, *Première sepmaine ou Création du monde...*, pág. 51, vv. 359-360; Paulino de la Estrella, Romance (de sus *Flores del desierto*, Londres, 1667), en el *Tesoro de escritores místicos españoles* de Ochoa, t. III, pág. 511.

Fácil es comprobar, sin embargo, que la tradición argentina conserva, aunque deformado, un recuerdo de la grita terrible: las versiones venezolanas de esta glosa rectifican el cercano deslizamiento —tan extraño es para un pescado el volar como el gemir— del cantor o el colector argentinos:

> Saldrán los peces bramando
> del centro del mar afuera...

o, más cerca aún del texto catamarqueño-tucumano,

> Los pejes saldrán bramando
> del centro del mar afuera... [17].

Una vez reconocida la procedencia del motivo, podemos valorarlo más exactamente. Empeñado en establecer un tajante contraste entre el rey que duerme sin saber que ya está dejando de serlo, y los elementos desencadenados en función premonitoria, el poeta parte de un fondo ya explorado: las dos primeras que da son tan «grandes señales» como las del romance de Abenámar, aunque sean, como es menester, señales de signo contrario. Frente a:

> Estaba la mar en calma,
> la luna estaba crecida

que otra versión explica

> y la mar estaba en calma,
> viento no la recorría
>
> *(BAE*, XVI: 80 y 79)

hallamos aquí, como comienzo,

---

[17] Proceden, respectivamente, de la *Poesía popular venezolana.* Colección, notas y selección de Juan Liscano, pág. 44; y de la *Romería por el folklore boconés,* de Lourdes Dubuc de Isea, pág. 41, núm. 57.

> Los vientos eran contrarios,
> la luna estaba crecida.

Para agregar otro signo espantable, el poeta recurre al repertorio de signos temerosos por excelencia, el de los del Juicio Final, y agrega los dos versos hermosísimos —bien los vemos ahora, en su funcionalidad— que no son una fantasía gratuita de la que la crítica tradicionalista puede prescindir (¿acaso por encontrarla poco épico-intuitiva?), sino el elemento más dramático del cuadro, el único que grita con claridad terrible a la conciencia y a la no conciencia que el lujo y la pecaminosa indolencia de la tienda real están siendo juzgados y desaparecerán con una total catástrofe semejante a la del fin de un mundo, y que esos gemidos de los peces anuncian nada menos que el fin de España y su pérdida inminente.

De todos los signos del juicio, el poeta ha utilizado, con exquisito tacto, el más extraordinario, que es el que, como tal, pervive aislado en la memoria popular (romance asturiano, glosas americanas); el acierto de su elección sube de punto si se compara su procedimiento con el de un poeta justamente celebrado por su esteticismo. Wilde, en su *Salomé*, pone en boca del Bautista una cita casi literal del Apocalipsis:

> *La voix de Iokanaam:* En ce jour-là le soleil deviendra noir comme un sac de poil, et la lune deviendra comme du sang, et les étoiles du Ciel tomberont sur la Terre comme les figues vertes tombent d'un figuier, et les rois de la terre auront peur.

Compárese con Apocalipsis, VI: 12-13 (se pone en futuro lo que el Evangelista escribió en pasado), más una alusión al versículo 14: «Et reges terrae... absconderunt se in speluncis, et in petris montium». Herodías retomará irónica-

mente las palabras del Bautista, insistiendo en esta segunda
vez sobre el último rasgo:

> Je le vois bien, et les étoiles tombent comme des figues vertes,
> n'est-ce pas? Et le soleil devient noir comme un sac de poil, et les
> rois de la terre ont peur. Cela du moins on le voit. Pour une
> fois dans sa vie le prophète a eu raison... [18].

La cita, con ser textual, es menos eficaz que el signo escogido por el poeta anónimo, y la burla de la reina la reduce
aún más a una función decorativa, perfecta teatralmente, pero
no terrífica. Los dos versos iniciales del romance han registrado en cambio la perturbación del mar, que también corresponde a los *Signa;* uniéndola al quejido de los peces, el
poeta obtiene exactamente lo que necesita. Cualquier otro
signo —la caída de las estrellas, por ejemplo, como en *Salomé*—, o sería excesivamente catastrófico, arrasando la tienda
y sus trescientas cuerdas de plata con lo que contiene, o quedaría más acá de lo que pueden percibir los que están en el
interior de ella, si se la reduce a la sola lluvia de estrellas
errantes. El gemir de los peces, mezclado con el ruido del
mar, está exactamente en el tono medio necesario, y aporta,
para el que es capaz de oír inteligentemente el relato, una
connotación de catástrofe inminente que expresa, en apenas
diez y seis sílabas, todo lo que la totalidad del romance no
hará sino desarrollar en detalle.

Los editores del *Romancero tradicional* —tan felices en
la creación verbal que se dicen a sí mismos tradicionalistas e
inventan nada menos que un «estilo épico-intuitivo»— hallan,
aquí como en otros lugares, correspondencias exactas para
todo lo que no es fundamental. Sólo se les escapa ese mínimo
elemento, aparentemente irracional, y en verdad sólo aparen-

---

[18] Wilde, *Salomé*, págs. 57 y 69. La traducción de Eugenio Orrego
Vicuña «mejora» el texto y le hace perder los detalles bíblicos.

temente a-racional, que es lo más importante: paso de siete
a ocho, canto de la culebra, gemido de los peces; es decir, lo
que ni Salamanca ni Pedro del Corral pueden darnos. No han
entrado jamás, para repetir las palabras de Frith, «into the
bowels of the matter», y se ocupan de tradicionalidad con un
criterio histórico —y hasta literario— de alta calidad, salvo
el ser inapropiado para estos usos. Demasiado ocupados en
inventariar o en inventar (hasta etimológicamente) la historia,
la crónica y la gesta, se les escapa todo lo que es verdadera
poesía. No han descubierto todavía lo que hace muchas décadas sabía un loco bastante cuerdo (el *Emperador de Portugal* de Selma Lagerlöf) y que John Robert Moore ha formulado hace más de cincuenta años al estudiar la influencia de
la tradición en las baladas inglesas: «To the simple mind, as
to the children, 'Fie, foh, fum' is the most significant thing in
the jingle» (pág. 396). La tarea del verdadero tradicionalista
—que debe tratar de aproximarse a esas mentalidades simples e infantiles en las que la literatura tradicional vive plenamente— consiste, precisamente, en querer comprender (y
hacernos comprender), si no la significación de tales rasgos,
que casi siempre «nemo scit nisi Deus», por lo menos su
por qué.

GARCILASO EN SU FRUTO

Como la historia y como la literatura, la historia literaria está hecha de simplificaciones: es fatal que así sea, es casi necesario; es hasta incluso útil. El panorama de la poesía española al terciar el siglo XVI tiene por fondo general la oposición de italianizantes y tradicionalistas, capitaneados estos últimos por Castillejo, que se enfrenta, en Garcilaso y en Boscán, con los que desdeñan

> canciones y villancicos,
> romances y cosa tal,
> arte mayor y real,
> y pies quebrados y chicos
> y todo nuestro caudal;
> y en lugar de estas maneras
> y vocablos ya sabidos
> cantan otras forasteras,
> nuevas a nuestros oídos... [1].

Los metros italianos debieron sorprender —y sorprender desagradablemente— a quienes estaban habituados a los me-

---

[1] Cristóbal de Castillejo, *Reprensión contra los poetas españoles que escriben en verso italiano*. En sus *Obras*, ed. J. Domínguez Bordona, t. II, págs. 229-230, vv. 213-221 (los cita también el editor en el prólogo, t. I, pág. 18).

tros hispánicos. Juan de Castellanos cuenta que el capitán
Lorenzo Martín, valentísimo soldado, componía bien, pero
solamente

> según antiguos modos españoles,
> porque composición italïana
> hurtada de los metros que se dicen
> endecasílabos entre latinos,
> aun no corría por aquestas partes;
> antes cuando leía los poemas
> vestidos desta nueva compostura
> dejaban tan mal són en sus oídos,
> que juzgaba ser prosa que tenía
> al beneplácito las consonancias...

Y también dice de «Jiménez de Quesada, licenciado / que
es del Adelantado deste reino», y que tampoco era «ayuno /
de poético gusto y ejercicio», que separaba, por su diferente
naturaleza, los metros españoles y los metros italianos:

> ...y él porfió conmigo muchas veces
> ser los metros antiguos castellanos
> los propios y adaptados a su lengua,
> por ser hijos nacidos de su vientre,
> y éstos advenedizos, adoptivos
> de diferente madre y extranjera [2].

Algo de esta querella ha quedado en el aire, y sin querer
advertir que todas las oposiciones se concilian en el seno de
la lengua española, aún percibimos el porfiado antagonismo
mejor que la delicada labor sincrética; y lo percibimos aún
con un matiz más diferenciado los herederos de la lengua
preclásica, los del español del Nuevo Mundo. Borges dice —y

---

[2] Juan de Castellanos, *Historia del Nuevo Reino de Granada*. Pu-
blícale por primera vez don Antonio Paz y Mélia. T. I, págs. 366 y sig.
Me proporcionó este texto, hace un cuarto de siglo, mi viejo amigo
Alberto M. Salas.

hay quien lo repite— que los versos de Garcilaso son «italianados, chiquitos en América». Esto no es injusto: es apre-
surado y es fácil, que es peor. Garcilaso —que no por ser endecasílabo es simplemente italianado— está tan fuertemente
enraizado en la tradición española que por este solo hecho
es americano, y hasta rioplatense. Sin que se lo vea demasiado (y está bien que sea así) llena sus versos de supersticiones y refranes; tanto, que algún antiguo comentador cen-
suró, como prosaicos, sus giros populares: su «Y por el paso
en que me ves, te juro...» es fórmula extraída, para el divino
Herrera, «de en medio de la plebe». (Hoy, por el contrario, el
«amargo al gusto más que la retama» de la *Égloga tercera*
es para Menéndez Pidal «uno de sus elegantes rasgos de lla-
neza popularista»[3]). Si Garcilaso pierde un compañero querido, no pierde con él «los ojos», sino «los ojos de la cara»;
si el cielo lo castiga, nos dice que «le carga la mano». Y sigue
así, hasta el punto que cuando en el verso inicial de un
soneto «italianado» escribe

Mi lengua va por do el dolor la guía

pensamos más inmediatamente en el refrán «la lengua va
donde duele el diente», que en la expresión de un dolor espiritual exhalado en la queja. Tan familiar, tan nuestro nos suena, que algún verso suyo

—entre estos pinos solo y estas hayas—

más que de Garcilaso nos parece, a los del Río de la Plata,
un verso de Silvina Ocampo o de Wilcock; y su consejo:

---

[3] Trae a cuentas el primer giro, en sus notas al *Quijote*, Francisco
Rodríguez Marín (t. I, pág. 154 de la ed. póstuma). Menéndez Pidal,
Poesía juglaresca..., ed. definitiva, pág. 236, n. 1.

> ...que no es malo
> tener al pie del palo quien se duela
> del mal, y sin cautela te aconseje...

a pesar de la rima interna, nos suena a consejo del Viejo
Vizcacha, y su palo es primo hermano de nuestro palenque
(«que siempre es güeno tener...»). «Yo considero más criollo,
o simplemente criollo, al *Cid* que a Garcilaso», escribió Eduardo Jorge Bosco después de citar a Borges [4]. Hoy no me parece
tan seguro. Si buscamos un verso verdaderamente criollo
—o, más aún, criollo del Plata—, que por su contenido nos
exprese y que por su forma parezca nacido entre nosotros,
no lo hallaremos en el *Mío Cid*, que encierra, sin embargo,
tantas hermosuras, entre ellas la dolorosísima —físicamente
dolorosísima— imagen:

> ansí's parten unos d'otros commo la uña de la carne.
>
> (v. 375)

El verdadero verso criollo nos lo da Garcilaso, hacia el
final de la *Égloga segunda*:

> Amigo, no se meta, dijo el viejo...

---

[4] Eduardo Jorge Bosco, *Obras*, t. I, pág. 125. La opinión de Borges
no ha permanecido invariada. Compárese un trozo de «La aventura y
el orden» (en *El tamaño de mi esperanza*, pág. 71: «Suelen ser muy
lentos los trámites. La famosa disputa entre los petrarquistas y los
partidarios del octosílabo vive aún entre nosotros y pese a los historiadores, el verdadero triunfador es Cristóbal de Castillejo y no Garcilaso. Aludo a la lírica popular, cuyos profundos predios no han devuelto hasta hoy eco alguno de la metrificación de Boscán. Ni Estanislao del Campo ni Hernández ni el organito que concede en la esquina
la queja entregadiza de *Sin Amor* o la ambiciosa valentía que por *El
Taita del Arrabal se abre paso*, consienten versos al itálico modo») con
la declaración prologal de *El otro, el mismo*, donde «aquel Garcilaso
que nos dio la música de Italia» se cita entre los «grandes poetas».

Nuestro «amigo», nuestro «no te metás», la tercera persona distanciadora, incluso «el viejo», están sentidos desde la más profunda veta del idioma, y si pueden ser nuestros y locales es porque nacen del corazón de la lengua general.

A diferencia de otros suyos, tan difíciles de recordar o de restituir [5], dos versos de Garcilaso corren por muchas bocas, y están a más que medio camino de hacerse tradicionales: tanto, que según Ricardo Palma, los «saben de coro hasta las monjas y los niños de la doctrina» [6]; y son:

> Flérida, para mí dulce y sabrosa
> más que la fruta del cercado ajeno... [7].

La tradición, claro está, no sabe de Fléridas, y ni siquiera ha retenido el acento doloridamente subjetivo que da al primer verso el «para mí». Pero «dulce y sabrosa / más que (o como) la fruta del cercado ajeno» es expresión proverbial que acude a todas las memorias sin que todos sepamos a ciencia cierta que viene desde Garcilaso; y esta entrada en el anonimato, condición esencial de la tradicionalización, sólo puede

---

[5] «Quien lo probó lo sabe». Los dos versos más hermosos del *Cancionero llamado Flor de la rosa,*

> Y para más despacio atormentarme
> llévam' alguna vez por entre flores,

que son los versos 13 y 14 de la *Canción cuarta,* no fueron identificados ni por el editor ni por dos fervientes garcilasistas, María Rosa Lida y Alonso Zamora Vicente (Edgar Podestá fue quien los reconoció primero); bien es verdad que —como dice un distinguidísimo hispanista francés— esos dos versos son más hermosos que todo Garcilaso junto.

[6] *Tradiciones peruanas,* cuarta serie, «La Fruta del cercado ajeno», páginas 221 y sigs.

[7] Todas las citas de Garcilaso proceden de la edición clásica de T. Navarro Tomás, págs. 57, 62, 18, 241, 47, 44, 115, 137 (orden en que se citan en el texto).

darse cuando la materia así tratada es digna de tornarse tradicional.

Sin embargo, en este caso no estamos realmente frente a una entrada en lo tradicional, sino más bien ante un retorno. Un preceptista del siglo pasado se sirve de estos dos versos (y de los dos que siguen: «más blanca que la leche y más hermosa / que el prado por abril de flores lleno») para ilustrar la «naturalidad de los pensamientos» poéticos. En ellos, dice,

> ...hay dos pensamientos *naturalísimos* en boca de un pastor; tales son las dos comparaciones *más blanca que la leche* y *más hermosa que el prado lleno de flores*. Dichos dos pensamientos son además *fáciles* y *obvios*. La primera comparación o el primer pensamiento (más sabrosa que la fruta del cercado ajeno), además de ser *natural* es también *ingeniosa*, porque no a todos se les hubiera ocurrido la observación, no muy obvia, de que las cosas que poseen los demás nos parecen mejores que las que nosotros tenemos [8].

La observación de Monlau muestra que desconocía lo que los viejos comentadores de Garcilaso habían advertido tres siglos atrás: a saber, que la expresión del poeta entroncaba con una tradición paremiológica, y hasta novelística. El Brocense anota: «Adagio es latino. *Aquae furtivae dulciores.* Mucho sabe lo hurtado. *Dulce pomum, quum abest custos* [9]».

---

[8] Pedro Felipe Monlau, *Elementos de literatura, o Tratado de retórica y poética.* Citamos por la «undécima edición revista, corregida y aumentada», 1894, pág. 23; la obra había sido aprobada para la enseñanza media desde 1843 (cf. pág. 5). Galdós recuerda juguetonamente el segundo pensamiento, tornándolo un poco menos fácil y mucho menos obvio (si alguna vez lo fue): su desconocida protectora escribe a Fernando Calpena, ausente de Madrid: «¿Verdad que deseas ver el *Prado por abril de flores lleno?*», aludiendo al famoso paseo y a las hermosas que lo recorren *(De Oñate a La Granja,* pág. 37). Véanse en páginas 374 y sigs. otros ejemplos de estas reminiscencias galdosianas.

[9] *Obras de Garcilaso,* con anotaciones y enmiendas del Maestro Francisco Sánchez, catedrático de Retórica de Salamanca. Salamanca,

Fernando de Herrera, en sus anotaciones, apunta que «Diógenes Laercio tiene un dicho semejante en el libro 6, que
preguntado Diógenes Cínico qué vino bebía mejor, respondió: el ajeno», y remite a la sátira XIII de Juvenal, referente
a los encantos del ajeno peculio [10]. Una de las máximas autoridades mundiales en paremiología ha escrito recientemente
—sin ocuparse de Garcilaso ni de sus comentadores— una
nota sobre este refrán en la lengua inglesa y en su literatura,
relacionándolo con adagios latinos (Ovidio, Séneca, Erasmo)
y con sus fuentes bíblicas *(Prov.,* IX, 17: «Aquae furtivae
dulciores sunt»), que el Brocense recuerda sin precisar su
origen. La forma proverbial inglesa —«El fruto robado es
siempre el más dulce»— da el nombre y el alcance de este
estudio de Archer Taylor [11]. Y ya al mediar el siglo pasado,
el paremiólogo español Joaquín Bastús recordaba formas españolas de contenido análogo: junto a «La privación es causa del apetito», comentada con las citas de los *Proverbios*
(IX, 17) y de Ovidio (III eleg. 21), albergó también el anti-

---

1557, fol. 147, núm. 225. La edición de Madrid (1600; fol. 117 v°) lee
«habet» en lugar de «abest», pero el t. IV de la *Opera omnia* de Sánchez de las Brozas (pág. 215) vuelve a la forma inicial, que es la más
corriente: el sentido es el mismo, ya que si el guardián está ausente
es porque el fruto tiene un guardián.

[10] *Obras de Garcilaso de la Vega,* con anotaciones de Fernando de
Herrera, pág. 686; restituimos algunas letras —incluso palabras ente-
ras— destruidas en el ejemplar consultado. El cuentecillo de Diógenes
el Cínico anda también por fuentes hispánicas y por las *Hore di re-
creatione* de Lodovico Guicciardini, pág. 25. Agréguese ahora el comentario de Tamayo de Vargas (pág. 658 de la reedición de Gallego Morell),
con paralelos de Ovidio, Persio, Juvenal y Cornelio Galo («supuesto, o
Maximiliano»); cita el proverbio hebreo, y rechaza el «dulce pomum
cum abest custos», que (según del Río) «no viene aquí a propósito,
porque es diferente su sentido».

[11] Archer Taylor, «Stolen fruit is always the sweetest». Según Hopper, para San Agustín también «the most hidden meanings are the
sweetest» (págs. 80 y 137 de su *Mediaeval number symbolism).*

cuado «No hay bocado mejor que el furtado» [12]; Barthe, a comienzos del siglo actual, trae este último refrán, modernizado: «hurtado», como lo recogieron ya Hernán Núñez (folio 87 vº), Correas (pág. 351) y Oudin (pág. 112) en los siglos XVI y XVII, y agrega otro similar: «De la viña del vecino sabe mejor el racimo» [13]. Un dicho criollo del Río de la Plata expresa lo mismo: «Las papas fritas robadas [mientras se fríe el resto] son las más ricas» y Moya da, entre sus refranes, «No hay mejor bocado que el que fue robado» (pág. 563).

La verdad, como se ve, es general; el acierto particular de Garcilaso consiste en haberla acuñado de manera tal que la lengua (aunque parezca exagerado, prefiero aquí «la lengua» a «los hablantes») ha hecho suya esta formulación particular. El poeta, ante todo, ha sabido elegir los términos necesarios para que la expresión proverbial precisa deviniera exactamente la precisa expresión proverbial: «dulce», «sabrosa», «fruta», «el cercado ajeno». Si Garcilaso hubiera escrito, más ornamentalmente, «frutos» («más que los frutos del cercado ajeno»), su verso, sin variar su medida ni su contenido general, se hubiera alejado de nosotros; hubiera sido más rico, más otoñal, pero a la vez menos familiar. «Vallado», en vez de «cercado», hubiera exigido igualmente una sustitución para hacerse nuestro. Cualquier otra forma («Oh Flérida, tan grácil y gustosa / cual son las frutas de un vergel ajeno»; «Oh tentadora Flérida y sabrosa...», etc.) hubiera quedado

---

[12] Bastús, t. I, pág. 254, y III, pág. 103, notas al núm. 39. También da «No hay mejor bocado que el hurtado» Francisco Esteve Barba en sus «Adagios o refranes útiles para diversas cosas» (selección realizada sobre un manuscrito toledano del siglo XVII), pág. 226.

[13] Barthe, págs. 22 y 13. Andrae (pág. 342) cita la comedia en tres actos de Emil Gött *Verbotene Früchte;* y María Goyri denomina «La fruta prohibida» un extracto de *El Desdén con el desdén* de Moreto (jornada I, esc. 1.ª) que incluye en sus *Fábulas y cuentos en verso,* página 114.

mucho más lejos de nuestras memorias, porque todas las otras formas, como se ve, son peores.

Otros versos de Garcilaso llaman repetidamente la imitación o la glosa (y, a la zaga, el estudio): algunas señala Herrero García en sus *Estimaciones literarias del siglo XVII* (págs. 79-89), entre ellas la del verso compañero de los nuestros, «que el prado por abril de flores lleno». El «más dura que mármol a mis quejas» lo encuentra Rodríguez Marín en *La Gatomaquia* de Lope, en *El amor constante* de Guillén de Castro y en otros lugares [14]; el «Salid sin duelo...», estudiado por Brian Dutton, va citado por Mira de Amescua, por Calderón, hasta por los Quintero [15]; el «dulces prendas, por mi mal halladas» suena en Lope (comedias y poemas), en Guillén de Castro, en Tirso, en Moreto, en el *Estebanillo González*, en Cervantes [16]; incluso puede referirse a Garcilaso

---

[14] Notas al *Viaje del Parnaso*, págs. 362 y 435-437, y al *Quijote* (t. V, pág. 58, de la edición póstuma); señala en esta última la fuente virgiliana y las imitaciones de Cristóbal de Virués, Lope, Bernardo de la Vega, y Cairasco de Figueroa.

[15] Véase el fino análisis de Brian Dutton («Garcilaso's 'Sin duelo' »); Mira de Amescua, *El Rico avariento* (ed. Pietryga, pág. 148); Calderón, *Los Cabellos de Absalón*, 439 c: cf. Wilson-Sage, *Poesías líricas en las obras dramáticas de Calderón*, pág. ix, donde se cita *El segundo Scipión* a propósito de las «dulces prendas»; Joaquín y Serafín Álvarez Quintero, *La zagala* —dedicada a Jacinto Octavio Picón: véase más abajo—, pág. 1.138 de sus *Obras Completas*. Lo cita y comenta José Bianco, en la pág. 278 de su novela *La Pérdida del reino*.

[16] Lope, *El marqués de Mantua*, acto II, pie de dos octavas; *La villana de Getafe*, II, esc. VIII, reducido a un octosílabo; *El bastardo Mudarra*, acto II, repetido en las octavas de Gonzalo Bustos ante las cabezas de los infantes, y acto III, «¡Ay, prenda mía, / para tanto bien hallada!», del mismo a Mudarra; igual acomodo («dulces prendas / para tanto bien halladas») en el romance *Al bajar de la Cruz* (pág. 97, número 265); «Dura sentencia, por mi mal oída...» en *Los Hechos de Garcilaso* (pág. 219). Guillén de Castro, *El Desengaño dichoso (Obras*, ed. Juliá Martínez, t. I, págs. LXXXXV —preliminares— y 352, texto); Tirso, *La Ninfa del cielo* («prendas queridas y halladas / por mi mal...», ed. Blanca de los Ríos, t. I, pág. 825: la anotación remite al *Quijote*, II,

la boga del «cuando Dios quería», que va —por lo menos— de Quevedo a Machado [17]. El «ilustre y hermosísima María» ha inspirado, en razón de sus imitaciones, un estudio de Alda Tesán («Fortuna de un verso garcilasiano»); «Cuando me paro a contemplar mi estado» reaparece en Lope, Bartolomé Leonardo de Argensola, el Duque de Sesa, Sebastián de Córdoba, y hasta se esconde a medias en un verso de *La Urna* de Banchs:

> Cuando contemplo mi presente estado [18].

Nuestro «dulce y sabrosa» también anda por las comedias: figura en *El príncipe despeñado* de Lope, con «Elisa» en lugar de «Flérida», y en *La Gatomaquia;* lo parafrasea Cervantes en *La Gran Sultana:*

---

xviii, como una noticia similar del *Refranero general* de Sbarbi, t. VI, página 264); Moreto, *La Vida de San Alejo* (ligeramente variado por Alejo, jornada III, y estribillo textual de Sabina); *Estebanillo González*, ed. Millé Giménez, t. II, pág. 59; Cervantes, *Entremeses*, ed. Bonilla, nota 113 *(La Guarda cuidadosa).*

[17] Quevedo: «Viéronme estas arenas / en otro tiempo, cuando Dios quería, / libre de las cadenas...» (1.ª ed. de Blecua, núm. 391, pág. 411); «Alegre un tiempo, cuando Dios quería» *(id.,* núm. 508, v. 9, pág. 537, con nota del editor); Machado: «...para ser joven, para haberlo sido / cuando Dios quiso...» *(Obras,* lxxiv, pág. 111). En la *Flor* IV de romances, fol. 21 vº, se juntan los dos pasajes combinándolos estrechamente: «Oh dulces mientras Dios quiso / quanto agora amargas prendas...»; Lope, en *La Gatomaquia,* hace lo mismo: «Ay dulces prendas, cuando Dios quería» (ed. Rodríguez Marín, págs. 21 (texto) y 125, notas).

[18] Rodríguez Marín, en su edición del *Viaje del Parnaso,* cita una canción de Argensola, dos sonetos (de Lope y de Córdoba), y otro del duque de Sessa (remitiendo a su *Barahona de Soto,* pág. 68): todo esto, naturalmente, a propósito de la cita de Cervantes en el capítulo VII de su *Viaje* (nota 53, pág. 362). Agréguese la de Lope en *Los Hechos de Garcilaso* (pág. 225, «Cuando me paro a contemplar la estima...»). El soneto de Banchs figura en la antología de su obra (precedida de un estudio de Leonidas de Vedia), págs. 102-103.

...Y aunque del cercado ajeno
es la fruta más sabrosa [19];

y lo recuerda un par de veces Góngora: en una letrilla, al
pie de la letra:

Éste no tiene por bueno
el amor de la casada,
porque es dormir con espada
y la víbora en el seno;
a aquél del cercado ajeno
le es la fruta más sabrosa,
y coge la mejor rosa
de la espina más aguda.
Cada uno estornuda
como Dios le ayuda,

y transformado burlescamente en una endecha:

...más dulce y sabrosa
que nabo en Adviento... [20].

Pero más que en las letras escritas, la expresión vive en la
lengua hablada, y es lógico que sea así, ya que su «pensamiento natural» es folklórico, y que el acoplamiento de

---

[19] Lope va glosando en su comedia el pasaje de Garcilaso (pág. 129),
colocando un endecasílabo como verso final del pareado que cierra cada
una de sus sextinas. *Gatomaquia*, Silva II (pág. 18 de la ed. cit.):
«Sabrosa (aunque perdone Garcilaso) / más que la fruta del cercado
ajeno». Alguna vez recurre Lope a otros textos del poeta toledano (in-
tercala, por ejemplo, el verso 13 del soneto de «Leandro el animoso»
en una tirada de *El Valiente Céspedes*). Otras imitaciones (de «Oh más
dura...», «Salid sin duelo...», «Ilustre y hermosísima...», y «Oh dulces
prendas») se leen en el *Garcilaso enamorado* de Diego Serón Spinosa
(véase A. Gallego Morell, *El Poeta Garcilaso de la Vega en el teatro
español*, págs. 61, 85). Cervantes, *Comedias y entremeses*, ed. Schevill-
Bonilla, t. II, pág. 158.
[20] Góngora, *Obras*, ed. Foulché-Delbosc, t. I, págs. 177 y 66. Esta
imitación no la señalan ni Torner ni Alfonso Reyes (véase más adelante,
página 266, n. 2).

«dulce» y «sabrosa», también tan «natural», no parece estar lejos de serlo. En el «dulce y sabrosa María», de Gregorio Silvestre, Alda Tesán (págs. 78-79) ve la huella del «Ilustre y hermosísima...», y no la del «Flérida...», ni el color marcadamente tradicional de la reunión de los dos adjetivos, que también se lee en otro escritor, Diego Sánchez de Badajoz, aproximadamente contemporáneo de Garcilaso pero que no presenta grandes señales de haber sufrido la influencia del gran poeta toledano:

> ...que de triste y amargosa
> se torna dulce y sabrosa... [21].

Y en el siglo anterior, el *Espéculo de los legos* dice que si la virginidad y humildad de la Virgen son de alabar y maravillar, su misericordia «es a nos mucho más dulce y sabrosa» (ed. cit., pág. 264). No en vano Góngora, en la endecha citada, une esta expresión a otra, «nabos en Adviento», igualmente tradicional.

Como cosa propia de la lengua, y ya sin referencia alguna concreta a Garcilaso, la frase se emplea oralmente en el español de las dos márgenes del Atlántico, y aun las del Pacífico, y de la lengua oral ha vuelto a penetrar en la lengua escrita:

> ...otras [veces], el marido y el amante son quienes le muelen las costillas [al sacristán galanteador] por su apetito desordenado de la fruta del cercado ajeno [22].

Para Gregorio Prieto, García Lorca, en su cualidad de dibujante, «Como ladrón del más rico y sabroso fruto del cercado ajeno se entrega plenamente» [23]. La novela *Dulce y sa-*

---

[21] *Farsa militar*, ed. Barrantes, I: 372.
[22] Montoto, pág. 15.
[23] Gregorio Prieto, *Dibujos de García Lorca...*, pág. 8. La traduc-

brosa (1891) de Jacinto Octavio Picón no cita para nada a
Garcilaso, pero no lo hace porque ninguna necesidad tiene de
hacerlo: gira en torno de don Juan de Tod[as]ellas, para
quien las mujeres son fruta dulce y sabrosa que se desea,
sobre todo, por ajena; las alusiones de la novela son frag-
mentarias, pero clarísimas: «rara es la fruta que llega a los
labios de su legítimo poseedor sin que la hayan picoteado
los pájaros» (respuesta del propio personaje a su pregunta
«¿Se habrá casado?», pág. 22); «Me quieres ahora porque
no puedo ser tuya» (pág. 362); «Ahora comprendía que cuanta fruta mordió era de la que se pudre en agraz o de la que
por su peso cae dañada del árbol: la única vez que llegó a
cogerla sazonada y fragante, dejó, como un estúpido, que
otro la saborease, y al querer recobrarla... Imposible» (página 376); «me has deseado con rabia, con locura, como se
desea lo ajeno» (pág. 446); «Total: la mujer a quien aban-
donaste siendo tuya y nada más que tuya, te ha enloquecido
sólo por parecerte ajena» (pág. 443). Todo el libro podría
llevar el título de su capítulo XIV (pág. 236), «Del cual se
colige la vulgarísima verdad de que el hombre es un ani-
malucho que desprecia lo que posee y torna a desearlo
cuando le parece ajeno»[24]. Sin mentar a Garcilaso, ya bastante lejos, ni aludir directamente, en forma completa, la
expresión proverbial, operaciones enteramente innecesarias,
la conjunción de «dulce» y de «sabrosa» hace brotar instan-
táneamente el tercer adjetivo de la frase: «ajena». Con su
título idéntico e idénticamente basado en la misma asociación, la comedia *Dulce y sabrosa* de Enrique García Ve-

---

ción inglesa (pág. 39, o pág. 7 de la ed. de Londres), restituye la alusión
literaria entre comillas, pero deja escapar el «sweetest» proverbial
inglés.

[24] J. O. Picón, *Obras Completas*, t. I, *Dulce y sabrosa*.

lloso se estrenó en Buenos Aires el 2 de abril de 1927 [25], y según un escritor costumbrista de la misma ciudad, sobrellevamos el «hoy» amargo

> con un estoicismo sereno, en espera del mañana dulce y sabroso como la fruta del Mercado del Plata [26].

Oímos el refrán inclusive donde nos lo escamotean: si un cuentista uruguayo pinta a su heroína diciendo que «No era fea, sino desabrida; fruta pasmada y a mano: dos veces insulsa» [27], es claro para todos que está aludiendo elípticamente a la codiciable fruta del cercado ajeno, que por estar en él es, más que por sus propias cualidades, «dulce y sabrosa».

Vemos así que con Garcilaso el pensamiento tradicional y antiquísimo se convierte en refrán al cobrar la forma justa que le era necesaria para aposentarse en las memorias; y esa forma justa es la del endecasílabo, italiano, extranjero. ¿Cómo se hizo el milagro? Con toda seguridad, porque para el propio Garcilaso el verso italiano era precisamente «la fruta del cercado ajeno»: el español españolísimo que fue no dejó de serlo por prendarse de una forma de arte extraña a su tierra y por ganarla para su patria y para su lengua. No se limitó a hacer «versos italianados, chiquitos», sino que vio esa fruta tentadora en el cercado ajeno y se alzó con ella, porque sí, porque le dio la gana, porque podía hacerlo (tres condiciones intrínsecamente españolas); y la ganó para sí y para el español, es decir, para sí y para todos: para cada uno de los que lo repetimos, sabiéndolo o no.

---

[25] Vicente Martínez Cuitiño, *El Café de los Inmortales*, pág. 195.

[26] Last Reason, *A rienda suelta* (Cuentos y relatos), pág. 110. El autor —como Góngora— ha sustituido cómicamente el «cercado ajeno», esta vez por el nombre del antiguo mercado central de Buenos Aires.

[27] Yamandú Rodríguez, «Inés», en su *Bichito de Luz*, pág. 141.

POLÍTICA Y FOLKLORE EN EL CASTILLO TENEBROSO

> Las descripciones y encantos que en los libros de caballerías fueron increíbles, y disparatadas, vimos aquí con los ojos [1].

Según Brantôme, la mansión de la reina viuda María de Hungría en Binche podía considerarse como «un miracle du monde, faisant honte (s'il faut dire ainsy, à ce que j'ay ouy dire à ceux qui l'on veue en sa perfection) aux sept miracles du monde, tant renommés de l'antiquité». En este palacio —ya destruido cuando Brantôme componía su elogio— María de Hungría «festoya l'empereur Charles et toute sa cour, lorsque son fils, le roy Philippe, passa d'Espaigne en Flandres pour la venir veoir, où les magnificences furent veues et faictes en telles excellences et perspectives, qu'on n'a jamais parlé de ce temps-là que de *las fiestas de Bains*, ainsy disoient les Espaignols. Aussy me souvient-il qu'au voyage de Bayonne, quelque grande magnificence qui se soit présentée, quelques courses de bague, combats, mascarades, despenses qu'on y a veues, n'estoient rien aux prises de *las fiestas de Bains;*

---

[1] *Discurso en que se refieren las solenidades y fiestas, con que el excelentissimo Duque celebró en su villa de Lerma, la dedicación de la Iglesia Colegial, y translaciones de los Conuentos que ha edificado allí* (s. l.), por Francisco Fernández de Caso (s. f.).

ce disoient aucuns vieils gentilshommes espaignols qui les avaient veues, ainsy que je les ay peu veoir dans un livre faict en espaignol exprès. Et puis bien dire que jamais n'a rien esté faict ny veu de plus beau, et n'en desplaise aux magnificences romaines, representans leurs jeux de jadis, osté le combat des gladiateurs et bestes sauvages. Mais, hors cela, les festes de Bains estoient plus belles et plus plaisantes, plus meslées et plus générales» [2].

El elogio de Brantôme se inspira con seguridad en ese «livre faict en espaignol exprès», y que no es otro que *El*

[2] Brantôme, *Recueil des dames, seconde partie (Oeuvres*, t. XII, página 102). Sobre el palacio de Binche, véase Th. Lejeune, «Le Palais de Marie de Hongrie (1545-1554)», y, del mismo autor, *Histoire de la ville de Binche*, en particular las págs. 109-119, consagradas a las fiestas dadas en honor del príncipe don Felipe; véase además en pág. 630 el «Tableau des dépenses effectuées par Marie, reine douairière de Hongrie, dame de la ville et terre de Binche, régente des Pays-Bas, pour la construction et décoration du palais de Binche depuis le 1.er septembre 1545 jusqu'au 31 décembre 1554», gastos que montan 191.557 libras, 13 sueldos y 11 dineros.

Bernard de Salignac de La Mothe Fénélon nos ha dejado un cuadro conmovedor de este esplendor efímero: describe, después del incendio de Mariemont, el castillo de Binche: «tous les estages le faisoient representer fort magnifique, oultre l'enrichissement de tant de Marbre & Porphire, qu'elle auoit fait employer, & aussi de la charpenterie et menuiserie proprement & delicatement marquetée & madrée: Beaucoup de Medailles antiques, Tableaux & autres singularitez assemblees de diuers pays: ny ayant en tout le logis, Peincture, Vitres, Ferrures, Paué, ny autres ouurages qui ne monstrassent sortir de tresdocte main d'artisan...», fol. ciiii; y al vuelto: «Les soldats pillerent la ville, & mirent le feu dedans, qui n'espargna la maison de la Royne» *(Le Voyage du roy* [Henri II] *aux Pays-Bas de l'Empereur, l'an 1554...*). Enrique II de Francia vengaba de esta manera la destrucción del castillo de Folembray por María de Hungría. Ch. Ruelens cita el artículo de Alex. Pinchart «Tableaux et sculptures de Marie d'Autriche, reine douairière de Hongrie», según el cual los muebles y objetos de arte de Binche y de Mariemont —entre ellos los retratos del Ticiano— «avaient été enlevés par la Reine Marie avant l'entrée des Français dans le Hainaut et furent ainsi sauvés de l'incendie».

Felicísimo viaje del muy alto y muy poderoso príncipe don Phelippe, Hijo d'el Emperador don Carlos Quinto Máximo, desde España a sus tierras de la baja Alemaña: con la descripción de todos los Estados de Brabante y Flandes, de Juan Cristóbal Calvete de Estrella. Calvete anuncia que relatará las «reales y triunfales fiestas» de Binche así como las vio «y en hecho de verdad passaron, porque tengan los venideros hazañas que leer y cosas de que se admirar, *y* (subrayamos) *porque no tengan en tanto aquellas fiestas de los theatros y de los gladiadores y combates de fieras, ni los juegos Apolinares y Circenses de Roma*»[3]. Pero junto a esta fuente libresca, Brantôme se apoya sobre el testimonio de los espectadores, y cita el dicho «Más brava que las fiestas de Bains»[4]. Tal era, en efecto, la opinión general, que daba al vocablo *bravo* el sentido de 'bueno, excelente'; y el corresponsal italiano anónimo que nos ha transmitido una descripción de estos festejos, nos proporciona la opinión de otro francés, también testigo ocular: «L'oratore francese, con [col] quale io stauo in luogo deputato, mi confessò che le feste di Francia perdono in ogni cosa di gran lunga a paragone di questa»[5].

---

[3] *El felicísimo viaje...*, fol. 181 v°. Hay reimpresión de la Sociedad de Bibliófilos Españoles, con prefacio de Manuel Artigas; y también existe una traducción francesa de Jules Petit.

[4] *Recueil des dames, seconde partie* (*Oeuvres*, t. XI, pág. 346). Brantôme cita explícitamente a Calvete en esta página, en el capítulo XXIV del libro primero de las *Vies des grands capitaines du siècle dernier* (*Oeuvres*, t. II, pág. 106), y en el capítulo XXI de las *Vies des grands capitaines* (*Oeuvres*, t. IV, pág. 90). Sobre la «préférence marquée» de Brantôme por todo lo español, véase Gabriel Hanotaux, *Études historiques sur le XVIᵉ et le XVIIᵉ siècle en France*, capítulo III: «De l'influence espagnole en France, à propos de Brantôme», en particular la pág. 65.

[5] *Litera del/la gloriosa et / trionfante en/trada del serenis/simo prencipe di Spa/gna in Bins citta / di Fiandra /* [florón] (s. l.), M. D. XLIX, pág. 12; reproducida, con traducción francesa, en *Le Siège et les fêtes de Binche (1543 et 1549). Deux documents publiés avec traduction,*

Poseemos varios testimonios de esta celebración: dos relaciones españolas, una de ellas detalladísima, dos relatos franceses bastante más cortos, un texto italiano, dos en alemán... Además del *Viaje* de Calvete de Estrella, existe una «Relación muy verdade-/ra de las grandes fiestas que la Seren̄ssima / Reyna doña María ha hecho al Prín-/cipe nuestro señor en Flandes en vn / lugar que se dize Uince, desde / xxij de Agosto hasta el / postrero día del mes. / Embiada por el señor don Hierónymo Cabanillas»; al fin: «Hecha imprimir por / Juan Rodríguez librero de Medina del Campo / a diez y ocho de nouiembre / año M.D.xljx.», corto y raro impreso reproducido por Cristóbal Pérez Pastor en su libro sobre *La Imprenta en Medina del Campo* [6]: aunque muy interesante como confirmación y —a veces— complemento del relato de Calvete de Estrella, está muy lejos de tener el mérito de este texto fundamental sobre la visita del infante don Felipe: incluso el muy minucioso don Prudencio de Sandoval, historiador del reinado de Carlos V, fía en Calvete de Estrella todo lo relativo a este viaje.

En francés contamos con los relatos de Vandenesse y de Gollut. M. Lesbroussart publicó parte del primero en sus «Notices et extraits d'un manuscrit du XVIe siècle, par Jean Vandenesse, controleur de Charles-Quint et de Philippe II son fils» [7], bajo la forma de fragmentos ligados por resúmenes de

---

liminaires et notes, par Ch. Ruelens..., págs. 66-119 (texto bilingüe), más introducción (págs. 43-64), y la nota final ya citada sobre Alex. Pinchart (pág. 120). Según Van den Corput (pág. 6), su autor «n'était autre que le légat du pape auprès de Charles V».

[6] Págs. 57-67, núm. 69; cortos extractos hay en Jenaro Alenda y Mira, *Relaciones de solemnidades y fiestas públicas de España*, t. I, página 48, núm. 148.

[7] En: *Nouveaux Mémoires de l'Académie Royale des Sciences et Belles-Lettres de Bruxelles*, tome Ier, págs. 249-272. El «Second extrait. Fêtes données à Binche et à Mariemont, au mois d'août 1549, tant

lo omitido, sin advertir siempre las supresiones efectuadas dentro del texto entrecomillado, y con bastantes yerros: «le second [pas] estoit un coup de lance et trois coups d'espée» (Gachard —véase a continuación—, pág. 386) se convierte en «le second estoit un coup de lance et le troisième d'espée» (pág. 262); «une lance de verre» (pág. 263) es en realidad «une lampe de verre» (Gachard, pág. 387), etc. Felizmente, el texto completo del «Journal des voyages de Charles-Quint, de 1514 à 1551», de Vandenesse, ha sido publicado por Gachard en el t. II de su *Collection des voyages des souverains des Pays-Bas* [8]. El otro relato francés es el que aporta Loys Gollut en *Les Mémoires historiques de la République Séquanoise et des Princes de la Franche-Comté de Bourgogne* [9], y es mucho menos detallado.

Los textos alemanes son también dos [10]. El primero es de 1550: *Thournier, Kampff, unnd Ritterspiel. Inn Eroberunge aines gefährlichenn Thürns und Zauberer Schloss. Auch der abentheuerlichen Insell unnd Güldinn Schwerdts. Zu Ehren dem Hochgebornen Durchleuchtigen Fürsten und Herrn-Herrn Philipsen, Princen auss Hispanien Zu Bintz und Marienberg Rritterlich gehalten. Sampt anderen wunderbarlichen Bancketen, Lust und Freuden Spielen Köstlicher und Kurtzweil-*

à l'occasion d'un second voyage de la reine de France, qu'à cause de l'arrivée de Philippe II», ocupa las págs. 261-265.

[8] Coll. de chroniques belges, 49; las págs. 384-389 tratan de los acontecimientos de «Binst».

[9] Dôle, 1592; reimpreso en 1647 en Dijon y reeditado por Ch. Davenoy con notas de Emm. Bousson de Mairet (1846); las páginas 1.083-1.084, libro XI, cap. LXX de la edición original corresponden a las columnas 1.666-1.668, libro XIV, cap. XLI de la última edición.

[10] Debo agradecer a M. Jean Jacquot, organizador del coloquio sobre las *Fêtes et cérémonies au temps de Charles Quint*, la comunicación de estos dos antiguos impresos sobre las fiestas de Binche, que M. Joël Lefebvre tuvo la gentileza de ayudarme a estudiar, solucionándome todos sus incómodos problemas de lengua.

licher Herzlicheyten. Auss auschickund Hochgebornen Durch-
leuchtigen Fürstinn Marien zu Ungern und Behem Königinn,
Wittib, etc. zügericht un volnbracht. Frank[fort], 1550: como
puede verse ya en su título, describe largamente las festividades tales como pudo admirarlas un contemporáneo. El
segundo impreso alemán es algo más tardío: *Das allerduch*
leuchtigsten Grossmechtigsten Keyser Carols dess fünfften
geliebten Sohne des Printzen aller Hispanien fröliche gluckse-
lige Ankunfft gen Bintz den 22 Augusti des 1549 Jars. Ge-
truckt zu Frankfurt a/m. 1566; y va agregado al volumen
reimpreso en esa ciudad y ese año por Sig. Feyerabend:
Thurnier-Buch von Anfang, Ursprung und Herkommen des
Thurniers in teutschen Nation, con figuras atribuidas a Jost
Amman; las fiestas de Binche ocupan los folios LXV a
LXXXI; en la dedicatoria se advierte que George Rixner, su
autor, aprovechó el concurso de algunos altos señores y que
se han agregado nuevas descripciones de fiestas caballerescas,
las de Binche y Mariemont entre otras [11].

------

[11] Los textos alemanes llevan ilustraciones. Otras dos imágenes relativas a las fiestas de Binche han sido publicadas por Albert Van de
Put: «Two drawings of the fêtes au Binche for Charles V and Philipp
(II), 1549», en el *Journal of the Warburg and Courtauld Institutes;* sigue a su artículo una nota de A. E. Popham, «The authorship of the
drawings of Binche», que no llega a determinar la paternidad de ambos
dibujos, ilustración de dos momentos de las fiestas: el rapto de las
damas por los salvajes —se trata, para Daniel Heartz, de un diverti-
mento coreográfico emparentado con la morisca («Un divertissement
de palais pour Charles Quint à Binche», págs. 329-342 de *Fêtes et céré-*
monies au temps de Charles Quint)— y la cámara encantada que cierra
los festejos. Los impresos alemanes son mucho más ricos de ilustraciones, pero su material gráfico es de valor desigual. Las xilografías del
Thurnier-Buch pertenecen a ese género de imágenes ubicuas que no es
raro en los libros de la época: cuando Herberay des Essarts abandonó
la traducción del *Amadís* para emprender la de la *Guerra de los Judíos*
de Flavio Josefo, utilizó en la edición de ésta los grabados que habían
ilustrado la novela de caballerías, y al aparecer la edición francesa de
los *Palmerines,* sus editores retomaron las mismas estampas (cf. H.

Como es de imaginar, y como en efecto ocurre, los detalles de estas narraciones varían; concuerdan, sin embargo, en todo lo esencial, y son una rotunda prueba del interés con que toda Europa contempló estas fiestas. Apoyándonos sobre estos relatos —en particular sobre el de Calvete de Estrella—, trataremos de explicarnos la causa de su profunda resonancia.

Colocadas en el centro del viaje del infante, las fiestas de Binche son las únicas que despiertan un interés tan especial, no logrado ni remotamente por las entradas y recepciones en las demás ciudades de la Baja Alemania [12]. Cierto es que su recuerdo, como el de toda fiesta, se esfumó con el correr del tiempo; ya Van Metteren las alude apenas: «Sa tante Marie la Regente le reçeut fort honorablement à Bins en Hainault» [13]. Lorenzo Van der Hammen, en su libro sobre el mo-

---

Thomas, *Las Novelas de caballerías españolas y portuguesas*, trad. de E. Pujals, págs. 151-152 y 156); puede agregarse que el raro indumento de los combatientes en el *Thurnier-Buch* no desentonaría en las historias de Josefo. Por el contrario, las imágenes del libro impreso por Egen muestran una correspondencia bastante estrecha con el texto que ilustran, y, lo que es más notable, constituyen una serie que pone en escena a los personajes precisos del relato: el Emperador y su hijo son fáciles de reconocer desde la portada, en el momento en que las Reinas les dan la bienvenida, y el mismo maestro de armas se pasea de estampa en estampa. Es cierto que algunos detalles parecen algo exagerados —los espacios y las lejanías son demasiado vastos, hay demasiada agua, ningún texto habla de *dos* barcas— pero esas diferencias no son mayores que las que presentan los relatos de los distintos testigos: el cronista italiano, por ejemplo, coloca tres gigantes a la puerta del castillo de Norabroch; el valor de la espada encantada crece en un cincuenta por ciento en ciertos textos, etc. Pueden tomarse, pues, como verosímiles las imágenes proporcionadas por el libro alemán.

[12] La cronología general de estos acontecimientos se hallará en el libro clásico de Manuel de Foronda y Aguilera *Estancias y viajes del Emperador Carlos V*, pág. 611, cuarta y última permanencia del emperador en Binche, del jueves 22 al viernes 30 de agosto de 1549.

[13] E. Van Metteren, *Histoire des Pays-Bas...*, traduit du flamand...

narca, calla hasta el nombre de la localidad [14]. Baltasar Po-
rreño, en sus *Dichos y hechos del señor don Felipe Segundo*,
habla del viaje a los Países Bajos, pero no de la Reina de
Hungría, su lugar, ni sus fiestas [15]. Jean Gérard Meier las
silencia en su disertación sobre los torneos [16]. La *Histoire
générale du Hainau* del P. Michel Delawarde (t. V, pág. 454),
la *Histoire du règne de l'empereur Charles Quint* de Robertson [17], y el propio Prescott, que cita a Calvete en su historia del reinado de Felipe II [18], o las callan o las aluden en
términos sumamente vagos. Lo mismo sucede, o casi, con
historiadores locales de los Países Bajos: «Pour célébrer la
venue de son neveu, qui était destiné à devenir un jour le
plus puissant monarque de l'Europe, Marie de Hongrie don-
na, dans ses palais de Binche et de Mariemont, les fêtes les
plus splendides et les plus chevaleresques» es todo lo que

---

par I. D. L. Haÿe... (1618), fol. 12. Cita, a propósito de la entrada en
Amberes, a «Stella», o sea Calvete, en fol. 12 vº.

[14] *Don Filipe el Prudente, segundo de este nombre...*, fol. 3 vº: el
príncipe llega por el «Ducado de Luzeltburg» a Bruselas, donde lo recibe «el Emperador su padre, y passados algunos días hizo viesse los
Payses Baxos, y tomasse possession del Ducado de Brabante. Fueron
las fiestas en todas las ciudades y villas donde le juraron maravillosas,
y el Principe las esforçaua con admirables sucessos, varios y apazi-
bles». Debe recordarse que en «Uinche, ques vn aldea de dozientos
vezinos», como reza la relación impresa en Medina del Campo (Pérez
Pastor, pág. 57) no se lo juró ni podía habérselo jurado.

[15] Pág. 4 de la ed. de Sevilla, 1639; lo mismo en la reed. de Brus-
selas, 1666.

[16] *Discours sur les tournois à l'occasion du carnaval célébré avec
beaucoup de magnificence à Blanckenbourg par la haute présence de
LL. AA. SS. Monsgr. le duc et Madame la duchesse de Bronsvic-Lune-
bourg...* (s. f., primer tercio del siglo XVIII); trata en págs. 16 y 29 de
las fiestas similares de Carlos V (Worms, etc.).

[17] Citamos la obra de W. Robertson por la trad. de Amsterdam,
1777, t. I, págs. 3-4.

[18] *Histoire du règne de Philippe II*, traducción de Bruselas, 1860,
t. I, pág. 67.

dice Théodore Juste (pág. 92); Edmond Marchal —que trata,
sin embargo, del torneo final y de la cámara encantada— li-
quida el episodio central en una frase: «Les autres détails
descriptifs de ce palais, merveille de luxe, et le récit des
fêtes données par la reine de Hongrie, nous mèneraient trop
loin; nous n'en ferons par [_sic_] d'autre mention» (pág. 669).
Queda sin embargo en pie la curiosidad universal que las
fiestas despertaron en su momento, y el hecho de que «Toute
l'Europe s'entretint des pompeux banquets où la reine de
Hongrie occupait la première place, moins par le privilège de
son rang que par celui de sa grâce» [19]; y varios eruditos remontan a las fiestas de María de Hungría el origen del hasta
hoy famoso carnaval de Binche y de sus característicos «Gilles» [20]. Buenas pruebas son de la resonancia que en sus días
tuvieron estas festividades: y ya es hora de examinarlas un
poco más de cerca.

Luego de asistir a un torneo en la Grand-Place de Bruselas, el Emperador, las reinas viudas de Francia y de Hungría, el Príncipe Felipe y su séquito se sentaron a cenar, «y
estando ya casi al fin de la cena llegó a la puerta de la casa
vn Cavallero andante y auenturero, vestido todo de verde, y
sus armas rotas y desguarnecidas en vn cauallo muy fatigado
y maltratado, d'el qual en llegando se apeó, y subió a la real

---

[19] Bon Joseph-Bruno-Marie-Constantin Kervyn de Lettenhove, _His-
toire de la Flandre_, t. VI, págs. 139-140.

[20] Véase: _Origine des Gilles de Binche. Discussion historique entre
M. le Dr. Van den Corput, sénateur, et M. Ernest Matthieu, avocat..._,
con la participación de J.-Th. de Raadt. M. Van den Corput, oponiéndose a M. Mathieu, considera los Gilles «comme réminiscences des fes-
tivités offertes dans cette ville par Marie de Hongrie»; la misma opinión sustenta Alfred Labrique en _Le Carnaval de Binche_. Una buena
descripción de las festividades locales, con un análisis ajustado de las
teorías sobre el origen hispánico de estas figuras típicamente flamencas, hay en el libro de Samuël Glotz _Le carnaval de Binche_, en particular págs. 59 y sigs.

sala y hincando se de rodillas delante d'el Emperador con
rostro triste y dolorido le dio vna carta, y auiendo el Emperador entendido por ella la causa de su venida y lo que la
carta contenía, el Cauallero andante suplicó a su magestad,
que le diesse licencia, para que pudiesse fixar vn cartel, que
consigo traýa. El Emperador se la dio con benignidad y le
respondió que él yría en persona, Dios queriendo, a la villa
de Bins con las Reynas y Príncipe y su corte a ver aquellas
estrañas cosas, que en la carta se dezían de la dificultosa
auentura, que allí auía, y con esto el Cauallero andante muy
consolado y contento de la benignidad d'el Emperador se fue
y puso el cartel a la puerta de palacio, d'el qual y de la carta,
que al Emperador presentó diremos en su lugar y tiempo.
Muy marauillado quedó el Príncipe y todos aquellos Señores
y Caualleros de lo que el andante Cauallero auía dicho, y
muy desseosos de hallarse ya en Bins para prouarse en
aquella extraña auentura, que auía contado» (Calvete, fols. 72
vº-73). Así es como, cien folios antes de relatarnos los acontecimientos de Binche, Calvete de Estrella preludia la aventura, no sin encender con su virtuosismo la curiosidad del
lector. Su narración seguirá siempre el mismo ritmo: mientras los otros cronistas nos dan de las fiestas una descripción
un tanto desencantada, Calvete ofrece el desarrollo de la
aventura de una manera viviente y novelesca a la vez, exactamente como se desenvolvió, y hasta lo que desde el comienzo
es previsible y fatal nos será comunicado en su momento
exacto, y no antes: como consecuencia de los sucesos precedentes, y no como resultado de un plan establecido de antemano.

El Emperador y el Príncipe llegan a Binche, donde las
Reinas los habían precedido para preparar los festejos, el
jueves 22 de agosto de 1549. El 24 se celebró un torneo a pie,
mechado de divertimientos: algunos aventureros se presen-

taron disfrazados de peregrinos tudescos, acompañados de
sus servidores vestidos como si fueran sus mujeres, y pidie-
ron limosna cantando [21]; otros, vestidos de cazadores, con
sus monteros delante, sus mozos y sus perros de traílla,
soltaron en el campo conejos y gatos para provocar la confusión y la hilaridad generales; llegó incluso al lugar del
torneo una gruesa sierpe con caballeros salvajes dentro [22].

----

[21] Cf. «'Los italianos, aullando; los españoles, llorando; los franceses y alemanes, cantando'. Piden limosna. En latín lo trae Delicado
en *La Lozana Andaluza:* 'Itali, ululant, hispani plangunt, galli canunt'»
(Rodríguez Marín, *Más de 21.000 refranes castellanos...*, pág. 278; en
página 156, otra variante: « 'El francés, llorando; el italiano, cantando;
y el español, regañando'. Piden limosna»). Lo mismo en las «Orde-
nanzas mendicativas» del libro III, cap. II del *Guzmán de Alfarache:*
«Por cuanto las naciones todas tienen su método de pedir y por él
son diferenciadas y conocidas, como son los alemanes cantando y en
tropa, los franceses rezando, los flamencos reverenciando, los gitanos
importunando, los portugueses llorando, los toscanos con arengas, los
castellanos con fieros haciéndose malquistos, respondones y malsufri-
dos...» (t. II, págs. 183-184 de la ed. de Gili y Gaya, que cita a Quevedo
—«porque ya piden cantando / las niñas, como alemanes»—, el *Quijote*
y las notas de Rodríguez Marín, y la *Pícara Justina).* Lo que importa
es que los caballeros aventureros reproducen un uso general en los
peregrinos, que también recuerda Mira de Amescua en su *Pedro Telo-
nario: «Cantan.* Cuando van en romería / es bien limosna les saques /
per Deo e per Sancta María / e per el señor San Jaques» *(Teatro,* I,
ed. Valbuena Prat, págs. 174-175). El tema de Haydn que sirvió a
Brahms para sus variaciones (en dos versiones, para orquesta, y a dos
pianos), denominado «Coral de S. Antonio», sería uno de estos cantos
de peregrinos mendicantes, que Haydn se habría limitado a utilizar.
Las diversas formas de pedir limosna conservadas por los viejos refranes son recordadas por Guichot y Sierra al comienzo de un artículo
sobre los modernos «Modos de pedir limosna».

[22] En el «Nobilissimo torneo combattuto in Perugia nel febbrajo del
MDLXXXVI» (Descrizione inedita pubblicata da Giovanni Battista Vermiglioli nelle nozze Massari-Gaspardi) hay también salvajes que llegan
para entrar en liza (pág. 7), y en la nota 9 (pág. 14) el editor señala
que tallas en marfil y un pasaje de Froissart certifican «come codesta
specie di mascherata era in uso fino dal secolo XIV». En «L'Isola beata,
torneo fatto nella città di Ferrara per la venuta del serenissimo prin-

A pesar de estos pintorescos intermedios, el torneo es un combate de verdad, con golpes peligrosos, armas quebradas y otros lances (fols. 186-188). Luego de él hubo cena y sarao,

---

cipe Carlo Arciduca d'Austria, a XXV di Maggio 1569» (impreso sin lugar ni fecha; por «Hercole Estense Tassone» según una anotación manuscrita del ejemplar existente en la Bibliothèque Mazarine de París) aparecen «Ciclopi & Seluaggi». Véase el estudio de Richard Bernheimer, *Wild men in the Middle Ages. A Study in art, sentiment and demonology* (en la lámina II, una punta seca alemana del siglo XV ilustra un torneo de salvajes, «vellosos en toda su fechura», como ya los describe el *Libro de Alexandre*, P 2.451 *b*, O 2.309 *a*), así como la reciente hipótesis de don Ramón Menéndez Pidal en la última edición de *Poesía juglaresca;* Daniel Heartz, que subraya la relación entre salvajes y morisca, al estudiar el episodio del rapto que da origen al combate de Mariemont, cita el estudio de F. Neri, «La Maschera del Selvaggio». El Rev. Richard Hurd, obispo de Worcester, que se interesó hace siglos por las relaciones entre la caballería y las antiguas novelas de aventuras, nos ha dejado una curiosa interpretación racionalista de esos «salvajes»: «We hear much of Knights-errant encountering *Giants*, and quelling *Savages*, in books of Chivalry... These Giants were oppressive feudal Lords, and every Lord was to be met with, like the Giant, in his strong hold, or castle. Their dependants of a lower form, who imitated the violence of their superiors, and had not their castles, but their lurking places, were the Savages of Romance. The greater Lord was called a Giant, for his power; the less a Savage, for his brutality» *(XII letters on Chivalry and Romance,* en el t. II de sus *Moral and political dialogues,* carta IV, pág. 226). Debe agregarse que estos «salvajes» daban un relieve singular a las festividades por su extrañeza y por la riqueza de su disfraz: «Et n'est pas à oublier que les hommes et les femmes sauvages estoient tous de poil d'or moult bien fait et estoit moult estrange chose à les voir», dice Olivier de La Marche en su *Traicté d'un tournoy tenu à Gand par Claude de Vauldray, seigneur de l'Aigle, l'an 1469,* publicado por Bernard Prost *(Traités du duel judiciaire, relations de pas d'armes et tournois,* par Olivier de La Marche..., página 71; reproducido por el mismo Prost en una publicación colectiva: *Traicté de la forme et devis comme on faict les tournois,* par Olivier de La Marche, Hardouin de La Saille, Antoine de La Salle, etcétera...; misma página). Una comunicación de A. D. Deyermond, «El Hombre salvaje en la novela sentimental», presentada al Segundo Congreso Internacional de Hispanistas, reúne la bibliografía reciente sobre este tema.

en el que los vencedores (y el Príncipe, naturalmente, se contaba entre ellos) recibieron los premios; y «Allí fue luego presentada al Emperador de parte de todos los Caualleros, Aventureros y Errantes vna carta, de la qual ya en el Libro segundo se hizo mención» (fol. 188 vº). En la carta, leída en alta voz, se pedía el auxilio del Emperador contra el poderoso encantador Norabroch: «Tiene su morada el dicho Norabroch en vn castillo de tal suerte encantado, que continuamente está embuelto y cubierto de vna tan espesa y escura nuue, que en ninguna manera se dexa acercar ni menos reconocer, y por esto se llama Tenebroso» (fol. 189). Puede sin embargo adivinarse dónde se encuentra gracias a la previsión de la Reina Fadada, que para combatir a Norabroch instituyó en la Isla Venturosa, cerca del castillo del mago, una alta peña y en su cumbre un padrón en el que una espada mágica está enterrada hasta el puño. En dos columnas próximas, ciertas profecías escritas de lengua antiquísima hacen saber «que el Cauallero que sacare fuera la espada d'el dicho padrón dará también fin a la Auentura, y deshará los encantamientos, y librará a los prisioneros d'el cruel cautiuerio en que están, y finalmente echará en el abismo al dicho castillo Tenebroso, y demás d'esto alcançará vna infinidad de buenas aventuras, aunque aquí no se declaran, que le son prometidas y destinadas» (folio 189 vº).

Pero no cualquiera puede aproximarse a la espada encantada. El aventurero que quiera probar su suerte se llegará a la barrera que guarda el Paso Afortunado y tocará allí una bocina de marfil que cuelga de un padrón, y un enano irá a prevenir al mantenedor, que es el Caballero del Grifón Colorado, con el que el aventurero deberá combatir. Si lo vencen,

irá a engrosar el número de los prisioneros de Norabroch,
pero si lo merece (y los jueces de la Reina Fadada están
puestos allí para asegurar la equidad del combate), podrá
presentarse en la Torre Peligrosa para afrontar al Caballero
del Águila Negra. Si conquista, según la opinión de los jueces,
el derecho de pasar adelante, podrá combatir al tercer mantenedor, el Caballero del León de Oro. La forma de cada
combate está regulada de antemano (dos lanzas, siete golpes
a espada, etc.), y el caballero que triunfare de los tres mante-
nedores podrá subir a la extraña barca que lo conducirá a la
Isla Fortunada. Allí deberá decir su verdadero nombre, para
que sea inscrito en las columnas junto al de los altos pala-
dines, y si llega a retirar de un solo golpe la espada encantada, deberá seguir al pie de la letra la instrucción del Capitán
de la barca, la cual instrucción se sacará, según dicen, de la
profecía grabada en las dos columnas, para que pueda llegar
al Castillo Tenebroso antes que éste desaparezca de la nube
que lo encubre (de donde podría seguirse mucho mal y grave
inconveniente). Si no llega a retirar la espada del padrón en
que está hundida, se volverá por donde vino, habiendo adquirido el derecho de atravesar los tres pasos sin volver a combatir, y recibirá además en premio de su valor un crancelín
de oro. He aquí cómo Calvete describe estas maravillas: «Estaua aquel campo, donde el combate de pie [es decir, el ter-
cero] se hazía, ribera de vn profundo río, que a la ysla venturosa cercaua, el qual se passaua con vna estraña barca hecha
a forma de dragón, pintado de colorado y oro con vna cámara
en la popa ricamente adereçada con sus remos de colorado
y oro. Remaban la dos barqueros estraños en el hábito y
gesto con ropas hasta en pies de raso carmesí a la antigua.
[...] Estaua la Peña en medio dela ysla: tenía la subida algo
áspera y difficultosa como gradas, y en lo alto en medio d'ella
parecía vn padrón de jaspe cercado de muy crescida y fresca

yerua, que en torno d'el auía nascido, que mostraua y era
señal de auer pocos Caualleros, que allí uuiessen llegado. Tenía incada por el medio vna riquíssima espada hasta la empu-
ñadura, la qual era de oro y engastadas por ella marauillo-
samente hermosíssimas y muy preciosas piedras, que era cosa
de increyble valor y estima, y en lo alto de lengua anti-
quíssima estaua la prophecía, que arriba diximos. Desde allí
se podía poco más o menos saber el sitio del castillo Tenebroso, aunque la espessa nuue, quitaua la vista» (fol. 193).

Con la anuencia del Emperador, que permite participar en
ellos a sus caballeros, los combates se inician el domingo
25 de agosto. Calvete entonces —y podemos preguntarnos
cómo, durante todo el viaje, pudo recoger tal infinidad de in-
formaciones, y también dudar de su franqueza cuando, en la
dedicatoria al Emperador, se acusa de haber sido demasiado
breve—, se abandona enteramente al placer de describir con
minucia las invenciones, las divisas, los golpes dados y reci-
bidos. Pero a pesar del número creciente de caballeros, lo
que obliga a combates simultáneos en los tres pasos —y la
escena ha sido preparada de manera tal que desde las tribu-
nas de palacio se puede dominar todo el conjunto—, el sol
se pone sin que los pocos esforzados que llegan a ganar la
isla hayan podido retirar la espada. La aventura continuará
al día siguiente, pero la piedad y el poder de la Reina Fadada
se conjugan para endulzar la suerte de los que estaban cau-
tivos en el castillo: «luego con su gran saber y encantamiento, sin que Norabroch lo sintiesse, los sacó de la prisión
aquella noche estando adormidos y despertando a la mañana
halláronse todos en sus camas muy espantados de su libertad
y de lo que les auía acontecido, y determinaron de prouar si
la Fortuna les sería más fauorable» (fol. 194). El combate
recomienza el lunes 26, y se presencia, como la víspera, la
misma mezcla de coraje y de ingeniosidad: así desfilan, pri-

mero la doncella llorosa que implora la protección del mantenedor del Grifón Colorado contra dos malos caballeros que
trataron de forzarla y se presentan a la lid; luego, los caballeros de Hungría acompañados de doncellas que les llevan
las lanzas, seguidos de una dueña enmascarada que pide
combate en nombre del Caballero del Sol, el Caballero de la
Luna y el Caballero de las Estrellas. El Caballero de la
Muerte, rodeado de cantores que iban como él «de negro con
muchas muertes sembradas por el vestido» (fol. 196 v°) y le
cantaban responsos, va a dar a la prisión con todo su séquito.
Las variaciones del cielo lluvioso y los gritos y ruidos espan-
tables que sonaban en el Castillo tornaban el cuadro aún más
impresionante; así, el Caballero Ebrè «Ya auía passado la
barca y llegado al padrón, quando súbitamente el cielo se
cubrió de nuues y començó a llouer, oyéndose en el castillo
Tenebroso muy temerosas uozes, y en vn momento tornó a
estar sereno el cielo. Grande fue el alegría d'el Capitán,
pensando que aquel Cauallero sacaría la espada, mas tra-
uando d'ella auínole (como a los otros) que en él no se cum-
plía la prophecía, la qual era

> Que vn Príncipe auía de acabar la estraña
> auentura de la espada encantada.»

(fols. 197-197 v°)

El sol estaba ya muy bajo [23], y se aguardaba aún a ese
príncipe caballero; sin embargo, la Reina Fadada había pre-

---

[23] La importancia de este detalle puede apreciarse por la práctica
judiciaria común: en las «Sentences et proverbes tant anciens que modernes, du Droict coustumier & plus ordinaire de la France; recueillis
par un Autheur Anonime, de grand merite, & escrites sur la fin de l'Institution au Droict François de Maistre Guy Coquille, touchant les crimes
et Gages de Bataille», publicadas por Marc de Vulson en la segunda
parte de *Le Vray théâtre d'honneur et de chevalerie*, se lee que en los
duelos judiciarios la puesta del sol marcaba también el fin del com-

dicho que ese día vería el final de la Aventura. Por último llega un aventurero, que da su nombre, Beltenebros, a los jueces del Paso Fortunado. Para resumir —en el texto de Calvete sus tres combates se dan con mucho detalle—, llega a la isla y entre los truenos y alaridos que vienen del Castillo Tenebroso toma posesión de la espada encantada. El Capitán que, como era su deber, se había informado del verdadero nombre del caballero, cae de hinojos ante él agradeciéndole el haber puesto fin a su larga espera, le entrega la riquísima vaina de la espada y lo conduce al cabo de la isla, donde «súbitamente la nuue se deshizo y pareció vna puente sobre el río, que antes no auía parecido, y passando la puente vio luego el castillo, que hasta allí auía sido invisible: la puerta d'el cual estaua cerrada y colgaua d'ella vna redoma», y ante esta redoma mágica, defendiéndola, había muchos caballeros que Norabroch había sacado de la prisión y hechizado con este fin. El poder de la espada les hace caer al suelo, apenas tocados, y el esforzado Príncipe aventurero quiebra la redoma, y como «estaua dentro della toda la fuerça y artificio d'el encantamiento: apenas auían caído las pieças de la redoma quebrada, quando las puertas cayeron y se leuantaron los Caualleros como de vn sueño adormidos» para agradecer convenientemente su libertad a su liberador, y mucho más subió de punto su alegría cuando reconocieron —¿quién hubiera podido sospecharlo?— que era nada menos que «el muy alto y muy poderoso Príncipe don Phelippe Príncipe de las Españas» (fols. 198 vº-199).

Podemos pasar rápidamente por el resto de las festividades. El miércoles 28, durante el baile que sigue a la cena,

---

bate. «Et si le demandeur ne rend le deffendeur vaincu dans le soleil couché, le demandeur perd la cause» (pág. 164). Por ello, también, Aquiles, en su combate con Héctor, imagina que éste trata, con mañas, «sólo que pase el día» (*Libro de Alexandre*, P 683 *b*, O 655 *b*).

hace su entrada un grupo de damas y caballeros enmascarados bailando una danza alemana. Otros cuatro caballeros,
igualmente enmascarados, entran luego y disputan a los primeros la compañía de las damas, y mientras estos ocho combaten, una cuadrilla de salvajes, contra los cuales los combatientes se unen sin resultado, rapta a las damas y las
aprisiona en una fortaleza, construida junto a la casa de
placer de la Reina de Hungría en Mariemont, cerca de Binche.
Con la autorización del emperador, al siguiente día se sitia
la fortaleza con gran despliegue de gentes de guerra y de artillería con pólvora sola. Durante el almuerzo, puede seguirse
desde Mariemont la marcha de las operaciones militares,
mientras los tres servicios son aportados sucesivamente por
las divinidades de los prados, los jardines y los bosques con
disfraces y músicas apropiadas [24]. Una vez tomada la fortaleza
y liberadas las damas, la asamblea vuelve a Binche donde se
celebra el 30 un torneo público a caballo. A la noche, durante
el baile que clausura las fiestas, todos pasan a la Cámara
Encantada cuyo techo, a imitación de la bóveda celeste, res-
plandecía de estrellas o se cubría de nubes y dejaba caer una
lluvia de perfumes acompañada de un granizo de confites [25].

---

[24] Algo muy semejante —hasta incluso más desarrollado— «aven-
ne quando Bergonzio da Botta accolse el duca di Milano e la duchessa
Isabella a Tortona nel 1489»: Diana sirvió la carne de ciervo, los dioses
del mar y de los ríos se encargaron de aportar el pescado, etc. (Cf. He-
len M. C. Purkis, «Le Origini dell'intermezzo in Italia», pág. 482). Calvete también se hace eco de la magnificencia de los servicios italianos:
en Génova, dice, el príncipe Andrea Doria «hizo... plato... con tanto
silencio y orden que no se sentía hombre de los que en ello entendían,
sino que parescía que el seruicio se hazía de suyo: como suelen contar
d'el tiempo que se seruían las mesas por encantamento» (fol. 13).

[25] Años más tarde, Tirso describe un fasto similar: bajo un cielo
artificial hay mesas tendidas con ricos manteles, «sobre los cuales llo-
vió repentinamente tanta diversidad de confitura de las cuatro nuves...
porque imitando propíssimamente los truenos de las verdaderas, arro-

Esta borrasca se desencadenó tres veces, y a cada una de ellas una mesa, cargada de golosinas de aspecto diferente, bajaba para hundirse en tierra una vez descargada: la tercera llevaba árboles dorados cargados de frutos y «en el medio venía vna ardilla atada con vna cadena larga que regozijó mucho las damas» *(Relación,* pág. 67 de Pérez Pastor). Con esta colación «se acabaron las Reales fiestas de Bins dignas de inmortal fama y memoria, y fue la partida para Mons en Henao, el siguiente día, postrero de agosto, que está lexos de Bins tres leguas» (Calvete, fol. 205 vº).

Entre todas las regias festividades de Binche, la aventura del Castillo Tenebroso, la única preanunciada, colocada en el centro de los festejos y como engarzada en ellos, apuntaba específicamente a la glorificación del príncipe heredero. Sería poco sensato tomarla al pie de la letra y preguntarse si el Príncipe era digno, por su habilidad en el manejo de las armas, de recibir el premio. Los testimonios de los contemporáneos difieren bastante sobre este punto, pero puede adoptarse sin dificultad un promedio honorable: el príncipe, aunque de constitución algo delicada, era un caballero lo bastante aceptable como para no tornar ridícula la aventura del Castillo Tenebroso. Pueden verse, en la biografía de Prescott antes citada, págs. 70-71, algunas opiniones harto divergentes sobre la maestría del príncipe como combatiente. «Marino Giustino, ambassadeur vénitien, écrivait en 1535 que 'la constitution très-faible, du fils de l'empereur, fait craindre beaucoup pour ses jours' »[26], pero otro embajador escribía hacia 1551: «Il n'est pas fort de corps; toutefois, depuis qu'il est allé en Flandre, et qu'il s'est livré aux exercices de ces seigneurs bourguignons, il est devenu un cavalier très pas-

---

javan, en vez de rayos, bocados de conservas diferentes...» *(Cigarrales de Toledo,* ed. Said Armesto, págs. 243-244).

[26] Théodore Juste, págs. 88-89 (nota 2 de la primera de éstas).

sable» [27]: esta *mediocritas* sobredorada parece muy viable.
Los cronistas de las fiestas, naturalmente, no se contentan
con tan poco: el ojo cortesanísimo de Calvete de Estrella es
capaz de reconocer al Príncipe en el entrevero mismo de la
folla («y aunque alguno se señalaua, no podía ser bien conocido por ser las colores tan diferentes, si no era el Esclare-
cido y valoríssimo Príncipe, y los de su quadrilla...», folio 204 vº); y lo mismo proclama la *Relación*: el príncipe
recibió el premio de la folla «e con mucha razón... ...que sin
lisonja lo hizo mejor que todos» (Pérez Pastor, pág. 60); en
la aventura del Castillo, «como a dicho de todos sea el mejor
y más venturoso cauallero de nuestros tiempos ningún estor-
bo se le puso delante, aunque por cierto combatió tan bien
que sin ser el Príncipe de España merescía bien acabar esta
aventura» *(id.*, pág. 62); y en el torneo final celebrado en la
Plaza de Binche, «no houo dos que mejor lo hiziessen» *(id.*,
página 66). El relator italiano pregona «l'agilità, la destrezza,
& l'animo di S. Al.» *(Litera*, pág. 76), y usa de «la verdad»
con —por lo menos— una cierta exageración: el Príncipe
«appicò la prima lancia nel elmo al adversario pur destra-
mente, la seconda andò vana, e la terza gli ruppe in fronte
di maniera, che li tronconi in veritè s'alzorono [*sic*] alle
stelle» *(id.*, pág. 88); por entre las lisonjas del relator italiano,
sin embargo, nos llega un murmullo vivaz del mar de fondo
que debía latir bajo tanta disciplinada cortesanía: «il terzo
[mantenitore] era il conte di Agamon [Lamoral d'Egmont]
... gagliardo come un toro, & daua a pie con quello stocco
bastonate da villano, ma poco innanzi che venisse il principe,
o fingesse lo sconcio del braccio, o pure fusse da vero, pose
in suo luogo Monsignor della Trugliera [Louis de La Trouillè-

---

[27] Alexandre Henne, *Histoire du règne de Charles Quint en Belgique*, t. VIII, nota 3 de la pág. 369.

re]» (págs. 82-84): parecía que no a todos pluguiera idénticamente el ser vencido por un príncipe. Pero es por lo menos
inútil inquirir lo que este torneo figurado hubiera podido o
debido ser; más atinado aparece el tomarlo como fue, y tratar de extraer, de su rica apariencia, su verdadero sentido.

Porque, evidentemente, se trató de algo más que una lisonja coloreada o de una manera novelesca de entregar al
infante un presente de alto precio (la espada valía o diez
mil, o quince mil escudos). La fiesta, sin perder su carácter
de regocijo, tenía uno más serio, que se revela ya en el
título que cobra en quienes la relatan: el núcleo de la *Aventura del Castillo Tenebroso* se impone como el verdadero
centro del interés, y el suceso se convierte en «la aventura
de la espada», «la aventura de la espada de oro», «la aventura de la espada encantada y d'el castillo Tenebroso» [28].

La elección —casi diríamos la imposición— de ese nombre
es significativa. La fiesta rebosaba de emblemas y de símbolos, la mayor parte de los cuales era para los contemporáneos un lenguaje claro: tales las armas, los nombres de los
caballeros y sus divisas, y hasta los colores de sus vestidu-
ras: el guerrero o el cortesano

> ...con colori accompagnati ad arte
> Letizia o doglia alla sua donna mostra [29].

---

[28] Respectivamente, *Relación* (pág. 60 de Pérez Pastor); *Thournier,
Kampff und Ritterspiel,* y Calvete, fol. 191 vº; Alenda también centra
su resumen en la *Aventura de la espada.* Gallut habla del torneo a pie,
y agrega: «Tost apres s'en feit un autre pour l'espée enchantée...» (col.
1.667); menciona luego el «tournoy à cheual» y no dice nada del sitio
de Mariemont que apasionaba todavía a Brantôme.

[29] Versos de Ariosto citados por «Yorick figlio di Yorick» (pseud.
del Avv. P. C. Ferrigni) en *Giostre e tornei (1313-1883),* pág. 56. Sobre la
significación de los colores, puede verse en este contexto el *Trattato
de i colori nelle arme, nelle livree, nelle divise* de «Sicillo araldo del re
Alfonso d'Aragona» [Jacques d'Enghien, dicho «Sicile»], ed. de G. Horologgi. Un pasaje del *Guzmán de Alfarache* (libro I, cap. viii, t. I,

Abundaba además otra especie de símbolos, de vida por
así decir más soterraña, pero precisamente por eso más tenaz, y más operante, como la redoma que debía quebrarse,
porque contenía el poder de Norabroch, y que es un tema
tradicional conocidísimo, emparentado con el «alma externa» de los cuentos de encantamiento [30]. La espada de oro
—símbolo de la caballería, y conservando a un tiempo otros
valores que le señalaremos— forma parte del mismo arsenal
folklórico; pero este tema, a diferencia del de la redoma, no
ha salido directamente de los cuentos de hadas. No es éste
el lugar de resumir las relaciones entre el folklore céltico y
las leyendas arturianas; pero no dejaremos de mencionar al
pasar las resonancias profundas del triple combate ante el
palacio de Norabroch: «Les mythes divins ou les légendes

página 208 de la ed. de Gili Gaya) ilustra el empleo de los colores en
fiestas y juegos: «Juntáronse las cuadrillas, de sedas y colores diferentes cada una, mostrando en ellas [las colores] sus pasiones, cuál dese-
perado, cuál con esperanzas, cuál cautivo, cuál amartelado, cuál triste,
cuál celoso, cuál enamorado». (El editor remite al romance 237 de la
colección de Durán, t. I, págs. 124-125; los ejemplos abundan en todo
el romancero artístico.)

[30] Es el mismo caso del huevo que encierra la vida de Kachei el
Inmortal en el cuento del *Pájaro de Fuego* (véase, entre otros, G. Huet,
Les Contes populaires, pág. 122, y el artículo *Separable soul* y sus remi-
siones en el *Standard dictionary...* de Funk & Wagnalls). Sobre el del
Bicho Mangalēo de los cuentos brasileños de Sylvio Romero, un bonito
ejemplo clásico de «alma externa» lo da el monólogo de un brujo americano: «Ah hija, yo pa moríme cuesta mucho, porque tienen que ma-
tar un puerco primero y después que lo maten al puerco sale un ve-
nado, después sale una paloma y todavía con todo y con eso si matan
a la paloma pone un huevo tres varas de hondo y todavía no muero.
Tan sólo que agarren el huevo en el aire cuando lo ponga la paloma
y vengan y me lo estripen en la frente, yo muero...» (Lourdes Dubuc de
Isea, *Romería por el folklore boconés*, págs. 247-248, núm. 552). No olvidemos que el tema del cabello de Sansón, tan cercano a éste, pasa de
la Escritura a los cuentos (como que en realidad parece proceder de
éstos): «...díjole que [su fortaleza] la había en una cerda que tenía
en la cabeza...» (*Castigos e documentos*, pág. 138).

héroïques qui expriment ces aspects [des divinités guerriè-
res] sont essentiellement des mythes d'initiation, et qui sem-
blent refléter les rites par lesquels les guerriers de la préhistoire étaient censés acquérir soit des pouvoirs surnaturels,
principalement des dons de puissance et de fureur, soit des
engins spéciaux de combat. Le principal d'entre eux est celui
du combat initiatique contre un triple adversaire...»[31]. Debemos inquirir el origen inmediato del tema: una vez establecido, entenderemos mejor el significado de esta espada, y con
él el alcance general de las fiestas de Binche.

Lo primero que se advierte, en estos festejos —dejando a
un lado su calculada mezcla de teatro y de realidad— es el
ambiente de novela de caballerías en que se desarrollan;
no en vano Théodore Juste, biógrafo de la reina viuda de
Hungría, escribe —como ya vimos— que ésta dio, en honor
de su sobrino, «dans ses palais de Binche et de Mariemont,
les fêtes les plus splendides *et les plus chevaleresques*» (página 92). «Sabrá vuestra merced quel domingo siguiente se
començó vna estraña fiesta —dice Cabanillas— ...imitando
los libros de Amadís» *(Relación,* pág. 60); el corresponsal
italiano también la llama «la giostra de'caualieri erranti, trat-
ta da Amadis de Gaula» *(Litera,* pág. 76). El parentesco con
Amadís va acentuado aún más por el nombre que adopta el
príncipe para entrar en la liza[32], pero «libros de Amadís»

---

[31] Hervé Rousseau, «Présentation de l'oeuvre de Georges Dumézil»,
página 738. Tirso de Molina, teólogo y hombre de teatro, aplica el motivo nada menos que a Nuestro Señor Jesucristo:

> ...tentóle el dragón precito,
> *venció a los tres combates...*

(Los lagos de San Vicente, II, vi, pág. 42 *a).*

[32] Cf. *Amadís de Gaula,* libro II, cap. v: «El hombre bueno [el er-
mitaño] lo iba mirando cómo era tan hermoso y de tan buen talle,
e la gran cuita en que estaba, e dijo: 'Yo os quiero poner un nombre

parece más bien una sinécdoque, empleada como sinónimo
de «novelas de caballerías». Menéndez Pelayo se inclina a pensar en la influencia directa del *Amadís de Grecia* [33], pero Sir
Henry Thomas, que no era lego en esta materia, es menos
asertivo: en Binche, dice, se representó ante el Emperador
«una verdadera novela de caballerías en miniatura» (pág. 136

---

que será conforme a vuestra persona e angustia en que sois puesto;
porque vos sois mancebo e muy fermoso; e vuestra vida está en grande amargura y en tinieblas; quiero que hayáis nombre Beltenebros'.
Amadís plugo de aquel nombre...» (pág. 119). Sobre la influencia de esta
novela puede consultarse la obra, un tanto envejecida, de Eugène Ba-
ret, *De l'Amadis de Gaule et de son influence sur les moeurs et la littérature au XVIe et au XVIIe siècle,* y también el estudio clásico de Sir
Henry Thomas ya citado; más datos en el artículo de A. Freer, «*Amadís
de Gaula* e l'*Orlando Furioso* in Francia», y en mi reseña bibliográfica
«Amadís de Galia». En el siglo XVII Jean Chapelain, uno de los primeros académicos franceses y buen conocedor de las letras españolas,
no desaprueba las novelas de caballerías, y encuentra el elemento mágico que en ellas abunda muy similar a la presencia de lo sobrenatural en la epopeya clásica: «Aristote y aurait fait son marché» *(De la
lecture des vieux romans,* éd. par Alphonse Feuillet, pág. 15). En el
carrusel con que se festejaron «les mariages d'Espagne» en abril de
1612, se destacó «la troisième entrée, surnommée des Amadis [de Gaule
et de Grèce]» (Vulson, pág. 391). Y el arco de los leales amadores hecho
a imitación del de Amadís contó entre las «invenzioni» que adornaron
las bodas de Guillermo de Mantua con Leonor de Austria en 1561 (Thomas, pág. 146).

[33] «¿Y quién no recuerda en el minucioso y ameno relato del *Felicísimo viaje* de nuestro príncipe don Felipe a los estados de Flandes,
que escribió en 1552 Juan Cristóbal Calvete de Estrella, la descripción
de los torneos de Bins, en que tomó parte el mismo príncipe, y de las
fiestas en que fueron reproducidas como en cuadros vivos varias aventuras de un libro de caballerías que pudo ser el de *Amadís de Grecia,*
si no me engaño?» *(Orígenes de la novela,* I, pág. ccxciii). El ilustre
polígrafo debe aludir al episodio del castillo que se abre al héroe, y
no a otros, después del combate, en la segunda parte de esta novela;
pero la semejanza con la fiesta de Binche no pasa de este carácter de
«aventura reservada». Ya Eustaquio Fernández de Navarrete («Bosque-
jo histórico sobre la novela española», aparecido en 1854) señala la influencia de los libros de caballerías en los festejos de Flandes, y remite
a Calvete de Estrella en la n. 1 de pág. xxiii.

de la edición española), y Vandenesse, un contemporáneo bien al tanto de lo que estaba o no de moda en la corte imperial, también llama a este episodio «ung passetemps des chevaliers errans serchant leurs adventures» [34]. El cronista alemán me parece todavía más en lo cierto cuando afirma que ese juego caballeresco se hacía «según la manera de los caballeros de Inglaterra, de la Tabla Redonda y del Rey Arturo».

Esta mezcla de torneo y novela no era una innovación. Ruth Huff Clive hace notar «that tournaments found their models in literature even during the first half of the thirteenth century and continued to do so increasingly to the end of the middle ages», y de manera tanto más sensible cuanto más iban perdiendo de su vigor guerrero inicial [35]. Tanto es esto así, que para Huizinga, la lucha medieval toda es, «además de un juego y un ejercicio corporal, literatura aplicada» [36]. El Renacimiento continuó esta tradición cuyos ejemplos son demasiado conocidos para acumularlos de otro modo que en nota [37], y por todas partes reaparece la huella inme-

---

[34] Pág. 386 de la ed. Gachard. La comparación no era inusitada: «Y deteniendo el paso todos, dixo Narcisa: —Paréceme, señores, que después que murió nuestro español Bocacio, quiero dezir, Miguel de Cervantes, executor acérrimo de la expulsión de andantes aventuras, comiençan a atreverse cavallerescos encantamentos. No hay si no tener paciencia y obedecer sus leyes...» (Tirso, *Cigarrales de Toledo*, página 136).

[35] «The Influence of Romances on tournaments of the middle ages»; este artículo continúa el de Édouard Sandoz que se citará más abajo.

[36] *El Otoño de la edad media*, pág. 116; y da ejemplos en páginas 116 a 118.

[37] Cf. Francis Henry Cripps-Bay, *The History of the tournament in England and in France* (bibliografía en págs. xcv-cvii); R. C. Clephan, *The Tournament, its periods and phases* (bibliografía en págs. xix-xxiii); Mario Tosi, *Il Torneo di Belvedere in Vaticano e i tornei in Italia nel cinquecento* (los dos primeros capítulos están consagrados al torneo y su historia en Europa y particularmente en Italia). No he podido consultar el libro de Enrique de Leguina, *Torneos, jinetes, rieptos y desafíos* (editado, según el *Manual* de

diata de las novelas de aventuras: el rey René de Anjou, dice
Marc de Vulson, «entreprit des joustes, lesquelles il tint pro-
che de Saumur, au devant d'vn chasteau de bois qu'il fist

Palau, en 1897, 1904 y 1908). Sobre la influencia recíproca de la
vida real y los libros de caballerías puede verse el estudio de
Robert W. Ackerman, «The knighty ceremonies in the Middle English
romances», así como las páginas 26 y 27 del volumen citado de Thomas:
«es un hecho evidente que en España la realidad y la novela se apro-
ximaban mucho durante el siglo xv, haciendo así posible el despertar
que constituye el tema de nuestro estudio», es decir, la proliferación
de la novela caballeresca. La influencia española es muy sensible en la
celebración de torneos fuera de España: Vulson incluye (pág. 337) versos y divisas castellanas; en el *Raccontamento del vago e nobil torneo
fatto nella nobilissima città di Roma, l'anno M.DC.XVI*, redactado por
Francesco Valentini (pág. 7), se lee que «quel Caualiero, ò quella Trup-
pa, che comparirà in Campo con più bel conforto, e fara più bella
mostra con meno spesa [detalle, hay que reconocer, muy poco espa-
ñol], guadagnerà il pregio *del mes* [sic] *galano*». En la *Descrittione del
suntuoso torneo fatto nella... città di Napoli l'anno 1612*, del mismo
Francesco Valentini, torneo en el que participan el Conde de Lemos y
el de Villamediana, el cartel está redactado en español y en un estilo
ciertamente muy norabrochiano: «Los Caballeros del Palacio Encantado de Atlante de Carena, que por misterioso priuilegio del Cielo oy
bueluen a la Vida, y estilo antiguo...». Los elementos novelescos —incluso los puramente mitológicos: manzana de la discordia, en Ferrara
en 1612 (O. Magnanini, *Relatione del torneo...*), sátiros musicales *(Le
triyumphant tournoy faict... en Vailledoly* [Valladolid] *le douzime iour
de Mars 1544)*, etc.—, aparecen por doquier. Debe señalarse además que
la interacción de vida y literatura en este dominio particular ha sido
vista desde antiguo: cuando el P. Menetrier se ocupa *Des chevaliers de
la Table Ronde* (capítulo VI de su libro *De la Chevalerie ancienne et
moderne, avec la manière d'en faire les Preuves, pour tous les Ordres
de Chevalerie*, pág. 230) cree necesario advertir: «J'entreprends icy de
demesler bien des fables, quand j'entreprends de parler de cette Cheualerie si celebre par nos vieux Romans; et en effet si peu connue, que
nous n'avons que des fictions et des contes faits à plaisir sur ce sujet.
Car tout ce qu'on dit du Roy Artus, et de cette pretendue Chevalerie
dont on le fait l'Autheur, n'est que mensonge. Les anciens Tournois
donnèrent lieu à toutes ces fables, comme j'ay déjà dit ailleurs», aludiendo sin duda con estas palabras finales a su *Vray theatre d'honneur*.
Idéntica incredulidad sobre la existencia de esta orden y la realidad
de sus torneos reaparece —con idéntica necesidad de proclamarlo— en

construire dans vne belle plaine, lequel il fist peindre par
dehors et par dedans, et le meubla de tres riches tapisseries;
et à l'imitation des anciens Romans, le nomma *le Chasteau
de la Ioyeuse Garde...*» (págs. 82-83). Y si los caballeros podían, como en Binche, «prendre des noms de Romans»[38], y
en vez de ostentar «les armes de leurs maisons sur leurs
Escus», servirse —como dice Vulson— «et non sans sujet,
de celles de Lancelot du Lac, et de Tristan de Leonnois,
Cheualiers de la Table Ronde»[39], lo mismo sucede con los
parajes donde se celebraban los torneos, bautizados a semejanza «des meschans Cheualiers, ou... des Gens farouches et
cruels, qui donnoient des noms assez plaisans aux chasteaux,
ou autres lieux où ils exerçoient leurs tyrannies, *la doulou-
reuse Tour, le chasteau Tenebreux*» exactamente como el de
Norabroch[40]. Los combates sucesivos ante un castillo encantado, con vistas a liberar sus prisioneros, usuales en

---

la *Histoire de tous les ordres militaires ou de Cheualerie* de Adrian
Schnoonebeek (t. I, pág. 65). Édouard Sandoz edita en su artículo
«Tourneys in the Arthurian tradition» un texto tardío —al que identifica como dirigido al Príncipe de Viana por Jacques d'Armagnac— que
Vulson resumió en su *Vray théâtre*, y que, al paso que ejemplifica la
influencia de la literatura arturiana sobre la práctica caballeresca, explica la resistencia de los eruditos del siglo XVII a considerar como
historia verdadera textos de este jaez.

[38] P. Claude-François Menestrier, S. J., *Traité des tournois, ioustes,
carrousels et autres spectacles publics*, pág. 226 (viene de la pág. precedente: «Des noms et des Devises des Tenans, et des Assaillans»).

[39] Pág. 269. En el artículo citado de Sandoz, las págs. 403-420 contienen ocho láminas con 150 escudos arturianos y su descripción.

[40] Vulson, pág. 135. Nombres similares reaparecen en el capítulo IX, en el «Pas des Armes de Sandricourt, près de Pointoise, décrit
par le Héraut Orléans, auec le nom de tous ceux qui y ont combatu
en diuerses manieres, à la Barriere perilleuse, au Carrefour tenebreux,
au champ de l'Espine, et à la Forest desuoyable, auec le nom des Dames
et Damoiselles qui y ont assisté l'an 1493»; y, como en el de Norabroch,
«ne peuuent nuls entrer dedans ledict Chasteau, que à grand trauail de
puissance d'armes» (págs. 147 y 148).

cualquier libro de caballerías, abundan también en el *Palmerín de Inglaterra*, libro cuya fecha es muy poco anterior a la de las fiestas de Binche, pero cuya boga fue tan inmediata como activa (cf. Thomas, pág. 79). Y las extrañas barcas —con o sin batelero— son un elemento constante de los viajes al más allá tan frecuentes en la literatura romanesca céltica. Podrían indicarse paralelos librescos para casi cada detalle de la Aventura de Binche: por lo que hace a la llegada de los aventureros, recordemos que don Quijote, al acercarse «a la venta que a él le parecía castillo, ...a poco trecho della detuvo las riendas a Rocinante, esperando que algún enano se pusiese entre las almenas a dar señal con una trompeta de que llegaba caballero al castillo» [41]. Sobre la poquísima variedad de estos espectáculos, estructurados sobre un limitado repertorio de motivos capaces de dar lugar a las justas convocadas, dice bien Félix Brassart: «Quant à la fiction pour laquelle il fut nommé le Pas du Perron, elle ne mérite pas l'analyse: comme toujours, il y a un chevalier errant et *sans nom*, une grande et noble dame, un nain, un château enchanté, etc., ...car les hérauts d'armes, organisateurs de ces spectacles, étaient, il faut le dire, d'une pauvreté d'imagination désolante, et rarement ils ont su agrémenter les *chapitres*, c'est à dire les articles sur les programmes des tournois et des pas d'armes, dont la rédaction leur était confiée; ce qui n'empêchait pas nobles et vilains, acteurs et spectateurs, d'être passionnés pour ces sortes de fêtes» [42]. Hay que convenir, no sólo con Huizinga, sino también con la letra —si no exactamente con la intención— de una frase de don Giuseppe de Luca en su *Premessa* (pág. 9) al libro de Tosi sobre el

---

[41] Cervantes, *Quijote*, I, cap. ii; t. I, pág. 110 de la ed. póstuma de Rodríguez Marín.

[42] Éd. de *Le Pas du Perron fée tenu à Bruges en 1463 par le chev. Philippe de Lalaing*, págs. 6-7.

torneo vaticano del Belvedere: «Il torneo è quasi un genero letterario».

Todos los detalles de la Aventura de Binche son induda-blemente librescos, pero algunos de ellos vienen de muy lejos. Ya aludimos a la cantidad y la fuerza de los elementos míticos arrastrados por las novelas de aventuras, sin que sea necesario resumir los estudios de Krappe, Jessie L. Weston, R. S. Loomis, A. C. L. Brown, A. Nutt y otros investigadores de su rico trasfondo. Limitándonos a nuestro tema central, bastará recordar que la espada hundida en una piedra o un árbol es un conocidísimo motivo folklórico que lleva en el catálogo de Stith Thompson el número D. 1654.4.1 («Sword can be moved only by the right person»), y tiene por consecuencia el motivo H. 31.1 («Recognition by unique ability to dislodge sword»). Thompson daba dos ejemplos de este úl-timo motivo: Sigmund, y Artús; agrega, en la última edición de su catálogo, la remisión a una colección de cuentos hindúes de incómodo manejo. En el primer ejemplo clásico, Sigmund arranca, de la encina en que la hundió Wotan su antepasado, la espada Branštock, haciéndose reconocer de esta manera: su filiación está unida al hecho (o, inversamente, este alto hecho lo incorpora a su estirpe), y el héroe asume a un tiempo su arma y su destino [43]. Stéphane Valot concluye que este rasgo «marque bien l'affinité particulière qui existe entre le héros et son arme» [44]; Julius Goebel va aún más lejos, y tanto la espada maravillosa como el carácter de Grane, el corcel del héroe, lo llevan a postular una identificación —por lo menos parcial— de Sigfried con Wotan su antecesor, a

---

[43] Thompson remite a la *Völsunga Saga* (ed. de Kovenhavn, 1906-1908); me he contentado con la traducción francesa de F. Wagner, *Les Poèmes héroïques de l'Edda et la Saga des Völsungs*, págs. 40 y 183-184.

[44] *Les Héros de Richard Wagner. Etudes sur les origines indo-euro-péennes des légendes wagnériennes*, pág. 53.

medida que la leyenda heroica se convierte en mito [45]. La espada maravillosa, en la leyenda germánica, se identifica así con el héroe y lo identifica con su padre, reiterando su carácter de heredero indiscutible.

Este tema tradicional no es raro en las novelas de caballerías en boga cuando se celebraban las fiestas de Binche. La especie de ordalía del libro II del *Amadís de Gaula* ofrece alguna semejanza con la aventura del príncipe Felipe: Amadís consigue desenvainar una espada mágica que ha sido paseada en vano por todas las cortes del mundo, ya que no podía sacarla de la vaina «sino el caballero que más que ninguno a su amiga amare». No sólo entre los héroes hay semejanza; la hay, y harto mayor, entre los dos personajes secundarios a los que se ha confiado la prolongada custodia de los objetos mágicos: el viejo escudero Macandón (tomado un poquitillo en solfa en el *Amadís)*, al igual que el capitán de la barca en la Isla Fortunada —o, mejor, éste como aquél— cae de rodillas ante el héroe y le dirige una larga arenga llena de gratitud por haber puesto fin a su larga cuesta [46]. Más cerca

---

[45] «On the original form of the Legend of Sigfried».

[46] Hay un largo pasaje sobre los «tests» de castidad en la novelística moderna y sus antecedentes clásicos en el libro fundamental de Dunlop, *The history of fiction* (t. I, págs. 210-212). Sobre las autoridades a las que remiten Dunlop y sus editores, véase para este tema en el ciclo arturiano —antecedente directo del episodio del *Amadís*— los trabajos de G. Cederschiöld y F.-A. Wulff *(Versions nordiques du fabliau français «Le Mantel Mautaillé»)*, Otto Warnatsch *(Der Mantel. Bruchstück eines Lanzeletromans des Heinrich von der Türlin, nebst einer Abhandlung über die Sage vom Trinckhorn und Mantel und die Quelle der Krone)*, F.-A. Wulff («Le Conte du 'Mantel'. Texte français des dernières années du XIIe s., édité d'après tous les manuscrits»), Paul Richter *(Versuch einer Dialektbestimmung des «Lai du corn» und des «Fabliau du mantel mautaillé»*, tesis lingüística de Marburg), F. N. Robinson («A variant of the gaelic 'Ballad of the mantel'»), Tom Pete Cross («The Gaelic 'Ballad of the Mantle'»), Roger Sherman Loomis and Jean Stirling Lindsay («The Magic horn and cup in Celtic and Grail

aún de la aventura de Binche está otro episodio del cuarto
libro del *Amadís de Gaula:* el héroe, que —no lo olvidemos—
es reconocido por su padre gracias a una espada, contempla
otra, enterrada hasta el puño en una puerta mágica, a la
entrada de una sala encantada, todo sobre una roca fadada.
El que sea capaz de retirar esa espada obtendrá el tesoro
encerrado en la sala, y grandes aventuras con él. Además de
esta «profecía antigua», ciertas letras extrañas permiten al
héroe adivinar que está ante la espada de su hijo, que «más
que [él] vale», y se retira sin tocarla. Y en efecto, su hijo
Esplandián la ganará en el inicio de su carrera aventurera,
con la vaina además, y el cumplimiento de las grandes promesas [47]. Y este episodio, que une al profético homenaje al
hijo la innegable alabanza presente del padre, no es una invención original del *Amadís:* está imitado de la cuesta del
Graal, como lo señala Bonilla y San Martín en su edición del
texto castellano de este relato: «Señor, aqui so este vuestro
palacio aportó agora vn padrón de mármol assaz grande, a
do esta metida vna espada, e a par della vna vayna colgada,
e letras estrañas; e yo vos digo que vi el padron assi venir
andando sobre el agua como si fuesse vn madero». Después
de alguna tentativa infructuosa —Lanzarote, que sabe a qué
atenerse, rehusa tentar la aventura, como lo rehusa Amadís—, «tomó Galaz la espada por el puño, e sacola tan ligeramente como si no se detuuiesse en ninguna cosa...» reali-

---

tradition»), S. Hofer («Untersuchungen zum 'Mantellai'»; cuatro años
antes había publicado sus «Bemerkungen zur Beurteilung des Horn-
und des Mantellai»). Agréguese aún el artículo de Tom Pete Cross,
«Notes on the chastity-testing Horn and Mantle».

[47] *Amadís de Gaula*, libro IV, cap. xlix, págs. 384-386; *Las Sergas de
Esplandián*, cap. I, págs. 404-405. Como en el caso del príncipe don
Felipe, no se deja en el tintero el riquísimo aforro de la espada, que
se hallaba, según la novela, «en la mano diestra» de un gran león de
metal.

zándose así la profecía: «que por esta espada será comen-
çado el mejor cauallero del mundo, y esta es la prueua por
que se ha de conocer, ca ninguno, si no fuere el mejor cauallero del mundo, no podría sacar la spada deste padron» [48].
También aquí una espada encantada está vinculada a una
herencia de gloria.

Pero mucho antes de estos acontecimientos que marcan
el fin de la Tabla Redonda, Artús mismo había subido al
trono por obra de una espada encantada: el rey recoge la
herencia de Uter Padragón retirando de un extraño padrón
(«nunca pudieron saber de qué piedra era»), y varias veces,
después de haberla vuelto a colocar en su sitio, la espada que
lo consagrará y que lleva en letras de oro esta leyenda:

> *Quien quiere que esta espada pudiere de aquí sacar, será rey*
> *desta tierra por elección de Jesu Christo.*

La espada, que es uno de los atributos principales de la
realeza, sirve más de una vez, como las otras *regalia*, para
determinar la elección del soberano designando al que es
digno de ocupar el trono. Y la historia de la ascensión de
Artús al poder, conocida y archiconocida desde hacía siglos,
estaba viva en la memoria y en el corazón de todos los que
asistían a las fiestas de Binche. Calvete señala (fols. 86 vº
y 87), entre los ornamentos con que Lovaina celebró la visita
del Emperador y el Príncipe, dos imágenes del rey Arturo
dando muerte a un gigante e instituyendo la Tabla Redonda:
dos cuartetas en flamenco lo comparan al Emperador que
extermina a sus enemigos y funda el Toisón de Oro. La ascensión de Arturo al trono, conocida por la leyenda de Merlín

---

[48] *La demanda del Sancto Grial, con los marauillosos fechos de Lan-*
çarote y de Galaz su hijo, ed. Bonilla y San Martín, cap. VIII, pág. 166,
y cap. XVII, pág. 169. Vulson (*op. cit.*, pág. 134) da el texto francés de
la *Quête du Graal*.

y por muchos otros textos, era, como dice Bonilla, «un verdadero lugar común en los libros de caballerías»[49]. Sin contar antecedentes similares pero no absolutamente idénticos[50], el artículo de A. Micha «*L'Épreuve de l'épée*» considera este «thème qui revient avec une certaine insistance dans la littérature narrative des XIIe et XIIIe siècles», y cita, sobre las novelas ya mencionadas, *Le conte de la charrette*, la *Estoire du Graal*, el *Lancelot* propiamente dicho, *Agravain* y la *Suite du Merlin Huth*, junto con otros textos emparentados que ofrecen variantes del motivo de la espada consagrada al heredero, y cuya fuente —para toda su aura verdaderamente mística— señala ya en Virgilio (Eneas y el ramo de oro, en la *Eneida*, libro VI, versos 145-148). Micha hace notar que en los textos enumerados la obtención de la espada se presenta como «une manière de critère; elle marque d'une sorte de prédestination celui qui l'a menée à bien», que indica muchas veces «un trône terrestre à conquérir», y sirve «à faire reconnaître un jeune chevalier comme le plus beau et

---

[49] *El Baladro del sabio Merlín* precede a *La Demanda del Sancto Grial* en el volumen citado en la nota precedente; la frase que damos en el texto procede de la pág. 48. Un tema semejante, aunque no exactamente igual, figura en la pieza de Mira de Amescua *La Rueda de la Fortuna*, en la cual un águila deposita sobre un árbol una espada que lleva la inscripción «Tenla, y reina sólo un día»; Focas, el único que logra desenvainarla, es elegido emperador (pág. 16); pero no se trata exactamente, como dice inexactamente Valbuena Prat, de «la leyenda de la espada clavada en un árbol, que sólo puede empuñar el hombre más valiente... sin duda, la misma del folklore germánico, que utilizó Wagner en *La Walkyria*» (*Teatro* de Mira de Amescua, t. I, págs. xxxviii-xxxix del estudio preliminar).

[50] Dunlop recuerda que Teseo recobra la espada que su padre había colocado bajo una piedra (t. I, pág. 153), y cita a continuación a Odín y Sigmund. Hay nota de R. E. Kaske («Weohstan's sword») sobre una espada que en *Beowulf* pasa de padre a hijo, y sobre la oportunidad de este excurso en medio del relato de un combate: «desenvainó la espada...», etc., págs. 308-309 de la edición castellana del poema.

le plus brave, à lui annoncer une royauté de ce monde» [51]: exactamente como en la aventura de Binche. Más recientemente, Jean Marx vuelve a señalar cómo «à travers l'ensemble des récits arthuriens où paraît le Graal, circule sous des vêtements divers ce thème d'une Épée qui sera le prix du meilleur chevalier», sólo a él destinada; insiste, como A. Micha, en las nefastas consecuencias de su empleo —real o posible— por manos menos dignas; y agrega, en una nota, que «l'Épée merveilleuse est signe du pouvoir» [52]. Esta espada encantada, conviene recordarlo, es signo innegable del poder temporal.

La espada es, además, en su calidad de arma completa, signo e imagen de la caballería; y es también uno de los objetos en que reside el poder real [53]. Por eso el arzobispo puede

---

[51] Págs. 37, 42 y 43, esta última a propósito de *Le Chevalier aux deux epées*.

[52] *La quête manquée de Gauvain*, págs. 434-435.

[53] Que la espada es arma completa lo sostiene don Juan Manuel en su *Libro de los estados*, cap. LXVII del Libro primero: «...en el espada ha [el que vive por caballería] arma et armadura; arma para ferir et armadura para se defender... por ende los sabios antiguos que ordenaron la Caballería, escogieron el espada en que es todo; et por eso ordenaron que non pudiese el caballero recebir orden de caballería sinon con la espada; et todo home que ha de vevir por caballería, debe siempre usar de la traer consigo» (pág. 317). La espada es armadura que sirve para parar los golpes y hasta —aunque cueste creerlo— para detener las flechas: hay ejemplos de esta práctica —que formaba parte de la educación del samurai— en *Las Armas de la Conquista*, de Alberto M. Salas. Sobre la vinculación de la espada con el poder real, cf. los *Castigos e documentos*: «Ca el poder del rey todo es en tres cosas: lo primero, en su palabra; lo segundo, en la su péñola... la tercera, la su espada, con que apremia a los sus enemigos e con que faze justicia a los suyos» (pág. 111); y si bien este texto parece considerar la espada como menos importante que las otras dos armas reales, *El Caballero Zifar* la pone a la altura de la misma ley y como su complemento: «E por ende deue el rey tener en la mano diestra el libro de la ley por que se deuen judgar los omes, e en la mano siniestra vna espada, que significa el su poder para fazer conplir sus mandamientos del dere-

decir, aludiendo al padrón que serviría para entronizar a
Artur: «Fermosa eleción nos enbió Dios, ca el quiso que
justicia terrenal fuesse por espada...» (pág. 48); y por eso la
espada juega un papel tan importante en los ritos de la coronación [54]. En el libro de Reginald Maxwell Woolley, *Corona-
tion rites* se encuentra la *Traditio gladii* en el más antiguo
rito romano de la coronación de un emperador (siglo IX):
Accipe gladium per manos episcoporum licet indignus, etc.,
con el recuerdo expreso del salmo XLIV, 4 («Accingere gladio
tuo super femur tuum...»); luego recuerda la cita del salmo
por el Papa al entregar al emperador la espada, después el
cetro, y por último la corona (coronación de Federico I en
1155, pág. 47); espada, cetro y orbe son mencionados en la de
Balduino de Flandes, primer emperador latino de Oriente,
en 1204 (pág. 48); Celestino III entrega la espada en la de
Enrique VI y su mujer en 1191 (pág. 51); lo mismo en la de
Enrique VII en el siglo siguiente (págs. 52-53); según el ceremonial del *Pontificale Romanum* de 1520, el emperador debe
blandir tres veces la espada que le ciñen (pág. 54). La ceremonia, que sería enojoso seguir paso a paso, se registra unas
cuarenta veces más en las coronaciones de los reyes según los
diferentes ritos (inglés, francés, romano, milanés, germánico,
húngaro, y en los ceremoniales protestantes de Escocia, Bo-
hemia, Prusia, Dinamarca, Suecia y Noruega). En la coronación de Pedro IV de Aragón (1336) la investidura de la espada la realiza el arzobispo con la fórmula *Accipe ensem de-*

---

cho de la ley; ca bien asy commo la man derecha es mas vsada e mas
meneada que la esquierda, asy el rey deue vsar mas de los derechos
para escoger lo mejor, que del su poder» (ed. C. P. Wagner, pág. 316).

[54] Véase la *Encyclopaedia of Ethics and Religion* de Hastings,
t. X, pág. 637 *a*. Sobre las *regalia*, puede verse el libro de William Jones
Crown and coronations. A history of regalia, en particular el capítulo II, «Regalia of England and Scotland», sobre el papel de las diferentes espadas reales.

super altarem (pág. 131)[55], reemplazando el *gladius* por la
voz —más poética— *ensis*, que en sentido recto significa 'espada', y cuyo valor figurado es el de 'autoridad, poder supre-
mo'. En el reino de Navarra, «still more peculiarly Spanish
than that of Aragon» (pág. 134), el rey toma la espada del
altar y se la ciñe él, desnudándola y blandiéndola antes de
tomar él mismo con sus propias manos la corona (pág. 135).
Porque eso es la espada: preludio y fundamento de la corona.
En el tratadillo de James Howell *The instruments of a king:
or, a short discurse of the sword, the scepter, and the crown*,
la enumeración es bien significativa, y si bien en el texto los
tres objetos se tratan en el orden inverso (corona, cetro, espada) es porque «the two first are but bables without the
last» (pág. 1), ya que la espada «tis moulded of bell-metall»
(pág. 5) y representa el total de las fuerzas del reino: un rey
sin poder es, para Howell, «a King of clouts, or as the Spa-
niard hath it, *Rey de Havas*, a Bean-King, such as we use to
choose in spot at Twelf-night» (pág. 9). Y en la pompa fune-
ral del Archiduque Alberto, en Bruselas, desfilará años más
tarde, encuadrada por «le sceptre» y «la couronne archidu-
cale», el símbolo central de las fiestas de Binche: «L'espée
de souveraineté»[56]. La plural importancia de la espada como
símbolo del rey y su poder se resume en los bellos versos del
gran poeta Ricardo E. Molinari:

> Nunca creí...
> que un rey pudiera morir sin una espada en la mano.
> (*Hostería de la rosa y el clavel*, II)

Es bien sabido que el viaje del Príncipe don Felipe no tenía más objeto que el de asegurar su sucesión en la soberanía

---

[55] La fórmula se lee en el Libro I de las *Coronaciones de los sere-
nísimos reyes de Aragón*, de Jerónimo de Blancas, fol. 131.

[56] *Pompa funebris... Alberti Pii, Archiducis Austriae...*, plancha LII.

de los Países Bajos, y así lo manifiesta escuetamente López
de Gómara en sus anales del reinado del Emperador:

> Llega el Príncipe don Felippe a Brusselas, donde le esperaua
> con gran desseo su padre, acompañado de las reynas viudas de
> Francia y Vngría sus hermanas.
> Juran al Príncipe por señor todos los estados de Flandes y
> tierra que llaman baxa, cada vno por sí, que a todos los anduuo.
> Quedan estos estados de Flandes, que hasta aquí eran como
> bienes partibles por mayorazgo, libres para el hijo mayor [57].

Las tierras donde había nacido no eran para el Emperador
una posesión fácil ni segura: dos o tres años antes del viaje
del infante, hasta se había pensado en erigir los Países Bajos
en reino independiente —similar, por ejemplo, al reino de
Nápoles— a fin de conservarlo más fácilmente para la corona
española [58]. Se sabe además la lucha dramática (por serlo, y
por estar condenada al fracaso) que el Emperador sostuvo
para transmitir a su hijo la totalidad de sus dominios. La
aceptación del príncipe por los estados de las diferentes provincias flamencas no anduvo sola. Como dice Ernest Grossart, «c'était une pratique nouvelle que l'Empereur voulait
introduire en faisant reconnaître l'héritier de son royaume

---

[57] *Annals of the Emperor Charles V by Francisco López de Gómara.*
Spanish text and English translation by Roger Bigelow Merriman, página 259.

[58] E. Grossart, «Projets d'érection des Pays-Bas en royaume sous
Philippe II». Al discutir una afirmación de Kervyn de Lettenhove, Grossart menciona un proyecto presentado a Carlos V en 1546 ó 1547 por
Fernando Gonzaga, a la sazón gobernador en el Milanesado. Gonzaga
exponía las dificultades que presentaba para España la conservación
de los Países Bajos, a causa de su alejamiento del centro de la monarquía, y proponía formar con ellos un Estado independiente (pág. 576);
otro proyecto similar se contempló en 1566 (id.). Para otras soluciones
propuestas a este problema, véase el *Essai historique sur les projets
de partage des Pays-Bas, en 1566 et en 1571,* de Théodore Juste.

avant la mort de celui-ci» [59]. No se prescindió en los festejos de un antecedente ilustrísimo: Calvete, en los fols. 65-65 v° (Bruselas), 283 v° (Leyden) y 284 (Harlem) menciona cuadros e inscripciones alusivas a Salomón ungido por su propio padre David; se recurrió también a la tradición de los bestiarios medievales: en Valenciennes, las relaciones del emperador y del príncipe estaban representadas por las del águila con el aguilucho [60]; y para llevar adelante su proyecto, el emperador (según Alexandre Henne, el gran historiador de su reinado) «fit une pragmatique établissant que, en matière de succession du prince aux Pays Bas, la représentation auroit lieu aussi bien en ligne directe qu'en ligne collatérale» [61].

Cupo a la reina de Hungría, «qui alors commendait absolument en tous ces Pays-Bas pour l'Empereur son frère», el afrontar la realización de tales proyectos. La reina consultó a los Consejos de Malinas y de Brabante «sur la légalité et sur la justice du projet de pragmatique. Les deux conseils y applaudirent hautement... Il y eut, paraît-il, quelque résistance de la part des États de Flandre, car Charles Quint appela leurs députés à Bruxelles, et leur fit exposer, en sa présence (25 mai) les motifs de sa résolution... Il n'en fut de même du projet de réception immédiate de Philippe, qui rencontra de sérieuses difficultés en plusieurs provinces» [62]. Hubo que ha-

---

[59] «Philippe II, souverain des Pays-Bas», en la *Biographie Nationale* publicada por la Académie Royale des Sciences, des Lettres et des Beaux-Arts de Belgique, t. XVII, cols. 245-291 (1902), col. 254 o pág. 1 de la separata.

[60] Dr. A. Lejeal, *Entrée de Philippe II à Valenciennes*.

[61] Vol. VIII, pág. 373. Véase también el examen de la pragmática del 4 de noviembre de 1549 en el estudio de Eugène del Marmol, *De l'Influence du règne de Charles Quint sur la législation et sur les institutions politiques de la Belgique*, págs. 29-30.

[62] Henne, *ibid.*, págs. 374 y 376. Un ejemplo concreto de tales dificultades —tanto por lo que respecta a la recaudación del don gratuito de 30.000 libras como a la prestación de los juramentos recíprocos—

cer concesiones, obtemperar, y, sobre todo, que resignarse
a que los juramentos prestados al Príncipe siguieran la antigua fórmula, a despecho de la pragmática sanción imperial,
y que Felipe, a su vez, mantendría «*toutes* les constitutions
et *tous* les privilèges accordés antérieurement par les seigneurs aux divers territoires»[63].

En esta atmósfera —de la que los cronistas del viaje y de
las fiestas no sueltan palabra, como es natural—, se prepa-
raron los festejos de la recepción. Cada una de las entradas
del Príncipe, a quien se paseará por toda Flandes para que
reciba el homenaje más o menos espontáneo de sus futuros
vasallos, tendrá un sentido político absolutamente confesado,
y todas se realizarán, como es de esperar, en lugares política-
mente estratégicos. Sólo las fiestas de Binche, aldea perdida
cuyo único mérito era poseer un palacio de recreo todavía
inconcluso, parecen haber tenido un entero carácter de gra-
tuidad y haberse desarrollado, durante una semana, en un
clima intemporal de despreocupación elegante, de vida puramente cortesana y caballeresca. No nos engañemos. Ruelens
señala el alto alcance político de la reunión: a diferencia de
las entradas (destinadas a recibir el homenaje de las «bonnes villes»), «cette réunion consacrée aux plaisirs était une
véritable cour plénière où devait s'opérer, sous les yeux de
l'Empereur, une fusion de respect et d'attachement envers
l'héritier de tant de royaumes... Tous les grands noms féo-
daux des Pays-Bas forment la liste des invités à ce rendez-
vous de magnificence. En lisant aujourd'hui cette liste, on

---

puede leerse en el artículo de Charles Hirschauer, *Les États d'Artois et
la Joyeuse entrée de Philippe, prince d'Espagne, à Saint-Omer d'Arras.*

[63] Motley, *Histoire de la fondation de la République des Provinces-
Unies*, t. I, 1.ᵉ partie, ch. 2. Citado por Louis Wiesener, *Études sur les
Pays-Bas au XVIᵉ siècle*, pág. 25, n. 1. Los mismos informes proporciona el *Philip of Spain and the Netherlands* de Cecil John Cadoux,
páginas 75-76.

croit lire le prologue du drame que l'on jouera quelques années après» [64]. Las fiestas de Binche no fueron, pues, un fútil
intermedio, y su resonancia confirma cuán importantes aparecieron a los ojos de Europa. Agregaron al viaje del príncipe
un elemento diferente, y por eso más activo: llevaban en sí
esa chispa lúdicra, que según algunos es característica esencial del hombre, y a vueltas con ella la misma apetencia de
misterio que hoy nos proporcionan los *catchers* incógnitos
o los boxeadores enmascarados; y, además, hacían tangible,
por un simbolismo sabiamente dispuesto, el informulado *slo-
gan* obligatorio: «Aquél que retire esta espada será elegido
Rey de esta tierra por la voluntad soberana de Dios». No es
necesario otorgar que, de estas fiestas, Europa entera apreció
sobre todo el aspecto romanesco, el despliegue de invención,
la riqueza de la puesta en obra, el fasto y la magnificencia;
tampoco puede callarse que más de un roce debió esconderse
tras tanta brillantez (testigo la defección, antes del último
combate, de un Egmont, nombre predestinado). Pero tanto
brillo trasmitía y escoltaba, bajo una forma simbólica, un
mensaje profundo, y no nos parece descaminado suponer que,
al patrocinar la representación figurada de una novela de caballerías del buen tiempo pasado, la reina de Hungría dio
pruebas, y muy conscientemente, de una técnica de gobierno
de un raro modernismo.

---

[64] Págs. 45-46.

YERBAS Y PALABRAS

En el libro de Juan Bautista Avalle-Arce sobre *La novela pastoral española* hay muchas cosas buenas, bastantes que son óptimas y alguna de las otras: quisiera examinar un poco de cerca una de estas últimas. Al estudiar las relaciones entre la *Diana* de Montemayor y su primera continuación, Avalle sostiene que:

> En Montemayor, donde amor predomina sobre razón, la única solución posible a los problemas amorosos es por medio de lo sobrenatural, del agua encantada. En Gil Polo, donde razón predomina sobre amor, el papel de Felicia tendrá, por fuerza, que ser distinto.
>
> (pág. 103)

Lo mismo afirma A. Solé-Leris, que en su artículo «Psychological realism in the pastoral novel: Gil Polo's *Diana enamorada*» señala un precedente a Avalle-Arce (según Mario Casella, «La magia è del tutto assente del romanzo»[1]) y afirma su convicción desde las primeras palabras de su estudio:

> The treatment of the lovers' psychology in Gil Polo's *Diana* shows a degree of realism remarkable in a pastoral novel, which

---

[1] *Cervantes, Il Chisciotte*, Firenze, 1938, t. I, pág. 428; en Solé-Leris, página 43, n. 4.

contrasts strikingly with the magical devices in Montemayor's *Los siete libros de la Diana,* of which Gil Polo is, ostensibly, writing the continuation,

(pág. 43)

reafirmándola en cada página: «No philtres, no magic —an *engaño* is cleared up and some persuasive words ('poderosas palabras') are spoken» (pág. 44).

Es posible que, como afirmación general, sea cierto que en la novela de Gaspar Gil Polo haya mayor y más claro análisis de las pasiones que en la de Montemayor; lo que no me parece tan seguro es que de una o dos solas citas del texto mismo de la *Diana enamorada* pueda brotar la contraparte negativa —«no philtres, no magic»— de ese juicio. Veamos lo que el propio Avalle-Arce cita en su apoyo:

> Allí hizo gran obra el poder de la mága Felicia, que aunque allí no estaba, *con poderosas yerbas y palabras,* y por otros muchos medios, procuró que Syreno començasse a tener afición a Diana. [...] Estaba la sapientissima Felicia en su riquíssimo palacio, rodeada de sus castas ninfas *obrando con poderosos versos* lo que a la salud y remedio de todos convenía... [2].

Y, como corolario de su transcripción, el autor agrega a renglón seguido:

> Obsérvese que en ningún momento se menciona el agua encantada y, en cambio, Felicia obra por la palabra, o sea que se dirige a nuestro raciocinio. Coadyuva en su tarea el hecho de que Sireno estaba ya predestinado a amar a Diana [esto se desprende de «los influjos de las celestes estrellas» recordados en uno de los párrafos suprimidos en la transcripción precedente]

---

[2] Se suprimen, de esta cita de la pág. 202 de la novela (que Avalle-Arce reproduce en la 104 de su libro), dos párrafos que no pesan demasiado —como puede verse por el comentario transcrito inmediatamente—, pero se mantienen las bastardillas que el propio Avalle-Arce ha introducido.

y, por tanto, su desamor no había sido más que un error. Las
yerbas y *palabras* de Felicia le ponen de nuevo en el camino del
verdadero conocimiento.

(pág. 104)

Y algunas líneas más abajo se le da un nudo a la argumentación con la aserción siguiente: «...la artificialidad inevitable en Montemayor se ha visto ahora sustituida por el
realismo y el autoconocimiento...».

Merece alabanza sincera —aunque nos coloque a todos,
algo abusivamente, en el lugar de los personajes— el opti-
mismo de que hace gala Avalle cuando sostiene que, al obrar
por la palabra, Felicia «se dirige a *nuestro* raciocinio»: ojalá
fuera cierto que toda palabra enderezaba por ese camino,
tanto al salir como a la llegada. En cambio es curioso que
Avalle haya soslayado lo que él mismo subraya: el poder de
esas yerbas y palabras, y esos «poderosos versos» que, por definición, no son el alimento apetecido de «nuestro raciocinio».
Tampoco parece haber reparado en que Felicia «obra» desde
lejos: «aunque allí no estaba...; ...estaba... en su riquísimo
palacio». ¿Qué palabras racionales (ya que no se hace la
menor alusión a misiva alguna, y ya que todo otro medio de
telecomunicación hubiera sido, entonces, notoria «artificialidad» y cambio de género narrativo, llevándonos de la pastoril a la *science-fiction)* pueden operar a distancia, aunque
ya partiera «desde dentro», como dice el autor, la solución
de los casos amorosos?

La posición de Solé-Leris es aún más radical, siendo sin
embargo idénticamente falsa con respecto al texto de la novela. Para él, Felicia —aunque el autor la llame respetuosamente «la maga»— es sólo una especie de consejero conyugal
avant la lettre: «her instrument is applied psychology» (página 44); la mención de las «poderosas yerbas y palabras»
se considera como la única referencia —y además hecha de

paso— a sus discutibles poderes mágicos: «It is here that, for the first and last time, passing reference is made to the action of Felicia's magic» (pág. 46); y aun esta alusión es «perfunctory, weakened by the use of *procuró*» (confieso, de paso también yo, que no advierto tal debilitamiento: *procurar*, dice el diccionario académico, es «hacer diligencias o esfuerzos para conseguir lo que se desea», sin ningún matiz negativo, como puede verse por el refrán que en la penúltima edición cierra el artículo, refrán en el que se refuerza el valor de cuidadosa solicitud que el verbo acarrea consigo). A más de olvidar los «poderosos versos» que operan de lejos, Solé-Leris olvida las palabras de Felicia que él mismo cita en la propia página 46, en la que le niega poderes mágicos: el corazón de Sireno está «tan blando y mudado de la pasada rebeldía», dice la maga, «por arte mía y *por razón que a ello le obliga*». No sé por qué no se han subrayado también las tres palabras iniciales de la última cita, porque aunque la voz «arte» designe de ordinario la magia, Felicia debe aludir indudablemente (para el crítico) a su «applied psychology». Tampoco parecen haber reparado ambos estudiosos en que un mismo adjetivo, «poderoso», se aplica a «palabras», a «yerbas» y a «versos»: rara pobreza de adjetivación, sorprendente en Gaspar Gil Polo y digna de señalarse como falta, a no ser que se trate de una importantísima cualidad común a las tres cosas, que el autor se propone poner de relieve. Ya vimos que «poderosas palabras» vale, para Solé-Leris, por «persuasive words». ¿Deberemos entender, entonces, «poemas imbuyentes», «elocuentes, disertos vegetales»?

Sin contar con que las «yerbas» están asociadas desde siempre con la magia[3], los *poderosos versos* debían haber

---

[3] Cf. Mrs. C. F. Leyel, *The Magic of herbs, passim.*

bastado para prevenir contra una concepción demasiado «racional» de la novela. No debiera haberse olvidado que «poderosos versos» vale por «fórmulas mágicas», y que nadie menos que Virgilio —y nada menos que en las mismas *Bucólicas*, VIII, 69 y 70— emplea *carmina* con el sentido de 'palabras mágicas' —versos poderosísimos—, y que en el uso de la palabra mágica, *canto* y *encanto*, 'palabra medida y entonada' y 'encantación', están etimológica y psicológicamente emparentados. Entender que Felicia obra por silogismos o sorites («o sea que se dirige a nuestro raciocinio») en cuestiones como ésta, y no por ensalmo —otra voz vinculada con la palabra operante en los metros y el canto—, no es admisible. Ni es desatinado traer aquí a cuento el largo pasaje de Lope, en *El peregrino en su patria*, sobre el poder curativo de las yerbas y la música [4].

El empleo medicinal de los «versos» viene de la antigüedad más remota. Antonio Diógenes (siglos II-III?), escribiendo «De las cosas increíbles que se ven más allá de Tule», recuerda la plácida vida que Aristeo, discípulo de Pitágoras, llevó en Italia, donde curaba las enfermedades por encantaciones y poemas mágicos, pues sabía versos de tal poder que producían el olvido del dolor, aliviaban toda pena y reprimían los apetitos desordenados (igual que los de Felicia, pero, al parecer, sin demasiada psicología) [5]. Un artículo aparecido por el mismo tiempo que el libro de Avalle-Arce reúne bastantes noticias antiguas de esta práctica:

> Plotin raconte des Gnostiques qu'ils promettaient de guérir les malades par des charmes et prétendaient contraindre les maladies à les quitter par la seule puissance de la parole... Dans *Hippolyte* [d'Euripide] ... pour le guérir [le mal mystérieux dont Phèdre est la proie], on envisage l'emploi «des incanta-

---

[4] Pág. 267 de la edición de Bruselas, 1608.
[5] Cito por el largo resumen de Dunlop, t. I, pág. 15.

tions et des mots qui charment». L'incantation apparaît comme le remède suprème, le dernier recours des malades obsédés par la menace des démons malfaisants, des magiciens et de leurs malefices [6].

Y el mal misterioso que atormenta a Fedra es, aunque muchísimo más grave, del mismo carácter de los que remedia Felicia. Pedro Laín Entralgo, en *La Curación por la palabra en la antigüedad clásica*, estudia el empleo de la palabra con un propósito curativo desde «el epos homérico» [7], separando cuidadosamente la medicina «técnica» de la «práctica mágica y supersticiosa» [8], pero no sin señalar la larga trayectoria histórica de esta última. Las dos parecen asociarse en la *Disciplina clericalis:* «Permitte, inquit illa, karissime domine, ut oculum sanum medicinale arte confirmem, et carmine...» [9]. Lo mismo encontramos en el *Calila e Dimna:* «el rey... fizo ayuntar todos los físicos e escantadores para que curasen de su fijo... et todos los físicos e escantadores no podían poner remedio a ello» (pág. 71). A los muchos ejemplos acumulados por Gillet [10] puede agregarse el retrato que

[6] Mlle. Dunant, «La Magie en Grèce», pág. 481.

[7] Las últimas palabras citadas son el título del capítulo primero, retomado en la conclusión, que citamos (pág. 336). Para la pervivencia de estas prácticas músico-curativas tan antiguas y difundidas, véase A. Machabey, *Notes sur les rapports de la musique et de la médecine dans l'antiquité hébraïque,* y las variadas contribuciones (en particular I-V, X-XIII y XVI) de *Music and Medecine,* ed. by D. M. Schullian and M. Schoen. En el dominio folklórico (ya hay en el *Kalevala,* pág. 74 de la traducción de Léozon Le Duc, una encantación para detener la hemorragia), cf. Virginia Rodríguez Rivero, «Magia y medicina».

[8] Pág. 339. Sobre estas relaciones, véase el librito del Dr. Jean Filliozat *Magie et médecine.*

[9] Ed. González Palencia, pág. 27; el *exemplo* castellano correspondiente simplifica en «alguna melezina», mientras el *Ysopete* parecería recordar aún ambas técnicas curativas: «por una cierta manera e arte que yo sé» (págs. 120 y 200).

[10] T. III, págs. 626-628; señala incluso documentos folklóricos con-

de sí hace Marcos de Obregón y otros textos que —con
diversos grados de credulidad, pero atestiguando todos de
estas prácticas— aluden a los ensalmos: el escudero se alaba
de «la excelente gracia que tengo de curar por ensalmos»
(t. I, pág. 41), y más adelante se pinta «pronunciando con
mucho silencio las palabras del ensalmo» (t. I, pág. 143);
Bartolo, en el acto III de *El alcalde de Zalamea* de Lope, se
siente «como un alcotán... después / del ensalmo» (pág. 586 *a),*
y en *La pobreza estimada* se dice «que no es el casarse herida
/ que se cura con ensalmo» (pág. 145 *c);* «apostemos / que te
curo por ensalmo», se lee en *La gallega Mari-Hernández* de
Tirso (pág. 117 *c).* Correas cuenta muy en serio la virtud del
salmo de Lancero, «que con unas palabras buenas que decía,
haciendo la señal de la cruz sobre las heridas, sanaban luego...» (pág. 91) [11], mientras que Armelina, en la comedia de
Lope de Rueda que lleva su nombre (ed. R. A. E., t. I, página 105), se burla de las risibles fórmulas con que Inés le san-
tigua la cabeza —las transcribe Gillet— con las palabras:
«Yo por reír dije que me dolía la cabeza, y por oír aquellas
vejeces» [12]. Uno de los maridos propuestos a doña Marcela, en

---

temporáneos peninsulares e hispanoamericanos publicados por Rodríguez Marín, F. A. Coelho, Ramón A. Laval y María de Cadilla; otros de
Solís y Nisseno en la *Fraseología* de Cejador, pág. 499.

[11] Sobre la seriedad y la historicidad del hecho, véase la *Historia
natural y moral de las Indias* del P. José de Acosta: «Compelidos de la
necesidad se hicieron médicos evangélicos, y diciendo las oraciones de
la Iglesia, y haciendo la señal de la Cruz, sanaron aquellos enfermos
[en la peregrinación que escribe Cabeza de Vaca] ...de suerte que ellos
se admiraban de sí mismos, siendo hombres de vida común, y el uno
de ellos un negro. Lancero fue en el Pirú un soldado, que no se saben
dél más méritos de ser soldado, decía sobre las heridas ciertas palabras
buenas, haciendo la señal de la Cruz, y sanaban luego: de donde vino
a decirse como por refrán, El salmo de Lancero. Y examinado por los
que tienen en la Iglesia autoridad, fue aprobado su hecho y oficio»
(fol. 340).

[12] Se lee el ensalmo en la pág. 102 del *Teatro* de Lope de Rueda

El Sagaz Estacio, marido examinado, de Salas Barbadillo, sabe curar por ensalmo (ed. F. A. Icaza, pág. 102), y Alonso de Ledesma aplica al dominio espiritual, como cosa legítima y admitida, el ensalmar las heridas *(Conceptos...,* t. II, página 84, núm. 39, y pág. 143, núm. 74); Tirso alude un par de veces a la cura de lamparones por ensalmo, y Juan Rufo cita este tipo de curación[13].

Estos ejemplos pertenecen casi todos a uno de los dos tipos de cura supersticiosa que —lo recuerda también Gillet— establece Pedro Ciruelo: es el tipo puramente verbal que aplica al Alma enferma la Esperanza, la cual, como se sabe,

> siempre cura por ensalmos,
> que jamás purga ni sangra[14].

Más nos interesa aquí la otra categoría, la de quienes sanan con palabras y, al mismo tiempo, con otros remedios naturales:

> Tú debes saber en cuántas cosas puso Dios virtud. La primera es en estrellas, entre las cuales son nombradas las siete planetas. La segunda es en piedras preciosas. La tercera es en yerbas. La cuarta, en la palabra del home. E todo el día veemos que

---

(Madrid, Espasa-Calpe, S. A. [1949], que se dice edición —originariamente de J. Moreno Villa— «corregida y aumentada con notas»: le costará creerlo al que lea la de pág. 80, línea 21, o la de pág. 112, línea 16, etc.).

[13] *Ventura te dé Dios, hijo* (pág. 302 *b); Amar por señas* (pág. 471 *c);* Juan Rufo, apotegma 239 y nota de su editor, Alberto Blecua, en página 90. Sobre esta práctica, que toca una riesgosa zona de controversias, véase el libro de Marc Bloch *Les Rois thaumaturges. Études sur le caractère surnaturel attribué à la puissance royale particulièrement en France et en Angleterre,* y su reseña por G. Arteta, que aduce numerosos ejemplos españoles.

[14] Loa en las *Fiestas del Santísimo Sacramento,* Madrid, 1644 (Cotarelo, pág. 461). Es, con variaciones, adiciones, supresiones y trastrueques, la pieza núm. 50 (págs. 118-127) de los *Conceptos...* de Ledesma, tercera parte; lo citado corresponde a la pág. 120.

muchas enfermedades e muchas gafedades e muchos males
guarescen por las santas palabras. Otrosí veemos que la culebra,
que es el vestiglo del mundo más enemigo del home, por las
palabras santas que le dicen la comprenden toda e la tiran de la
saña e de la ponzoña que en sí ha, e mientra que la toman con
la mano, que non puede facer mal a home nin a mujer nin a
otra cosa viva, bien así como tomarían un pollo pequeño.

(Castigos e documentos, pág. 95)

De estas cosas de virtud, la tercera y la cuarta suelen
complementarse eficientemente, como en la práctica de Felicia; sobre el romancillo citado en págs. 50-51, véase:

> ...a título de que con yerbas y palabras auía de curar a vna
> hija suya de vna enfermedad que los médicos no acertauan a
> curarla.

(Cervantes, Persiles, ed. Schevill-Bonilla, t. I, pág. 57)

> A aquésta vengo a pedir
> que con palabras o hierbas
> ablande el pecho a Rosinda
> para que me estime y quiera.

(Lope, El Capellán de la Virgen, pág. 486 a)

> Para restañarla, yo
> conozco piadosas hierbas
> y sé curar por ensalmo.

(Tirso, Quien habló pagó, pág. 186 a)

> ...desvelos que me han costado,
> yerbas, palabras, conjuros...

(Tirso, El Mayor desengaño, pág. 91 b)

Como en la *Diana* de Gil Polo, yerbas, palabras y estrellas
coadyuvan en un cantar del Siglo de Oro:

> ¿Qué hechizos fueron ésos?
> ¿qué yerbas de Tesalia?

¿qué inclinación de estrella?
¿qué encantos de palabras? [15].

Y con justicia puede quejarse Celinos a su tío Malgesí el encantador:

Tío, perdido estoy de enamorado.
¿No hay propiedad en yerbas? ¿No hay sonido
en palabras? ¿No hay cosa en lo criado
que, pues quiero a Marfisa, aborrecido,
para igualar los gustos, infundiese
amor en ella, o en mi pecho olvido?

(Guillén de Castro, *El Conde d'Irlos*, t. I, pág. 388)

Ya Juan de Mena, apoyándose para sus ejemplos negativos en hechicerías que le vienen de Virgilio y de Ovidio, hace decir a su guiadora:

Nin causan amores, nin guardan su tregua
las telas del fijo que pare la yegua...
nin fuerça de yervas, nin virtud de piedra,
nin vanas palabras del encantadera.

(Laberinto, 110)

Aun para quienes no creen en ellos, como muchos filólogos contemporáneos, esos remedios existen desde antiguo, como que se niegan desde Ovidio por lo menos, según Lope:

...Y como Ovidio escribe en su Epistolio,
que no me acuerdo el folio,
estas heridas del amor protervas
no se curan con yerbas... [16].

---

[15] Pieza del romancero musical de Turín, editada por G. M. Bertini, en *La romanza spagnuola in Italia*, pág. 86.
[16] *La Gatomaquia*, silva segunda, pág. 21 de la ed. de Rodríguez Marín, que en págs. 122-123 remite al *De remedio amoris*, donde, en efecto, se citan las palabras mágicas y las maléficas yerbas de Tesalia para negarles efecto:

No en vano sostiene un refrán, en nombre de los crédulos, que «la virtud está en hieruas: piedras: y palabras» (Vallés, folio 78), refrán ya desleído en el parlamento de Pleberio a Melibea, en el auto 20 de *La Celestina:*

> ...que ni faltarán medicinas ni médicos ni sirvientes para buscar tu salud, agora consista en yerbas o en piedras o en palabras o esté oculta en cuerpos de animales [17].

Y el mal de Melibea, como el de Fedra, es del mismo género que los que se curan en la *Diana enamorada.*

Contra este refrán se indignan en el *Viaje de Turquía* con una fuga que traiciona al médico «técnico», olvidado ya de que su criatura no ha cursado universidades:

> —¿No es cierto que están las virtudes en piedras y en yerbas y palabras?
> —No mucho, porque ese refrán es de viejas y de los más mentirosos; porque a los que dicen que están en palabras y salen de las cosas comunes del Evangelio, y de lo que nuestra Iglesia tiene aprobado, ya podéis ver cuáles los para la Inquisición, la cual no castiga lo que es bueno, sino lo que no lo es, y pues pone pena a los que curan por palabras, señal que no es bueno «latet amus in esca», aunque las veis buenas palabras...

Viderit, Haemonia si quis mala pabula terrae
Et magicas artes posse juvare putat.

La sabiduría popular duda, con Ovidio, del poder de las hierbas: «*No se cura el amor con hierbas medicinales. Cuando el mal es de amor, se cura sólo con amor*» (Villafuerte, *Refranero,* pág. 257). La opinión más difundida es, empero, la contraria, según podrá verse en los ejemplos que citaremos.

[17] Ed. Cejador, II: 190. El editor anota tan solamente: «Alude a las medicinas, a las virtudes de las piedras y a los ensalmos, esto es: a todos los medios de médicos y curanderas», sin reconocer el refrán, cuya doctrina se refleja en el título del libro del P. Benedictus Mazzotta, *De Triplici philosophia naturali, astrologica, et minerali* (1653).

(pág. 292); en la página siguiente se repite el refrán, y mucho antes (pág. 89) el personaje ha manifestado la misma aversión por la medicina supersticiosa: «Señora —digo—, no soy negromántico que sano por palabras...»[18].

Los textos que combaten la curación «por palabras», como los que la admiten, ya con otros elementos salutíferos o sin ellos, muestran que en el Siglo de Oro su empleo era frecuente y en manera alguna limitado a la novela pastoril, y que la práctica de Felicia, como otras semejantes (con el agregado de aplicarse a males de amores y malas correspondencias, y no a padecimientos puramente corporales), era una práctica más cercana a la magia pura y simple que próxima al raciocinio y a la psicología aplicada. De modo que no es exacto que «la artificialidad inevitable» de Montemayor haya sido «sustituida por el realismo y el autoconocimiento» y que «el papel de Felicia tendrá por fuerza que ser distinto», en una novela donde «la magia está ausente» y no hay «ni filtros ni magia». Ambas *Dianas* coinciden en el uso de encantamientos, y si alguna diferencia puede establecerse entre ellas, es que el autor de la *Diana enamorada*, al emplear con toda propiedad una expresión consagrada, casi diríamos un tecnicismo (empleada por Cervantes, Guillén de Castro, Lope y Tirso, tal expresión se halla también, ampliada, en *La Celestina* y el *Viaje de Turquía)*, aparece todavía más al tanto que su pre-

---

[18] Segunda ed. de Antonio G. Solalinde. El mismo refrán ilustra dos veces, socarronamente, un cuentecillo de Straparola: «L'on dict ordinairement, mes dames, que la vertu consiste aux paroles, aux herbes et aux pierres...»; «Il est écrit que la vertu consiste aux paroles, aux herbes et aux pierres...» *(Les Facétieuses nuits*, t. II, págs. 58 y 60: es la historia del cura que baja a pedradas al ladrón de sus higos). El «cuentecillo» («...diciendo que también Dios había dado virtud a las piedras como a las plantas y yerbas») figura en el prólogo suprimido de *Los Sueños* de Quevedo (nota de pág. 17 del t. I en la ed. de Cejador).

decesor de estas prácticas ajenas al raciocinio y es, paradójicamente, más «realista» por ser más mágico.

Queda aún por examinar si Montemayor —y Gaspar Gil Polo con él— puede ser acusado de «artificialidad inevitable»: dejando a un lado la artificialidad inevitable de este género [19] (y de todos los demás, dicho sea de paso), si la magia es un ingrediente inevitable —lo estamos viendo—, es muy probable que precisamente por serlo no sea artificial; no sin malicia se ha deslizado, al comenzar la argumentación, el nombre de Virgilio y la mención de sus poemas pastoriles. Ni antes ni después de Virgilio han cambiado las cosas: buena parte de la «prosa nona» y casi toda la «prosa decima» de la *Arcadia* de Sannazaro está consagrada a los supersticiosos remedios de amor y a las operaciones de la magia: bajar la luna del cielo, hacer retroceder las corrientes, poner en obra el poderío de los números impares y el de «la piccola carne rapita dal fronte del nascente cavallo prima che la madre di inghiottirla s'apparecchiasse», con otras materias que —como esta última— abundan en el laboratorio de Celestina [20]. Al rayar el alba del siglo de las luces, Pope sostiene, como Boileau, que no deben describirse los pastores como son hoy,

---

[19] Boileau, en *L'Art poétique*, canto segundo, considera tan inadecuada para la poesía pastoral la loca pompa de la trompeta épica como el evidente descarrío de quien

> ...abject en son langage
> Fait parler ses Bergers comme on parle au village.

Si «entre ces deux excez la route est difficile» (tanto, que en el último caso se encuentra nada menos que Ronsard), el remedio está a mano: «Suivez pour la trouver Theocrite & Virgile». Si a los autores cómicos conviene el estudio de la naturaleza (entiéndase por ella la naturaleza humana y su verdad psicológica), la Naturaleza, con mayúscula, no parece convenir a ninguna especie de poesía.

[20] *Le Opere volgari* di M. Jacopo Sannazaro... Padova, 1723; lleva en págs. 165 y sigs. las «Annotazioni di Tommaso Porcacchi, di Francesco Sansovino e di Giovanbattista Massarengo sopra l'Arcadia».

but as they may be conceived then to have been, when the best of men followed the employement. To cary this ressemblance yet further, it would not to be amiss to give these shepherds some skill in astronomy, as far as it may be useful at that sort of life.

Pero al escribir su pastoral tercera, *Automn*, les da este otro género de astronomía:

Pan came, and ask'd, what magic caus'd my smart,
Or what ill eyes malignant glances dart? [21].

Tan «natural», aún en este tiempo, parece el uso de la magia en el dominio de lo pastoril, que la única mención de la magia en el *Discours sur la nature de l'Églogue* de Fontenelle se refiere al *Amadís* y no a composición pastoril alguna [22]. De suerte que las noticias que nos proporcionan los viejos poetas bucólicos y sus imitadores latinos no son de las menos sabrosas que poseemos sobre la magia en la antigüedad [23]; y es lógico que así sea, porque el medio rural ha sido —y es— uno de los más señalados en la difusión y conservación de estas prácticas que no se enderezan al raciocinio. El labriego y el pastor, peor defendidos y más librados por su aislamiento a sus propios medios que el burgués, han desarrollado una ciencia y una técnica de previsión y de de-

---

[21] Pope: *Pastorals, with a Discourse on Pastoral, written in the year 1704*, London, 1790, págs. 15 y sigs.; lo citado corresponde a las páginas 18 (prosa) y 39, vv. 81-82.

[22] *Œuvres diverses* de M. de Fontenelle, nouvelle éd. augmentée. Tome second, págs. 103-139; cf. pág. 117: «L'Astrée de M. D'Urfé ne paroît pas un Roman si fabuleux qu'Amadis, je croi pourtant qu'il ne l'est pas moins dans le fond par la politesse & les agrémens de ses Bergers, qu'Amadis le peut-être par tous ses Enchantemens, par toutes ses Fées, & par l'extravagance de toutes ses avantures».

[23] Pueden verse las numerosas prácticas y creencias agrupadas en el capítulo segundo del *Greek and Roman folklore* de William Reginald Halliday.

fensa si no más rica, por lo menos más fácilmente perceptible
que en las ciudades, y esto lo saben todos los colectores de
materiales «folk». Tanto es así, que en una obra de tipo
didáctico del siglo XVII se condena el empleo secular de conjuros mágicos en caso de pérdida, robo o enfermedad de los
animales:

> Il quarto vitio [de' pastori] sono gli incanti, come per es-
> sempio, quando si perdono gli animali, o sono robbati, o vero
> gli soprauiene qualque infermità sopra le pecore, sono alcuni,
> che chiamano il Demonio per loro aiuto con dire certe parolet-
> te, che osseruano i giorni, il tempo & l'hore, acciò ritrouino
> quello che hanno perso, o vero gli faccia partire l'infermità delle
> loro pecore [;] questo vitio regna assai negli pastori, acciò non
> siano presi da lupi: questo fa il Demonio, acciò gli presti fede.
> Deue dunque il pastore fuggire tutti questi vitij, più communi,
> & gli altri più occulti, che per modestia non si nominano [24].

Y entre los más antiguos textos de las lenguas modernas
abundan las fórmulas mágicas que auxilian a quienes des-
empeñan las tareas rurales aportando la fertilidad al suelo o
permitiendo recobrar el ganado perdido [25]. No es casualidad
el que Marc Soriano, al estudiar los procesos de brujería en
Francia durante la primera mitad del siglo XVII, señale que
muchas condenas recayeron «principalement parmi les bergers — car la profession a toujours été considérée comme
maléfique» [26].

Todos estos textos no son piezas sueltas y mal maridadas
de rompecabezas diferentes, sino connotaciones variadas de

---

[24] *Tesoro de Pastori...* da Paolino Giovacchini da Città di Castello,
página 8.

[25] Dos ejemplos: J. M. McBride Jr., «Charms to recover stolen cattle»; F. P. Magoun, «OE. charm A. 13: Būtan heardan beaman».

[26] *Les Contes de Perrault, culture savante et traditions populaires,*
página 179. Véase un ejemplo entre mil: *Factums et Arrêts du Parle-
ment de Paris contre des Bergers sorciers exécutez depuis peu dans la
Province de Brie,* 1695.

una misma realidad (realidad etnográfica, antropológica, arqueológica, histórica, en fin literaria). En un libro consagrado a los orígenes pastorales de la poesía griega, una distinguida helenista considera «le thème du berger guérisseur et musicien» ilustrado nada menos que por el Rey David, y dedica toda la segunda parte del volumen a «Musique, magie, médecine», apoyándose tanto en testimonios filológicos clásicos como en datos geográficos contemporáneos: se detiene a considerar el poder de la voz —cita la *Ilíada*, el *Hipólito* de Eurípides y el *Eutidemo* y *Carmides* de Platón junto a *Los Nibelungos*, a Combarieu y a Élian J. Finbert, literato y pastor—; recuerda que magia y canto —«idées connexes s'il en fut»— se designan con una palabra misma en varias lenguas, y que ambas se usaron (y se usan hoy) para combatir la enfermedad y hasta la muerte, y concluye que los pastores, «premiers *inventeurs* de la musique, unirent aux vertus des plantes la force de l'incantation dans une toute puissante harmonie», lo que ha dado pie para que se los acusara frecuentemente de brujería [27].

Estas prácticas reprobadas —y me temo que también las que Paolino Giovacchini se calla— son de anchísima difusión en América, y muy probablemente asimismo en otros lugares: cuando Miguel de Toro Gisbert estudia «El Idioma de un argentino. *La Guerra gaucha*, de Leopoldo Lugones», subraya y señala con signos de interrogación la voz (para él desconocida) «embichaduras», en el pasaje: «quería enseñarles a curar con palabras las *embichaduras*» (pág. 543); pero, al parecer, el «curar con palabras» no le sorprende. La «cura con palabras» de animales agusanados (con «embichaduras»)

---

[27] Jacqueline Duchemin, *La Houlette et la lyre. Recherches sur les origines pastorales de la poésie. I. Hermès et Apollon*, págs. 75 y siguientes, 85 y sigs., 91, 108, 140, 143, 145, 146-147, 157 (el pastor considerado como brujo aún hoy), 161, 315 y 328.

es frecuente en el Plata y en las provincias del interior de la Argentina: Saubidet, en los *Remedios gauchos* de su *Vocabulario* (pág. 336) recuerda que «Algunos paisanos, con palabras, *hacen voltear* el gusano a los animales agusanados»; según Villafuerte (t. I, pág. 307), en el caso de un animal «engusanado», «la gente del campo practica la cura por palabras o la *pollerita* [corte en las cerdas de la cola] o *por el rastro*» (esto es, «dándole vuelta la pisada»), y transcribe un ensalmo [28]; otro semejante, en el habla de la frontera brasileña y también inspirado, como el anterior y las «palabras retorneadas», en el poder de los números descendentes, cita Fernán Silva Valdés en «El curandero» de sus *Cuentos del Uruguay* (pág. 40); cualquier argentino medio recordará el ensalmo susurrado a la oreja del caballo: «Mirá, bayo...»; otro, basado en la fuerza de la triple repetición, da la *Romería por el folklore boconés* [29]. Puede así apreciarse como una truculencia más de ese magnífico fresco que es *Cien años*

---

[28] En la pág. 225 del t. I, Villafuerte describe la *«Cura por palabra o por secreto*. Es la cura de algunas enfermedades del hombre o de los animales o de las sementeras, practicada por el curandero. Se transmite esta virtud de padre a hijo; pero si alguno de ellos revela su secreto, en el instante mismo queda sin el poder. Algunas veces le es necesario ver al enfermo; en otras, lo hace desde lejos poseyendo una prenda o algunos datos físicos del enfermo». Prácticamente toda la descripción podría aplicarse a los actos de Felicia. Dubuc de Isea da un conjuro contra gusanos empleado en Venezuela (pág. 308, número 897), y varios —y en materia tan especial como la cura de la mordedura de ofidios— registra J. A. de Armas Chitty: *«Cura en secreto*. Acto en el cual el curandero interviene solo en su casa con miras de curar a un mordido de culebra. *Dirigir la palabra*. Uno de los aspectos de la cura en secreto... *Ensalmar la herida*. Acto mágico en que el curandero musita oraciones referentes a una herida ocasionada por ofidios» (pág. 464 de «Matos y culebras en las vivencias populares»). «La palabrita de Dios», o, simplemente, «palabras», aparecen a menudo en el *Refranero* de Moya (págs. 336, 571-572, etc.).

[29] Pág. 308. No he podido ver la *Antología* de Elías Carpena, que contiene, según la reseña de M. N. Silva, su relato «Curar de palabra».

de soledad la nada insólita noticia de que «Aureliano Iguaraí... había inventado una oración para que se achicharraran y se cayeran los gusanos de las vacas» (pág. 289).

Es lógico que en medios campesinos la magia veterinaria esté ampliamente difundida, pero en modo alguno está reservado para la zoología inferior el tratamiento mágico por palabras: *Palabras*, dice Juan Carlos Guarnieri, son «fórmulas mágicas u oraciones, con las que los curanderos creen ahuyentar ciertos males y embrujamientos», y registra más adelante, como localismo, la palabra *santiguar* (que empleaba Lope de Rueda y consigna el Diccionario de la Real Academia), a más del sustantivo *santiguado*, que corresponde a la *santiguada* o *santiguo* de la Academia [30]. *Polonio Collazo, gaucho del Aumuguá*, apunta otras maneras de medicación:

> ...(y curaba con la vista,
> con el dedo, y con palabras,
> asigún lo que decían) [31].

---

[30] *Nuevo vocabulario campesino rioplatense con las locuciones más usadas en el Uruguay*, 1957, págs. 137 y 163. La reedición de 1968 (falta el adjetivo «Nuevo» en el título, que termina en «rioplatense») varía ligeramente el texto: «...oraciones esotéricas...», «...dicen... auyentar [*sic*] maleficios y embrujamientos», pág. 106 y pág. 125 para *santiguar* y *santiguado*. Bayo, en su *Manual*, pág. 224, y siguiendo a Ramón A. Laval (*Oraciones, ensalmos y conjuros del pueblo chileno*) da, con riqueza de erratas, «*Santiguación*. m [!]. Conjunto [*sic*, por «conjuro»] que se dice para sacar el mal del cuerpo de los niños ojeados, haciendo tres cruces sobre ellos». En el *Cancionero de Palacio* (núm. 452 de la ed. de Barbieri) se nombran las *santiguaderas*, y sobre los *saludadores* —nombre el más corriente de estos prácticos— hay extensa nota de Cejador en su edición de *Los Sueños* de Quevedo, pág. 156 del t. I.

[31] Pág. 16. No es pura exageración; compárese con: «—¿Y la vieja del cuento? Aqueya que curaba con los ojos, niña —preguntó Cristina» (Gilardi, *Silvano Corujo*, pág. 125).

El P. Pineda —aunque fuera para combatirlo con donaires— recuerda que «Los saludadores curan con el soplo»[32]. Parecidos poderes posee un personaje de Benito Lynch:

> Parece que [doña Casilda] hasta sabía la cura por palabras en el cristiano y en el animal y que al mesmo don Pacomio, el padrino 'e Pantalión, le sanó un caballo, de una manquera 'el encuentro sin más que verlo 'e lejos y hablar algunas cosas... [33].

Pero lo más general es que la acción de la palabra, operante de por sí (Laín Entralgo subraya, a lo largo de su libro, su valor curativo propio, y lo mismo dice De Martino[34]), se complete con la acción de los simples, obrando así a la par en los dos campos, psíquico y somático: la Mazaltob ('Afortunada') de Galdós tenía «buena mano para curar enfermos con garatusas y oraciones, ayudadas de zumos de hierbas y raspaduras de huesos» *(Aita Tettauen*, pág. 197); la formulación especifica (y especifica bien) que las «yerbas» vienen a reforzar el remedio primordial, las «palabras». Fernán Silva Valdés nos recuerda muy a las claras que el procedimiento no tiene nada de «artificial»:

> ...algunas curas hacía a base de yerbas medicinales que hoy se siguen usando, y a base de palabras y consejos que curaban por sugestión, como igualmente hoy día siguen curando ciertos médicos, especialmente los alienistas[35].

---

[32] *Agricultura cristiana*, t. II, fol. 171, col. 1 de la ed. de Salamanca, 1589 (Diálogo veinticuatreno, parágrafo xxxviii).

[33] *El Romance de un gaucho*, pág. 53. Aunque careciera seguramente de un riquísimo palacio, doña Casilda también curaba, como Felicia, con «hablar de lejos unas cosas».

[34] Véase más abajo.

[35] «El Curandero», en *op. cit.*, pág. 39. La misma terapéutica miembra Arturo Capdevila en su *Córdoba del recuerdo*, pág. 30: «los arrabales llenábanse de 'médicas' que recetaban hierbas y menjunjes, cuando no preferían curar con palabras». El término local para los primeros especialistas es «yuyero» 'herbolario', de *yuyo*, hierba.

Bien que no «artificial», el procedimiento se dobla por el poder sugestivo de lo oculto, por la magia envuelta en las «divinas palabras», que cuanto más misteriosas sean se tornan más eficaces. En Honduras, según Membreño *(s. v.)*, se llama «lupia» a la «persona que cura con palabras misteriosas y con brujerías que confecciona de plantas»; no olvidemos que la misma recolección de los simples es ya una operación de índole mágica, efectuada casi siempre con rituales y precauciones de los que se hace depender su eficacia [35a]. Y esta terapéutica de «poderosas yerbas y palabras», viva hoy por todas partes, no establece diferencia fija entre los ocupantes de la escala zoológica: ya lo dice Alfonso de Valdés, que trata de los «encantos, o ensalmos, que llama el vulgo, hechos a hombres y a bestias» [36]; y en América, un recetario contiene, junto al «Método para curar la gusanera en los animales», otro que, «además de ser usable para amantes abandonadas, es ideal para los acreedores» [37]. Ni hay límite claro entre la palabra sonante, activa, y la palabra escrita de virtudes más pasivas [38]; ambas son parte de una técnica idéntica a la que

---

[35a] Véase sobre esto el estudio, ya clásico, de Armand Delatte, *Herbarius. Recherches sur le cérémonial usité chez les anciens pour la cueillette des simples et des plantes magiques* (1936; 2.ª ed., 1961).

[36] *Diálogo de las cosas ocurridas en Roma*, ed. Montesinos, página 205.

[37] Darío Novoa Montero, «El Lenguaje médico de nuestro pueblo», páginas 124 y 123.

[38] Luego de referir las precauciones que se adoptan en Pto. Wilches para «que no los codicien» a los niños, M.ª Luisa Rodríguez de Montes, «Sobre el uso de hierbas en la medicina popular de Santander (Colombia)» (pág. 722), agrega que «si ya están codiciados ['aojados'] y principian a enflaquecerse, los bañan con mastranzo, amorseco, alcanfor, cascabelillo, matarratón y albahaca, y también les rezan; esto último consiste en ponerles una hoja del Evangelio entre una bolsita de badana atada a un cordón negro y llevarla terciada por algún tiempo». Adviértase la aplicación de una voz por excelencia oral, «rezar», a una práctica de amuletos o filacterios, eminentemente pasiva. Quevedo re-

emplea, también en todas partes del mundo, la magia erótica, tanto para remediar a los demás —como la practicaba Felicia— como usada en provecho propio:

> Hay quien le añade también...
> que con palabras y yuyos
> te hacés querer con cualquiera... [39].

A casi cuatro siglos de distancia, sin contar un océano, y sin otra diferencia que el provecho personal directo y el

---

cuerda irónicamente el tono propio del ensalmo (la palabra, repitámoslo, es prima hermana del canto):

> Dijo, y entre pentágonos y cercos
> murmuró invocaciones y conjuros,
> con la misma tonada que los puercos
> sofaldan cieno en muladares duros...

(poema del *Orlando*, en la 1.ª ed. de Blecua, pág. 1.359, vv. 857-860); pero a pesar de lo voluntariamente burlesco de la imagen, la «tonada» y el «murmurar» se oponen netamente al «dijo» inicial, y esto es lo que cuenta. Restrepo da un ejemplo cabal del valor de la palabra que **cura, aún sin pronunciarla:** «Si el curandero no sabe recitar una oración para los dolores de cabeza, por ejemplo, amarra sobre la frente del enfermo el papel en que está escrita» (pág. 67).

[39] Juan Carlos Guarnieri, «En la rueda» (en el *Panorama de la poesía gauchesca y nativista del Uruguay*, de Serafín J. García, pág. 126). Los *yuyos*, versión local de las clásicas hierbas de amor, tienen amplia vigencia actual: para explicarse cómo su marido la abandona por «una mocosita que podría ser su hija... bastante fea y desaseada», que «no valía la décima parte de ella», la protagonista del relato «En tránsito» de Martínez Estrada piensa que «Le habrían dado algún yuyo» (pág. 92 de *La Inundación y otros relatos*). El poderío de las hierbas para provocar el amor o para curarlo se manifiesta en estos ejemplos de Galdós: «Yo sé de muchos casos en que el jugo de ciertas hierbas y la substancia de ciertas alquimias enardecen la ilusión en el hombre y le ponen más enamorado... hasta morir de incendio de amor. Esto es un hecho...» (*España sin rey*, pág. 121); Celestina Tirado y Graziella «ganaban la mar de dinero adivinando lo que no se ve y curando con bebedizos a los enamorados» (*Cánovas*, pág. 42). Como puede verse, prácticamente toda la literatura es «artificial», por lo menos en lo que respecta a la utilización de artificios mágicos.

empleo de un localismo, el procedimiento «no realista» de
Felicia se sigue repitiendo en España y en el Plata (y, previsiblemente, en muchas otras partes, y, también previsiblemente, sin visos de racionalizarse). No por irracional aparece
como menos poderoso a quienes lo ponen por obra o sufren
su acción: al contrario, su eficacia se dobla por ese misterio
que, como lo explica exactamente De Martino, no conoce el
fracaso [40]. Ni la Felicia de la *Diana enamorada* adopta en
esta novela un total papel de psicoanalista anticipada que
«tendrá, por fuerza, que ser distinto», ni puede decirse que
Montemayor peque de «artificialidad inevitable» por introducir en su relato, más o menos estilizados, elementos que
formaban (y forman) parte de la realidad cotidiana. Las obje-
ciones de algunos críticos contemporáneos son gemelas, en
su importunidad, a las de Fontenelle cuando reprochaba a
Teócrito su exceso de naturalidad (el Mantuano italiano no
sale mejor parado), salvo formularlas, paradójicamente, en
nombre de la naturalidad [41]; y si la actitud crítica equivocada
puede tener a veces para nosotros un gracioso sabor de época, cuando este sabor no ha madurado todavía en manera
alguna saben estas observaciones a crítica meditada. Guar-

---

[40] «Par leur orientation, les pratiques magiques sont 'impermé-
bles' à cc que nous considérons comme les échecs de la magie. Dans
le sens psycho-protecteur, les pratiques magiques sont toujours couron-
nées de succès chez ceux qui les employent et, dans le sens psycho-
somatique, elles peuvent même faciliter la guérison; mais ce qui explique leur perennité, c'est la régularité du succès psycho-protecteur et
non le caractère exceptionnel et l'irrégularité des guérisons organiques
effectives» (pág. 35).

[41] Fontenelle, *op. cit.*, sobre Teócrito: «Ces discours ne sentent-ils
point trop la campagne, & ne conviennent-ils point à de vrais Païsans,
plutôt qu'à des Bergers d'Églogues?», pág. 110; y pág. 111: «On n'ima-
gineroit jamais quelle précaution prend un autre Berger avant que de
s'embarquer dans un assez long discours; & qui sçait si le Mantoüian
ne s'applaudissait pas en ces endroits d'avoir copié la vérité bien
fidellement?».

démonos, en consecuencia, de aplicar a textos literarios de
siglos pasados un esquema crítico legítimo quizás (y quién
sabe en qué medida) para nuestras doctas mentalidades
universitarias de hoy, pero que nada tiene que ver con la
mentalidad ni el tiempo que vieron e hicieron nacer aquellos
textos. Y aceptemos también, como saludable hipótesis, que
aquella mentalidad es fundamentalmente la misma que vive
hoy a nuestro alrededor y —ciertamente— en nosotros mismos, que si llegara el caso —no lo quiera Dios— echaríamos
también mano de «yerbas y palabras».

GRACIA Y BURLA DE DON LUIS DE GÓNGORA

A mi maestro Marcel Bataillon

—Felices, don Luis de Góngora;
¿no me conoce su gracia?
*Romance apócrifo de don
Luis a caballo*

Hacia sus veintiún años andaría Góngora cuando escribió la primera de sus letrillas, de otras tantas coplas, en 1581: su primera letrilla y apenas la sexta de sus composiciones, si el manuscrito Chacón y Foulché-Delbosc no nos engañan [1].

Un poeta de veinte años difícilmente llega a manejar un gran arsenal satírico. Diferente parecería ser el caso del romancillo que empieza *Hermana Marica...,* inmediatamente anterior a la letrilla primera, y donde Góngora se nos dice en primera persona. Si el romancillo es epigramático —y así lo sintió don Amadeo Vives, que lo puso en música con ese rótulo—, además de éste, y muy por sobre éste, «il a d'autres mérites» (lo que es, para seguir sirviéndonos de la expresión de Cocteau, el mérito más meritorio de un poema). En la

---

[1] Años después de aparecida esta nota, contamos con la edición y estudio de Dámaso Alonso (t. II de su *Góngora y el Polifemo)* y con la de Robert Jammes (don Luis de Góngora, *Letrillas*, págs. 31-48). Aprovecho ahora algunas precisiones que allegan, señalándolas en su preciso lugar.

letrilla primera esos méritos parecerían no contar: estaríamos, simplemente, en un terreno de burlas más bien impersonales; y como burlas encontramos, a primera vista, muy poco de ese tenue y firme filo de pluma que haría, no mucho más tarde, rechinar los dientes de Lope y de Quevedo, buenos apreciadores si los hubo.

Aquí tenemos —o creemos tener— un buen ejercicio externo de retórica, en el que la originalidad no parece ser el precio mejor: «En la pieza a que sirven de estribillo las frases 'bien puede ser — no puede ser', cruza un desfile de situaciones donde es fácil descubrir los rasgos populares», escribe, y no sin razón, Alfonso Reyes [2]. Y esos «rasgos... populares», precisamente por serlo, no pueden ser arrojadamente originales; por lo demás, se repetirán con abundancia en la propia obra del poeta y en la de sus contemporáneos: «Los temas de las letrillas de Góngora (a veces muy desvergonzadas, ya escatológicamente sucias, ya obscenas) son siempre los mismos: flaquezas de las mujeres (solteras, casadas o viudas), tintes y pelos postizos de viejas que presumen de niñas, beatas hipócritas, presunciones y falsedades de los galanes, ignorancia de los médicos, poderío y ostentaciones de los advenedizos» [3]. Y, sin embargo —y el impacto de esta letrilla es la mejor confirmación de ello—, a pesar de esa no originalidad de principio, la composición se cuenta entre las más representativas de su autor y hasta de su tiempo: «En ésta

---

[2] «Lo popular en Góngora», págs. 120-122 de sus *Trazos de historia literaria*. Alfonso Reyes trata de algunos aspectos de esta letrilla —el palillo de dientes, pág. 121—, pero no del tema esencial de esta nota. Tampoco hay nada que interese directamente a este estudio en el artículo de Eduardo Martínez Torner, «Góngora y el folklore», aparecido en la *RFE* en 1927 y recogido en sus *Temas folklóricos*, págs. 71-83. Carlos Alberto Pérez trata recientemente de «Juegos de palabras y formas del engaño en la poesía de don Luis de Góngora».

[3] Dámaso Alonso, t. I, págs. 109-110.

y en algunas otras letrillas de Góngora es, quizás, donde mejor se condensa unitariamente la personalidad del poeta y hasta (nos atrevemos a decir, aun arrostrando el peligro de la excesiva generalización) los más profundos móviles de los hechos barrocos»[4].

Comenzando a analizar desde el comienzo sus materiales de acarreo, la fácil disyuntiva que le sirve de estribillo no es ni original ni intransferible. Aparece, ya en Pedro de Padilla[5], acoplada a un bachiller y a un licenciado:

> Otro [villancico] en diálogo [,] octavo [,] propio
> Que no puede ser, señor licenciado.
> Que sí puede ser, señor bachiller,

y así corre en el *Entremés cantado del licenciado y el bachiller*, de Quiñones de Benavente («—No puede ser, señor licenciado. —Sí puede ser, señor bachiller»), que la recuerda también, parcialmente, en su *Baile de la casa al revés y los vocablos:*

> —Chico pleito, señor licenciado.
> —No es más grande, señor bachiller[6].

Pero la aposición debe ser mucho más antigua, porque anda por las colecciones de refranes y cantares desde antes de la mitad del siglo: «Ser puta y buena mujer, ¿cómo puede ser, señor bachiller?», se lee ya en Vallés (1549; fol. 126) y en Hernán Núñez (1555; fol. 117 vº), y figurará en Correas (página 274). *El cortesano* de Luis Milán recuerda «aquel cantar que diu: Que no puede ser, señor bachiller, que no puede ser» (pág. 454), y la forma complementaria aparece también en una ensalada de Fuenllana:

---

4 *Ibid.*, t. II, pág. 71.
5 *Romancero espiritual*, 1583, fols. 299-300 vº.
6 Cotarelo, *Entremeses*, págs. 539 y 829.

Que sí puede ser,
señor bachiller,
que sí puede ser[7].

Sin embargo, es Góngora quien, al adaptarle —presumi-
blemente— un molde estrófico que será largamente imitado,
le pone su marca, y es el texto de Góngora el que llega a po-
pularizarse ampliamente, relegando al olvido las cancioncillas
y romancillos originarios. Corre ya, acortado —doce de sus
veintiuna coplas, dispuestas en otro orden, y con variantes—
en la tercera parte de la *Flor de varios romances* recopilada
por Pedro de Moncayo[8]; anda también así en un manuscrito
muy tardío[9], y es una versión similar la que recuerda, de sus
mocedades (o de las de su protagonista) Jerónimo de Alcalá:

[7] Cejador, *La verdadera poesía castellana*, IX: 222, núm. 3.460; ninguna información sobre esta pieza suministran el *Ensayo...* de Gallardo (II: 1.098) ni el *Catálech* de Pedrell (II: 150 y sigs.), que se
ocupan del libro de vihuela de Fuenllana (el segundo mucho más por
extenso). La ensalada, que es de Flecha el viejo (muerto en 1553)
figura efectivamente en el libro VI de la *Orphénica lyra* (1554), folio cxlvj [*sic*: debe ser el cxlvij, porque va colocado entre el -vj y el
-viij] recto y vuelto. También la da Monseñor Anglés, en su reedición
de las *Ensaladas* de Mateo Flecha (la edición original es de 1581, Praga,
por Mateo Flecha el joven), pág. 44, I, *El Jubilate*, versos 26-28 (el verso
siguiente, vigésimonono, reza: «¡Oh, qué bonica canción!»), y pág. 5
de la música; en pág. 59, Monseñor Anglés cita entre las concordancias
la versión de Fuenllana y dos manuscritos contemporáneos, uno en la
Biblioteca Central de Barcelona y otro en la de Medinaceli en Madrid
(no lo identifico en el «Catalogue of the music in the Biblioteca Medinaceli, Madrid», por J. B. Trend). La melodía de la transcripción de
Fuenllana, en cifras rojas, es prácticamente la misma —con leve variante— que la de la composición polifónica, cuyas líneas generales respeta el transcriptor, y parece ser tradicional.

[8] Reed. facsimilar de don Antonio Rodríguez-Moñino, *Las fuentes...*, t. III; la ed. original es de Madrid, en casa de Pedro Gómez de
Aragón, 1593, y la pieza se halla en los folios 125 vº-127.

[9] Don Antonio Rodríguez-Moñino y doña María Brey Mariño, *Catálogo de los manuscritos poéticos castellanos existentes en la biblioteca
de The Hispanic Society of America*, t. I, pág. 261, copia del siglo XIX

Acuérdome de cierta letrilla, que cuando mozo oí cantar a este propósito, que decía en esta forma:

> Que se case un don Guillote
> Con una dama sin dote,
> Bien puede ser.
> Mas que no dé en pocos días
> Por un pan sus damerías,
> No puede ser [10].

«Guillote» está ya por «Pelote», y hay más variantes; pero tanto en la *Flor* como en *El donado hablador* la segunda copla usurpa la función de copla inicial, y es sabido que el *incipit* o inicio es por lo general lo que más perdura en la memoria tradicional y lo que da nombre a un cantar y a su tono: la unión de estos datos y de otros [11] es ya indicio de semitradicionalidad. Pero aun cuando no se lo nombre, es en Góngora en quien pensamos, y con razón, cuando vemos citada la letrilla o sus partes, desde el siglo XVII hasta hoy (incluso desde antes, por un curioso efecto de óptica cultural): y así es en el caso de Lope, que según Vossler

> Ya en su juventud había parafraseado espiritualmente [léase: «a lo divino»] la famosa letrilla de la época estudiantil de Góngora, «No puede ser — bien puede ser» en *Las bodas del alma*, su auto sacramental de Valencia, y más tarde hizo una variación mundana en el segundo acto de *Virtud, pobreza y mujer* [12].

---

sobre el texto del Romancero de 1614: la letrilla es la pieza inicial de la recopilación, lo que es un nuevo indicio de favor.

[10] Jerónimo de Alcalá Yáñez, *El donado hablador*, cap. IV de la 1.ª parte, pág. 29 de su paginación particular en el t. II del *Tesoro de novelistas* de Ochoa.

[11] También figura en Montoto y Rautenstrauch, *Personajes, personas y personillas que corren por las tierras de ambas Castillas*, t. I, pág. 295, sin identificar.

[12] *Lope de Vega y su tiempo*, 2.ª ed., pág. 123.

También Montesinos, al editar entre las *Poesías líricas* de
Lope un fragmento de *Lo fingido verdadero*, cita a Góngora,
y añade la mención de la parodia a lo divino como se la halla
en *El peregrino en su patria* [13]. Otra versión a lo divino reveló
don Antonio Rodríguez-Moñino [14]. Sin contar las imitaciones
parciales, que modifican el estribillo (Dámaso Alonso cita una
de Trillo y Figueroa: «Que me place — guarda fuera»; y Jammes otra, tardía, de Martínez Villergas: «Es novedad — no
es novedad»), tanto Dámaso Alonso como Robert Jammes
señalan una imitación francesa de Malherbe y su parodia por
Berthelot; añade Alonso la imitación alemana de Malherbe
por Georg Rudolf Weckherlin [15]. La imitación más estrecha
quizás sea la de Cadalso; estrecha, y reiterada. El tomo LXI
de la *Biblioteca de Autores Españoles* contiene sus «Letrillas
satíricas, imitando el estilo de Góngora y Quevedo», una en
diez coplas según la fórmula estrófica consabida y el doble
estribillo alternante «Ya lo veo — no lo creo», y otras doce
de idéntico artificio, donde a los autores invocados (Quevedo
se cita expresamente en la última estrofa de la primera serie)
se une el recuerdo notorio de Cervantes:

> Que a la mujer, cual cristal,
> la quiebra un soplo fatal,
> ya lo veo;

---

[13]   T. I, pág. 77; cita *El Peregrino...* por las *Obras sueltas*, t. V, página 180. Dámaso Alonso precisa la cronología lopesca: *Las bodas entre
el alma y el amor divino*, de 1599, se imprimen en *El peregrino en su
patria* en 1604; *Lo fingido verdadero*, según Morley-Bruerton, es de hacia 1608.

[14]   «El Cancionero manuscrito de 1615», núm. 28, fol. 87, «Contra
los que condenan la puríssima concepción de la Virgen María»; Jammes (pág. 45) reproduce la primera estrofa.

[15]   Dámaso Alonso, pág. 75. El mismo erudito vuelve a ocuparse en
detalle de esta transmisión en su estudio sobre el poeta alemán («Notas sobre la persona y el arte de Georg Rudolf Weckherlin», en particular en págs. 238-241).

> pero que pueda soldarse
> si una vez llega a quebrarse,
> no lo creo.

Esta imitación, no señalada antes, ya la mencionaba Twiss en la relación de su viaje por España cuando todavía estaba fresca la tinta de los *Ocios de mi juventud:* cita y traduce las primeras diez coplas, abreviando injustamente su título en «Satyrical Verses, in Quevedo's style» (págs. 425-426). Quizás venga de Góngora —y quizás, también, por vía indirecta— la letrilla de Domingo de Azcuénaga *Crítica a la prensa argentina* en diez coplas, de otro esquema formal, que alternan en sus pares e impares uno de los dos versos

> Esto me parece mal
> Esto me parece bien [16].

Por lo que respecta a Malherbe, éste compuso su poema, según Ménage, «à l'imitation d'une chanson espagnole dont le refrain était *Bien puede ser, No puede ser*» [17]. René Fromilhagne [18] trata de la composición de esta pieza, escrita, según Ménage (apoyado en el testimonio de Racan), en colaboración con este último y con Madame de Bellegarde, que tuvo en ella «beaucoup plus de part, que ni lui, ni que Malherbe» [19], y la data entre comienzos de agosto y mediados de octubre de 1606. Su original tiene que ser no Góngora mismo, sino la canción incluida en el segundo libro de aires para canto y laúd recogidos por Gabriel Bataille, donde ya la disyuntiva burlesca inicial había cedido la plaza a una descolorida oposición amorosa entre el poeta y «los otros». Las correspon-

---

[16] T. I, *La Colonia*, de la *Antología de poetas argentinos* de Juan de la Cruz Puig, págs. 200-202.
[17] Cit. por Dámaso Alonso en la misma pág. 75.
[18] *La Vie de Malherbe.* Apprentissages et luttes (1555-1610), pág. 193.
[19] *Ibid.*, núm. 41, pág. 217; datación en pág. 194.

dencias, aunque bastante veladas, son manifiestas entre esta canción española y el poema francés:

> Ve[e]r mil damas hermosas
> discretas y muy graciosas
>   bien puede ser:
> pero así me ayude Dios
> que ninguna como vos
>   no puede ser

corresponde a

> Qu'autres que vous soient désirées,
> Qu'autres que vous soient adorées,
>   Cela se peut facilement;
> Mais qu'il soit des beautés pareilles
> À vous, merveille des merveilles,
>   Cela ne se peut nullement

en la primera copla de ambos poemas; la cuarta estancia del texto francés parecería reflejar la segunda estrofa española:

> Ver cien mil enamorados
> por vuestro amor abrasados
>   bien puede ser...

> Qu'autres que moi soient misérables
> Par vos rigueurs inexorables,
>   Cela se peut facilement...

La tercera copla española encierra el mismo pensamiento que la quinta de la composición francesa:

> Dar a los otros favores
> y a mí penas y dolores
>   bien puede ser,
> pero con todo este mal
> dejaros de ser leal
>   no puede ser.

...Mais qu'une autre foi que la mienne
N'espère rien et se maintienne,
Cela ne se peut nullement.

Y, por fin, el contenido de las dos coplas finales de la canción se condensa en la última de la versión francesa:

Serme contraria la suerte
y vos me condenar a muerte
     bien puede ser,
mas de quedoxe [que deje] mi vida
de ser por vos bien perdida
     no puede ser.

Ser con otros amorosa
y vos conmigo rigurosa
     bien puede ser,
mas dejar yo de quereros,
serviros y obedeceros,
     no puede ser.

Compárese con:

Qu'en ma seule mort soient finies
Mes peines et vos tyrannies...
Mais que jamais par le martyre
De vous servir je me retire...

(La sinalefa entre versos parecería indicar que el poema español es obra de un cantor más que de un poeta profesional, y esta imitación, hasta hoy no tenida en cuenta, es una muestra más de la boga de la letrilla). La identidad general y las semejanzas parciales de ambos poemas se ven reforzadas y explicadas por la sabida relación de Malherbe con el mundo de las fiestas y regocijos cortesanos [20].

---

[20] La selección de *Airs de cour pour voix et luth* (1603-1643) de André Verchaly contiene media docena de canciones de Malherbe, dos

Aunque muy de segunda mano (y hasta de tercera o cuarta, si contamos parodia e imitación alemana), Góngora sigue presente en estos poemas, como sigue representado en nuestros días por su «letrilla célebre» (así la llaman los Quintero, que en su *Don Juan, buena persona...* citan textualmente la copla cuarta [21]). El atractivo de la letrilla «célebre» es singular, y por serlo, tiene que ser justificado.

Si la disyuntiva que le sirve de estribillo es indiscutiblemente anterior a Góngora, su simplificación y su molde estrófico, muy probablemente obra suya, quedan ligados al poeta de una manera indisoluble. Sobre éstas, técnicas, debe haber otras razones que vinculen tan indefectiblemente la composición a Góngora. Y residen, sin duda, en el contenido mismo de la letrilla. A simple vista, sin embargo, el poemita parece amplificar sencillamente la imagen del refrán originario («Ser puta y buena mujer, ¿cómo puede ser?») enfilando en sus veintiuna coplas, llevadas de su más o menos chistosa contradicción, las más socorridas frialdades del momento —de todos los momentos— ya abundantemente zarandeadas: condenación de las canas teñidas, oposición de dineros y versos en cuestiones de amor, utilidad y molestias correlativas de las músicas nocturnas, flaco testimonio de la biznaga en

---

con música de Pierre Guédron, y cuatro con música de Antoine Boesset; proceden de las colecciones de Bataille (1611, 1613, 1615), del *VIIe Livre d'Airs* de Ballard (1617) y del *XIIe livre d'Airs de cour* de Boesset (1624). Citamos el *Qu'autres que vous soient désirées* por las *Poésies complètes* de Malherbe editadas por Pierre Jannet, págs. 68-70. El texto español, con su música —cuyo último «No puede ser» cae sobre las mismas notas que el estribillo de Flecha— fue publicado en los *Airs de différents autheurs* mis en tablature de luth par Gabriel Bataille. Second livre, Paris, 1609, fols. 60 vº-61, cuya fecha coincide con la datación de Fromilhagne. La colección contiene una decena de canciones españolas, entre ellas el lopesco «Río de Sevilla, quién te pasase...», folio 63 vº.

[21] *Obras Completas*, págs. 3.953 y 3.954.

boca del mal comido —tema que va del *Lazarillo* y Agustín
de Rojas al folklore ríoplatense y a la autobiografía de Dalí—,
la burla de las niñas de color quebrado que culpan al barro
(varias veces se mofarán Góngora y sus contemporáneos de
las golosas justamente opiladas), el vaticinar al avaro un heredero pródigo (tema que viene de los satíricos latinos, o de
antes) y el juego repetido sobre los efectos del cirio: bien lo
usa Quevedo[22]. Todo eso está ya —y seguirá estándolo— en
el arsenal común de los poetas; todo es ya sabido, sobado y
esperado. Hasta sabido y esperado —con nuestra reacción,
inclusive— por el mismo don Luis: tanto, que se diría que
parece juzgarse a sí mismo en una de sus coplas, la décimo-
séptima:

> Que se emplee el que es discreto
> en hacer un buen soneto,
>   bien puede ser;
> mas que un menguado no sea
> el que en hacer dos se emplea,
>   no puede ser.

Pero el que esto sea también sabido añade una primera
duplicidad al dicterio: lo que esos seis versos tienen de vituperio burlón para quienes se arriesgan a pasar de un poema
—y ya era Góngora uno de ellos—, se dobla de una cansina
ironía al expresarse por una censura ya tradicional[23]. Muchas plumas desaprueban de idéntica manera el acto repetido
de escribir:

---

[22] Sobre este último tema, véase la nota de Gillet a la *Propalladia*,
t. III, pág. 654. Las notas de Rodríguez Marín sobre la biznaga las
retoma y completa Henry N. Bershas en su artículo «La biznaga hon-
rada».

[23] Fulminato, en la *Comedia Florinea*, resume también tradicionalmente este riesgo: «Calla, que en disposición está que no parará en
sola una copla, pues dicen que quien hace un cesto, hará ciento» (página 166).

Rosimunda.	¿Cúya es esa letra, Flora?
Flora.	Es del Conde Lucanor.
Rosimunda.	¿Pues el Conde *(Ap.* ¡qué rigor!)
	hace coplas?
Lucanor.	No, señora,
	pero ésta hizo.
Rosimunda.	¿Cómo? (¡Ay, Dios!)
Lucanor.	Como no es, en su fortuna,
	tan necio que no haga una,
	ni tan loco que haga dos...

(Calderón, *El Conde Lucanor,* pág. 422 *c)*

Paseó los deliciosísimos jardines de la Poesía, no tanto para usarla, cuanto para gozarla, que es ventaja, y aun decencia; con todo esto, ni fue tan ignorante que no supiese hacer un verso, ni tan inconsiderado que hiciese dos.

(Lorenzo [*sic*] Gracián, *El Discreto, que publica don Vincencio Juan de Lastanosa...,* pág. 466; en su edición de *El Criticón* —t. II, pág. 35—, Romera-Navarro cita este pasaje junto con el de la *Floresta* de Santa Cruz de Dueñas que damos más adelante)

Acá se dice vulgarmente que el que no sabe hacer una copla es una bestia, y que el que hace muchas es loco. Esto prueba la facilidad que hay para hacer coplas, si se quiere, y que por lo mismo no es laudable ocupar todo el tiempo en hacer coplas.

(P. Sarmiento, *Memorias...,* § 428, pág. 184 o pág. 134 de la reed. de Buenos Aires)

Estos ejemplos son tardíos; con Góngora estamos leyendo, casi diríamos literalmente, un párrafo de la *Floresta Española* de Melchor de Santa Cruz de Dueñas:

El Conde Orgaz don Alvar Pérez de Guzmán decía, que tenía por necio al que no sabía hacer una copla, y por loco al que hacía dos.

(pág. 26, núm. 114)

La repetición, empero, no es textual: Santa Cruz de Dueñas, Calderón, el P. Sarmiento hablan de «coplas» (sin contar
que «verso», empleado por Gracián, tiene frecuentemente —y
debe de tenerlo también aquí— valor colectivo); Góngora se
refiere a un género francamente más difícil, el soneto, al que
transporta las cualidades engrosadas de destreza e inoportu-
nidad que la locución corriente adscribe a la copla: quizás
no esté de más recordar que —de acuerdo con el manuscrito
Chacón— el primer soneto de Góngora se fecha en el año
siguiente al de esta letrilla, y lleva ya el número 12 de la obra
cronológicamente ordenada. Sea como fuere, la perspectiva
de toda nuestra composición vuelve a variar, y su burla cobra una nueva dimensión cuando el poeta se trata a sí mismo
de «menguado» con un dicho repetido de Floresta, tal como
él mismo lo ha anunciado cinco coplas *antes:*

> Que acuda a tiempo un galán
> con un dicho y un refrán,
>   bien puede ser;
> mas que entendamos por eso
> que en Floresta no está impreso,
>   no puede ser.

Es decir, que todo lo que estamos oyendo está ya dicho,
que el poeta mismo nos lo dice, y que todavía nos previene,
anticipada y solapadamente —tanto, que todavía no lo ha
señalado nadie: ¿quizás por sabido, sobado y esperado?—
que el hecho de denunciarse es tan viejo como todos los demás decires. Y todo ello sin que la incidencia de estas esferas
encontradas perturbe en lo más mínimo la ligera, alada, simple gracia del poemilla. Quizás en esto resida su encanto mejor: en su aparente inanidad, que, sin embargo, llegamos a
percibir oscuramente como menos inane de lo que se pretende. No, no puede ser que quien burla bien de otros no haya

comenzado por burlar de sí mismo al burlar a su lector, porque la mejor falta de caridad es la que empieza por casa. Góngora, afilando su lengua y sus uñas en su propia persona de galán armado de Floresta, mostrándonos que «conoce —y muy bien— su gracia», dota de un trasfondo inesperado a muchas gracias esperables, y agrega una insospechada profundidad a una composición que, sin ello, sería solamente una buena secuencia más de esos lugares comunes que hoy llamamos «topos».

1949-1952, 1970

ROMBO

Las palabras —como cualquier chirimbolo traductible al latín— *habent sua fata:* y sólo por la mediación de un hado adverso puede explicarse el que una voz usada por Cervantes, por Lope, por Quevedo, por Rodrigo Caro y sabe Dios cuántos más, falte aún si no en el exacto (que sería mucho pedir) por lo menos en un sentido aproximado a los que ellos le dieron, en el Diccionario de la Real Academia Española.

Empecemos por el final. En este vocabulario, la dicción *rombo* significa:

> Paralelogramo que tiene los lados iguales y dos de sus ángulos mayores que los otros dos. // 2. Rodaballo, pez.

Es decir, que o es una figura geométrica, o es un pescado (el sentido figurado de *rodaballo* 'hombre taimado y astuto', parece quedar fuera de la cuestión: por lo menos, nunca he visto ni oído llamar *rombo* a nadie; sí tetraedro); y si no es lo uno (losange) tiene por fuerza que ser lo otro (un teleósteo anacanto). Así cabe lógicamente razonar, y así parece haber razonado J. M. Blecua, al estampar al pie del verso 111 de la *Farmaceutria o medicamentos enamorados*, en su edición primera de Quevedo, quiero traer el rombo a la redonda,

supuesto que no puede pasearse dignamente a un paralelogramo, la nota: «*rombo*, rodaballo», sin reflexionar que traer
a la redonda un pescado parece tener relativamente poco de
farmacéutrico. No mucho más atrás, a la cabeza de la composición, se había anotado: «Aldrete añade: 'Es imitación de
Teócrito y de Virgilio'» (pág. 440), y es lástima no haberlo
verificado: en Teócrito, a pesar de los yerros de comentaristas y traductores, se ve claramente que no se trata de pez
alguno, sino de un implemento mágico. Ph. E. Legrand (que
es, de los traductores que conozco, quien mejor lo hace) vierte así el pasaje del *Idilio II*, de título homónimo al poema de
Quevedo, donde se mienta el rombo *(rómbos):*

> ...et comme ce disque d'airain tourne éperdument sous l'ac-
> tion d'Aphrodite, ainsi [Delphis] puisse-t-il tourner éperdument
> à ma porte [1].

El *rombo*, pues, no es lo que dice la definición deficiente
del Diccionario de la Academia, que viene directamente del
Diccionario de Autoridades, donde aparece como más deficiente aún, porque sigue a la definición del paralelogramo —el
pescado es más fresco— un ejemplo que puede darse casi la
mano con la nota a Quevedo:

---

[1] Virgilio no tiene parte en este preciso detalle, porque no sigue a
Teócrito al pie de la letra, como tampoco Quevedo copia servilmente
a ninguno de los dos. La deuda de la octava égloga del poeta mantuano
con la poesía del de Siracusa *(Tirsis, Amarilis, El Cíclope*, y la *Farmaceutria)* ha sido estudiada de antiguo (cf. el t. I de los *Études grecques
sur Virgile*, par F. G. Eichhoff, págs. 82-93). La traducción de Legrand
acompaña su edición de los *Bucoliques grecs. T. I. Théocrite*, pág. 99.
Legrand anota, sin embargo, a propósito de la perífrasis «disque d'ai-
rain»: «Cet engin, nommé à côté de l'íynx, doit en être distinct, bien
que les mots íynx et rhómbos aient pu parfois être employés l'un
pour l'autre», y remite al artículo de Gow que se cita más adelante.

Rhombo. s. m. Term. de Geometría. Rectilíneo que consta de quatro lados iguales y de ángulos desiguales. Lat. *Rhombus.* Lope Arcad. f. 117. Hasta las negras furias del Cocito hago temblar con la fuerza de mis charactéres y *rhombos:* y al són de mis conjuros haber miedo y obedecerme.

Los doctos académicos del siglo XVIII parecen haber tomado el *rhombos* de Lope en el sentido de 'figura geométrica', a secas, y no en el muy cercano de 'figura [geométrica empleada en función] mágica' que tiene. En realidad, el error no es de los académicos, que bastante hicieron con aceptar el de su fuente y mejorarlo quitándole la «s» etimológica final. Todas las ediciones antiguas de *La Arcadia* a nuestro alcance llevan por título «La Arcadia, prosas y versos... con una Exposición de los nombres históricos y Poéticos...». La reedición de la Biblioteca de Autores Españoles no reimprimió la *Exposición*, pero su bibliografía comienza con la edición de Madrid, por Pedro de Madrigal, 1602, que la lleva, como la llevan la de Barcelona del mismo año, la incompleta de Madrid, 1605, que posee la Bibliothèque Nationale, y las demás a mi alcance en París[2]. Ya la adaptación francesa de Nicolas Lancelot *(Les Délices de la vie pastorale,* 1622) había suprimido la *Exposición* final que, sin embargo, tiene todas las trazas de ser del propio Lope: no la constituye una escueta declaración de voces difíciles, sino un vívido repertorio que no escatima las referencias al rey, al Escorial,

---

[2] De acuerdo con «el jugoso, difícil y admirable estudio del Prof. Morby acerca de la *Arcadia* de Lope», casi todas las primeras ediciones llevan la *Exposición:* «Las cinco (o seis) *Arcadias* con 312 folios de texto son básicamente el mismo libro» de 312 hojas, «seguidas... de las 30 hojas... de la *Exposición* y el colofón» (págs. 202-203), lo que comprende las ediciones de Madrid, 1598, 1599, 1602, 1603 (dos diferentes) y 1605, y la de Barcelona, 1602; es decir, las ocho primeras con la sola excepción de la de Valencia, 1602, de 251 folios, que no se dice lleve o deje de llevar *Exposición*.

a los Zoilos y Aristarcos contemporáneos y a los Narcisos
cortesanos (el antiguo fue «convertido en flor de su nombre,
de quien agora estuvieran llenos los campos, si todos los que
se enamoran [de sí mismos] se convirtieran en ella»); el Mau-
soleo es «una de las siete maravillas del mundo, y que sólo
por ser obra de mujer amante, mereciera este nombre»;
Ulises es «el más dichoso marido ausente de cuantos se saben, por fábulas y historias», y se alaba en Sócrates el «que
jamás por ningún suceso, próspero, o contrario, mudó la
serenidad de su rostro, que es cosa maravillosa, porque fue
en extremo mal casado». Entre los «nombres históricos y
Poéticos» de la *Exposición* se incluye el del

> *Rhombos*, figura cuadrilátera, cuyos lados son iguales, y cuyos
> ángulos oblicuos. Desta usaban las hechiceras para atraer la
> luna. Ovidio. 1. Amo. Mar. lib. 9.

Si la definición es aproximadamente la misma del Diccionario de Autoridades, y por tanto incompleta, sobre no ser
conexa con los ejemplos ni corresponder con el texto que
anota (lo que corrobora, en caso de ser suya, que tampoco
Lope sabía muy bien lo que es el *rombo),* va por lo menos
seguida de una noticia exacta sobre la connotación mágica
de la voz y sobre su empleo en dos poetas latinos, lo que
sigue faltando hasta hoy en los vocabularios. Para calibrarla
mejor, conviene acompañarla con otras muestras de la misma
Exposición: las unas evidencian la furia geométrica del Ex-
positor, que declara en ellas *equilátero* («es figura geométrica...»), *escaleno* («es figura...»), *isósceles, obtuso, quadrán-
gulo, superficie* («es lo que solamente tiene longitud y an-
chura»), citando a Euclides en casi todos estos «nombres históricos y Poéticos». El segundo botón es la definición de
plectro: «es propiamente el arco de la lira, o aquel palo
aforrado de grana, con que se toca el salterio. Mart. libr. 14»:

en Marcial la voz latina significa varias cosas —incluso 'plectro'— pero nada de lo que nos dice la *Exposición*. Lope —o quien la redactó— conocía las voces de los poetas clásicos y algunos vocablos de geometría, pero no siempre poseía claramente el significado de aquéllas, y el cruzarse de unas con éstos le hizo alguna vez perder su camino (o «rombo»)[3].

---

[3] Esta incertidumbre parece confirmada por otras obras del Fénix, que la usa como simple sinónimo de 'encantamiento, conjuro':

> ...la luz del sol...
> con rombos y carácteres eclipsas

(v. la n. 5 de pág. 284). En la *Circe*, Lope emplea la voz dos o tres veces, ante la consternación de sus editores, que saben de ella poco menos que el poeta: Ulises, asesorado por la maga,

> ...al Cervero
> dio sueño con el rombo de un conjuro

(canto III, octava 118, vv. 2-3); puede correr la interpretación de Ch.-V. Aubrun: «d'un sort jeté sur Cerbère, il endort ce redoutable chien de garde» (págs. 86 y lxxiii de la edición conjunta de Ch.-V. Aubrun y M. Muñoz Cortés). El estudioso español cita sin comentar el verso 4 de la octava 102:

> y ella sus rumbos mágicos entabla

(pág. xxiii; texto en pág. 88), donde el valor de la voz puede discutirse; y el profesor francés yerra —nada menos que con un error de francés— al convertir

> los rumbos deziseys con torua frente
> murmuran presos...

en «les vents demeuraient cependant prisonniers de l'étoile des rhombes» (pág. xliii; vv. 5-6 de la octava 20). Por último, una de las contadas notas (y con remisión equivocada, puesto que envía a la copla 91, donde la voz no figura), aclara (?) «*Rumbos* o *rombos*, figuras astrológicas [!], de carácter mágico». También Hernán Núñez llama al rombo «figura geométrica», pero agrega a continuación que «Es un instrumento hecho de hilos de alambre, del cual usan las mujeres malvadas en sus hechicerías» (notas al *Laberinto* de Mena; figura entre las transcritas por Blecua en su edición de este poema, con una errata en el nombre de Marciano Capella, estrofa 110, pág. 62).

La historia de *rombo* en los diccionarios castellanos es muy poco más clara. Terreros agrega el «rombo graphico» (que debe ser el pantógrafo)[4] y el nombre del pez, naturalmente. El artículo *rombo* de Roque Barcia da la figura geométrica, y no una clase de pescado, sino dos (al igual que el Littré para el francés), y lo mismo se lee, como es de esperar, en el *Diccionario general etimológico de la lengua española* de Eduardo de Echegaray, que es sólo una «edición económica arreglada» del precedente. El propio Corominas, que cita los «rombos y carácteres» del *Quijote* homónimos de los de *La Arcadia* (dicho sea en su descargo, Cervantes, que también escribe *rumbos*, anda todavía más cerca que Lope del sentido de 'figura mágica'), termina localizando sencillamente «El cultismo *rombo* en su sentido geométrico, ya en *Autoridades*»[5].

El único vocabulario algo más explícito es la *Enciclopedia Espasa*, pero tampoco pasa de una tan tímida cuanto inexacta traducción del artículo correspondiente *(Rhombus,* redactado por E. Saglio) del *Dictionnaire des antiquités grecques et romaines:* ambos titubean entre juguete y sortilegio, ambos mencionan el mismo pasaje de Plinio y un juguetillo actual (su mala traducción por el articulista del *Espasa* corrobora el préstamo inconfesado). Saglio da, naturalmente, mayor número de precisiones y autoridades (uso de la voz griega en Teócrito, Luciano, la *Antología Palatina;* empleo de *rhombus* en Propercio, etc.). Según este docto filólogo, el nombre geo-

---

[4] El *rombo gráfico* figura ya entre los *Instrumentos matemáticos* de J. Zaragoza, 1675.

[5] Anotando este pasaje del *Quijote* (II, xxxv), Rodríguez Marín cita, en su edición póstuma (t. VI, pág. 113 [la nota a la l. 12 termina en página 114]) la *Representación moral del viaje del alma,* donde Lope alude a Zoroastro con los mismos «rombos y carácteres» que Cervantes pone en boca de Merlín, pero sólo trata de la forma de la primera voz *(rombos o rumbos)* y de la acentuación de la que la acompaña.

métrico de un cuerpo compuesto por dos conos unidos por sus bases iguales —el término se aplica hoy solamente a su figuración plana— fue dado a diversos objetos cuya forma similar les permite girar fácilmente, como el huso *(fusus)* y el trompo *(turbo)*, o incluso el torno donde se enrosca la soga del pozo cuando no es unidamente cilíndrico. La girada se unió tempranamente con ideas mágicas (quizás por la influencia hipnótica que ejercen las acciones repetidas), y en Italia, en tiempos de Plinio, estaba prohibido que las mujeres se pasearan por los caminos haciendo girar sus husos, operación que —según se creía— podía hacer peligrar las cosechas (recuérdese, de paso, que estos implementos giratorios eran atributos constantes de Parcas, Nornas y hechiceras de cuento: «Il ne faut jamais que cesse / le rouet des vieilles tours...», mal que pese a la Bella Durmiente). Sigue en Saglio la descripción —errónea— del *rhombus*, según pinturas de vasos: sería éste una ruedecilla encordonada, variante del juguete denominado «diable», que presentada en algunas escenas indudablemente como juego es en otras, también fuera de duda, un sortilegio[6]. El *rhombos* recibe también —y también inexactamente— el nombre de *íynx*, que designa al ave en que fue tornada Íynx, hija de Eco, que incurrió en la cólera de Hera por haber dado a Zeus un filtro que lo encendió en amores por Ío o —según otros mitólogos— por Íynx misma[7]. *Rhombus, rombos, rumbion, íynx, turbo, trojós, trojís-*

---

[6] Hasta aquí llega el Espasa, que traduce *diable* por *diablo*. Diablo no es, con este sentido, palabra castellana: la Academia da al juguete el nombre de «diábolo», voz que conserva en Sudamérica la grafía italianizante «diávolo» (Garzón, pág. 174; Arrazola, pág. 74).

[7] Menéndez Pelayo confunde el instrumento con el ave, y traduce y parafrasea así a Teócrito: «Tras esta plegaria, echa harina y sal en el fuego, quema una rama de laurel, da vueltas al rombo mágico, y llama al ave *Jingx* para que torne a Delfis a sus brazos»:

kion son voces tomadas frecuentemente unas por otras, sin contar algunos objetos que reciben —según Saglio: otras autoridades los descartan— el nombre de *rhombos*.

El sentido de la voz es complejo, y ya en griego *rhombos* designa también un pescado, según el *Thesaurus Graecae Linguae* de Estienne [8]; en latín *rhombos* significa, por una parte, 'toupie, rouet, losange' (todo ello junto), y por otra 'rhombe ou turbot', según E. Meillet [9]; este último sentido es el único que le da Du Cange y el que, atravesando la Edad Media, se mantiene corrientemente en varios romances. Meyer-Lübke establece los derivados de la voz latina agrupándolos por sus tres sentidos: *Kreisel* ('peonza'; no da derivados españoles), *Steinbutte* ('pleuronectes rhombus', el pescado consabido), *Rhumb* (*Windrose* 'rosa de los vientos', en español *rumbo*: *El rumbo de la rosa* se llama, como sin querer, un libro de

---

> Como el laurel se abrazará mi amante,
> derretiráse como blanda cera:
> cual gira sin cesar la rauda esfera
> vueltas dará a mi casa el inconstante.
> Conduce, ¡oh Jingx! aquel varón a casa...

(*Historia de los heterodoxos españoles*, t. I, pág. 227). Obsérvese, de paso, que el *rombo* tampoco sale muy bien librado, hinchado hasta convertírselo en esfera. Sobre *íynx*, véase ahora el libro de M. Detienne *Les Jardins d'Adonis*.

[8] T. VI de la ed. revisada de París, Didot, 1842-1847. H. G. Liddel and R. Scott (*A Greek-English Lexicon...*, vol. II. Oxford, At the Clarendon Press, s. f.) dan, s. v. *rómbos* o *rúmbos*, «*bull-roarer*... 2. *magic wheel*... called *íynx* in Theoc. ... 3. *tambourine* or *kettle-drum*...».

[9] *Dictionnaire étymologique de la langue latine*. El *Harpers' Latin Dictionary* señala todavía: «I. A Magician's circle [remite a Propercio, Ovidio y Marcial]... II. A kind of fish... III. A mathematical figure...». Los editores de Ovidio reaccionan de manera diferente ante el problema: Paul Brandt (Leipzig, 1911) trata de la «Zauberrad»; E. Ripert (París, 1941) llama al *rhombo* «rouet qu'on faisait tourner en prononçant des incantations»; E. J. Kenney (Oxonii, 1961) enumera las variantes de los códices.

versos de Norah Lange) [10]. **Salvo Estienne, que da abundantes
matices, los repertorios lexicográficos pecan todos de incom-
pletos (sin dejar por ello de ser a las veces excesivos, como
Tommaseo y Bellini); y no sin razón** [11]. La voz se las trae, y el
propio Rodrigo Caro, que le ronda de cerca, la explica, ambi-
guamente, por 'figura':

> Horacio, viéndose enhechizado de los amores de Canidia, o
> fingiéndolo, le ruega que desencordone el trompo o aquel ovillo
> con que le tiene fuertemente atado:
>
> > Canidia, parce vocibus tandem sacris,
> > Citumque retro salve turbinem.
>
> > Canidia, deja ya de enhechizarme;
> > Suelta, suelta ese trompo encordonado.
>
> Usaban las hechiceras para sus embustes de una figura que
> llamaban *rombo*, que casi imitaba al trompo; y así, Horacio le
> baptiza con ese nombre, y mejor Propercio, lib. IV, *Eleg.* V:
>
> > Straminea rombi ducitur illa rota.

---

[10] Körting pone juntos, en cambio, «Kreisel, ein verschobenes Qua-
drat», frente al sentido cardinal, que da *rumbo*.

[11] Los lexicógrafos italianos dan cuatro artículos para esta voz: en
el primero la registran con tres sentidos diferentes: 1) 'romore o
suono'; 2) 'ronzío o romore' (fig.); 3) 'corteggiare, far corteggio'; el segundo está dedicado al *rhombus marinus* 'pesce'; el tercero vuelve a
dividirse en varias acepciones que nada tienen que ver entre ellas:
1) 'figura rettilinea quadrilatera'; 2) «vale anche specie di fuso, e giro
di fili di lana, co'quali i maliardi dicevasi che annodassero il cuore delle persone. Ar. Fur. 8. 14» (el último verso de la octava 14, canto VIII,
del *Orlando Furioso*, que lee «E nodi e rombi e turbini disciorre», no
comentado por Simone Fornari en *La Sposizione...* del poema, no corresponde exactamente a la definición del diccionario); 3) 'tavola a
turar falle'; 4) 'antico strumento da percussione, del quale si servivano
i Sileni ed i satiri' (sentido incierto, Marcial 2. 3. 36); 5) 'rombo di
vento'; 6) 'regola universale di pigliare l'altezza polare'. El cuarto artículo retoma la voz con valor adjetivo.

Los intérpretes de Teócrito le llaman a este instrumento
mágico *turbo*. A su encordonado aludió Lucrecio, VI *De Rer.
Nat.*:

Traxerunt torti magica vertigini Fili [12].

Los sentidos de la voz andan mezclados uno con el otro:
trompo, ovillo (o huso), *turbo*. Lo único constante es su connotación mágica, que todos los intérpretes, o casi todos, se
han pescado muy bien, junto a su condición de objeto tangible («figura... que casi imitaba al trompo») —no de figura
plana e inmaterial en sus dos dimensiones inasibles— y a su
característico movimiento rotatorio: las mujeres hechiceras
de las que habla la Bacchis de Luciano, «retuercen el rombo
que sacan del seno, al tiempo que pronuncian ensalmos en
lengua extraña, y nombres horribles y bárbaros» [13]; la que
aluden los *Amores* «conoce la virtud de las plantas, la del
lino enrollado alrededor del rombo, y la de las huellas que
deja la yegua en celo» [14], todas éstas cualidades que pasando
por algún poeta romántico llegan hasta un maestro de la
prosa francesa contemporánea:

Ensuite elle tourna autour de la table d'Antipas, frénétique-
ment, comme le rhombe des sorcières... [15].

---

[12] *Días geniales o lúdicros*, págs. 160-161. Los errores de esta única
edición son innumerables, siendo los más constantes los yerros en la
transcripción de las citas clásicas: el último ejemplo —probablemente
abreviado tan solamente «Luc.»— no se refiere a ninguna «Fili» (sino a
los «fili») ni a Lucrecio, sino a Lucano y su *Farsalia*, VI, 460.

[13] *Diálogo de las meretrices*, en Luciani *Opera*, pág. 670.

[14] I, viii, 6-7; recuérdese el arsenal de Celestina.

[15] Flaubert, «Hérodias», pág. 241 de sus *Trois contes*. El Duque
de Rivas, en el canto tercero (La Venganza) de su poema *Florinda*,
da a la voz un valor «astrológico» y una sintaxis tan retorcida como
el instrumento:

Tal vez sobre las nubes vióse en vano
de Rubén, entre espíritus impuros,
rombos trazando con la sabia mano
para a su voz ligar los astros puros.

El primero en establecer claramente qué es el *rhombos* o *rhombus* de griegos y latinos es Andrew Lang, que en *The bull-roarer. A study of the mysteries* [16] comienza por describir el extraño sonido que produce un instrumento aborigen australiano, para luego presentarnos el instrumento mismo, idéntico a un juguete familiar a los niños ingleses, al que llaman *bull-roarer* 'toro bramador', y que en castellano, por la misma asociación, se denomina *bramadera*, recibiendo además muchos otros nombres locales alusivos a su sonido o simplemente onomatopéyicos, que vale lo mismo: *zumba, tarabilla, runrún, rundún, ronrón* [17]. Gabriel María Vergara Martín proporciona el nombre corriente en Santander, *rutadera*, y su derivado, también local, *rutar* 'hacer ruido con la rutadera' [18]. La denominación más generalizada entre los etnógrafos es la de *zumbador*, que falta en el Diccionario de la Academia como sustantivo; en la traducción de la *Etnografía* de

---

(Así en pág. 270 del t. I de sus *Obras Completas*, 1854, y en pág. 439 del t. II de sus *O. C.*, 1895).

[16] En su *Custom and myth*, págs. 29-44.

[17] Otros nombres locales son *bufón* (usado en León, según el P. César Morán, pág. 164: «produce un sonido ronco y entrecortado como que bufa. Los salvajes de Nueva Guinea creen que es la voz de una divinidad»), *zumbabico* (Tobar, pág. 490). *Rombo* dicen en Guanacaste al remiendo, según Gagini (2.ª ed., pág. 217), y según el mismo lexicógrafo (id., pág. 194, s. v. *papelote*) en algunos lugares denominan *bramadera* «una tira de caucho tensa» que colocan «en la parte superior del barrilete» ['cometa'] y que «zumba con el viento» (el instrumento que tratamos es de diferente categoría: por su principio sonoro, pertenece a la clase de los aerófonos libres, mientras que el agregado a las cometas es un membranófono hecho sonar por medio del aire, parcialmente análogo al «mirliton» francés).

[18] *A través del Diccionario de la lengua española. Cuatro mil voces no incluidas en la décima quinta edición del publicado por la Real Academia Española*. Las dos voces citadas siguen faltando (la segunda figura, pero no con la acepción regional). *Rutadera* es usual en Cuéllar, según A. de la Torre, pág. 508.

Haberlant por Telésforo de Aranzadi [19] se agrega a ésta la de
«tablilla zumbadora», similar a uno de sus nombres portugueses y al italiano *tavoletta* [20], pero equívoca en castellano
donde las tablillas son propiamente idiófonos de entrechoque
o concusión («tablillas de San Lázaro») y no un aerófono
como la bramadera, que es un trozo de madera alargado, en
forma de hoja de laurel —es decir, aproximadamente rom-
boidal, de donde su nombre clásico, sin contar que en ciertos
especímenes los costados, ligeramente angulosos, refuerzan la
analogía—, con un agujero en un extremo por donde se le
ata una cuerda para hacerlo girar:

> Nothing can be less elaborate. You take a piece of the com-
> monest wooden board, say the lid of a packing-case, about a
> sixth of an inch in thickness, and about eight inches long and

---

[19] Pág. 131, nota. Usa la voz Alejo Carpentier en *Los pasos perdidos*: «...los percutores elementales, troncos ahuecados, litófonos, quija-
das de bestias, zumbadores y tobilleras...»; escapa —y solamente ella—
de la denominación general de «percutores» (pág. 27).

[20] Conozco dos artículos sobre este instrumento popular en Italia
y sus variados nombres: el primero es de Raffaele Pettazzoni, «So-
pravvivenze del rombo in Italia». Pettazzoni remite a su contribución
al *Archivio per l'Antropologia e la Etnologia*, 41 (1911), sobre un instrumento de Queensland conservado en Roma; recorre rápidamente el
dominio de la arqueología clásica (en pos de Andrew Lang) y, con mayor detenimiento, el campo antropológico (lo que interesa aquí es que,
en ciertas áreas donde los ritos de iniciación han desaparecido casi
enteramente, «il rombo è scaduto al grado di giocattolo» o «ha maggior-
mente perduto la sua santità, sia diventando un semplice oggetto ma-
gico usato ad ammaliare gl'innamorati, sia riducendosi, addirittura, a
un giocattolo», pág. 67). Confunde, sin embargo, *rombo* e *íynx*, a la zaga
de Daremberg y Saglio, y concluye que en Italia el instrumento pervive
solamente como juguete (de los dos tipos enunciados, tablilla o rueda
giratorias). La contribución de Giuseppe Calvia Secchi, «Il Rombo in
Sardegna» responde a la invitación del prof. Pettazzoni y agrega a la
ya extensa lista onomástica de éste algunos nombres populares del
juguetillo en Cerdeña, casi todos vinculados con ruidos de insectos
(zumbido o estridor de élitros): *cicala* 'cigarra', como en Sicilia (según
Pitré) *lapuni* («apone», 'abejorro').

three broad, and you sharpen the ends. When finished, the toy may be about the shape of large bay-leaf, or a 'fish' used as a counter (that is how the New Zealanders make it), or the sides may be left plain in the centre, and only sharpened towards the extremities, as in an Australian exemple lent me by Mr. Tylor. Then tie a strong piece of string, about thirty inches long, to one end of the piece of wood, and the bull-roarer (the Australian natives call it *turndun*, and the Greeks called it *rhómbos)* is complete. Now twist the end of the string tightly about your finger, and whirl the bull-roarer rapidly round and round. For a few moments nothing will happen. In a very interesting lecture delivered at the Royal Institution, Mr. Tylor once exhibited a bull-roarer. At first it did nothing particular when it was whirled round, and the audience began to fear that the experiment was like those chemical ones often exhibited at institutes in the country, which contribute at most a disagreeable odour to the education of the populace. But when the bull-roarer warmed to its work, it justified its name, producing what may best be described as a mighty rushing noise, as if some supernatural being 'fluttered and buzzed his wings with fearful roar'. Grown-up people, of course, are satisfied with a very brief experience of this din, but boys have always known the bull-roarer in England as one of the most efficient modes of making the hideous and unearthly noises in which it is the privilege of youth to delight [21].

La difusión del instrumento es extraordinaria; y su conexión con los misterios, constante: el índice de *The golden bough* de Frazer consagra más de treinta líneas a sus relaciones con las ceremonias mágicas, los misterios y las iniciaciones, el buen tiempo, el viento, el relámpago, el trueno, la lluvia, el fuego sagrado, la fertilidad animal, vegetal y humana, y con los espíritus de los muertos, dispersas en cinco de sus tomos y por todo el universo mundo [22]. Es evidente

---

[21] Andrew Lang, págs. 30-31.

[22] Rectifíquese, de paso, una afirmación inexacta de Lang: «In Brazil —dice en la pág. 43— the natives have no bull-roarer...». El

que si documentos etnográficos y folklóricos permiten homologar el *bull-roarer* de los niños ingleses y el *turndun* australiano, la difusión y el empleo similar de ambos objetos no
son razones suficientes para identificarlos a su vez con el
rhombos de los griegos. Lang encontró en un escoliasta de
Clemente de Alejandría el texto exacto que le permitió (y nos
permite, siguiéndolo) considerar estos instrumentos como una
sola y misma cosa:

> I have myself been fortunate enough to encounter the bull-
> roarer on the soil of ancient Greece and in connection with the
> Dionysiac mysteries. Clemens of Alexandria, and Arnobius, an
> early Christian father who followes Clemens, describe certain
> toys of the child Dionysus which were used in the mysteries.
> Among these are *turbines*, *kônoi*, and *rhómboi*. The ordinary
> dictionaries interpret all these as whipping-tops, adding that
> *rhómbos* is sometimes 'a magic wheel'. The ancient scholiast on
> Clemens, however, writes: 'the *kônos* is a little piece of wood,
> to which a string is fastened, and in the mysteries it is whirled
> round to make a roaring noise'. Here, in short, we have a brief
> but complete description of the bull-roarer, of the Australian
> *turndun*. No single point is omitted [23].

Diccionário do folclore brasileiro de Luis da Cámara Cascudo da el
nombre indígena de *aidje* para el zumbador de los bororós, y agrega
las voces *zuna, roi-roi, tabuinha sonante, zumbidor;* la segunda edición concentra todos estos datos en el artículo *zumbidor*. Para que esta
nota se muerda la cola, agréguese que Cámara Cascudo, que cita a Lang
(en la 2.ª ed. de su *Diccionário),* lo hace sólo a través de Rodney Gallop
(Portugal, a book of folkways, pág. 54), que sólo menciona la existencia
del juguetillo en las Azores y su identificación por Lang: quedan así,
en los dos focos elípticos de esta bramadera hiperbólica, Lang, que no
conoce la del Brasil —elegida precisamente como ejemplo gráfico en la
Historia de los instrumentos... de Sachs—, y uno de los máximos *fol-
clorólogos* (así se denominan) brasileños, que cita a Lang desconocién-
dolo prácticamente.

[23] Pág. 39. Hay también numerosas referencias a la bramadera —y

Un paso definitivo en el esclarecimiento completo del *rhombos* antiguo, en lo relativo a mondarlo de sus falsos sinónimos, lo ha dado el profesor A. S. F. Gow, del Trinity College de Cambridge, con su artículo «Iynx, rhombos, rhombus, turbo». Gow analiza detalladamente la encantación del idilio de Teócrito parcialmente imitado por Quevedo, mostrando la correspondencia de actos y plegarias (o por lo menos, enunciados verbales) encaminados a lograr el retorno de Delphis: nueve fórmulas de cuatro versos contienen la ejecución de los actos mágicos que su declaración acompaña, y van separadas por un verso repetido: «íynx, tráeme a mi amante a casa», también seguramente acompañado por la acción de hacer girar el instrumento mágico. La quinta encantación alberga dos acciones: fundir la cera, y «traer el rombo a la redonda». No es posible —concluye Gow— que *íynx* y *rhómbos* sean dos voces sinónimas y repitan un mismo sortilegio, de manera «that a bit of the frame should be mixed up with the picture» (pág. 3), aunque las afirmaciones de viejos comentadores y antiguos lexicógrafos, poco claras, hayan originado sucesivos errores en los helenistas modernos.

El *íynx* es bastante fácil de identificar —para Gow—, entre otras razones, porque el objeto está abundantemente representado en vasos y monumentos: consiste en una ruedecilla —a veces dentada, para aumentar su potencia sonora—, con dos agujeros ligeramente excéntricos por los que pasa un trozo de cuerda, y que puede girar rápidamente en uno y otro sentido, a causa de la torsión que su movimiento imprime a los dos segmentos de la cuerdecilla, que se enroscan el uno sobre el otro. Saglio lo describía dándole equivocadamente el nombre de *rhombos*, lo cual es inexacto; existe hoy en todas partes como juguete (los niños de todo el mundo

a su propio trabajo sobre ella— en el libro ulterior de Lang, *Magic and religion*, págs. 65, 67, 71, 248, 255.

lo hemos fabricado con un cordel y un botón de ropa), pero
sirvió también, como en Teócrito, con fines mágicos, e incluso
religiosos [24]. Gow analiza en detalle las oscuridades de los antiguos escoliastas, embarazados muchas veces por su propia
ignorancia de prácticas ya por entonces anticuadas, y por el
hecho de que otros objetos recibieran —abusivamente, según
Gow— los nombres de *íynx* y de *rhombos*, y establece la correspondencia de las dos voces griegas con los dos términos
latinos *turbo* y *rhombus*, respectivamente. La confusión entre
estos dos tipos de aerófonos libres parece continuar hoy en
el español: la Academia da la voz *zurrumbera* como denominación alavesa de la bramadera; Baráibar describe, además,
en pág. 266, bajo el nombre de *zurrumbero*, un objeto que es
claramente un *íynx* [25].

En homenaje a Cervantes, y quizás a Lope, y, en otro ban-
do, a Quevedo y Rodrigo Caro, convendría agregar al artículo

---

[24] «Este *íynx*, que fue de Nikó, y sabe atraer a un hombre entre
las ondas y sacar a los muchachos de sus aposentos, incrustado de oro
y tallado en una amatista transparente, se te consagra, oh Venus, pre-
ciosa ofrenda ligada en su centro por la flexible lana de cordera, teñida
de púrpura, don de una maga de Larisa» (*Antología Palatina*, V: 250,
éd. Waltz-Guillon, t. II, págs. 92-93. La nota 4 describe el instrumento
con bastante puntualidad, salvo la obligada —ya vimos que no exacta—
comparación con el «diábolo» infantil, que gira por encima de la
cuerda sin que ésta lo atraviese). La *Romería por el folklore boconés*
da para este «runche» el nombre popular de «sunsún».

[25] «*Zurrumbero*. s. m. Pequeño disco de plomo u otro metal con
dos agujeritos en el centro, por los cuales pasa un cordón o cuerda
para hacerlo girar y zumbar. Onomatopeya del ruido del zurrumbero».
No sabría decir, a juzgar por la descripción insuficiente de García Soriano, qué tipo de instrumento es exactamente la «*zurridera*. f. Juguete,
consistente en un carrete y una rueda que se hace girar con rapidez
por unos hilos, produciendo un sonido análogo al de la sirena. '...y
llevaba *zurriera*, — estirando de los hilos, — haciendo *riiich, riiich*,
formando — un redondel con los picos.'» (*Vocabulario del dialecto
valenciano*, pág. 135; el ejemplo es de sus *Yeclanerías*, 5.ª colección,
página 41).

rombo del diccionario académico las definiciones tercera y cuarta: 'figura mágica' // 'bramadera', para evitar futuros traspiés como el del rodaballo. Que quizás, después de todo, más que traspiés merezca llamarse intuición, adivinación, y, apropiadamente, magia: así como la palabra misma, de los griegos acá, el objeto denominado *rombo* está continuamente asociado con el pez: afecta frecuentemente, sobre «su forma elíptica de pez, bordes dentados como aletas y, ocasionalmente, un dibujo de escamas», porque, como el pez, «corporiza el poder fertilizador», como es el caso del zumbador brasileño antes aludido, cuya semejanza con un pez es completa. «Los escolares modernos atan un hilo en el agujero de una regla y hacen girar el improvisado instrumento», sin saber que manejan un viejo objeto sagrado, y que en ciertos lugares del globo, todavía hoy, «una mujer que ha visto un zumbador debe morir, así como el hombre que se lo ha mostrado»[26]. Vivimos rodeados de misterios: las inocentes peponas fueron no hace tanto tiempo ídolos terríficos, y el ronco cantarranas que hoy es simplemente molesto sirvió y sirve de guía y maestro de iniciaciones, húmedo de sangres diferentes. Sólo cabe inclinarse ante la riesgosa astucia de desentrañar el rodaballo inicial en el antiguo rombo que quizás tampoco Quevedo entendió claramente, y que necesitó de tres generaciones de helenistas para mostrarnos toda su complicada simplicidad.

---

[26] Sachs, pág. 41.

LOPE Y CALDERÓN FRENTE AL EJEMPLO XXV
DEL *CONDE LUCANOR*

La figura de Saladino, tan importante en la narrativa medieval, no parece haber dejado grandes huellas en el teatro español del Siglo de Oro[1]. Sabemos que dio su nombre a una desaparecida comedia de Damián Salustio del Poyo (y apa-

---

[1] Los principales estudios sobre Saladino como protagonista de relatos occidentales de la Edad Media son los de Pio Rajna («La Novella boccaccesca del Saladino e di Messer Torello»), A. Fioravanti *(Il Saladino nelle leggende francese e italiane del medio evo*, 1891), Gaston Paris («La Légende de Saladin», extensa reseña, con numerosas adiciones, del trabajo precedente; y *Un poème latin contemporain sur Saladin);* algunas notas aisladas se hallan en R. Köhler, *Kleinere Schriften,* t. II, pág. 562, y en Rudolf Besthorm, *Ursprung und Eigenart der älteren italienischen Novelle* (págs. 94 sigs., 103 sig., 110 sig., 158, 185-186). Pero el más interesante de todos es sin duda el ensayo de Américo Castro, «Le Sultan Saladin et les littératures romanes» (en: *Diogène,* 8; incluido en sus *Semblanzas y estudios* con el título de «Presencia del sultán Saladino en las literaturas románicas»). Como ejemplo de la «presencia de Saladino» en otros géneros de literatura, cabe recordar *Das Diätetische Sendschreiben des Maimonides (Rambam) an den Sultan Saladin...* hgg. von D. Winternitz.
Nótese que su ausencia en el teatro es tanto más significativa cuanto se lo recuerda en obras de otro carácter: el P. Andrés de S. Joseph rememora la piedad de Saladino en la conquista de Jerusalén *(Historia... del rescate... del... crucifijo de Santa Tecla,* 1631 [1625], pág. 109); y el propio Lope, que lo elimina de su comedia, lo cita profusamente en *La Jerusalén conquistada* y otras obras caballerescas.

rece consecuentemente como personaje de *La Baltasara,* que nos informa sobre aquélla)[2]; pero cuando Lope y cuando Calderón teatralizan el ejemplo XXV de *El Conde Lucanor,* el nombre del sultán de Egipto no parece significar ya mucho para los adaptadores (señal de que para el espectador tampoco significaría demasiado), y lo reemplazan el primero por Audalla, rey de Argel, y el segundo por Tolomeo, soldán de Egipto.

De estas dos comedias —*La pobreza estimada* y *El Conde Lucanor,* respectivamente— se ha ocupado José Frádejas Lebrero, que ni tampoco se interesa mucho por Saladino ni parece estimar sobremanera la pieza de Calderón («...no es una obra maestra; antes bien, yo diría que es un centón adocenado», pág. 73). En todo caso, no parece asombrarle el nombre que Calderón da a su protagonista, ni advertir la dimensión inusitada que tal nombre introduce. (Hace más de un siglo, Puibusque pensaba que en los versos finales de la pieza

---

[2] Sobre la perdida comedia del Saladino, véase el estudio de Justo García Soriano relativo a Del Poyo, págs. 272-274. *La Gran comedia de la Baltasara* (de Luis Vélez de Guevara, Antonio Coello y Francisco de Rojas), que nos da noticia de la pieza de Damián Salustio del Poyo, presenta al autor de la compañía haciendo de Saladino (y como *Saladino* figura entre las «personas» de la suelta sin fecha que consulto, B. N. P. Yg. 345 (10), aunque en las jornadas segunda y tercera se lo llame «Miguel»). Seguramente pertenece a la comedia del Licenciado Poyo el romance (26 octosílabos) que recita equivocadamente Baltasara en el acto primero; cf. la réplica de «Saladino»:

> No echa de ver, Baltasara,
> ni se acuerda, no conoce
> que es al fin de la comedia
> el reto?...

Y probablemente sean también del «Saladino» original las trece octavas que casi en seguida recitan alternativamente Saladino y la Baltasara.

> —...el Conde Lucanor,
> cuya historia peregrina
> alcance el perdón, por ser
> libro de caballerías—

esta apelación, en vez de aludir al libro de don Juan Manuel, delataba la fuente común de la que éste y Calderón habían sacado su personaje)[3]. Creo, a mi vez, que el título de la comedia es importante y significativo: Calderón, al llamar al innominado yerno del Conde de Provenza como se llaman el protagonista del libro antiguo y el libro mismo, complica voluntariamente toda esta obra dentro de la suya; y hasta creo ver en el retrato del Conde Lucanor —quitados los rasgos impuestos por la fábula teatralizada— la imagen que Calderón tenía del autor a quien sigue, como pudo conocerlo por la edición de Argote de Molina. La comedia exige que el Conde Lucanor sea «un soldado de fortuna / que aunque le ilustra mi sangre [habla el duque de Toscana, su futuro suegro] / sus desdichas le deslustran...». Pero la comedia no impone el resto del retrato:

> ...sus victorias fueron muchas,
> y hoy que falta la de Marte,
> la escuela de Apolo cursa
> dado a buenas letras, siendo
> entre la espada y la pluma,
> docto en todas lenguas...

encadenado de nuevo en la ficción:

> ...pero
> no tiene otra herencia alguna[4].

_____

[3] *Le Comte Lucanor*. Apologues et fabliaux du XIVe siècle traduits pour la première fois... par M. Adolphe de Puibusque..., pág. 314. En las ediciones corrientes que he visto (sueltas s. l. n. f. del siglo XVIII; la de Barcelona, por F. Suria y Burgada, también del XVIII; la *BAE*) estos versos faltan.

[4] Ed. de la *BAE*, pág. 420.

Calderón, que coloca la acción europea en una Italia de fantasía e introduce un pretendiente húngaro y otro ruso, conserva para el personaje oriental de su comedia la condición de Soldán de Egipto que Saladino poseyó en la realidad, confiriéndole, eso sí, una apelación harto más egipcia, Tolomeo. Lope, en cambio, afirma su voluntad de acercar temporalmente la acción de la pieza a su propio momento histórico. Sin embargo, introduce en ella un rasgo que, ausente en don Juan Manuel, va adscrito aún hoy al soldán de Babilonia. Cuando Aurelio, que hace las veces de Conde de Provenza, pregunta al rey de Argel con quién casará a su hija Dorotea, éste le responde:

> Pues mira, dala al pobre bien nacido,
> que te ha de dar, Aurelio, honrados nietos;
> que al fin cuando morimos todo sobra
> y nadie lleva más que la mortaja [5].

Ese «pobre bien nacido» que dará a su suegro «honrados nietos», contrapuesto al rico villano cuyos bienes de fortuna son menos seguros que su condición de pechero o de hombre con sangre poco limpia, es un tema conocido, tradicional, proverbial casi. Si el nexo entre los dos primeros versos y los siguientes no es de manera alguna fatal, y apenas lógico, podemos reconocer en éstos, ante todo, un contenido que Lope emplea otras veces:

> ¡Dura ambición! ¿qué trabajas
> haciendo al aire edificios,
> pues los más altos oficios
> no llevan más de mortajas?
>
> (*El villano en su rincón*, I, fin de la esc. VII;
> pág. 138)

---

[5] *La pobreza estimada*, II, II, pág. 149.

y que había aparecido en la poesía española bastante tiempo antes:

> ...que cuando te partirás
> del mundo no llevarás
> sino sola la mortaja.
>
> (Gómez Manrique, *Cancionero general*, folio XLVI v°)

Si se trata de una verdad palmaria —corriente aún hoy en el habla familiar, referida a toda clase de objetos como vituperio usual de la avaricia o el egoísmo: «no se lo va a llevar a la tumba, o a la sepultura»—, el tema de «sólo nos llevaremos la mortaja» constituye el rasgo fundamental de un cuentecillo que es fuente de las dos alusiones de Lope y de la de Gómez Manrique: «King orders piece of cloth shown after his death»[6]. Si los autores castellanos y el folklorista norteamericano callan el nombre de Saladino, casi todas las versiones antiguas ponen en escena al Soldán, que llega a dar su nombre al relato en las versiones técnicamente abreviadas de Krappe y Tubach[7]. Así en Jacques de Vitry:

> Unde dicitur de Saharadine Damasi et Egypti soldano quod, imminente mortis articulo, precepit ut modicum tele per totum regnum suum circumferetur post mortem ipsius, et voce pre-

---

[6] Thompson, *Motif-Index*, J 912.1 (t. IV, pág. 63); cita a Herbert —que se examinará más adelante—, a Crane en su ed. de Vitry, las notas de Krappe aludidas en la nuestra inmediata, el *Mönchslatein* de Wesselski, y los *Spanish exempla* de Keller.

[7] Las notas de A. H. Krappe sobre las fuentes del *Libro de los enxemplos* señalan para el núm. 121 (50 en la 1.ª numeración) a Vitry-Crane, Wesselski (núm. 54 de su colección de textos en latín monacal, fuera de mi alcance), el *Speculum laicorum*, el catálogo de mss. de Ward, el *Index* de Thompson y un artículo de Köhler. Tubach, en página 333, núm. 4.355, señala como paralelos a Étienne de Besançon, su traducción inglesa en el siglo XV *(An Alphabet of Tales)*, los siete mss. descritos por Herbert —véase más abajo—, Wesselski, un texto húngaro y el *Alphabetum narrationum* estudiado por Pietro Toldo.

conaria clamaretur quod nichil amplius secum deferebat. Unde Job... (etc.) [8].

Vincent de Beauvais:

...Eo autem tempore Saladinus obijt apud Damascum. Cum autem sciret sibi mortem imminere, signiferum suum vocabit, dicens: Tu qui soles ferre vexilla mea per bella, fer vexilum mortis meae scilicet panniculum vilem per totam Damascum super lanceam clamitando: Ecce Rex orientis moriens non fert secum nisi hoc pallium vile, & sic mortuus est [9].

Étienne de Bourbon:

Saladinus magnus inter Sarracenos fecit sibi deportari sudarium suum, cum videret se propinquum morti et fecit illud clamando deportari: ...Tantum deportabiit secum princeps magnus Saladinus de omnibus rebus suis [10].

---

[8] *The Exempla... of Jacques de Vitry...*, ed. Thomas Frederick Crane, págs. 54-55. En pág. 185 Crane da la traducción inglesa y las correspondencias: dos mss. del British Museum, basados en Vitry; Étienne de Bourbon (y los paralelos aducidos por Lecoy de La Marche); Herolt; el *Magnum Speculum Exemplorum* y su antecedente, Vincent de Beauvais; Martinus Polonus (Martín de Troppau), que no he podido procurarme; el *Libro de los Exemplos*, y la *Corona de' Monaci*.

[9] *Speculum historiale*, fol. 428. El texto aparece, con mínimas alteraciones en el orden de las palabras («vocabit signiferum suum, dicens... mortis meae per totum Damascum, scilicet vilem panniculum...») en el *Magnum Speculum Exemplorum* (anónimo, ca. 1480, ed. por Joannes Major, S. J.), t. I, pág. 273, *Exemplum LIX (Distinctio IIII)*, Anno M.C.XCIII.

[10] *Anecdotes historiques, légendes et apologues tirés du recueil inédit d'Étienne de Bourbon...*, publiés par A. Lecoy de La Marche, *Don de Crainte*, núm. 60, pág. 64. El editor transcribe el pasaje siguiente (con otros referentes también a Saladino) tomado de una colección de *exempla* inédita, ms. 205 de la biblioteca de Tours: «Item, imminente morte, fecit afferi sudarium suum, et a quatuor militibus per quatuor lanceas fecit deportari per vicos civitatis, dicentibus: Salehadim, dominus duodecim regnorum, non plus portat de mundo». Nada hay sobre esto en el estudio del Conde de Puymaigre, *De quelques historiettes d'Étienne de Bourbon* (en su libro *Folklore*, págs. 239-252).

El ministril de Reims:

Lors li dist: «Je vi mon neveu Solehadin, qui estoit rois de
Babiloine, et avoit trente rois à jousticier desouz lui, qu'il fist
un varlet preu et bien enrainié monteir sour un destrier, et aleir
par toutes ses bonnes viles. Et portoit trois aunes de toile ata-
chies sour une lance, et crioit à chascun carrefour des rues:
—Plus n'enportera Solehadins de tout son regne ne de tout son
grant tresor que ces trois aunes de toile pour son souaire» [11].

La *Corona de' monaci*:

Alcuno re fu nel popolo Agarenorum, ch'avea nome Saladino;
il quale di sentimento naturale avanzava ognuno, et era bene
composto in tutti i suoi costumi. ...E poi che'l detto re Saladino
si sentì vinire a morte, fece tôrre uno sciugatoio e fecelo porre in
sun'una lancia, come una bandiera, e andare per tutta la città,
dicendo: Saladino fa noto a tutti, che di tutto'l suo reame e
d'ogni sua ricchezza e tesoro, niuna altra cosa ne porta, se non
questo pannuccio [12].

Los *Exemplorum memorabilium* de Andrés de Resende:

Saladinus Asiae, Syriae atque Ægypti Rex, non minus sapere
se in morte declarauit, quam ante rebus gerendis vivens fecisset.

_____

[11] *Récits d'un ménestrel de Reims au XIIIᵉ siècle*, publiés pour la
Société de l'Histoire de France par Natalis de Wailly, pág. 104. El editor
supone, con razón, que se trata de un relato tradicional: «Le ménestrel
de Reims n'est peut-être pas le seul qui ait rapporté que Saladin fît
promener son suaire par les villes, comme l'unique bien qu'il dût em-
porter en mourant... Saladin lui-même n'est pas le seul à qui on ait
attribué cette pensée» (pág. IV). Desgraciadamente no precisa las razones de su afirmación, que además contrasta, por lo categórica, con el
«peut-être» de la primera frase.

[12] *Corona de' monaci*, testo del buon secolo della lingua, compilato
da un monaco degli Angeli, ora per la prima volta pubblicato per cura
e studio di D. Casimiro Stolfi, monaco camaldolense, págs. 143 sigs.,
cap. LIX. El *Esemplo II* de este capítulo figura en la pág. 145; después
del enunciado siguen varios rasgos del Soldán, terminados por la anécdota que nos ocupa.

Iussit enim, ut interior lineus amictus, quo indui solebat, hastae praelongae impositus, per castra portaretur, & is qui eum ferret, magna voce omnibus diceret, Saladinum Asiae domitorem ex tantis opibus, quantas pepererat, unum hunc lineum amictum secum in morte deferre. Sapienter enim, etsi sero, humanae miseriae commonitus, eo modo alios quoque monere volebat. ibid. [13].

La *Suma de varones ilustres* de Sedeño:

...finalmente siendo ya muy viejo y constituido en una enfermedad de que murió, mandó que después de muerto fuese su cuerpo llevado por la ciudad con un paño negro delante puesto en una lanza en señal de trofeo y un pregonero que a grandes voces dijese: el Saladino domador de toda Asia, de tantos reinos como conquistó, de tantas batallas como venció, de tantas ciudades como ganó, y de tantas riquezas como adquirió, ninguna cosa lieva consigo en su muerte [14].

La *Fabrica del mondo*, de Alunno:

...nelle cui essequie si dice, che nella punta di una lancia a guisa di tropheo portauano la camiscia di lui legata gridando il precone, il Saladino signor dell'Asia, di tanto regno, & di tante ricchezze niente altro seco che questa una sola cosa riporta [15].

Los *Anales de Flandes* de Sueyro:

...confirmó más su valor en la muerte, porque sintiéndose cercano a ella, mandó llamar al que solía llevar su guión, y le

---

[13] Cito por la ed. de 1593, pág. 239 [*sic* por 339] del Tomus Posterior. La indicación final remite, como las tres inmediatas superiores, a «Bapt. Fulgos. lib. 7.», y, en efecto, este párrafo es copia literal (sola diferencia: *ferret*, en vez de *ferrebat*) del libro VII («de Astute dictis atque factis») del *De Dictis factisque memorabilibus collectanea, a Camillo Gilino latina facta*, de Battista Fregoso (cito por la edición milanesa de 1509, fol. sign. ee iiii).

[14] Johan Sedeño; *Suma de varones ilustres...*, fol. ccclxxx.

[15] Francesco Alunno da Ferrara, *La Fabrica del mondo...*, fol. 65 vº.

dijo: *mientras tenía salud y fuerzas, solías traer el estandarte*
y señal de mis victorias; pero ahora, que la ha de tener de mí
la muerte, tomarás la mitad de mi vestidura, y poniéndola en la
punta de tu lanza irás por todo mi ejército, diciendo en voz
alta: muérese el Rey del Oriente, y no lleva consigo de todas
sus glorias y de todas sus riquezas más que un poco de seda
para cubrir su cuerpo: así reconoció y confesó este gran Rey la
fragilidad humana [16].

Hasta la *Clave historial* del Padre Flórez:

En el año 1193 murió en Damasco *Saladino:* dejando man-
dado en su testamento, para desengaño del mundo, que en su
entierro llevase su *Alférez* una mortaja, en una Lanza, diciendo
en alta voz: *Esto sólo sacó de este mundo el Rey de todo el*
Oriente, Saladino [17].

Cierto es que existen unos pocos textos en los que no figura expresamente el nombre de Saladino; pero aún estos mismos lo señalan por una perífrasis más o menos transparente:
«Erat quidam princeps sarracenorum...» en Herolt [18]; «un rey
de los moros» en el *Libro de los exemplos* (pág. 459, núm. L);
«Rey de Domas... Un rey en la ciutat de Domas [Damasco]»
en un ejemplario catalán del siglo xv [19]; «un soldán» en el
Espéculo de los legos:

E aún commo un soldán se açercase a la muerte, fizo alçar
su mortaja en una lança e mostrarla públicamente delante de
todos, e mandó pregonar e dezir: Non lleva cosa alguna el soldán
de todas sus riquezas si non aquesto poco de lienço [20].

---

[16] Emanuel Sueyro, *Anales de Flandes...,* t. I, 1624, pág. 232.
[17] Citamos por la 10.ª ed., Madrid, 1780, pág. 235.
[18] Johannes Herolt *(Discipulus), Promptuarium exemplorum; exem-*
plum vij de la letra T. (Citamos por la ed. s. l., 1483, sin foliatura.)
[19] *Recull d'eximplis e miracles, gestes e faules e altres ligendes or-*
denades per A-B-C, tretes de un manuscrit en pergami del començament
del segle XV, ara per primera volta estampades, t. II, pág. 73, número CCCXLV.
[20] Pág. 283, núm. 386. El mismo *Espéculo,* a propósito de la historia

Incluso lo calla el *Alphabetum narrationum,* que parece acercarse, paradójicamente, más que ningún otro texto antiguo a las fuentes históricas orientales:

> Raccontano le cronache, dice Arnoldo, che un re di Damasco fece, sentendosi presso a morte, venire al suo letto il portabandiera e gli disse: tu che già mi precedevi nelle battaglie e nei trionfi, va e dì a tutti che il gran re abbandona la terra e che di tante ricchezze non può portare seco neppur il lenzuolo che lo copre [21].

Una prueba clarísima de la difusión de la leyenda unida al nombre de Saladino la da el análisis de los manuscritos del British Museum que conservan el relato: la mayoría de los textos (cuatro sobre siete) nombran a Saladino; los otros tres llaman al protagonista «rey sarraceno», «sultán agonizante», «magnus princeps sarracenorum» [22]. Cierto es también que

---

de los tres amigos, recuerda el cuentecillo y aporta un paralelo bíblico: «...las riquezas, las quales apenas otorgan una mortaja al amigo que muere. Dize en el XXVII de Job: El rico quando muriere, non leuará consigo cosa alguna» (pág. 25, núm. 35).

[21] Pietro Toldo, «Dall' *Alphabetum narrationum*» (6.ª parte, «Morte e diavoli», pág. 362). Dice a renglón seguido que este relato, «che il ricordo di Damasco può far ritenere ispirato dall'Oriente» (extraña restricción), tiene paralelos en la *Gesta romanorum* (referido a Alejandro) y en la *Corona de' Monaci;* cita incluso a Köhler, que examinando la versión del *Libro di novelle antiche* analizado por Zambrini, cita expresamente el núm. 45, «Della grande saviezza del re Saladino», y remite a un estudio de Liebrecht y al ejemplario de Étienne de Bourbon *(Kleinere Schriften,* t. II, pág. 565).

[22] Catálogo de Herbert, pág. 10, núm. 47 (texto de Vitry), pág. 98, número 54 *(Liber de dono timoris, vel Tractatus de abundantia exemplorum, al. de Septemplici timore),* pág. 395, núm. 395 *(Speculum laicorum)* y pág. 474, núm. 43 (cuentos religiosos del ms. Egerton 1.117). «Sarracen King displays his grave-cloth» (pág. 458, núm. 1, cuentos religiosos del ms. Harley 3.244), «Dying Sultan grave-cloth displayed» (pág. 506, núm. 49, cuentos religiosos del ms. Harley 2.851), y «Gravecloth 'magni principis Sarracenorum'» (pág. 649, núm. 26, ms. Addit. 27.336).

puede verse en el cuentecillo una adaptación de la leyenda de
Alejandro, de cuyos fastos funerales heredó el sarraceno[23]:

Entierro del Saladino
es este repartimiento
de joyas...

---

[23] Ciertos rasgos del *exemplum* que tratamos se encuentran, aislados, en la leyenda medieval de Alejandro, como que son tradicionales
y perviven hoy separadamente: tal el dicho del filósofo ante sus des-
pojos: «Alius [philosophus ait]: Heri totus non sufficiebat ei mundus:
hodie quatuor solae sufficiunt ei ulnae» (Pedro Alfonso, *Disciplina clericalis*, ed. González Palencia, pág. 85), que figura casi al pie de la
letra en la *Gesta romanorum* (ed. Oesterley, página 329), de donde
pasa al *Violier des histoires romaines*, páginas 86-87: «Hier ne suf-
fisait à Alexandre tout le monde, mais aujourd'hui trois ou quatre
pas ou aulnes de drap lui suffisent»; también da la *Gesta romanorum* la versión conexa con el cuento de los tres amigos: «...immo
de omnibus bonis tuis si tibi dederit [mundus] duas ulnas vel
tres de panno ad involvendum corpus tuum, multum est» (pág. 483).
Recuérdese también el reproche de los filósofos desnudos de la India
y la resolución subsecuente del conquistador, tantas veces relatados:
«por qué punas en estragar a tanta gente e ayuntar los thesoros de
la tierra, sabiendo tú que lo has todo de dexar?... ...e obidesceré [a
Dios] fasta que me venga la muerte, e quitarme he del mundo desnudo
commo vine a él» (*Bocados de oro*, ed. Knust, pág. 295). La sabiduría
de Sancho suena varias veces bajo diversas plumas: «Reculaire...
cuando... muera no llevará de este mundo más que el mayor rey que
exista» (Menéndez Pidal, *Poesía juglaresca*..., ed. definitiva, pág. 127);
«pochi pugni di terra, / entro una stretta fossa, / e d'un guitto e d'un
re / coprono l'ossa» (Basile, trad. Croce, t. I, pág. 142). La «agudeza»
reaparece en Quevedo, *A los huesos de un rey:* «Quien no cupo en la
tierra al habitalla / se busca en siete pies y no se halla» (1.ª ed. de
Blecua, pág. 124, núm. 142, vv. 25-26). Figura, dice Köhler, en poesías
alemanas antiguas («nur ein leinen Tuch mit ins Grab...», *loc. cit.);*
y suena hoy, a través de un proverbio alemán y aplicado al entomólogo,
en Ernst Jünger: «Sólo dejará tras sí sus trofeos. ¿Qué podrá llevarse?
'La mortaja no tiene bolsillos', como dicen» (*Subtile Jagden*, pág. 334:
«'Das letzte Hemd hat keine Taschen', wie das Volk sagt»).

dice paradójicamente (por cuanto parece ir contra el sentir histórico del hecho) Tirso de Molina [24]. Pero más cierto aún es que el cuentecillo corrió por la tradición erudita y popular de los siglos de oro:

> Esta triste mortaja
> sola del mundo Saladino saca

es el estribillo de un romance moralizante de las *Flores del Parnaso* [25], y, lo que nos interesa sobremanera, así lo conoció el propio Lope:

> Lleva a los pies las armas, y el turbante,
> y un Turco, que con vista humilde y baja
> en una lanza militar delante
> lleva pendiente una áspera mortaja:
> con clara y alta voz un Persa Infante,
> iba diciendo al lado de la caja:
> «Del Griego Imperio, el Persa, y el Latino,
> esto lleva a la tierra el Saladino» [26].

Así corre también por la tradición oral y semiliteraria de la América española (me refiero concretamente a Buenos Aires, donde lo noticié por primera vez), así como corre también por la tradición española:

El más rico se lleva la mortaja. En catalán decimos:

---

[24] *Próspera fortuna de don Álvaro de Luna y adversa de Ruy López Dávalos*, pág. 283 *b*.

[25] Octava parte (Toledo, 1596), fols. 110 vº-111 (en las *Fuentes del romancero general*). Figura, sin notas ningunas, en los *Romances y letras a tres voces*, I, editados por L. Querol, págs. 43-44 (el texto, levísimamente distinto del que da la Octava parte) y, naturalmente, en la parte musical.

[26] Libro vigésimo de *La Jerusalén conquistada*, fol. 514 de la ed. de Lisboa, 1611.

La mortalla solament
sen porta lo rich avarient.

Este proverbio, conocido de todos los pueblos, estaba muy
presente en el alma del sultán Saladino. Para cuando llegara
su muerte —que acaeció el 4 de marzo de 1193 en Alejandría—, quiso que en lugar del estandarte que ondeaba delante de su palacio, se enarbolase un paño mortuorio o mortaja con que había de ser enterrado, y que un heraldo con
voz robusta anunciase al pueblo lo siguiente:

*He aquí todo lo que Saladino, vencedor de Oriente, se lleva
de sus conquistas.*

Esto es poner en escena el proverbio de manera sublime.
Un ministro de la religión cristiana hizo en uno de sus
sermones una elocuente alusión a este hecho, con una ligera
diferencia:

«Saladino, próximo a morir —dijo a sus oyentes— hizo enar-
bolar su mortaja en una pica y proclamar por Alejandría:
*He aquí lo que queda a Saladino de sus victorias y de la
conquista de Egipto.*
Yo enarbolo también este paño mortuorio, y os digo: Aquí
tenéis igualmente todo lo que queda de vuestras voluptuosidades,
de vuestra ambición, etc.» [27].

Frase y relato son también tradicionales en Francia; y se
leen en historiadores y paremiólogos:

Nos Historiens contemporains disent que le Sultan avant que
de mourir, ordonna à l'Officier qui portoit ordinairement son
étendard dans les armées, d'attacher au haut d'une lance le drap
dans lequel il devoit être enseveli, & de crier dans les rues de

---

[27] Bastús, t. III, págs. 134-135, núm. 61.

Damas, en le montrant au peuple: *Voilà ce que Saladin Vainqueur de l'Orient emporte de ses conquêtes* [28].

Y al invocar el refrán, corriente en el siglo XVI, «El más rico sólo se lleva una sábana al morir», P.-M. Quitard —una fuente muy probable de Bastús— recurre también a la historia de Saladino y a su reflejo en un sermón de fines del siglo XVII o comienzos del siguiente: «Saladin, près de mourir, fit attacher son drap mortuaire à une pique et crier dans Alexandrie: Voilà ce qui reste du grand Saladin, de ses victoires et de l'Égypte conquise» [29]. Y decimos «una fuente» de Bastús, porque éste, que no pudo evidentemente servirse del repertorio de L.-M.-E. Grandjean, refleja en su redacción la influencia de un progenitor común: Grandjean da el proverbio «Le plus riche n'emporte qu'un linceul», cita textos análogos de Luciano y Horacio, y comenta la anécdota de Saladino con estas palabras:

---

[28] M. Marin, *Histoire de Saladin, Sulthan d'Egypte et de Syrie...*, t. II, pág. 396.

[29] P.-M. Quitard, *Études historiques, littéraires et morales sur les proverbes français et le langage proverbial*, pág. 258: «Le plus riche en mourant n'emporte qu'un linceul, ou qu'un drap»; opina que «Ce proverbe, connu dans tous les pays, était présent à l'esprit de Saladin, lorsque ce sultan, à l'époque de sa mort...» y cuenta la anécdota. Cita luego al «ministre protestant Saurin [qui] a fait, dans un de ses beaux sermons, une allusion éloquente à ce fait, qu'il rapporte avec une légère différence...», transcribiendo el texto que hemos dado más arriba. No precisa si se refiere a Élie Saurin (1639-1703) o a Jacques Saurin (1677-1730). La traducción española del refrán francés citada arriba procede del «*Ensayo sobre la filosofía de Sancho*, escrito en francés por M. Ferdinand Denis, y traducido libremente al castellano por D. José María Sbarbi» (incluido por éste en el t. V de su *Refranero general*, páginas 177-178): «Toda la austeridad filosófica de los franceses del siglo XVI se encierra en esto: 'El más rico sólo se lleva una sábana al morir', que es lo mismo que dio a entender Sancho por estas ingeniosas palabras: 'No ocupa más pies de tierra el cuerpo del papa que el del sacristán' ».

C'était le proverbe mis en action d'une manière éloquente [30].

La expresión de Marin («Nos Historiens contemporains...»)
contiene una verdad mayor de lo que parece: como tantas
acciones célebres, como tantas últimas palabras, éstas de Saladino parecen ser históricamente falsas. Abulfeda, luego de
señalar la exigüidad del tesoro real a la muerte del Sultán,
indica que éste

> Post preces meridianas, ejusdem diei *Mercurii*, in Sandaphila,
> vestimento coperto, elatus est. Quidquid vestium opus fuit ad
> funerationem, judex *(Elphadilus)* exhubuit aere alieno paratum.

Y lo mismo dice Sjeddadi:

> Elatus est post preces meridiei Sandaphila, striata *Sindica*
> veste coperta. Hanc, & quicquid mortuo involvendo opus fuerat,
> judex *Alphadilus* paraverat aere alieno [31].

Saladino no podía hacer pasear su sudario, porque —como
el Hombre Feliz— carecía de él. Si por una parte el hecho
histórico da materia para juiciosas reflexiones sobre la verdad, sus consecuencias y su triunfo, por otra muestra la te-
nacidad de la leyenda, el poder de la ilusión (no ya de la
mentira) y su tenaz difusión, que hace «entierro de Saladino»
de todo repartimiento de joyas.

El consenso de todos estos antecedentes, y el vigor de la
tradición en nuestros días, nos aseguran que Lope —que en
su deseo de llevar la acción de *La pobreza estimada* a su

---

[30] *Dictionnaire de locutions proverbiales...*, Toulon, 1899. Lo citado
corresponde al t. I, pág. 647. Los tres volúmenes de Bastús aparecieron
en 1863, 1863 y 1867.

[31] *Vita et res gestae... Saladini...*, Lugduni Batavorum, 1755, página 277, y pág. 61 de los *Excerpta* de Abulfeda que van a continuación.
(Lo mismo en la ed. de 1732.)

propio tiempo, reemplazó al Saladino por el rey de Argel y al conde de Provenza por un valenciano pobre— introdujo de intento un elemento tradicional (ausente, recordémoslo, en el texto que le servía de base), tradicionalmente vinculado con el soldán de Babilonia, a la manera de un guiño de complicidad con el espectador advertido, o consigo mismo, que es lo más probable. Calderón, que viste a su protagonista con galas que podrían muy bien convenir al príncipe letrado y guerrero que lo inspiraba, nos da, en el título, y al parecer en los versos finales de su pieza, una indicación cabal de sus fuentes. Lope, menos pródigo de precisiones, no olvida que el héroe del suceso que presenta fue Saladino, y agrega a la escena capital de su comedia un rasgo saladinesco que, precisamente por serlo, resulta un homenaje a don Juan Manuel. Homenaje forzosamente distinto del de Calderón, claro está, pero su precio reside justamente en que nos permite apreciar el garbo diferente con que dos grandes poetas se inclinan, cada uno a su manera, ante el mismo genial precursor.

GRACIÁN Y EL NAIPE CRIOLLO

> ...ce mot jeté un soir par un ami à des
> gens qui parlaient femmes, tableaux et livres:
> «Tout ça, c'est très joli mais ça ne vaut pas
> un beau neuf, quand on le file, comme ça,
> lentement, sous la bûche et voir la tête des
> pontes».
>
> J.-P. Toulet, *Nostalgies*, pág. 37

Gracias a Miguel Romera-Navarro, Baltasar Gracián se cuenta entre los tres o cuatro autores españoles —Cervantes editado y comentado por Rodríguez Marín, Torres Naharro editado y estudiado por Gillet, poco más— de los que poseemos a la vez un texto seguro y una anotación cuidada. Sin embargo, las observaciones que acompañan su última edición[1] dejan a veces un poco que desear: a Romera-Navarro, que en sus estudios sobre Gracián pecó siempre (y es el pecar mejor) por carta de más que por carta de menos, se le despinta a veces el juego, y en vez de echar el resto, como acostumbra, suelta la baza y se nos va a baraja.

---

[1] Baltasar Gracián, *Oráculo manual y Arte de prudencia*, 1954. A esta publicación, precedida de la de *El Criticón* (1938-1940), ha seguido la edición póstuma de *El Discreto*, completada por Jorge M. Furt. Las citas de Gracián, salvo indicación contraria, proceden todas de las ediciones de Romera-Navarro.

Pongo sobre el tapete dos ejemplos concretos en los que olvida, por un momento, lo que él mismo ha ido anotando con tanto brillo: el uso frecuente que hace Gracián de las expresiones propias a los juegos de cartas. Véase: «unos por carta de más, otros de menos, todos perdían» (*Criticón*, t. II, página 369); «que hay imágenes viejas, de adoración pasada, que no se les hace ya fiesta, figuras del descarte barajadas de la fortuna. Estos ojos son para brujulear quién triunfa...» *(id.*, t. II, pág. 24); «Por lo menos, no me negarás —replicó el Valeroso— que tuvo barajas, que siempre se componen de espadas y oros, y luego andan los palos» *(id.*, t. II, pág. 277, con remisión a la nota de pág. 36 de ese tomo, sobre *barajar* 'reñir'); «el varón discreto, si quisiere ganar la inmortal reputación, juegue antes del basto que de la malilla» (*Discreto*, página 106); «Gran treta suya, no descubrirse toda de una vez, sino ya por brújula pintando su perfección» *(id.*, página 127). Gracián affecciona en especial (y se lo ve ya en dos de estos ejemplos), junto a expresiones como «mirar por brújula», el uso del verbo «brujulear» que es, «en el juego de naipes, descubrir poco a poco las cartas para conocer por las rayas o pintas de qué palo son» (Diccionario de la Academia). En este sentido recto lo usa Quevedo en sus *Premáticas y aranceles generales:* «Los que brujulean los naipes mucho, sabiendo de cierto que no por aquello se les ha de pintar o despintar de otra manera que como les vinieren a las manos, les condeno a lo mesmo [a que se retraten y reconozcan su culpa]» [2]. Gracián emplea con frecuencia este verbo en su sentido traslaticio de 'adivinar, acechar, descubrir por indicios y conjeturas algún suceso o negocio que se está tratando', uso frecuente entre los clásicos y también entre los

---

[2] *Obras satíricas y festivas*, ed. J. M.ª Salaverría, págs. 33-34.

que aún no lo son y podrían serlo; valgan sólo unos pocos ejemplos:

> Por la pinta la has sacado.
> Brujulea, que adelante
> verás qué juego te ha entrado...
>
> (Tirso, *La Villana de Vallecas*, pág. 44 *c*)

Pero el mal sujeto, que brujulea admirablemente el turbio océano de la manga, se resuelve...

> (Roberto Arlt, *Aguafuertes porteñas*, Buenos Aires, 1933, página 121; págs. 117-118 de la reed. de Losada en la Col. Contemporánea)

...el ya viene, ya se asoma, ya parece, el brujulear y rastrear por la pinta...

> (Fr. Pedro de Vega, O. S. A., *Segunda parte de la Declaración de los siete salmos penitenciales*, pág. 130, col. 1, letra C, discurso VII, verso XIIII del Salmo V)

> Aunque por brújula quiero
> (si estamos solos aquí)
> como a la sota de bastos
> descubriros el botín... [3].

---

[3] Romance *Dejad los libros ahora...*, en el *Romancero General*, ed. González Palencia, t. I, pág. 484, núm. 719. Es de Góngora, quien parece recordar aquí el refrán «verle las patas a la sota», que no encuentro en los refraneros españoles pero es usual en la Argentina, figurando en los diccionarios regionales de Garzón y Segovia y en el del *Martín Fierro* de Pedro Inchauspe; en Puerto Rico, según Malaret, se usa con el mismo sentido «verle las patas a la perica»; lo emplean Fray Mocho *(En el mar austral)*, Cambaceres *(En la sangre)*, Trejo *(Los Políticos)*, Arturo Jauretche *(Manual de zonceras argentinas)*. Ruiz de Alarcón, en *Las Paredes oyen*, usa una expresión aparentemente similar: «¡Cuánto mejor es, sentado, / buscar los pies a una sota / que moler piernas y brazos!»; «patas de sota, dos a la otra» figura como «refrán o andrónima de los tahúres» en la pág. 152 del *Refranero mexicano* de Velasco Valdés. Pero mientras en estos ejemplos y en Góngora el sentido de la frase parece ser exclusivamente lúdicro y referido solamente a la práctica de los juegos de cartas, en los escritores más recientes se dobla de una coloración nefasta: «*Sota*. Naipe de mal agüero. *Verle*

Lo que distingue a Gracián es la asiduidad con que emplea este vocablo: «miráronle de pies a cabeza y brujuleáronle una faldilla de un jubón verde» *(Criticón,* t. II, pág. 40); «los áulicos, como siempre están contemplando el rostro de su príncipe y brujuleándole los afectos...» *(id.,* t. II, pág. 167); «Somos tan tahures del discurrir que brujuleamos por el semblante lo más delicado del pensar» *(id.,* t. II, pág. 157); «Con los príncipes siempre se les brujulea» *(Discreto,* pág. 81, y nueve ejemplos más de otras obras suyas en el *Vocabulario,* página 238) [4].

Por esto resulta extraña la falta de una nota al aforismo 95 del *Oráculo manual* que indique que casi todo él se basa en el uso metafórico del vocabulario de los juegos de naipes:

> ...prometa más lo mucho, y la mejor acción sea envidar de mayores. No se ha de echar todo el resto al primer lance...
>
> (pág. 192)

Envidar, anota el sabio editor, «en su acepción metafórica de *convidar,* aquí *con mayores».* ¿Con mayores qué? Envidar —creo— es en este pasaje «hacer envite a uno en el juego», como parece probarlo, además, el régimen insólito «de» en lugar de «con» (como en «envidar de falso»); y «naipe de mayor» es «cada uno de los que, algo más largos que los de la baraja, preparan los fulleros para hacer sus trampas». «Echar el resto» y «lance», por sobremanera corrientes, no necesitan

---

las patas a la sota. Vislumbrar un indicio malo», reza el glosario de la *Poesía gauchesca* editada por Borges y Bioy Casares (t. II, pág. 787). Lo mismo parece ser hoy en España: «—De seguro que le viste las patas a la sota —*la sota* es la Muerte—, porque te ha faltado el canto de un duro pa salí andando al otro barrio» (A. Pérez Lugín, *La Virgen del Rocío ya entró en Triana,* en sus *Obras Completas,* pág. 1.344).

[4] No he localizado el pasaje que transcribe Cejador en su *Fraseología,* pág. 262: «Al mismo punto que brujuleaban su buena cara, todos se la hacían muy mala».

de aclaración alguna. Dando a cada expresión su sentido técnico en el juego, la claridad, si no la moralidad del aforismo, es más perceptible.

Pero, al fin y al cabo, si pecadillo hay en la anotación de este pasaje, es más de omisión que de comisión. Menos venial es el cometido en el aforismo 141, pág. 277:

> Achaque de señores es hablar con el bordón del *¿digo algo?* y aquel *¿eh?* que aporrea a los que escuchan; a cada razón orejean la aprobación o la lisonja, apurando la cordura.

«Orejear», dice Romera-Navarro, «tiene por sujeto *los que escuchan*, y está dicho despectivamente, con el sentido de comunicar o manifestar aprobación con movimiento de cabeza», y remite al tomo III, pág. 189, de su edición del *Criticón:*

> ...y fue cosa notable que ambos a la vez, aunque tan distantes, se orejearon, pues convinieron en dejar cada uno el extremo por donde había echado...

La anotación de este último lugar anda también descarriada: comienza por establecer que el verbo *orejear* se aplica a los animales —claro está que son ellos los que saben y pueden «mover las orejas», que es el sentido primero del término—, y luego de recordar su sentido figurado ('hacer una cosa de mala gana y con violencia'), concluye que «Gracián lo emplea aquí en un sentido figurado más ceñido al literal (comunicarse)». Benito Sánchez Alonso recuerda que Gracián recurre con frecuencia al «lenguaje de los juegos, al que siempre se mostró muy afecto» (pág. 169), y puntualiza el uso, «muy frecuente asimismo», de *brujulear* y de *por brújula*, lo que «acaso [?] es otro más de sus muchos vocablos tomados del lenguaje del juego» (pág. 203; da ejemplos de los aforismos 210 —«con el buen entendedor basta brujulear»— y 277, ya citado, del *Oráculo);* pero, con respecto a *orejear,* se limita a seguir, con alguna timidez, la huella de Romera-Navarro: «con su sentido de 'mover las orejas un animal', lo usa para actos humanos», citando sin más el aforismo 141 (pág. 216).

El sentido figurado que de esta voz proporciona la Academia cuadra, más o menos bien, con otros textos clásicos, como sucede con este pasaje de *El Donado hablador:* «...con todo esto, no sé qué tiene el ser uno compuesto de carne y hueso, que a cada repiquete de campana orejea» (pág. 65). Páginas más adelante, se repiten las palabras iniciales con una conclusión más explícita: «...con todo esto a cualquier repiquete de campana se me ponían delante montones de dificultades, con una infernal melancolía» (pág. 75). Otros dos ejemplos ofrece el *Estebanillo González:* «Bajé la cabeza, y orejeando como pollino sardesco, [hice lo que me mandaba]»; «y yo callaba y orejeaba, porque aquél que deja su traje se pone a cualquier censura» (t. I, pág. 67, y t. II, pág. 225). La idea de retroceder ante una tarea desagradable, hacerla de mala gana o realizarla de manera violenta, casa con estos textos, pero no con los ejemplos de Gracián.

En la América española, el verbo «orejear» recoge otras acepciones, sin perder la primera y más natural de 'mover las orejas' (Ricardo Palma propuso a la Real Academia, que no lo aceptó, el vocablo *orejeador* 'cuadrúpedo que mueve las orejas: regularmente se dice de los de la familia caballar')[5]. He aquí algunas de las más frecuentes: 'aguzar las orejas, escuchar: escuchar con disimulo'[6]; además de «escuchar»

---

[5] *Dos mil setecientas voces...*, pág. 198. También Membreño da «orejeador, -ra. Se dice del caballo o mula que constantemente mueve las orejas» (pág. 121).

[6] Gagini, *s. v.;* retomado por Malaret como usual en Puerto Rico y agregando el sentido de 'desconfiar, sospechar' recogido por Kany en su *Semántica.*

significa, según Membreño, 'tirar a una persona de las orejas' (retengamos esta acepción); es 'pasar el tiempo' para Magariños Cervantes, y 'comenzar a dar la chacra la flor masculina' en Solá. La voz tiene además otro significado, localizado hoy al parecer en los países cercanos al Río de la Plata: es el segundo de los varios que da —bastante desordenadamente— Félix F. Avellaneda en Lafone Quevedo (página 342): «Tirar de las orejas. Modo de castigar de las mujeres y de los maestros. *Brujulear* del *Diccionario*, tratándose del juego de naipes. Tomar de las orejas a un animal hasta que el domador se acomode y comience la doma. Descubrir cuidadosamente y por partes una cosa. Atisbar». El propio Avellaneda emplea la voz en el artículo *Huilihuile:*

> *Huilihuile.* Los jugadores, mientras *orejean* las cartas en el juego de la *primavera,* suelen decir: «Ánima bendita del *huilihuile,* si no le ha *ligao* que le *ligue...*». Al invocar al tal *huilihuile* o *huilihuili,* se solicita alguna ventura.
>
> (pág. 325)[7]

El vocabulario de modismos brasileños de Echenique da la misma acepción, entre otras, al explicar la locución *orelhar uma esperança:* «Orelhar é jugar o potro pelas orelhas, para que seia encilhado ou para o domador montar. E', pois, sujeitar. E', tambèm, chulear as cartas de jôgo. Nutrir empenhadamente uma esperança». Juan Carlos Guarnieri da el sentido que nos interesa, el vinculado con el juego, y sólo en segundo término agrega el primero que registra la Academia:

> *Orejear.* Operación que consiste en deslizar lentamente los naipes, con un movimiento especial, para ver la pinta del naipe

---

[7] Villafuerte *(Refranero,* pág. 40) consigna la misma expresión, y la comenta empleando la voz «orejear»: «Expresión en el juego de naipes cuando los jugadores *orejean* las cartas pidiendo suerte» (bastardilla original, ya que se trata de una voz no registrada en el diccionario académico).

que viene detrás, por la que se conoce su palo [8]. / Se dice que
el caballo se pone a 'orejiar' cuando se sorprende o asusta y
comienza a mover nerviosamente las orejas.

En la segunda edición de su vocabulario, Guarnieri agrega
al comienzo una acepción que faltaba, y modifica el orden del
artículo:

> Oír con atención. Se dice que el caballo... Operación que
> consiste...,

con alguna ligerísima variante en la redacción, y registra
además la locución «ganar la orejiada», 'Ganar de mano.
Adelantarse. Significa literalmente ver antes que el conten-
diente el naipe que se va a descubrir por medio de su pinta'.
Resulta interesante examinar el diverso criterio que Guarnieri ha aplicado a esta misma voz en las dos ediciones de su
léxico. En la más reciente, parece seguir un orden lógico:
'acción de oír' (función primaria de la oreja, y acepción más
general de esta palabra en toda América); de ahí la segunda,
'efecto del sonido en las caballerías' y su consecuencia 'movimiento de las orejas'. Luego, enteramente aparte, una tercera

---

[8] «Pintas son las rayas de los naipes, por las cuales se conocen
aun antes de descubrir las figuras», anota Cejador en su edición de *Los
Sueños* de Quevedo (t. II, pág. 98), con dos ejemplos clásicos. La Academia registra las locuciones «Descubrir» y «Sacar por la pinta», «no
quitar pinta», etc.; «conocer por la pinta» está en Tejada y en la *Fraseología* de Cejador, y lo usa Quevedo; «no dejarse uno ver la pinta»
'no descubrir uno sus intenciones' anda por el vocabulario portorri-
queño de Malaret; en el *Entremés de doña Justina y Calahorra* se emplea «y viendo la figura por la pinta». Quevedo utiliza también «no
engañar la pinta», y el empleo extremo de la locución «conocer por la
pinta» parece ser el que hace de ella Antonio Enríquez Gómez en su
Vida de don Gregorio Guadaña: «y conocí a mi doña Ángela por la
pinta de la voz» *(Tesoro* de Ochoa, t. III, pág. 49). Son ejemplos bastantes para justificar el «pedigree» de esta «pinta» tan usada por los
porteños.

acepción, la nuestra. En la primera edición, en cambio, Guarnieri parecía obedecer a un criterio de frecuencia, y colocar
a la cabeza del artículo la acepción más difundida, que es, en
medios no rurales, la única corriente entre nosotros. Y como
única la dan el diccionario de Segovia:

> Orejear (de *oreja*), act. vulg. Ir descubriendo poco a poco el
> jugador las pintas del naipe que le ha tocado en la distribución,
>
> (pág. 251)

y el vocabulario de los *Cuentos del Uruguay* de Fernán Silva
Valdés:

> Orejear. Descubrir la pinta a los naipes, por la punta, cual si
> fuera la oreja. Descubrir, de a poco, el resultado de cualquier
> cosa con fruición de jugador.
>
> (pág. 217)

De su difusión da testimonio su empleo constante en todos los ámbitos de la literatura rioplatense:

> Se decía de él que «era un ignorante que no sabía orejear
> una carta».
>
> (Fray Mocho, *El Club*, en sus *Obras Completas*, pág. 116)

> ...se hallaban como de costumbre orejeando los naipes en la
> administración...
>
> (J. B. Ambrosetti, *El Hilo se corta por lo más delgado*, en
> su: *Viaje de un maturrango y otros relatos*..., pág. 231)

> Giovanin *(a Pibe)*. — A ver si te apurás...
> Pibe. — Esperáte que la estoy oregiando [*sic*]...
>
> (González Castillo, *Serenata* —se está jugando al siete y
>   medio—, en Ordaz, pág. 112)

> Con una carta a la vista y las demás detrás de ella, se estaban
> siglos sacando las tapadas una a una, dejando ver una puntita,
> tironeando, sobando y manoseando las cartas hasta que la de

abajo aparecía. Eso se llamaba «orejearlas», y el tal orejeo se llevaba más de la mitad del tiempo.

> (Manuel Gálvez, *El Mal metafísico*, pág. 23)

Villa Crespo. — Admita entonces lo que dicen los «caballeros» y por mi parte haga de cuenta que me he ido del maso sin orejiar. Hasta luego.

> (Alberto Vaccarezza, *El Conventillo de la Paloma*, pág. 8)

A «Zafarrancho» le relampaguieron los ojos, pero dijo otra vez riyéndose y haciendo el ademán de aquél que orejea el naipe:
—¿Montecito, verdá?...

> (Benito Lynch, *El Romance de un gaucho*, pág. 273)

Y se usa también en los sentidos figurados de 'observar', 'reconocer', 'presentir', 'saber conducirse con cautela' y otros más, fáciles de desprender de la operación cuidadosa de «orejear el naipe»:

¿Pero quién diablos les enseñará a estos diantres a orejiar su naipe de semejante manera?

> (Fray Mocho, *¿A mí?... ¡con la piolita!*, pág. 505)

...Y tuito por éste... Mirá si me parece que me está orejiando... ¡Me va a salir bandido como la madre!

> (J. J. Berrutti, *El Nido de mis amores*, en su *Teatro*, t. II, págs. 78-79)

La gente «orejeaba», dispuesta a «volcarse» en pro del vencedor.

> (Martín Aldao, *En el París que fue*, pág. 41)

Sabían que la moza era *lindaza:* la habían orejeado a la luz cenicienta del último cacho de luna.

> (Fernán Silva Valdés, *Un ruso en mi campo*, pág. 154)

[los peones que fuman en la oscuridad], a quienes adivinaba detrás del chisperío abierto en abanico de naipes, orejeándoles uno a uno con el pensamiento...

> (F. Silva Valdés, *Palomo*, pág. 118)

...la escena se perfuma en el pelo quemado que van dejando
los *fierros* de las *marcas*, como un orejeo del asado con cuero
que el patrón, como broche, va a *aflojar* al final.

(F. Silva Valdés, *Soñador*, pág. 85)

Y estos sentidos figurados, fuera de toda duda, son los
que tiene la palabra en Gracián, quien reemplaza un par de
veces el *brujulear* tan usado por él con el mismo sentido,
por *orejear*, de la misma manera y por las mismas razones
estilísticas que tiene Arlt para practicar la operación inversa.
En el aforismo 141 del *Oráculo manual*, «orejear» *no* «tiene
por sujeto *los que escuchan*», como creía Romera-Navarro,
sino «los señores», que orejean o brujulean la aprobación de
aquéllos que escuchan y que tienen, por cortesía o por obli-
gación, que concedérsela. De la misma manera, los dos oposi-
tores de *El Criticón* se *orejearon* el uno al otro, reconocién-
dose y renunciando cada uno a su propósito de simulación
y de engaño.

Es evidente que este sentido de *orejear* no es una creación
rioplatense tempranísima (lo bastante para injertarse en un
escritor español del siglo XVII), sino un uso general de la lengua olvidado en España y conservado en el Plata. Lo certifica
una locución emparentada con nuestro verbo, y común a todo
el ámbito del español: «tirar de la oreja a Jorge», bastante
mal explicada en Caballero Rubio: «jugar a juegos tirados»
(?) y en Montoto [9]. Saubidet da con sencillez el sencillo sentido general en todas partes: «jugar a las cartas», y así lo
emplean Galdós y Martínez Sierra [10].

---

[9] *Personajes, personas y personillas que corren por las tierras de
ambas Castillas*, t. II, págs. 21-22.

[10] «Con endiablado afán de probar la suerte, por irresistible ins-
tinto de mejora, me pasé la noche dando tremendos estirones a las
orejas de Jorge, mas con tan loco desacierto en cuanto apuntaba, que
ni un instante me sonrió la Fortuna» (Galdós, *Las Tormentas del 48*,

En cuanto al origen de verbo y locuciones, lo explica el Diccionario de la Real Academia desde su primera edición, en el artículo *oreja:* «Tirar las orejas, o la oreja. Frase que se usa para decir que alguno juega a los naipes, porque cuando brujulean, parece tiran las orejas a las cartas». El olvido de esta acepción especial de «orejas», no consignada hoy en el vocabulario oficial, ha llevado a esta aclaración, en las ediciones recientes: «porque cuando se brujulea, parece que se tira de las *orejas* (esto es, de las puntas, extremos o ángulos) a las cartas». Sbarbi retoma esta explicación explicada en su *Diccionario,* donde anota la sospecha de que el Jorge en cuestión pueda ser Jorge de Trapisonda o Trebizonda, cuya retórica se imprimió para uso de los estudiantes de la universidad complutense. Otro vestigio de este uso figurado de *oreja* y *orejear* sería quizás el «orejero» registrado por Alcalá Venceslada:

> *Orejero.* m. En el juego del monte, jugador que se coloca detrás de los sentados a la mesa y apunta en la carta más descargada. Son poco gratos al banquero. «Jugaba de orejero y ganó doscientas pesetas».

¿De *orejear* 'observar', para diferenciarlo de los jugadores efectivamente activos, sentados a la mesa de juego? ¿Porque *orejea* la posibilidad de ganancia en la carta por la que se ha apostado menos? Quizás en este *orejero* u *orejear* andaluz jueguen también inconscientemente un papel los sonidos de *ojear* 'fijar los ojos, observar', como indudablemente lo hacen

---

página 186); «Algo se celestineaba allí, es cierto, pero bajo cuerda, y más que algo se le tiraba de la oreja al amigo Jorge...» *(id., Amadeo I,* pág. 48); «...porque le gustaba tirar de la oreja a Jorge; y no es lo malo que le gustase, sino que perdía el dinero a manos llenas, y luego nosotras teníamos que andar con economías» (Martínez Sierra, *El Sueño de una noche de agosto,* pág. 46).

en el verbo dialectal porteño *relojear,* que incluye *ojear* y
tiene exactamente ese sentido (además del cruce con *reloj,*
objeto que se mira y dueño de regularidad y fijeza). Sea lo
que fuere, con la ayuda del *orejero* andaluz o sin ella, es indudable que *orejear* ha tenido en español el sentido que conserva en el Plata, y es un hecho curioso de la historia de la
lengua y de la cultura el que cualquier truquero de nuestras
orillas pueda comprender al instante un texto de Gracián
que dos distinguidos filólogos peninsulares no han sabido in-
terpretar con acierto.

LA NOVELA POLICIAL Y UNA EXPERIENCIA
DEL PADRE SARMIENTO

La literatura policial cuenta con antecedentes ilustres, aunque tenga hoy, por lo general, como lo siente Pierre Mac Orlan, más de policial que de literatura [1]. El escritor argentino Manuel Peyrou introduce en *El estruendo de las rosas* un ensayo sobre «Hamlet y el género policial», escrito por el protagonista de su novela a propósito de una de Nicholas Blake; y en este ensayo (especie de «teatro en el teatro» a la tercera potencia), un personaje de novela policial traza la prehistoria del género en que habita:

> Richard Hull, Nicholas Blake, Anthony Berkeley, Milward Kennedy, Graham Greene, son maestros en el género policial psicológico, que reconoce como precursor a Antón Chejov. El autor de *El tío Vania* realizó en 1884 una novela *(Un drama en la cacería)* en la que se combinan admirablemente la descripción de caracteres y del ambiente social de la época, con un limpio problema policial. Pero Chejov se propuso innovar en un género ya conocido; queda solamente como precursor de una de sus escuelas.
>
> Pero antes de Chejov, de Collins y de Poe, el género policial estaba en embrión en las páginas de otros géneros, como el

---

[1]   «Scotland Yard d'où naquirent tant de romans policiers d'une valeur assez éphémère» *(La Petite cloche de Sorbonne*, pág. 181).

caníbal es anterior al misionero que lo descubre y rompe la
monotonía de su almuerzo. En *Úrsula Mirouet* (1841), de Balzac,
hay un juez de paz que practica una investigación y utiliza mé-
todos policiales para aclarar un misterio. Encontramos, inclusive, un abate que combina accidentalmente el rastreo de las
problemáticas huellas divinas con las más visibles de un delin-
cuente y que es, aunque debilísimo y remoto, un antecesor del
curita rubicundo de Chesterton.

En los *Twice-told tales* de Hawthorne se encuentra asimismo
un relato (la historia de Dominicus Pikes) que está pidiendo a
gritos el bautismo policial [2].

El adjetivo «policial», aplicado a esta literatura, es por lo
menos equívoco, y ganaríamos en claridad si se lo reempla-
zara por «detectivesca» (aunque la Real Academia sólo ha
acogido ahora a «detective», y no sus derivados), porque
su esencia consiste en la presentación de un «detective»
que resuelve mediante el razonamiento enredados problemas
criminológicos, y no en la actuación de policías, que a veces
faltan, o que sirven únicamente como ineficaz contraposición
del detective, el que por lo general no es policía y puede no
tener nada que ver con esta estimable corporación. Tanto es
así que muchos de los más distinguidos detectives de novela,
después de exponerse a arriesgadas aventuras para esclarecer
un misterio, se desentienden del «caso» y desdeñan la perse-

---

[2] Manuel Peyrou, *El Estruendo de las rosas*, pág. 19. Después de
publicada esta nota he tenido oportunidad de ver la *Histoire du roman
policier* de Fereydoun Hoveyda (cito por la traducción de Monique
Acheroff, *Historia de la novela policiaca*). Según Hoveyda, la novela
policial habría nacido en China —Van Gulik *dixit*—, donde se cultivó
desde el siglo VII u VIII, y fue introducida en Europa en el XIX. Sin
discutir este origen, el autor anota por su cuenta «que los orígenes de
la novela policíaca se pierden en la noche de los tiempos», y cita historias de beduinos (y camellos perdidos), celtas, indios americanos,
Heródoto, la *Eneida*, Esopo y hasta la historia del postulado de Ar-
químedes, que para él «fue uno de los primeros grandes detectives de
la historia» (págs. 11, 13 y 15).

cución de los culpables, guardándose muchas veces de denunciarlos y oponiéndose incluso al castigo que la sociedad les reserva.

Si aceptamos estas características, que son bastante ajustadas a la realidad literaria, podemos incluir entre los relatos policiales de Occidente —relatos policiales sin policía—, «desde antes de Chejov, de Collins y de Poe», y también desde antes de Balzac, al propio *Zadig* de Voltaire, en cuanto su autor y su personaje utilizan un cuento detectivesco de origen oriental y vivo hoy tradicionalmente en la América española. Ya en 1767 la *Année littéraire* de Freron publicaba una carta intitulada «Autre plagiat de M. de Voltaire», y daba como fuente de la historia del perro y del caballo en *Zadig* —en que el protagonista describe, gracias a sus dotes detectivescas (o pre-detectivescas) de observación y deducción, dos animales que no ha visto nunca— el librito intitulado *Le voyage et les aventures de trois princes de Sarendip, traduits du persan*[3]. Para Loiseleur-Deslongchamps, que resume la historieta según un manuscrito tamil, «Voltaire, qui, bien entendu, n'avait pas connaissance du conte indien, a pris le sien dans les *Soirées bretonnes* de Gueulette», que a su vez se limitó a copiar el peregrinaje italiano de los hijos del *Re di Serendippo* (uno de los tantos relatos que pasaron a integrar *Las mil y una noches)*[4]. William Raleigh Price, en su estudio *The symbolism of Voltaire's novels*, no se ocupa de fuentes sino (como su título lo declara) de los símbolos empleados en estos relatos, pero señala, en conexión con lo que para él

---

[3] Wilhelm Seele, *Voltaire's Roman «Zadig ou la Destinée». Eine Quellenforschung* (tesis de Leipzig), págs. 18-24. Observa Seele, entre otros detalles —muchos de ellos procedentes de Dunlop—, que la pretendida traducción del persa es apenas una retraducción de la versión italiana aparecida en 1584.

[4] *Essai historique sur les contes orientaux et sur les Mille et une nuits*, pág. 56.

es el rasgo dominante de la novela —el peligro que acarrea
decir la verdad—, el proverbio oriental que expone este riesgo: «Je n'ai vu ni le chameau, ni son petit», y el cuentecillo
que lo ilustra[5]. W. A. Clouston se ocupa también de la *History of the lost Camel*, editándola, como parte de un relato
más largo —*The King and his four ministers*—, traducida por
primera vez al inglés de su original tamil; en las notas informa sobre la difusión de la historieta, reproducida por los
libros escolares de lectura, cita a Voltaire (cuya fuente es,
para él, Gueulette, al que llama «Geuelette»), y da como su
versión escrita más antigua la del historiador Mas'udi (siglo x); agrega que figura en las *Mil y una noches* (manuscrito
de Oxford), en una colección de anécdotas turcas reunidas
para el sultán Murad (que reinó entre 1623 y 1640) y en
cuentos populares de Siberia, apuntando además que figura
en el Talmud[6]. Para seguir retrocediendo detectives, según
Georges Ascoli, editor de *Zadig*, la narración que «Voltaire a
arrangé... en lui faisant subir d'heureuses transformations»,
es «un conte des plus connus de la tradition orientale», cuyo
último término sería un relato en verso del poeta Mir o Amir
Khusrew, de Delhi (¿1213-1315?), que fue traducido por d'Herbelot en 1697[7]. H. Loss puntualiza una versión talmúdica,
abreviada (Sanhedrin, 104), mil años anterior a la de Amir
Khusrew, puesto que remonta al Rabbí Jochanán, del siglo
tercero[8]. El relato de Voltaire es folklórico y —sobre las in-

---

[5] Págs. 45-50 (prolongadas hasta la pág. 52 por la nota final). El
proverbio citado procede de la *Bibliothèque orientale* de B. Herbelot,
que se cita por la ed. tardía de La Haye, t. I, 1777, pág. 581.

[6] *A group of Eastern romances and stories*, págs. xxix (*Introduction*), 194-196 (texto), y 511-513 (*Appendix* con las notas, y con remisión
a la pág. 472 sobre la colección turca citada, que se publicó en inglés,
en 1850, en New York).

[7] Voltaire, *Zadig*, éd. G. Ascoli, t. II, págs. 31-33.

[8] «A prototype of the story in *Zadig* (Ch. III): *Le Chien et le cheval*».

dicaciones de Victor Chauvin, insoslayable en toda cuestión
de fuentes orientales [9]— lleva en el catálogo de Aarne-Thompson el núm. 655 A, con remisión a su motivo central, «The
strayed camel and the clever deductions», que es el J. 1661.1.1
del *Motif-Index* de Thompson [10]. Los *Cuentos españoles de
Colorado y de Nuevo México*, de Rael, dan dos versiones tradicionales de esta historia: la primera, más conforme con su
ambiente oriental («El camello que se perdió»); la otra, más
acriollada, en la que un cazador rastrea al ladrón de su ve-
nado muerto (t. II, págs. 558-560, núms. 473 y 474). El tema
de estas historietas de carácter detectivesco no es ajeno a la
práctica de los pueblos primitivos: la invocación tártara a
Tamerlán, transcrita por el P. Huc, hace constar que «le
jeune Mongol... sait découvrir au loin sur les herbes, les
traces du chameau errant» [11], y el capitán Richard F. Burton,
en su libro *Scinde, or the unhappy Valey*, transcribe una descripción similar de un camello perdido: es pequeño, no está
completamente desarrollado, se apoya ligeramente sobre una
mano, etc. (lo cita Clouston, págs. 512-513). Y la misma ciencia emplean los rastreadores americanos: de un personaje de
Carlos Reyles «era fama que por el olor y el gusto del pasto
sabía, como el taimado don Frutos, los lugares que atrave-
saba» [12]; Lucio V. Mansilla recuerda a un rastreador riojano

---

[9] *Bibliographie des ouvrages arabes ou relatifs aux arabes...*, t. VII,
páginas 159-161.

[10] Thompson da cantidad de paralelos, ya europeos, ya orientales
(Fischer y Bolte, *Die Reise den Söhne Gaffiers;* Gaster, *The exempla of
the Rabbis;* el *Océano de historias* de Somadeva en la traducción editada por Penzer; cuentos coreanos; y para la India, los muchos ale-
gados en Thompson-Balys, *The Oral tales of India*, pág. 269). Hoveyda
se ocupa rápidamente de este relato en págs. 16-17.

[11] *Souvenirs d'un voyage dans la Tartarie, le Thibet et la Chine...*,
t. I, pág. 90.

[12] *El Terruño*, pág. 124.

«tan hábil, que no sólo reconoce por la pisada si el animal que la ha dejado es gordo o flaco, sino si es tuerto o no»[13]; y Ernesto M. Aráoz lo desarrolla así:

> Todos lo rodeamos y lo acosamos a preguntas.
> —¿Es usted rastreador?
> —Sí, señor.
> —¿Podría usted distinguir por el rastro la edad del animal?
> —Claro que sí.
> —¿Y el paso con que marcha?
> —También.
> —¿Y el sexo del animal?
> —Claro que sí, patrón —respondió, sonriendo de la ingenuidad de nuestras preguntas. [...] Yo no sabría explicarlo. Es la práctica, patrón. Nosotros estamos haciendo eso desde chiquitos, y los ojos se hacen a leer en el rastro. Es como cuando usted recibe una carta de un amigo: si le conoce la letra mira el sobre y ya sabe quién le ha escrito, y usté no se equivoca porque usté está siempre en eso[14].

Y más de sesenta años antes, Ascasubi había descrito con minucia las observaciones del rastreador:

> —¿Cómo ansí? ¿Quién lo ha informao?
> —Mis ojos no más, señor.
> —¿Luego usté ha visto al malevo?
> —No he precisado, señor,
> verlo para asigurarle
> dónde estuvo ese ladrón
> hará como doce días,
> y lo que allí se robó...
> ...No lo he visto, no, señor,
> pero, por el rastro, digo
> que venía pesadón,
> y mucho; pues su caballo

---

[13] *Una excursión a los indios ranqueles*, ed. J. Caillet-Bois, pág. 53.
[14] «El embrujo del rastreador» (en su: *El Alma legendaria de Salta*), páginas 49-50.

> ha trotiao sin dirección
> fija, porque al bamboliarse
> de un lao a otro el saltiador,
> el movimiento del cuerpo
> le ha seguido el mancarrón,
> dando a la zurda dos trancos,
> y a la derecha otros dos.
> Y al ver ese culebreo,
> por supuesto, me bastó
> para decir entre mí
> «Va mamao ese ladrón»... [15].

Marcel Bataillon nos vuelve a nuestro punto de partida, después de este largo periplo detectivesco, al señalar en Domingo Faustino Sarmiento la imagen del «*rastreador* qui suit des traces avec un instinct presque animal, mais aussi avec une astuce réfléchie qui annonce le détective» [16]. También un poeta italiano festivo del siglo pasado siente la necesidad de establecer la misma comparación:

> ...e i *detectives* nell'Australia scovano
> i malandrini e loro dan la caccia,
> di calle in calle aormandone le traccia...,

acotando, al final del florilegio: «*Detectives indigeni*, agenti della polizia australiana. Rintracciano un malfattore perseguendone via via sul suolo le orme dei piedi, scoperte nel luogo del misfatto o altrimente note, e le riconoscono tra mille» [17]. Unos siglos antes del *Zadig*, don Juan Manuel —colocado a una distancia cronológica más o menos pareja de las deducciones del *Libro de los exemplos* y de las *Cento novelle*

---

[15] *Santos Vega* (en la *Poesía gauchesca* de Borges-Bioy, t. I), páginas 395-396 y 401.

[16] «Sarmiento l'écrivain» (en: *Hommage à Sarmiento*), pág. 54.

[17] Luigi Talassio, *Pro pedibus. Versi giocosi*, pág. 15, estrofa 25, y pág. 45, notas a esta estrofa.

antiche que dictaminan la bastardía de un caballo y de un rey— parece pintar al «detective» actual cuando afirma que «los que son muy cuerdos entienden las cosas por algunas señales o por algunas presunciones antes que los otros las pudiesen entender»[18]. Y la historia de Rampsinito, que los egipcios contaron a Heródoto siglos antes de don Juan Manuel y de Rabbí Jochanán, es para Huet «le plus ancien exemple connu du thème de la lutte entre le criminel et le détective, si fréquent dans nos romans policiers modernes»[19].

Esta larguísima tradición no puede dejar de imponer modificaciones al género policial, que, más que otros, vive esencialmente de la constante sorpresa y de la explotación de lo imprevisto. Sin llegar a la maravillosa acumulación de un cuento tradicional de América del Norte recogido por Rael, en el que una paloma blanca y princesa encantada es además, al mismo tiempo, «la deuteutiva» (t. I, págs. 501 sigs.), el género policial va adicionando crecientes dificultades en sus problemas criminosos. En la socarrona introducción de sus *Seis problemas*, Borges y Bioy Casares señalan el progresivo aislamiento del detective, que tiene cada vez menos contacto directo con el teatro de los enigmas que debe resolver:

> En la movida crónica de la investigación policial, cabe a don Isidro el honor de ser el primer detective encarcelado. El crítico de olfato reconocido puede subrayar, sin embargo, más de una sugerente aproximación. Sin evadirse de su gabinete nocturno del Faubourg St. Germain, el Caballero Augusto Dupin captura al inquietante simio que motivara las tragedias de la rue Morgue; el príncipe Zaleski, desde el retiro del remoto palacio donde suntuosamente se confunden la gema con la caja de música, las ánforas con el sarcófago, el ídolo con el toro alado, resuelve

---

[18] *Libro del caballero et del escudero*, pág. 251.
[19] Gédéon Huet, *Les contes populaires*, pág. 84. Quizás la diferencia fundamental entre este relato y la novela policial estribe en la nada secreta simpatía del relato por el malhechor.

los enigmas de Londres; Max Carrados, *last but not least*, lleva
consigo la portátil cárcel de la ceguera... Tales pesquisidores
estáticos, tales curiosos *voyageurs autour de la chambre*, pre-
sagian, siquiera parcialmente, a nuestro Parodi, figura acaso inevitable en el curso de las letras policiales, pero cuya revelación,
cuya *trouvaille*, es una proeza argentina, realizada, conviene proclamarlo, bajo la presidencia del doctor Castillo [20].

(Dürrenmatt encierra a uno de los últimos grandes recién
llegados de la literatura policial, el Comisario Baerlach, en la
prisión temporal y a la vez interna de una enfermedad im-
placable). Y paralelamente, como otro aspecto de las trabas
que los autores se imponen, en su busca de la novedad, los
protagonistas de la novela policial se diversifican cada vez
más: el detective «con aura de novelas» es rara vez un simple
policía:

> No esperaba que surgiera tan pronto el detective. Y que fuera
> un detective con aura de novelas. Había detectives morfinóma-
> nos, cínicos, ciegos, con faldas, con sotanas, médicos, periodistas,
> críticos de arte... ¡Qué bien! La colección se completaba: un
> Mayor de Ejército, detective... [21].

---

[20] H. Bustos Domecq [pseudónimo colectivo de Borges y Bioy], *Seis
problemas para don Isidro Parodi*, págs. 14-15. Hoveyda recuerda a Nero
Wolf, personaje de Rex Stout, que no se mueve de su jardín de orquí-
deas donde bebe cerveza, «Nunca visita los lugares del crimen y no
desea conocer a los protagonistas del drama... Cuando descubre la
solución, envía a sus secretarios a verificar sus hipótesis» (págs. 79-80,
y más paralelos —Max Carrados entre ellos— en págs. 82-83). El precursor de estos «pesquisidores estáticos» quizás sea el sabio griego apri-
sionado, ya aludido, que juzgó los antecedentes de un caballo y del
rey, en la *novella III* del *Novellino* (cf. D'Ancona, *Le fonti...*, ed. cit., páginas 88-90).
[21] Enrique Anderson Imbert, «El general hace un lindo cadáver»
(en su libro *El grimorio*, pág. 130). Quizás el primer «detective con
faldas» sea la casi olvidada «Ethel King, La Nick Carter féminin», cuyas
aventuras, publicadas «d'après les notes originales d'Ethel King par
Jean Petithuguenin» llenan cien fascículos populares entre 1911 y 1913.

En el cruce de estas modernísimas tendencias [22] viene a colocarse un inesperado precursor, contemporáneo de Voltaire y de su *Zadig:* el benemérito polígrafo benedictino Fray Martín Sarmiento, botánico, historiador de la poesía castellana, y pesquisidor de las antigüedades españolas. Él mismo nos narra sucintamente de qué manera, al mediar el siglo XVIII y como en sus ratos perdidos, practicaba el género policial más avanzado del siglo XX. En carta manuscrita conservada en el archivo del Monasterio de Santo Domingo de Silos [23], dirigida a su «Amigo y Sr. don Félix de Arbizu» y dada en «S. Martín de Madrid, y febrero 5 de 1749», el P. Sarmiento nos cuenta su asombrosa experiencia detectivesca:

> Dueño y Am° Dn Félix, a la que Usted me escrivió, anunciándome las Stas Pasquas, no he podido responder; porque, con mi incumbencia de ser *Cura*, y de que el Rey Dio dinero a los *Curas* de Madrid, para que le repartiesen de limosna a los pobres de sus Parroquias respectivas, tomé el trabajo de admitir más de 900 Memoriales, y el de repartir por mis dedos toda la

---

[22] Sin entrar a considerar las sucesivas denominaciones que Hoveyda utiliza («novela-problema», «novela criminal», «novela de suspense», etcétera), señalemos que también él va mostrando la progresiva rarificación del género: «la novela-problema fue recurriendo cada vez más a los elementos extraños para renovarse» (pág. 128); «El elemento policíaco tiende cada vez más a desaparecer en las obras de algunos especialistas del 'suspense' para ser sustituido por una especie de 'angustia psicológica'» (pág. 140); «El simpático detective no siempre resuelve el misterio. A veces no hay misterio; otras, ni siquiera hay detective» (pág. 144). Esta desaparición del «detective» regocijaría a D. Benito Fentanes, que escribía por 1925: «Si se alzaran de sus sepulcros venerandos los insignes lexicógrafos Garcés, José María Baralt, Andrés Bello, José Rufino Cuervo y el severísimo Juan Mir y Noguera... en lugar del flamantísimo terminacho inglés DETECTIVE, ellos dirían llana y castizamente: POLICÍA SECRETA» *(Espulgos de lenguaje*, págs. 19-20).

[23] Archivo de Silos, Ms. 57, *Papeles sueltos*, sin foliar. Entre la comunicación y la demorada aparición de esta nota, la carta del P. Sarmiento ha sido publicada por los cuidados del P. Dom Agustín Ruiz.

Limosna; pues tenía evidencia que avía de Lucir; como quando aquí reparto entre 20 Monxes una sola cucharada de anises.

Pasaron mil entremesadas y aventuras. En suma, por ser yo preguntón descubrí que uno de los Pobres que venían, era un Capitán de Bandoleros de Sierra Morena, que con otro compañero, y con capa de pobres venían a entrarse en mi Celda, y a robarme toda la limosna, y darme que rascar.

Y como yo soy tan bobo; y auía determinado dar Limosna a los barbados en los claustros (a las barbudas la di en la Iglesia) cerrado yo en mi celda, y hablando, examinando, y dando la Limosna por la *rejilla* de mi puerta cerrada, no tuvieron ocasión de entrar; y creyendo que me dexaban engañado para mejor ocasión, ellos se fueron engañados. En fin, el dicho Capitán ya está en la Cárcel con más de 20 compañeros; y el descubrimiento de este *hilo* y *ovillo*, se debe a mi Crítica, y descubrimiento, sin que yo me haya mezclado en dar el soplo.

Ay más. Otro que con capa de pobre auía robado a Fr. Miguel 7 cubiertos de plata de la casa, ya está en la Cárcel; pero hice que primero se recobrasen los 7 recados; y ahora conocerá Usted que un fraile Cerrado por dentro, y haziendo de Hermitaño de Corte es capaz de hacer burla de un Hermitaño de Sierra Morena.

Por estas ocurrencias dilaté responder [.] Celebro que Usted lo pase con salud; y si pasare a Hyrache Lea ésta a nuestro P. Abad, a quien no puedo escribir.

Mientras quedo a la obediencia de Usted, cuya vida ruego a Dios guarde...

El relato vivo y directo del P. Sarmiento (¡con qué gusto hubiéramos leído más detalles!) no necesita comentario. Pero no puede dejarse de agregar —con perdón de Chesterton— que el propio Padre Brown no lo hubiera hecho mejor.

NOVELA, HISTORIA Y ALEGORÍA EN *CÁDIZ*

Los *Episodios Nacionales* han sido menos estudiados, y menos apreciados, que la producción puramente novelesca de Galdós. En la «Situación de los estudios galdosianos» que sirve de introducción a su volumen dedicado a los *Episodios* —volumen que es hasta hoy el único estudio global sobre éstos—, Hans Hinterhäuser señala cómo la crítica se ha detenido en algunos de sus aspectos parciales, entre ellos «lo aparentemente elemental de la psicología de los personajes y de la combinación de historia y novela» (el «aparentemente» alcanza apenas a mitigar lo de «elemental», sobre todo en la segunda objeción), y da como muestra la opinión de Laín Entralgo, de quien parece proceder el epíteto, y para quien los *Episodios Nacionales* son

> ...una serie de cuadros de historia atravesados por el hilo unitivo de cierta acción novelesca elemental [...]. Tómese la materia histórica contenida en un tomo de la *Historia* de Lafuente, redáctesela con mejor pluma, vístasela de ropaje novelesco —y si el ropaje es una simple hoja de parra, mejor—... hágase todo esto y se tendrá un tomo de Galdós.
>
> (Hinterhäuser, *Los «Episodios Nacionales» de Benito Pérez Galdós*, pág. 16, n. 21)

Es evidente que una convicción tan sólidamente asentada no ha menester de confirmación experimental alguna, y es lástima: sin duda no hubieran sido malos de leer los *Episodios* suplementarios fabricados con tan excelente receta, aunque quizás su interés novelesco y su aporte psicológico resultaran de verdad tan elementales como la receta misma. Antes de examinar con algún detenimiento cada uno de los componentes incriminados (lo que para Galdós es la Historia; cuál es la verdadera condición de sus personajes; la combinación o interacción de los dos elementos, real e imaginario), debe adelantarse que la verdadera crítica —José F. Montesinos en primer término— juzga los *Episodios Nacionales* de manera menos sumaria, centrando su estudio, precisamente, en la relación de sus dos ingredientes esenciales, novela e historia, y en la indagación consiguiente de la veracidad de esta última, considerando —y con razón— que lo novelesco corre por la cuenta exclusiva de su autor, mientras que lo histórico está condicionado por una obligada fidelidad a hechos y noticias preexistentes[1]. El propio Galdós —que, como trataremos de mostrar, no era lego en la materia— distingue entre ambas esferas y señala su alcance diferente, por la pluma de Pilar de Loaysa:

---

[1] Sobre los *Episodios*, además del libro de Hinterhäuser, véase sobre todo el estudio de las dos primeras series en el t. I del *Galdós* de Montesinos (cap. IV, «Los *Episodios Nacionales*», págs. 75-118, y capítulo V, «La segunda serie», págs. 119-169). Sobre algunos de ellos en particular, véanse los artículos de J. Sarrailh, «Quelques sources du *Cádiz* de Galdós»; M. Bataillon, «Les Sources historiques de *Zaragoza*»; C. Boussagol, «Sources et composition du *Zumalacárregui* de B. Pérez Galdós» (este estudio —que es de los más flojos— resume su cotejo con estas palabras: «C'est le même procédé, à tout prendre assez heureux, de vérité et de fiction», pág. 264); C. Vázquez Arjona, «Cotejo histórico de cinco episodios nacionales de Benito Pérez Galdós», «Un episodio nacional de Benito Pérez Galdós, *El 19 de marzo y el 2 de mayo*» y «Un episodio nacional de Galdós, *Bailén*»; R. Ricard, «Note sur la genèse de l'*Aita Tettauen* de Galdós» y «Pour un cinquantenaire. Structure et inspiration de *Carlos VI en la Rápita*».

Y añado que no es menos espinosa la descripción de lo real
que la de lo fingido, pues en esto tenemos campo libre para
elegir o desechar lo que nos diere la gana, mientras que en la
narración real, que los sabios llamamos Historia, el respeto de
la verdad nos embaraza y confunde, y el miedo de mentir corta
los vuelos de la fantasía.

(Carta apócrifa de La Estafeta romántica, pág. 81)

Galdós tiene —y no podría ser de otra manera— conciencia del doble ámbito en que se mueve, y el protagonista de la
primera serie de *Episodios* separa, aunque ambas aparenten
ser la misma cosa, su historia propia de la Historia con
mayúscula:

Antes de referir lo que hablamos, conviene que diga algo del
lugar y momento en que tales hechos pasaban, porque una cosa
y otra interesan igualmente a la Historia y a la relación de los
hechos de mi vida que voy refiriendo.

(La Batalla de los Arapiles, pág. 289)

Pero si el marqués de Beramendi, al narrar un suceso de
la misma categoría, necesita tomar resuello «para contarlo
con el debido respeto de la Historia general y de la de mi
vida» *(Narváez*, pág. 260), cincuenta páginas antes no ha re-
sollado al hablar «de este momento de la Historia mía y de
España» *(id.*, pág. 208), ni titubea al proferir, como el más
conspicuo «personaje rebelde» de novela actual: «A Coslada
iría yo también, haciendo de la página histórica y de la novelesca una sola página» *(La Revolución de julio*, pág. 177).
Como primer atisbo de la multiforme concepción que Galdós
tiene de la Historia, obsérvese que las dos esferas pueden
—como en la realidad— no coincidir exactamente: «Dejo a
un lado la Historia oficial para volver a la mía, personalísima
y extravagante» *(La Primera República*, pág. 239); así también
Urdaneta «Refirió sucesos interesantísimos de su vida y de la

vida general, o sea Historia, con sin igual donaire y expresión justa, ingeniosa» *(La Campaña del Maestrazgo*, pág. 241; y página 289: «y en el reino chico de cada uno que no falte una ventanita para ver pasar la Historia»); y el mismo personaje propone: «Pues oiga un poquito de historia personal mía, que se relaciona con la historia del mundo» *(Luchana*, página 108). Con tono más bien zumbón se confunden en los *Episodios* los acontecimientos históricos con los acaeceres novelescos: «En una misma página de los anales de esta nación aparecen la subida de Istúriz y la terrible trapatiesta entre Lea Carrasco y Tomás O'Lean, por nada, por un sí y un no. Germen de discordias es para los individuos así como para las colectividades la opinión política...» *(Bodas reales*, página 183); y la señora de Maltrana, escribiendo sucesos particulares a Pilar de Loaysa, puede llamarse a sí misma «historiadora» *(Los Ayacuchos*, pág. 86); también son «dos vagos y amenos historiadores» Vicentito Halconero y Santiago Ibero, que habla de Historia *(La de los tristes destinos*, páginas 51-52), y también lo es —y lo es mucho, como se verá— «el lógico historiador *Confusio*» *(id.*, pág. 302). Pero quien es sobre todos historiador (y «discreto», por añadidura), historiador y no novelista, es el autor mismo, aunque goce de todos los privilegios del narrador de historias imaginarias: tomar y dejar a sus personajes cuando le conviene, conocer el mensaje de un telegrama cerrado o limitarse al sobre de una misiva extraviada, ser incapaz de precisar el número exacto de días que transcurren entre dos acontecimientos similares, detenerse o avanzar en la descripción de figuras y caracteres[2]. Pero el historiador-novelista (las dos cualidades

---

[2] «En aquella espesura nemorosa [...] les deja el discreto historiador» *(La de los tristes destinos*, pág. 97); «Aunque cerrado lo guardó la patrona esperando el regreso del huésped, bien puede el historiador penetrar dentro del papelejo y leer y traducir su contenido: Así de-

coexisten, o se suceden) distingue bien los dos ámbitos en los que trabaja, y si tiene que tomarse libertades con la Historia, se las toma, y sabe que se las toma, y nos lo hace saber: «He subrayado estas palabras porque son puntualmente históricas [...] La mujer que las pronunciara [...] no fue doña María, y el atribuirlo a ésta es de mi exclusiva responsabilidad» *(Bailén, pág. 83)*, anotando además lo que la mujer agregó, y completando en nota: «Esto pasó en Mérida en 23 de junio». Compárese: «El diálogo que se transcribe es exacto en sus ideas y sentido; el arriero Echaide, igualmente histórico» *(Vergara, pág. 148)*; «...hablaron lo que a renglón seguido con la posible fidelidad se reproduce» *(id., pág. 274)*. Esta fidelidad, empero, no impide a Galdós reemplazar lo real por lo verosímil, si la acción histórica narrada lo requiere: «Bien puede estamparse aquí, sin temor de atropellar la verdad histórica, este breve dialoguillo:...» *(Prim, pág. 105; se refiere a la conversación de Isabel II con Narváez; lo mismo en pág. 108, sobre la subsiguiente conversación de la Reina con Istúriz: «Sin temor de atropellar la verdad, puede estamparse aquí otro breve dialoguillo:...»).* Esta fidelidad a la Historia no le impide tampoco a Galdós consolarse con una honesta —y socarrona— aproximación a la cronología exacta: «Repitióse el eclipse un día, dos días más, que en esto no hay exacta medida histórica» *(España sin rey, página 266)*; «Un cronista muy autorizado fija en la noche siguiente la visita del Sr. Ezcarti. ¿Qué más da? Y en último

_____

cía:...» *(id., pág. 357)*; «No conoce el historiador más que el sobre, que así decía:...» *(España sin rey, pág. 142)*; «Pasados muchos días, sin que el historiador pueda precisar su número, volvió Fenelón a su amigo con nuevos y preciosos informes» *(La Vuelta al mundo..., pág. 160)*; «Aquí se detiene el historiador extasiado ante la noble figura caballeresca del Bailío de Nueve Villas... Pero el historiador lo sabe, y nos manda [obsérvese la delegación de poderes] trazar este perfil biográfico» *(España sin rey, págs. 274 y 277)*.

caso, con correr una fecha queda la Historia en su punto...»
(id., pág. 288).

Mesonero Romanos, y tras él Montesinos —y no sin razón
ambos— censuran algunas de estas «precisiones»:

> ...el novelista, aquejado de un escrúpulo de «historicidad» que
> por una vez lo pone a la par de Fermín Caballero, no puede
> menos de aducir, en nota al pie (!): «Estas palabras las dijo
> el valeroso patriota ahorcado el 24 de agosto de 1825...». Meso-
> nero, que nunca entendió mucho de novelas, pero que tenía muy
> buen sentido y por su mayor edad y experiencia no pudo dejar
> de ver este borrón, no quiso que pasara sin protesta: «[...]
> Esto es, amigo, una falta de escritor en que no sé cómo V. ha
> incurrido...» [3].

Ejecutada, pues, a base de novela y de Historia, la idea
central de los *Episodios Nacionales* aparece tan atrevida como
difícil (pese al recetario): se trata nada menos que de desarrollar en varias tramas novelescas la historia del país durante el siglo XIX para producir, no una serie de novelas históricas (género en el que hay bueno y malo, como en todos los
demás, pero cuyos exponentes más felices cautivan en general como novelas y no por lo histórico), sino una serie de
episodios nacionales en lo que lo esencial fuera lo nacional
históricamente considerado; más aún: la Historia nacional
presentada en ellos perseguía ante todo un propósito didáctico: el ingrediente novelesco era apenas el excipiente, el
«dulce» de lo «utile» que debía explicar lo acaecido y aclarar
por ello lo presente. Ya la «novela histórica» corriente plantea singulares problemas de estructura; como dice Montesinos, con tanta justeza como buen humor,

---

[3] Montesinos, pág. 160. «Galdós acepta la crítica de Mesonero»,
agrega; pero la nota condenada está aún en su sitio, «cosa incom-
prensible».

Una buena novela histórica tiene cierto parecido con un buen concierto para piano y orquesta. Cuando el concierto es bueno, piano y orquesta suenan en fusión perfecta; si no es bueno, el piano es un instrumento que suena envuelto en ruido o entre las pausas del ruido. En una novela histórica, lo novelesco ha de fundirse con lo histórico de una manera necesaria.

(pág. 55)

Este párrafo se refiere a *La Fontana de oro* —que también López Morillas considera, no sin razón, como el primero de los *Episodios Nacionales*—; por lo que respecta a los *Episodios* mismos, Montesinos juzga que

De novelas que se pretenden históricas, lo más importante es el enlace de lo histórico con lo novelesco. Ello no es nada fácil. Galdós ha obviado las dificultades siendo sobremanera parco en la inserción de trozos puramente históricos, y los personajes que realmente pertenecen a la historia no superabundan; por lo tanto lo histórico se reduce a la evocación de ambientes o a hacer que sus criaturas de ficción «estén también allí» cuando de un cuadro de historia se trata, y ellos se lo dicen todo y son el foco del interés.

(págs. 108-109)

En efecto, en las vidas privadas de los personajes ficticios raramente falta esa ventanita requerida «para ver pasar la Historia», y la frase misma que lo expresa («ver pasar la Historia») y sus variantes, serán sometidas a crítica por el propio novelista. La consecuencia lógica de este procedimiento la desprende Montesinos algo más adelante: «Eran los momentos mínimos de la historia, como es natural, los que permitían a Galdós hacer más novela» (pág. 167); pero el mismo Montesinos ha insistido ya en la casi perfecta correspondencia de ambos elementos: «lo novelesco es tanto y tan

bueno... que en estas novelas de Galdós, aunque todo esté determinado por ella, casi se nos olvida la historia...»[4].

También Hinterhäuser (págs. 224 y sigs.) considera el problema de la novela histórica, centrado en la lucha entre sus
dos elementos, historia y novela, y en la tendencia a su conciliación:

> ...el compacto material histórico se filtra a través del punto
> de vista personal, se disuelve antitéticamente, adquiere colorido,
> perspectiva, se vuelve apasionado, tendencioso.
>
> (pág. 234)

«Se vuelve apasionado, tendencioso...» ¿No equivale todo
esto a decir que «se vuelve novela»? Sin embargo, el resumen
final de Hinterhäuser es más bien melancólico:

> En la mayoría de los casos, estas relaciones y ensamblamien-
> tos [de Historia y de sucesos novelescos] no suelen producir, en
> la obra de Galdós, un efecto demoledor, sino, sencillamente,
> molesto; para expresarlo técnicamente, diríamos retardador. Se
> produce así una contraposición en la estructura de cada una de
> las series...
>
> (pág. 241)

Nótese, de paso, que Galdós no se sirve de la palabra «novelas» (ni siquiera con el aditamento de «históricas») ni de
una denominación puramente historiográfica (crónicas —el
sustantivo anda por Mérimée—, anales, etc.); «episodio» está

---

[4] Pág. 165. Señala Montesinos —está tratando de la segunda serie
de *Episodios*— que «En su tratamiento de lo histórico, Galdós procede
de otra manera que en la serie anterior; verdad es que ha de habérselas
con otra historia». Es lástima que Montesinos no haya podido presentarnos el análisis completo de los *Episodios Nacionales;* su visión de
la constante progresión de Galdós lo colocaba por encima de la objeción formulada —con mucha razón— por Hinterhäuser: la crítica suele
limitarse a considerar tan sólo la primera serie, y extiende luego (más
mal que bien) sus conclusiones a todo el ciclo.

a medio camino entre el poema y la novela, por una parte, y lo histórico por la otra [5]. La materia misma de lo narrado parecería también estar a caballo entre uno y otro de estos dos polos contradictorios que son la realidad y la ficción, y lo que opina Ricardo Gullón de los *Episodios:*

> ...como es fatal en obras de esta clase, quedan zonas grises; prolongaciones de dudosa eficacia; desequilibrio entre los dos grandes elementos integrantes de ellas: lo histórico y lo novelesco; inverosimilitudes...,
>
> (*Galdós, novelista moderno*, pág. 60)

podría casi ir organizado de esta manera: «quedan zonas grises, prolongaciones de eficacia dudosa, inverosimilitudes... *por* el desequilibrio entre los dos grandes elementos integrantes de ellas: lo histórico y lo novelesco». Pero ya veremos, o trataremos de ver, que estos dos grandes elementos no son los únicos que constituyen los *Episodios Nacionales*, y que sus relaciones son menos simples de lo que a primera vista parecería. Con respecto a la materia histórica utilizada en la novela, y a su manera de exponerla, mi maestro Marcel Bataillon, que es uno de los que mejor han indagado el contenido histórico de algunos *Episodios*, señala en su límpido estudio de las fuentes de *Zaragoza* que «Araceli est partout, il sait tout, et domine les événements auxquels il assiste comme pourront le faire les historiens de l'avenir» (pág. 136). En

---

[5] Partiendo del uso esporádico de *episodio* durante el romanticismo, junto a *balada, tradición* y *leyenda*, como lo señala Baquero Goyanes, Hinterhäuser sostiene que *episodio* es «una expresión programática del autor, de acuerdo con su intento «realista»: en su ciclo histórico no quería escribir *novelas*, y mucho menos *leyendas*, sino *fragmentos característicos de la realidad vital histórica*, de modo que predominara la historia colectiva sobre la individual» (págs. 47-48; cf. páginas 171-172 sobre el valor de «nacional»). En pág. 66 transcribe sin embargo un párrafo de Galdós a Mesonero, del 18-5-1875, sobre «la segunda serie de novelas nacionales».

abierta oposición con la experiencia parcialísima de Fabrice del Dongo, Araceli, interrogado por Wellington (*La Batalla de los Arapiles*, págs. 91 y sigs.), ofrece a la vez un resumen de su vida, de la primera serie de *Episodios*, y de la Historia de su país: asistió a Trafalgar, al 2 de mayo, a Bailén, a la jornada del 3 de diciembre en Madrid, al sitio de Zaragoza y a la defensa de Cádiz antes de ser guerrillero; y tomará parte, páginas más adelante, en la batalla de los Arapiles. Puede, pues, reconocerse, al salir gradualmente de la inconsciencia, diciéndose: «¿Conque me llamo Gabriel Araceli? Luego soy uno que se halló en la batalla de Trafalgar y en el 2 de mayo...»; «Soy Araceli, el mismo que se halló en Trafalgar» (*id.*, págs. 335 y 338). No deja de llevar alguna razón Montesinos cuando encuentra esta ubicuidad bastante inverosímil (pág. 77). Pero aunque la centre y encarne, Araceli no agota la materia de estos *Episodios* primeros, y como no todo pueden ser reinas entrevistas por detrás de un tapiz ni emperadores que se adivinan tras cristales velados, otros relatos secundarios, trágicos (*Zaragoza*) o felices (*Gerona*) se entretejen en la acción principal. Relatos, en verdad, secundarios: lo que interesa es sobre todo Araceli y la historia de Araceli, héroe y narrador de esta novela en diez novelas —para Montesinos (y para el lector) las dos primeras series son simplemente dos novelas únicas en diez volúmenes cada una—, y «Araceli —como dice Marcel Bataillon— est partout». Pero no se olvide que este maestro de crítica agrega, a renglón seguido: «Mais ce qui est surprenant, c'est la maîtrise avec laquelle Galdós a joué de cet artifice, l'art avec lequel il nous fait accepter cette convention, la vie qu'il a su communiquer à un récit dont presque tous les éléments, et parfois les mots eux-mêmes, lui étaient fournis du dehors». La fusión de historia y de novela predomina sobre la coexistencia indiferenciada de los dos elementos: «la historia y la relación de

los hechos de mi vida», y otras expresiones similares, no son
expresiones irónicas, de ésas que tanto abundan en la obra
de Galdós, sino la expresión real de una realidad que, como
toda realidad (aun novelesca), es histórica por el simple hecho de existir.

William H. Shoemaker —verdad que centrando su observación sobre el uso que hace Galdós de experiencias y observaciones personales— da a entender que nuestro autor no
emplea procedimientos muy diversos en sus novelas y en los
Episodios, como en efecto sucede («Galdós' classical scene
in *La de Bringas*», pág. 432). Hinterhäuser —que señala además la intervención de personajes de las «novelas contemporáneas» en los últimos *Episodios Nacionales*— va algo más
allá, al observar que «la *coincidencia*... de la vida privada...
con la vida oficial» se da también en las novelas galdosianas,
como en el caso de los diez y siete partos isabelinos de Isabel
Cordero de Arnáiz (pág. 237): alude a las págs. 31 y 47 de
Fortunata y Jacinta, capítulo vi (en el t. V de las *Obras Completas de Galdós* en la edición no muy completa de Aguilar).
Hubiera podido agregar, en medio (pág. 34 de esa edición) el
caso de Estupiñá, que «fundaba su vanidad en haber visto
toda la historia de España en el presente siglo», con citas
concretas y bastardilla del autor. Señala también Hinterhäuser cómo Isabel Cordero muere pocas horas después que
Prim, que la caída de don Benigno sucede al tiempo de la
bofetada a Calomarde, que la madre de Demetria fallece el
mismo día que Fernando VII, la renuncia de María Cristina
coincide con las malas nuevas que llegan a Ibero, y el rompi-
miento de Eufrasia y Terry con el atentado a Narváez; que
el luto por Vicente Halconero es contemporáneo del entu-
siasmo por la guerra de África, y que la muerte de Leandra
Carrasco cae el día de la boda de Isabel II (págs. 237-238;
en 240 trata del casamiento real y del de las hijas de Carras-

co). Apunta también (pág. 238, n. 19) que «Galdós realiza la misma correspondencia contrapuntística —de forma más profunda artísticamente y más lograda— en algunas *Novelas contemporáneas*, en especial *La de Bringas*», y concluye con una cita de Casalduero: «En 1898, por una simbólica coincidencia, Galdós tiene que presenciar la pérdida de las últimas colonias y su ruina personal». Estas «coincidencias» —que, como puede verse, no caen obligatoriamente dentro de la sola ficción— abundan (es obligatorio que abunden) en los *Episodios Nacionales:* «soy [dice Francisco Chico], aunque me esté mal el decirlo, *el testigo presencial* de la Historia de España, de la Historia que no se escribe ni se lee» *(La Revolución de julio*, pág. 76; subrayado original); y otro personaje secundario puede decir también: «parece que el Demonio lo hace, señora: mis alegrías y mis penas coinciden con los sucesos políticos más graves...» *(Montes de Oca*, pág. 72). Son frecuentísimos los ejemplos aislados de esta interacción de lo público y lo privado: el «2 de febrero de 1852, día que había de ser memorable por diferentes motivos», casa Lucila Ansúrez con Vicente Halconero, y el cura Martín Merino atenta contra Isabel II *(Los Duendes de la camarilla*, págs. 290 y siguientes); «la fecha de aquel casamiento [el de Valvanera, hija de don Beltrán de Urbaneta, que lo narra] es de las que no se olvidan. En este parador, cuando íbamos a Vilarcayo, nos dieron la noticia de la batalla de Bailén...» *(Luchana*, página 92); «De la incongrua pareja... había nacido el día mismo de la batalla de Trafalgar (21 de octubre de 1805) Elena Cordero...» *(El Terror de 1824*, pág. 93); «Pues el 29 de marzo..., recuerdo bien la fecha, porque eran mis días: San Eustaquio, obispo..., sorprendimos la plaza de Liria» *(La Campaña del Maestrazgo*, págs. 26-27); la muerte y el velatorio de Antoñita coinciden con el motín del 7 de mayo *(Las Tormentas del 48*, págs. 235-243); Tomás O'Lean hace

depender su casamiento con Lea de las bodas de la Reina
(*Bodas reales*, págs. 142-143); sobre todos, doña Leandra, a
más de confundir en su delirio la suerte de sus hijas con los
desposorios de la soberana, entrega su espíritu al Creador de
su creador el mismo día del casamiento de Isabel II, en una
de las páginas más hermosamente logradas del libro, que
aúna el luto y los ecos de los festejos en el ánimo de los
propios personajes (*id.*, capítulos finales). «El mismo día en
que Isabel II dio a luz con toda felicidad un Príncipe que
había de llamarse Alfonso, llegó a Madrid Teresa Villaescusa»
(*O'Donnell*, pág. 205); y es sabida la historicidad de Jenara
Barahona: «Desde la batalla de Vitoria, el año 13, hasta la
Regencia de Espartero, el 40, la católica Jenara y la profana
Clío han corrido juntas algunas parrandas, y ello se les conoce en la amistad que las une» (*Las Tormentas del 48*, página 253, y algo semejante en su oración fúnebre, en *La Revolución de julio*, pág. 52). «Del primogénito [de Beramendi],
Pepito, ya se habló en la época de su nacimiento, fecunda en
sucesos históricos, como la *Invención de las llagas de Patro-
cinio* y el *Ministerio Relámpago*. Siguió Felicianita, que vino
al mundo el 52, a poco del atentado del cura Merino. El 54,
en los preludios de Vicálvaro, nació otra niña, que sólo tuvo
tres meses de vida, y a fines del 57 vino Agustinito, veinte
días después del nacimiento del Príncipe Alfonso» (*La de los
tristes destinos*, págs. 111-112). Galdós puede así llamar a sus
relatos «estas anécdotas que van cosidas con un hilo histórico robado del costurero de Clío» (*España sin rey*, pág. 162),
y puede hacer exclamar a una de sus personas inventadas,
sobre otra de ellas, y sin hacerlas mentir: «¡Ay qué gracia,
don Tito: está visto que donde quiera que usted va, allí encuentra la Historia!» (*Cánovas*, pág. 26). Gracias a estas com-
plicidades entre ambas Historias, Galdós llega a dar burlonamente un puesto en la «Historia grande» a los hechos pu-

ramente novelescos: «Una tarde de fines de marzo o principios de abril —que la fecha no está bien determinada en las
historias—, hallándose con Domiciana en San Justo...» *(Los
Duendes de la camarilla,* pág. 142); «...de ello no copio más
que esta referencia histórica: —¿No sabe, señor? A don Telésforo Sebo le han traído entre cuatro, digo, entre dos,
cogido por los brazos. Viene todo magullado...» *(La Revolución de julio,* pág. 191; y pág. 216: «¿Me pide la Posteridad
referencias históricas? Pues allá va una que juzgo en extremo interesante. Sabed que el gran Sebo se aposenta en mi
casa...»); «Siempre que mi mujer me da cuenta de algo que
merece lugar en la Historia, yo digo: '¡Viva Mita!...' '¡Viva
Ley!'...» *(id.,* pág. 312 y última). Galdós insiste en esta constante equiparación de lo histórico y lo novelesco, y lo manifiesta explícitamente (subrayamos nosotros lo que él desliza
tersamente en el relato):

> *Como no hay manera de separar aquí lo público de lo pri-
> vado,* digamos que la hermosa y desenvuelta Teresita Villaescusa
> fue atacada de la misma enfermedad que dio con Calvo Asensio
> en la sepultura.
>
> *(Prim,* pág. 91)

> *Ninguna importancia tienen en la Historia estos trompetazos*
> [«la indignación de Concha y O'Donnell»], vano ruido de los
> principios, que no ahoga la música rítmica de los hechos. *Lo
> que sí tiene importancia histórica* es que, alojada Teresita en
> una buena casa de Villalta, entró en ella requiriendo agua, jabón
> y peines...
>
> *(id.,* pág. 236)

> Baste decir, *para seguir escrupulosamente el proceso histó-
> rico,* que la pobre Teresita tardó un largo rato en reponerse del
> cansancio y desorden mental que le había traído la columna [de
> los insurrectos].
>
> *(id.,* pág. 286)

La Historia, que no cuenta las conspiraciones, sino sus efectos, *tampoco dice nada del pacto amistoso que al fin celebraron
don Enrique Oliván y Teresa Villaescusa...*

(*id.,* pág. 287)

Mayor interés que los toques proféticos que acabo de colocar
a mis lectores [sobre el futuro político de España] *tiene en la
Historia la noticia siguiente:* cuando a partir de Logroño me dis-
ponía, con el grueso del ejército de Concha, volvió a presentár-
seme Chilivistra...

(*De Cartago a Sagunto,* pág. 213: alude a «la destornillada
mujer a quien *los Anales de Clío* dieron el claro nombre
de Chilivistra», pág. 205)

Me paró y entablamos el siguiente diálogo [privado, noveles-
co], *que no carece de interés histórico.*

(*De Cartago a Sagunto,* pág. 128)

Completo *esta página histórica con otra* [sc. «página histórica»] que me dictó Segis. *Dando a tal página la importancia que
merece,* la copio al pie de la letra: «Mi tío Pepe [Beramendi] me
recibió con benévola indignación...».

(*Cánovas,* págs. 122-123)

Galdós puede blasonar de su procedimiento: «Prosigo ahora mi cuento mezclando sabrosamente lo personal con lo histórico» (*Cánovas,* pág. 39), puesto que hay hechos «que, sin
estar consignados en los libros de Historia, a ella pertenecen
por el tributo que la vida particular paga a la vida pública
cuando menos se piensa» (*La Vuelta al mundo...,* pág. 192),
y estos hechos permiten colocar en la cuenta de la Historia
sucesos o indagaciones que sólo tocan a lo novelesco: «En
aquel punto se acabaron los datos y conocimientos que la
Historia pudo reunir en su primer legajo para la vida y hechos del audaz Iberito» (*Prim,* pág. 49); «La prudente Lucila
le recomendó aquella tarde (22 de octubre, si no miente la

Historia)...» *(Aita Tettauen,* pág. 13); «La Historia privada y pública convienen en que por aquellos días el trastorno mental de don Wifredo [...] se había resuelto en una plácida mansedumbre...» *(España sin rey,* pág. 256); «Sigamos, pues, la historia... ...Pero escarbando la historia aparece la tal con quince años de antelación y el pintoresco mote de *María Meneos*» *(id.,* pág. 107); y el novelista llega a pretender inspirarse e informarse «en la crónica coetánea que nos ha conservado algunos coloquios familiares entre Lucila y Halconero» *(Aita Tettauen,* pág. 9). Llega así a mezclar descaradamente los hechos históricos con los de la novela, y a hacerlo con plena justificación: «Y continuando con pasmosa fecundidad el desarrollo de la Historia grande, como un hilo de vida sin solución, el primer hecho de alta trascendencia que se nos ofrece después de la caída de González Brabo es la del buen don Bruno, a quien pusieron la cuenta en la mano sin decirle una palabra cortés...» *(Bodas reales,* pág. 105); «Esto no era más que *continuar la Historia de España,* y buen tonto sería el que creyese que tal historia podía sufrir interrupción. Fueron hechos culminantes en el paso de un año a otro: el pronunciamiento de Alicante[...]; la mudanza de la familia Carrasco[...]; la sublevación de Cartagena[...]; el catarro pulmonar que cogió doña Leandra[...]; los desarmes de la Milicia Nacional[...]; los amagos de levantamiento carlista[...]; los nuevos vestidos que se hicieron Lea y Eufrasia[...]; la tentativa de reanudar tratos con Roma[...]; las levitas que se hizo don Bruno[...]; [...]y, en fin, mil sucesos y menudencias que, tejidos con estrecha urdimbre, forman la Historia del vivir colectivo en aquellos tiempos, la Historia grande, integral» *(Bodas reales,* págs. 99-101). Todo concurre a esa Historia integral: «Ya se ha dicho que las conversaciones de las calles y de las salas y comedores, con las anécdotas privadas de hombres obscuros, colaboraban en la His-

toria de España» *(España sin rey,* pág. 186), y todos colaboran
en fabricarla y en expresarla: «El uno relató episodios de
Navarra, el otro de Cataluña o del Maestrazgo, y cada cual
puso un renglón en la vaga y amena historia de España»
(España trágica, pág. 147). Así *continúa esta Historia de España, que no puede sufrir interrupción* [6], esa Historia de España que todos ven pasar, y que tan pronto se convierte en un
río de sangre [7] como sale a dar un paseo: «Pero lo que digo:
es la Historia de España que sale de paseo... Debemos sus-
pirar y quitarnos el sombrero cuando la veamos pasar...»
(La de los tristes destinos, pág. 15), aunque sus salidas ori-
ginen a veces un comentario irónico: «Oí que en la Puerta del
Sol está la Artillería. ¿Qué pasa? Que la Historia de España
ha salido de paseo. Es muy callejera esa señora...» *(La Primera República,* pág. 61).

No nos llamemos a engaño: el autor sabe, como todos los
que componen la Historia de España (y muchas otras histo-

---

6 El *continuar la Historia de España,* frase atribuida a Antonio Cánovas, corre como un *leit-motiv* en el volumen homónimo: «Ya sabe
lo que dice don Antonio: que *ha venido a continuar la Historia de España»* (pág. 44); «Y ahora, lector mío, a mi modo *continuaré la Historia de España,* como decía Cánovas» (pág. 129); «*Continuando la
Historia de España* os diré que la mozuela...» (pág. 187). Otras variantes se leen en otros *Episodios:* Cánovas habría dicho « '—Esperamos, y
esperando hacemos la Historia de España'. Pues la mesa de Eufrasia
fue aquella noche un taller de España con sólo las referencias que allí
se hicieron de sucesos privados» *(España sin rey,* pág. 180); «Llegué,
vencí, y a mi camaranchón a continuar viviendo la Historia de España»
(España trágica, pág. 221).

7 « 'Que se levante y se vista pronto; vamos a ver la Historia de
España» *(España trágica,* pág. 80); «Vamos a ver pasar la Historia de
España» *(Los Duendes de la camarilla,* pág. 293); «Hoy les toca morir
a éstos, mañana a los otros. Es la Historia de España que va corriendo,
corriendo... Es un río de sangre» *(La de los tristes destinos,* pág. 14;
en la misma obra hay variantes de la expresión: «Yo aquí viendo pasar la *España con deshonra...»,* pág. 344, e incluso «la Historia de España *por la otra punta»,* pág. 16).

rias con ella), que hay asuntos y acontecimientos que no son
ni serán nunca históricos [8]; pero incluso de ellos pueden sa-
carse también sutiles enseñanzas, como de los acaeceres que
pertenecen en propio a la «maestra de la vida»: «...voy a llenar... lo que me queda de este pliego con noticias más gratas,
que no pertenecen a la serie de los hechos llamados histó-
cos; son menudencias de la vida y observaciones del orden
privado, de las cuales podemos sacar útiles enseñanzas» (*Los
Ayacuchos*, pág. 53). Algunas «cosas raras» hay, también, que
no por personales parecen indignas de la Historia [9]; porque,

---

[8] «...hablando de un asunto que no es ni será nunca histórico...»
(*La Revolución de julio*, pág. 5); «Para mí solo escribo estas tonterías.
No creo que el Infante dé que hablar a la Historia» (*España trágica*,
página 73); «Entre éstas y otras accidentales conversaciones y sucesos,
indignos de la Historia, transcurrió el viaje» (*La Vuelta al mundo...*,
página 227). Períodos cronológicos enteros hay que no merecen el cali-
ficativo de históricos: «Perdonadme, lectores de mi alma, que pase
como gato fugitivo por este período de una normalidad desaborida y
tediosa, días de sensatez flatulenta, de palabras anodinas y retumban-
tes con que se disimulaba el largo bostezar de la Historia» (*Cánovas*,
página 102); «La intentona revolucionaria de Navalmoral de la Mata
fue otro caso de la vacuidad histórica que caracterizó aquellas décadas»
(*id.*, pág. 201); «La página histórica se desvanecía en la insignificancia...»
(*Carlos VI en la Rápita*, pág. 269). Hay destinos que no son en manera
alguna históricos, entre las «figuras del montón complejo, algunas de
las cuales entraron en la Historia, y otras se quedaron fuera mirando a
una puerta que se llama *del Olvido*» (*Amadeo I*, pág. 12); «¿Qué hacían? Ir viviendo, ir trazando una Historia tediosa y sin relieve, sobre
cuyas páginas, escritas con menos tinta que saliva, pasaban pronto
las aguas del olvido» (*id.*, pág. 39). Galdós pinta a la Historia «ganosa
de marcar aquel día con signo que lo distinguiera y perpetuara» (*Aita
Tettauen*, pág. 110), pero sin conseguirlo siempre, y ésa es una razón
más para equiparar —y hasta preferir los segundos— los hechos privados de sus personajes y hechos públicos de la «Historia Grande»:
hay ejemplos de estos procedimientos en *Cánovas*, pág. 72, y en *La
Primera República*, pág. 96.

[9] «Entre las numerosas cosas raras que le pasaron al coronel Ibero
en la primavera y verano del 41, se mencionarán algunas que no parecen indignas de la Historia» (*Montes de Oca*, pág. 192).

si hilamos delgado, las diferencias entre lo personal (real, o posible y novelesco) y lo histórico son más aparentes que verdaderas:

> Dos minutos después, Ibero y Rafaela, solos en la sala, producían una escena que, sin ser histórica, merece ser puntualmente relatada. ¿Y por qué no había de ser histórica, siendo verdad? No hay acontecimiento privado en el cual no encontremos, buscándolo bien, una fibra, un cabo que tenga enlace más o menos remoto con las cosas que llamamos públicas. No hay suceso histórico que interese profundamente si no aparece en él un hilo que vaya a parar a la vida afectiva.
>
> *(Montes de Oca*, pág. 134)

> Más que la Historia seca, de los públicos acontecimientos [a Beramendi] le cautivan las referencias de andanzas particulares, y en ellas ve el colorido de la Historia general, la cual, sin este matiz de sangre, de fuego anímico, no es más que un trazo negro que así fatiga la vista como la memoria.
>
> *(Carlos VI en la Rápita*, págs. 119-120)

Esta dualidad caracteriza a toda la «historia privada, que pública podía ser a poco que se escarbase en ella» *(España sin rey*, pág. 162):

> Los íntimos enredos y lances entre personas, que no aspiraron al juicio de la posteridad, son ramas del mismo árbol que da la materia histórica con que armamos el aparato de la vida externa de los pueblos, de sus príncipes, alteraciones, estatutos, guerras y paces. Con una y otra madera, acopladas lo mejor que se pueda, levantamos el alto andamiaje donde vemos en luminosa perspectiva el alma, cuerpo y humores de una nación... Por lo expuesto, y algo más que callo, pedida la licencia, o tomada si no me la dieren, voy a referir hechos particulares o comunes que llevaron en sus entrañas el mismo embrión de los hechos colectivos...
>
> *(España sin rey*, pág. 5)

Aclara así que «Saca el narrador a cuento estos caracteres secundarios, por un suceso acaecido en la casa de Prim, avanzado ya el mes de agosto, y que tuvo relación subterránea con la Historia pública» (*La de los tristes destinos*, pág. 271; se trata de una historia de espionaje, nexo más eficaz que otros para esta junción de esferas diferentes). Pero, para que veamos que «la severa Clío no se desdeña de ser traída y llevada por criaturas insignificantes que mariposean en los espacios del amor», nos muestra el narrador cómo

> interviene la Historia, que nunca olvida sus viejas mañas de amalgamar los grandes hechos de público interés con los casos triviales que componen el tejido de la vida común.
>
> *(España trágica*, pág. 157)

Estas citas —que ponen en un solo plano, pero sin traicionar el pensamiento de Galdós, lo que él nos dice y lo que él nos hace decir por boca de sus personajes— deben recordarnos que todo lo que ocurre, además de ser lo que es, es histórico, «por ser cosa que va de un día para otro y de un año para otro año» (*La Revolución de julio*, pág. 56); «Todos los hombres hacen historia inédita; todo el que vive va creando ideales volúmenes que ni se estampan ni aún se escriben. Digno será del lauro de Clío quien deje marcado de alguna manera el rastro de su existencia al pasar por el mundo...» (*Las Tormentas del 48*, pág. 49); hay un «punto y ocasión en que los sucesos particulares revisten la suficiente gravedad para convertirse en históricos» (*Narváez*, pág. 297), y todo estribará en dar «a cada suceso su verdadero valor informativo, que con el tiempo *llegará a ser* [Galdós escribió «debía ser»] histórico» (*id.*, pág. 26). La Historia es de la especie del cuento, si bien más augusto que los cuentos comunes:

> Para los chicuelos de Juan Particular se escribían los cuentos comunes, inocente literatura de la infancia. Para las *Niñas de la*

Nación [Isabel y su hermana] se había escrito el más bonito de los cuentos: la historia de España.

(*Los Ayacuchos*, pág. 26).

Y esta jerarquía se basa en el principio —indiscutido— de que

Los hechos, alegres o tristes, patéticos o graciosos, [son] más interesantes que esas peregrinas imitaciones de la realidad que llamamos novelas,

(*La Revolución de julio*, pág. 140)

sin que haya entre los hechos y las novelas diferencia esencial, salvo la astuta de barajar Historia y ficción aceptada dentro de una de esas imitaciones de la realidad que llamamos novelas: Maese Pedro sale del bracete con don Quijote. Por esta razón los «historiadores» de Galdós —y Galdós/ Maese Pedro el primero— consignan, sin más sorna que la elemental y necesaria, detalles o acontecimientos a primera vista (y hasta a una segunda) poco históricos: «el Marqués [de Beramendi] y don Serafín ofrecieron a la Historia una memorable conversación» que sólo concierne a ellos y al perdón de Virginia (*O'Donnell*, pág. 280). Algunas veces puede dudarse de la calidad histórica de lo que se consigna:

Dudo mucho que uno y otro hecho sean merecedores de pasar a la posteridad; pero allá va el mío, de índole privada, emparejado con el de carácter público. A eso de la una, almorcé en una tasca de la calle de la Visitación judías con salchicha y un vaso de vino.

(*La Primera República*, págs. 65-66)

Otras veces lo trasmitido se considera como fundamentalmente histórico:

...y a fuer de historiador puntual, no maleante [el personaje recoge aquí una expresión que ya ha empleado], consigno que es-

taba yo comiendo en esta misma mesa las sopas de puchero,
que son mi más gustoso alimento por las noches, cuando sentí
el tumulto y los primeros tiros en la puerta del Príncipe,

(*Los Ayacuchos*, pág. 37)

y durante esta intentona de secuestrarla, «Quizás el historiador esté en lo cierto indicando el hecho de que la viva imaginación de Isabel [II] no permitió a ésta un sueño sosegado»
(*id.*, pág. 23), pero a fuer de historiador puntual, no maleante,
no arriesga sino su opinión, sostenida por un débil «quizás».
Menos dudas parece tener el historiador en lo tocante a otros
puntos igualmente esenciales para la Historia:

Dirigióse a la cómoda en que estaba el candilón, el cual,
dicho sea por respeto a la puntualidad histórica, había dejado
extinguir una de sus dos mechas...

(*Vergara*, pág. 283)

Dentro de esta variada gama de acaeceres, y esta no menos variada manera de estimarlos, Clío puede saber, o ignorar, los acontecimientos diversamente graves que el nove-
lista-historiador ha de referirnos: «No vuelve a mentar Clío
a nuestro buen Centurión hasta la página en que nos cuenta
la entrada de Espartero en Madrid» (*O'Donnell*, pág. 25); «Mas
¿cómo habríamos de dilucidar este obscuro punto, si Clío,
que todo lo sabe, ignoraba en qué lugar se habían separado
de mi cuerpo mis botas y mi levita?» (*La Revolución de julio*,
página 302). Y la misma Musa de la Historia, tantas veces in-
vocada en los *Episodios*, responde a este facetado concepto
de su tarea según los cristales que la enfoquen y sus cam-
biantes colores: Clío puede dibujar una cara «con un hueso
mojado en sangre española» (*Carlos VI en la Rápita*, página 266) o escribir con una «saliva especial que me dio mi
padre para estos casos» y se borra después de mañana (*Ama-*

deo I, pág. 99, y también pág. 223), vestir espléndidamente
o morar «en la portería de la Academia de la Historia, porque
sus cortos haberes no le permitían mejor acomodo» *(id.*, página 250: realiza allí modestas tareas de limpieza, o acompaña a don Marcelino), taparse la cara y volverse «de cara a
la pared para no ver nada» *(España trágica*, pág. 162), hacerse invisible *(id.*, págs. 164, 170 —larga descripción— y 175) y
hasta hallarse «en estado de catalepsia, única enfermedad que
acomete a los Dioses cuando no tienen nada que hacer, o se
creen dispensados de intervenir en las acciones humanas»
(Cánovas, pág. 104). Clío, Musa de la Historia, adopta tantas
actitudes como denominaciones posee: es «la trompetera
Clío» *(España trágica*, pág. 75), «Clío trágica» *(La de los tristes destinos*, pág. 303), «la madre Clío» *(Cánovas*, pág. 162 y
passim; Amadeo I, pág. 147, y, en pág. 222, «Santa Clío mi
madre»), «la profana Clío» *(Bodas reales*, pág. 39, como en
Las Tormentas, pág. 253 ya citada; Hinterhäuser subraya el
adjetivo en el primer ejemplo, pág. 156) o «la divina Clío»
(Amadeo I, pág. 283), «la excelsa maestra doña Clío» *(De Cartago a Sagunto*, pág. 5), «doña Clío» a secas *(Cánovas*, pág. 6),
o aun «la tía Clío» *(Amadeo I*, págs. 48-49, 51, 53, 55, 78). La
«musa Clío» *(Prim*, pág. 58), con su calidad de «matrona»
(id., pág. 13), puede derivar hacia «Madama Clío» *(De Cartago
a Sagunto*, págs. 176 y 247) o erigirse en una «Clío Familiar»,
con dos mayúsculas, semejante a una hipostasis como la de
Venus Urania *(La de los tristes destinos*, págs. 12, 55, 90, 112,
115, 161, 215), u oscilar de «la Diosa» *(Bodas reales*, pág. 39)
a «la esclarecida jamona doña Clío de Apolo» *(O'Donnell*, página 6). Y de «doña María Clío» *(Amadeo I*, pág. 145), puede
ir bajando a «Mariclío» *(id.*, págs. 56, 143-144, 150-151, 252;
Cánovas, pág. 167; *La Primera República*, págs. 47 y 176; *De
Cartago a Sagunto*, pág. 56), y ser, con este nombre familiar y
compuesto, «celestial» *(La Primera República*, pág. 18), «in-

signe» *(Amadeo I*, pág. 250), «excelsa» *(De Cartago a Sagunto*, página 100), o simplemente «tía» *(Amadeo I*, pág. 94; algo semejante en la página siguiente). De Mariclío puede resbalar al más cotidiano «Mariana»: es «doña Mariana» en *La Primera República* (pág. 95) y en *Amadeo I* (págs. 289, 292, 305), y con un retintín nuevamente histórico —como que acarrea, irresistiblemente, el recuerdo del Padre Mariana, historiador de España—, «la Madre Mariana» *(Amadeo I*, págs. 201 y 283-284). Para que nada falte, hasta tenemos a «La Virgen del Carmen disfrazada de Clío» *(España trágica*, pág. 160). Su atavío se corresponde con la varia iridescencia de sus apelativos: se la ve vestida de mujeruca, de señora de la clase media, o con galas mejores, según sean los acontecimientos que contempla o preside. Pero es en su calzado (quizás por reminiscencia de las viejas jerarquías teatrales, de coturno a zueco) donde mejor se advierte la variada altura de las circunstancias históricas, y muy especialmente en *Amadeo I*:

> ...la verdadera Historia [...] nos aburriría si a ratos no la descalzáramos del coturno para ponerle las zapatillas. ¡Cuántas veces nos ha dado la explicación de los sucesos más trascendentales en paños menores y arrastrando las chancletas! (págs. 46-47). Calzaba en aquel pie un lindo borceguí colorado, con tacón de plata. ...No es el coturno lo que ves; es un zapato de media gala. ...sacó, no sé de dónde, una blanda zapatilla, que por su propia mano se calzó... dio paseos airosos por la estancia, un pie con medio coturno y el otro con zapatilla... (pág. 144). La gran escena de hoy en la Cámara Regia [...] es de tal modo bochornosa, que me he quitado los coturnos por zafarme de la obligación de contarla. Para dar noticia de lo que hoy he visto, héme puesto estos borceguíes raídos y viejos... (págs. 146-147). ...nada ocurría digno de los borceguíes ni aun de las sandalias de mi ilustre amiga (pág. 202). —A este ensayo de tragedia —me dijo, enseñándome un pie— he venido con mis zapatos de orillo, como ves. No tenía motivo ni asunto para mejor calzado (página 250). «Graziella, sácame del arca grande mis borceguíes de tacones de plata...» (pág. 288).

Pero en otras obras de la serie se manifiestan explícitamente las mismas correspondencias:

> El toque está en que madama Clío se ponga el coturno de dorados tacones, o las chinelas de orillo, en que traiga el peplum o una bata de tartán, *a cuadros* blancos y negros.
>
> *(España trágica*, pág. 81)

Y de este indumento saldrá la respuesta a la pregunta de la página siguiente: «¿Resultará Historia o gacetilla?». La Historia es sólo una, pero aparece diferentemente caracterizada:

> Su salud es inalterable. Varían tan sólo su apariencia personal y las vestiduras que cubren su noble cuerpo. Cuéntame: ¿qué calzado gasta en estos benditos días para andar por el mundo? ¿Lleva por ventura el alto y ceremonioso coturno, señal de la grandeza histórica?
>
> La recadista de *Clío*, con solemnidad un tantico risueña, contestó: «No lleva el coturno, sino unos holgados borceguíes de paño burdo, decorados con papeles de rojo y gualda, talco y purpurina, imitando el esplendor áureo del calzado de los Dioses, falsedad que sólo engaña a ciertos académicos. Usa la Madre estos borceguíes blandos y de figurón, porque se los impone la suciedad y dureza del suelo que recorre, todo fango y guijarros puntiagudos.
>
> *(Cánovas*, págs. 73-74)

El calzado de Clío no es sólo manifestación pasiva de su vario aprecio de la realidad histórica de España; se sirve de él para comentarla activamente: «He repartido allí no pocos zapatazos con mi recia sandalia» *(La Primera República*, página 177); «...con este escarpín azotaría yo...» *(Amadeo I*, página 145); y esta omnipresencia del calzado de Clío llega a teñir de un nuevo sentido, para el lector avisado, hasta frases hechas o casi hechas, como «aquel Lepanto en zapatillas» *(De Cartago a Sagunto*, pág. 28). Los últimos *Episodios* van presentando, con frecuencia creciente, a la musa de la Historia y a sus acólitos, pero sobre todo a esta misma que viste y calza, como un personaje más de la Historia de España. Lejos estamos de lo elemental y de la *Historia* de Lafuente.

Si la calificación y el aspecto de su Musa son tan abiertamente matizados, la concepción galdosiana de la Historia misma no es menos ancha ni menos compleja. Siendo ésta, como es, «el arte de referir los hechos públicos o que deben serlo» (*Carlos VI en la Rápita*, pág. 211) —y es «arte difícil» (*ibid.*)—, es también el espejo de la realidad [10]. Tenemos así dos series de implicaciones y de complicaciones: las que nacen de la realidad misma (que no es simple) y las que se añaden del querer reflejarla (que son infinitamente más complejas). Por una parte está esa Historia que no se escribe ni se lee, ya apuntada; esa «historia viva y no pasada por letras de molde» (*Prim*, pág. 24); Galdós repite la expresión «historia viva» en *Amadeo I* (pág. 11) y en *España sin rey* (pág. 129), y en *España trágica* (pág. 198) la completa diciendo que pone los pelos de punta. Esta «historia viva» está compuesta de muchas «cosas que eran como los borradores de la Historia» (*Prim*, pág. 145), y que abarcan y forman juntamente «la página histórica, que [Halconero] había visto antes de que pudiera ser escrita» (*España trágica*, pág. 91); la Historia que hace el pueblo y que raramente se escribe:

> Era el pueblo, que con sus miserias, sus disputas, sus dichos picantes, hacía la historia que no se escribe, como no sea por los poetas, pintores y saineteros.
>
> *(Prim, pág. 41)*

Esta delimitación, que admite una Historia escrita por los creadores artísticos, va mucho más allá de la dicotomía

---

[10] La conquista de América es un «poema más hermoso en la realidad que en el espejo que llamamos Historia» *(Prim*, pág. 10).

clásica de Historia pública (que narra reinados, batallas y
sucesos generales) y de la Historia llamada interna (Hinterhäuser traza rápidamente sus caracterizaciones respectivas,
desde Voltaire en adelante, en págs. 103 y sigs.). Galdós afec-
ciona esta Historia «interna»:

> Sostuve yo que la credulidad candorosa del pueblo español
> y las artes hipnóticas de la hija de Larra eran, como signo in-
> dudable del estado mental de la raza, más dignos del fuero de
> *Clío* que las ficciones vanas en que se agitaban nuestros polí-
> ticos; en suma, que la Historia debía consagrar más páginas
> al zurriburri de las finanzas plebeyas que al barullo retórico de
> las Cortes, y al trajín de quitar y poner Constituciones que no
> habían de ser respetadas,
>
> (*Cánovas*, pág. 143)

pero se adentra en tierras que para él son Historia aunque
parezcan del dominio exclusivo de la novela:

> Con sinceridad lo digo: las aventuras de cualquier español
> voluntarioso, enamorado y poco sufrido, me saben a historia
> más que las acartonadas narraciones de batallas o de tumultos
> populares que alteran la tranquilidad de la Puerta del Sol y
> calles adyacentes.
>
> (*Carlos VI en la Rápita*, pág. 23; carta de Beramendi a
> Santiuste)

A esta materia prima de la Historia, ya de por sí fluc-
tuante, se superpone la manera de aquilatarla y de tornarla
Historia a secas según el gusto de cada uno; y los gustos varían, según el sujeto que los posea, padezca y ejercite; Galdós
nos lo declara por boca de sus personajes: *Confusio* «en estos momentos anda por Madrid viendo cómo cuece el pueblo
la Historia verdadera» (*La de los tristes destinos*, pág. 340);
don Wifredo, por razones políticas, sobrepone dos Historias
diferentes en un solo tiempo histórico: «la vida y desengaños

del asendereado Carlos V, [son] la verdadera Historia de España [...]. La otra Historia, la de la rama segunda, que a Isabel enaltecía llamándola Reina y a su tío denigraba con el depresivo mote de *Pretendiente*, le atacaba los nervios; era una Historia suplantada, apócrifa y petardista» *(España sin rey*, págs. 34-35). ¿Cómo procedía el propio Galdós ante estas complejidades, cómo cocía su historia verdadera, y qué complejidades personales iba sumando a las que ya existían con anterioridad?

Por fortuna poseemos algunos testimonios de cómo trabajaba Galdós. Montesinos nos dice que

> Cuando Galdós preparaba un episodio, hacía un detenido esquema de los sucesos políticos que el libro cubría [agrega, en nota, que la cuartilla preparada para *Las Tormentas del 48* fue publicada en 1910 por el Bachiller Corchuelo]. Esta cuartilla o cuartillas estaban a su vista mientras escribía; en todo aquello, que era como una cuadrícula, iba cuajando la novela. El componer este rompecabezas le divirtió mucho al principio, pero luego acabó por hastiarlo.

> (pág. 81)

Sospecha Montesinos que a esta fatiga se debió la interrupción —dos décadas, 1879-1898— de los *Episodios Nacionales* al terminarse la segunda serie: a partir de ésta, agrega, los *Episodios* no son más que «novelas españolas contemporáneas cubiertas apenas por transparentísimo disfraz», mientras que en «las primeras series, la primera sobre todo, lo histórico era esencial» (pág. 82; cf. Hinterhäuser, pág. 283, sobre los personajes de las *Novelas contemporáneas* que arriban a los *Episodios Nacionales)*. La posición de Hinterhäuser aparece como más matizada: lo que varía, al avanzar los *Episodios*, parece ser sobre todo «la concepción galdosiana de la Historia», que

se caracteriza por una lucha incesante y apasionada en torno
al concepto de *Historia interna;* su filosofía de la Historia, construida en las primeras series sobre el papel predominante de las
grandes personalidades, se desplaza desde la tercera, cada vez
más radicalmente, hacia el reconocimiento de la colectividad —del
pueblo— como fuerza determinante de la Historia.

(págs. 370-371, *Conclusión*)

Frente a una constante («La apología de la historia privada y personal frente a la Historia nacional y universal —*leit-
motiv* a lo largo del ciclo», Hinterhäuser, pág. 242), la posición
del escritor va desplazándose. Partiendo de un propósito fundamentalmente didáctico —competir con los folletines dando
al lector popular un alimento espiritual mejor, pero adoptan-
do para conservarlo las técnicas del género que combate: lo
explica muy claramente Montesinos—, sube luego «de la concepción histórica hacia la utopía» (Hinterhäuser, págs. 129 y
siguientes), y «al final del ciclo, Galdós eleva su empresa éti-
copedagógica inicial a la categoría de lo mítico» (*id.*, págs. 221-
222). Dentro de esta línea, su manera de trabajar sigue siendo
la misma; afirma, a propósito de un episodio de las series
finales, *Amadeo I:*

Ahora estoy preparando el cañamazo, es decir el tinglado
histórico... Una vez abocetado el fondo histórico y político de la
novela, inventaré la intriga.

(texto citado por Hinterhäuser, pág. 223)

(Notemos, de paso, que este método al parecer bizarro es
semejante al que se dice adoptaba Racine: «mi tragedia está
hecha; sólo me falta escribir los versos», y es el mismo utilizado por un creador tan exquisito como Ravel: cuando el
plan detallado de una obra con todos sus encadenamientos
armónicos estaba totalmente determinado, llegaba por fin el

momento de encontrar la melodía que recubriera todo ese andamiaje).

El propósito (largamente demorado) de este ensayo es mostrar que desde la primera serie de *Episodios* coexistían en el espíritu de Galdós una peculiar concepción de la Historia, una matizada opinión sobre las relaciones de ésta con las técnicas de la novela, y, sobre todo, una tendencia hacia el mito y la utopía que no esperaron las series finales para manifestarse, si bien en éstas las novelas «históricas» abandonan decididamente, por largos momentos, casi todo contacto con la realidad histórica o historiable.

Para volver a la teoría de la Historia, o a su filosofía, como él mismo la llama, una preocupación esencial de Galdós historiador es el tener en mucha cuenta la Historia denominada «interna»:

> Lo que aquí llaman política es corteza deleznable que se llevan los aires. Desea *Mariclío* que te apliques a la Historia interna, arte y ciencia de la vida, norma y dechado de las pasiones humanas. Éstas son la matriz de que se derivan las menudas acciones que se llaman *cosa pública*, y que debería llamarse *superficie de las cosas*.
>
> (*Cánovas*, pág. 209)

Pero no es seguro que la que allí defiende y la que define Hinterhäuser sean la misma que se alude en *España trágica* (Domiciana Paredes «Conocía mejor que nadie la Historia interna de España desde el 46 al 70», pág. 56). Hay una «Historia callejera y cafetera» que puede hasta anticiparse «a lo que habría de decir la Historia grande» (*La de los tristes destinos*, pág. 30), pero hay también, junto a ella, una *Historia burlesca*, una *Historia chismográfica*, una *Historia juguete* (*Amadeo I*, págs. 206-207), que motivan la aparición de la alpargata o el rebajamiento del coturno. Todas ellas pueden caber, más o menos fugazmente, en los *Episodios*, ya como expresión del autor, ya en boca de algún personaje (lo que, en último término, significa lo mismo, porque si bien no es obligatorio que Galdós crea todo lo que hace decir a sus criaturas, sí es evidente que lo estima como adecuado a ellas y que puede, en cierta medida, experimentarlo, aun criticándolo); y Galdós pone a contribución toda clase de fuentes, escritas u orales, que puedan complementar las pinturas de las diferentes épocas que retrata[11]. Pero sean cuales fueren estos ingredientes, el resultado de su combinación es satisfactorio para el buen testigo y excelente catador que fue Mesonero Romanos, que en *Los Cien mil hijos de San Luis* admira

> ...(lo digo con franqueza) la poderosa inventiva de usted, la capacidad y destreza para continuar en los términos más brillantes el desarrollo de su drama y combinarlo acertadísimamente con la marcha de los sucesos históricos... ...Es una especialidad en la que no tiene V. rival, y me admira tanto más

---

[11] Sobre la contribución de la pintura, ya histórica, ya puramente artística, de Goya a los Madrazo, hay buenas páginas (susceptibles de desarrollo ulterior) en Hinterhäuser. Sobre la información oral, la preferencia de Galdós por ella, y la posible crítica de su crítica histórica, véase allí mismo págs. 65-66; Galdós mismo enumera, lo que significa que las conoció bien y que previsiblemente se sirvió de ellas, las formas de «la literatura concebida y expuesta en forma personal: las llamadas *Memorias*, relato más o menos artificioso de acaecimientos verídicos o las invenciones que para suplantar la realidad se revisten del disfraz autobiográfico, ya diluyendo en cartas toda una historia sentimental, ya consignando en diarios apuntes las sucesivas borrascas de un corazón atormentado» (*España trágica*, pág. 12). Sobre la obra de Galdós considerada precisamente desde este ángulo se extiende Rosa Chacel (*La Confesión,* págs. 56 y sigs.), pero —para servirnos de sus repetidas palabras—, «analizar[la] detenidamente... es tarea muy tentadora, pero que, por lo gigante, nunca encontraremos ocasión de acometer»; su «demostración rigurosa... requeriría un libro»; «Pero no puedo ni siquiera acercarme a tal análisis porque no cabe en este estudio el incalculable desmenuzamiento a que me llevaría» (págs. 59, 63, 70, etc., etc.).

cuanto que habiendo sido testigo [...] de esos sucesos [...] estoy en el caso de apreciar la inmensa fuerza de intuición con que usted [...] se hace dueño de situaciones, caracteres y períodos históricos.

(Hinterhäuser, pág. 70, y Montesinos, pág. 80, citan trozos diferentes de esta carta)

Esta afición a la Historia y esta concepción de lo que debe ser las trasplanta Galdós a uno de sus personajes más curiosos, Santiuste-*Confusio* (ya lo señala Hinterhäuser, página 129):

...porque *Confusio* no escribe la Historia, sino que la inventa, la compone con arreglo a lógica, dentro del principio de que los sucesos son como deben ser.

(*Prim*, pág. 65)

Algunas páginas después *(id.,* 81-82) Santiuste expone las diferencias de su Historia con la realidad transcurrida (fusilamiento de Fernando VII, eliminación complementaria del Pretendiente, etc.); y algo más adelante se epiloga así:

—Convendrás conmigo en que es más divertido escribir la historia imaginada que leer la escrita. Esta suele ser embustera, y pues en ella no se encuentra la verdad real, debemos procurarnos la verdad lógica y esencialmente estética;

(págs. 101-102)

los que vengan leerán a *Confusio* y no a Rico y Amat o a Antonio Flores: reemplazando el nombre de *Confusio* por el de Galdós, la profecía resulta verídica. No se le escapa a Galdós que por muy tentadoras que sean estas Historias, emprenderlas en el plano real es correr el riesgo de acabar como el «inspirado historiador *Confusio*» (Santiuste recibe varias veces este dictado),

...que en aquel manicomio sigue escribiendo la Historia de
España... por el reverso, o como él dice, por *la verdad de la
mentira.*

(*España trágica*, págs. 53-54, con la obligada cita de Argensola)

A fuerza de ahondarse en la Historia viene a darse otra
vez al problema inicial: las relaciones de la Historia, expresión de la verdad acaecida, con lo imaginario, lo novelesco,
fingido e hijo de la mentira, que sólo acaece en su misma expresión. Santiuste busca en la Historia *la verdad de la mentira:* la misma Historia no puede —como obra que es de humanos, como nacida de los hechos del hombre relatados por
el hombre— ser la verdad químicamente pura: hasta una
de las servidoras de Clío, Efémera, manifiesta a Tito, prohi-
jado de Clío, que «la verdad y la mentira de los hechos no
caen dentro de mi jurisdicción» (*Cánovas*, pág. 74). Por su
naturaleza, los *Episodios* no pueden ser la verdad verdadera
—ni siquiera la verdad histórica— ni lo pretenden; pero, precisamente por esa misma naturaleza híbrida, por la mayor
variedad y equilibrio de sus componentes, pueden aparecer
más verdaderos que la Historia, y puede aplicárseles el
diálogo entre Tito y su compañera (no olvidemos que Tito
es a veces Tito Liviano, y hasta Tito Livio, como se prueba con
gramática, apócope y metátesis en *La Primera República*,
página 216):

...Eso que escribes, ¿es Historia o qué demonios es?
—Novela, chiquilla, novela —repliqué un tanto confuso—.
Ahora me da por ahí. Pero en invención supera en verdad a la
misma Historia.

(*Cánovas*, pág. 214)

(«En verdad» debe tomarse por «en veracidad», y no con
el valor adverbial que tiene, por ejemplo, en el «En verdad os

digo» de los Evangelios). Galdós mismo puede llegar a dudar de la veracidad histórica de sus materiales, no ya los novelescos («¿Las amorosas conquistas que me sirven de trama para la urdimbre histórica, son verdaderas o imaginarias?», *Amadeo I*, pág. 138), sino de las propias «páginas históricas»:

> Venid otra vez a mí, parroquianos benignos, y os daré una página histórica que me salió, cuando menos lo pensaba, en los días de mi convalescencia.
>
> *(La Primera República*, pág. 276)

Galdós puede dudar, en efecto, de la veracidad de lo que ofrece, o, por lo menos, de su intencionalidad («cuando menos lo pensaba»); no puede, en cambio, dudar de su eficacia:

> Si todo esto fue mentiroso aparato forjado por mi exaltada imaginación y de ello puede resultar que lo verosímil sustituya a lo verdadero, bien venido sea mi engaño, y allá van, con diploma de verdad, los bien hilados embustes.
>
> *(Amadeo I*, pág. 238)

Claro está que quien habla es un personaje, envuelto en alucinaciones que encajan sólo a medias en su explicación real (trasposición de aspectos aislados de la realidad cotidiana por efecto de la modorra), pero lo que juzga es la obra de Galdós; quien habla, directamente o no, es el autor mismo. Y esta actitud ante lo real no es otra cosa más que prudencia: primero, porque en las revueltas épocas que se describen, los «cambios de casaca» eran demasiado frecuentes para arriesgar demasiados juicios de valor (no es casualidad que ya el protagonista de la segunda serie se nos presente al comenzar como odioso a su propia madre y a su novia, para luego constituirse en ejemplo de constancia fáustica en el descontento de sí frente al acomodaticio Pipaón con quien se lo empareja al comienzo, o que Beramendi no se ofrezca

como un modelo de tino antes de acabar como ejemplo de
sensatez neurótica). ¿Quiénes son constantes y fieles, en esa
movida Historia de España, a quiénes pertenece por entero
la verdad?

> De la Puerta del Sol venían los que la Historia llama leales,
> los artilleros del Retiro [...] Nadie podía decir si los leales eran
> traidores, o los traidores leales.
>
> *(Prim,* pág. 316)

Por lo demás, esta fidelidad a lo históricamente cierto no
importa demasiado:

> Verdad que al contárselos [«los hechos de Prim»] a Ibero
> trabucaba lugares y fechas; pero esto no importaba. De verda-
> des aderezadas con mentiras se apacientan las almas.
>
> *(Prim,* pág. 44)

Y esta incertidumbre, además, no sólo tiene utilidad psicológica, sino que «está muy en la naturaleza de la Historia»:

> Muchos le tuvieron por loco [a Gutiérrez Estrada]. Luego ha
> venido la Historia a darle la razón, que esto está muy en la
> naturaleza de la Historia: dar la razón a los que no la tienen,
>
> *(Prim,* pág. 60)

esto es, que la verdad histórica es por naturaleza cambiante,
lo que sólo puede explicarse, históricamente, por la coexistencia de verdades contradictorias, o por lo menos opuestas.

Todo este mosaico está lejos de ser —en Galdós— impro-
visación: resulta, por el contrario, de un decantarse de lo
histórico en lo filosófico. Si —como lo afirma en *De Oñate a
La Granja,* pág. 174: «yo me agarro a la filosofía de la historia»— se aferra a una conciencia histórica que va más allá
de la Historia, lo hace de la misma manera que no se escriben
las acciones de guerra mientras se las realiza *(De Cartago a*

Sagunto, págs. 218-219): «La historia no es filosofía cuando está pasando, sino después que ha pasado, cuando vienen los sabios a ponerle perendengues» *(España trágica*, pág. 149); y ésta es la visión histórica que Galdós nos ofrece: lo acontecido, dado como presente, y visto por personajes que pueden saber, por delegación, de manera más o menos consciente, algo más que los simples espectadores de entonces.

Toda esta complejidad —recapitulando: complejidad de los hechos mismos, de la Historia que los recoge (o los descuida), de la cambiante posición histórica del escritor (combinada con la de sus personajes), de la tarea de un novelista que utiliza material historiográfico, etc.— está manipulada con destreza tal que, luego de imponernos cuanta fantasmagoría se le antoje pergeñar, todavía le sobran a Galdós razones para llamarnos «lectores cachazudos, crédulos y traga bolas» *(Cánovas*, pág. 162) y para hacernos saber que nos ofrece los hechos históricos con una primerísima imagen cinematográfica:

> Sigo pasando ante tu vista, lector discreto, una cinta histórica de menguado interés...
>
> *(La Primera República*, pág. 277)

Tampoco queda reservada a los acontecimientos puramente históricos esta complicada destreza expositiva, que no excluye ni la anticipación ni la profecía [12]. Los mismos persona-

---

[12] Como ejemplo de «profecías» ya cumplidas, véanse las adivinaciones de D. Wifredo *(España sin rey*, págs. 286-287) que le permiten «construir a su modo toda la Historia, con potente imaginación y lógica un tanto poemática» *(id.*, pág. 293), previendo entre otras cosas la muerte de Prim (pág. 159; también se la intuye en *España trágica*, pág. 116). Abundan las «profecías» en las páginas 137-141 de *La de los tristes destinos;* cobra valor profético una frase de Cánovas en *España sin rey*, pág. 194; Vicente Halconero aspira incluso a escribir «la Historia futura» *(España trágica*, pág. 5).

jes ficticios son todo lo contrario de simples. Combatiendo
la opinión de críticos precedentes (Heiss, Walton, Gamero
y de Laiglesia, el propio Joaquín Casalduero), Hinterhäuser
defiende a los personajes galdosianos afirmando que

> Si se quiere criticar su configuración habrá que decir que
> parecen recargados más bien que simples y «primitivos».
>
> (pág. 302; simple y primitivo aparecería el propio Mon-
> salud para Hanns Heiss)

Montesinos defiende también el cabal desarrollo psicológico de los personajes en los *Episodios Nacionales* (pág. 142),
y tanto Hinterhäuser como Montesinos insisten en «el pesado
lastre de significaciones concretas y simbólicas» con que éstos van cargados (Hinterhäuser, pág. 77). Sobre los nombres
simbólicos y su empleo discurre Hinterhäuser (pág. 286); no
sólo Presentación, personaje de *Cádiz*, es «un símbolo de lo
que puede llegar a ser aquella vida horrible a que está sujeta»
(Montesinos, pág. 104), sino que otras figuras, en las que
Galdós «ha encarnado» variados conflictos, «están en los *Episodios*, como grandes símbolos»: en algún momento, «la figura de Inés misma» puede considerarse simbólica *(ibid.)*,
como lo son hasta Pacorro y Pujitos *(id.*, pág. 92). Si

> Es inevitable que en una gran novela los personajes «signi-
> fiquen» algo, además de ser interesantes como individuos, en el
> caso de los *Episodios* hay que añadir a esa ley constante la
> nunca desmentida tendencia de Galdós al simbolismo.
>
> (Montesinos, pág. 89) [13]

---

[13] Hinterhäuser llega casi a reprochar a Galdós la libertad pecu-
niaria de sus personajes, que les permite asumir actitudes de espectadores históricos; sospecha, por lo menos, un cierto cansancio en el
autor para «inventar nuevos motivos» que la expliquen (pág. 298). Es
indudable que Bravo lamenta no tener el desahogo de Halconero *(España trágica*, pág. 293), pero si lo tuviera, dice, «¡valiente cuidado me
daría la Historia!».

Galdós no solamente reduce el papel histórico de personajes reales (uno de los reproches de Baroja se basaría en lo que Galdós sabía y calló en sus relatos)[14], sino que hasta llega a presentarse, sin nombrarse expresamente, pero de manera inconfundible, como personaje —y como personaje responsable del libro— en *Amadeo I*, expresando además sus propósitos al concebir los *Episodios:*

> Él era *guanche* [...], quiere decir que él nació en una isla de las que llaman adyacentes [...] despuntaba por la literatura; no sé si en aquellas calendas había dado al público algún libro; años adelante lanzó más de uno, de materia y finalidad patrióticas, contando guerras, disturbios y casos públicos y particulares que vienen a ser como toques o bosquejos fugaces del carácter nacional,
>
> (pág. 8)

y aunque el narrador se reserva «el nombre de mi amigo», dice que el isleño vivía en Olivo 9, que escribía en *El Debate*, y que ha delegado en él la tarea de narrar los acontecimientos que son materia de ese libro (págs. 9, 15, 45, 54, 55, 56). Como lo resume agudamente Hinterhäuser —que reafirma, con palabras de Galdós, sus intenciones al escribir los *Episodios Nacionales* en págs. 162-163—, «Lo autobiográfico pasa ahora a ser el marco novelesco en el que se desarrolla la ficción de una crónica narrada en primera persona» (pág. 79), es decir, en otras palabras, que lo Histórico Real (Galdós, sus propósitos, su realización) se convierte en materia novelesca que encuadra una materia novelesca que quiere hacerse pasar por Historia. Si en complicación historiográfica pocas obras hay que puedan compararse con los *Episodios Nacionales*,

---

14 Compárese: «A su caballero daba *Leona* el nombre de Alejandro, que a mi parecer era denominación familiar convenida entre ellos, pues según mis barruntos, el tal personaje figuró después en la Historia no muy lucidamente con nombre distinto» (*Cánovas*, pág. 12).

en cuanto a «ropaje novelesco» estamos —salvo mejor opinión— más bien lejos de la exigua «hoja de parra». Más bien se nos ha embarcado —para seguir en la fitohistoriografía— dentro del total «carro de heno» de una Historia más que integral.

Además de este cambiante valor de lo histórico, juega también en los *Episodios* un elemento —casi diríamos «un condimento»— importantísimo en toda la obra de Galdós y que es, a la vez, histórico y literario, como que pertenece propiamente a la Historia de la Literatura. Galdós alberga a menudo en sus propias creaciones el eco de creaciones literarias anteriores, y saca de este procedimiento (casi antinovelístico, más cercano a la «literatura para literatos» que a la creación de caracteres) un extraordinario partido. Alfredo Rodríguez ha notado con precisión cómo la estructuración de *Zaragoza* (que es posible estudiar, además, en ámbitos extremadamente diversos, como lo han hecho Stephen Gilman —«Realism and the epic in Galdós' *Zaragoza*»— y Elba M. Larrea, «Épica y novela en *Zaragoza*») adquiere un nuevo relieve cuando se advierte que el idilio de Agustín Montoria con María Candiola es un reflejo del de Romeo y Julieta (y hasta los apellidos conservan cierta resonancia que va más allá de las iniciales), combinado con fuertes ecos de *El Mercader de Venecia*. A su excelente estudio podrían oponerse solamente dos ligeros reparos: olvidar, en el cotejo de las dos despedidas al amanecer, que el *alba* tiene una larga tradición preshakespeariana que da, por este retroceso, mayor relieve al magnífico e irónico tratamiento de Galdós (ya Hinterhäuser señalaba que «el episodio del 'alba' [...] recuerda muy de cerca la famosa escena de *Romeo y Julieta* de Shakespeare», página 353); y no recordarnos que Galdós mismo, según su costumbre, nos previene socarronamente del préstamo que completa la imagen de don Jerónimo Candiola (no de otra manera procederá Valle-Inclán) [15]. Robert Ricard indica la presencia del Arcipreste de Hita y la de Cervantes en *Carlos VI en la Rápita;* para el propio Ricard, «*Nazarín* est une espèce de don Quichotte *a lo divino*» (pág. 79, n. 1); y Gilman señala atisbos cervantinos en *doña Perfecta* (pág. 354). Otro tanto hace Montesinos para *Bailén, Trafalgar, Napoleón en Chamartín, La Batalla de los Arapiles* y —como veremos— *Cádiz:* en realidad, como Cervantes está siempre presente en Galdós, su influjo se señala consecuentemente todo a lo largo del libro de Montesinos [16]. Pero las más de las veces, o, por lo menos, con harta frecuencia, estos injertos (como en el caso de *Romeo y Julieta* más *El Mercader de Venecia*) son resultado de delicadísimas cribas y montajes: W. H. Shoemaker ha mostrado que el título de *La de los tristes destinos* viene de un verso de Shakespeare, pero a través de un discurso de Antonio Aparisi y Guijarro, a quien parece haberle llegado por la versión francesa de Guizot; y por Paul Patrick Rogers sabemos que el tema de la sustitución de la carta du-

---

[15] «Si don Jerónimo hubiera tenido barbas, le compararía por su figura a cierto mercader veneciano que conocí mucho después, viajando por el vastísimo continente de los libros, y en quien hallé ciertos rasgos de fisonomía que me hicieron recordar los de aquél que bruscamente se nos presentó en el templo del Pilar» (*Zaragoza*, pág. 55). Obsérvese de qué manera trabaja el humor galdosiano: la «realidad» es un personaje que aparece primordial y «bruscamente», y al que se agrega, en el momento de narrar, el recuerdo de un mercader veneciano conocido «mucho después»; pero el mismo codazo al lector avisado está indicando que la «consecutio temporum» es la inversa.

[16] «Don Benito se sabía de memoria el libro inmortal y así las reminiscencias conscientes e inconscientes son infinitas» (Montesinos, página 86). También Hinterhäuser reconoce que la influencia de Cervantes es «conocida ya desde hace tiempo y que ha sido puesta infinitas veces sobre el tablero» (págs. 352-353). Véase ahora el artículo de A. H. Obaid, «Sancho Panza en los *Episodios Nacionales* de Galdós».

rante la representación de un arreglo de *Otelo* procede de
Un drama nuevo de Tamayo y Baus [17].

A estos empréstitos mayores, cuyo alcance trataremos de
medir algo más adelante, se une el empleo, huidizo y discre-
tísimo por definición —tan delgado humor es que cuando hay
sol no se lo ve— de lo que Alfredo Rodríguez ha llamado
parodia lírica, en la que el buen humor galdosiano se da
libre curso [18]. Galdós tiene siempre preparado un esguince
burlesco, listo para saltar de sus manos como ese gato que
acaricia en una de sus fotografías más conocidas. Así sucede en:

> ...mi madre [...] no ha venido en persona a ponerse a los
> pies de usía porque le están echando cintas a la mantilla...

> El señor cura me escribe (porque mi esposa, a causa de su
> desolación, no puede hacerlo, además de que no sabe escribir)
> y me dice que el pequeño Claudio ...¡Ay, mi corazón se despe-
> daza! [19].

---

[17] W. H. Shoemaker, «Galdós' *La de los tristes destinos* and its
shakesperian connections»; P. P. Rogers, «Galdós' and Tamayo's let-
ter-substitution devise»; algo semejante vimos en la pantalla, si no recuerdo mal, en *Les Enfants du Paradis*.

[18] A. Rodríguez, «Algunos casos de parodia lírica en Galdós», con
varios ejemplos donde —a pesar de la definición del propio Galdós,
para quien la parodia nace de la «conjunción de lo nuevo ridículo y lo
eternamente bello y viejo»— no siempre estas interferencias (en Galdós
son siempre felices) son ridículas, y ni siquiera risibles; apenas, sí,
risueñas. A pesar de lo evidente de su ironía, siempre despierta, tiene
razón Hinterhäuser cuando enuncia que «Hasta ahora tampoco existe
ninguna investigación seria sobre el humor en Galdós» (pág. 307, n. 85):
recientemente, Francisco Ynduráin *(Galdós entre la novela y el folletín*,
página 40, nota 1 de págs. 40-41) asegura que «Galdós no tuvo el don
de la gracia entre los más sobresalientes que le distinguieron» (sigue,
en nota, con que «Los subrayados de Galdós hacen aún más ingenuos
los calificativos de una ironía ya sencilla» [?]).

[19] *La Batalla de los Arapiles*, pág. 123 (Araceli está burlándose del
sargento Molichard); *El Empecinado*, pág. 203. Se dirá que éstos son
rasgos quizás necesarios para caracterizar la simpleza del personaje,
pero son rasgos que el autor no puede haber trazado sin sonreír.

Cuando la tía Gila regresa

...diciendo que estaban quemando el Palacio Real de punta a
punta, y los jardines, y el Tajo, y la cascada,

es imposible no percibir un tipo de burla extremadamente
nuevo: en esta caricatura de la información, mal del siglo,
¿por qué en Galdós va a ser simple «guasa» lo que en Apolli-
naire reconocemos como «ismo»? [20].

La intercalación de versos ajenos en la prosa de Galdós
suele responder, efectivamente, a fines humorísticos, pero ni
es forzoso que los alcance ni obligatorio que los busque. Si
Galdós deja caer un eco virgiliano en *Napoleón en Chamartín*
para cerrar un altercado, es posible —no obligado— que haya
que leer *cum grano salis* ese «Conticuere omnes» final [21]; pero
es seguro que el «quadrupedante...» enmarcado por la imagen
sonora de la guerra no evoca la misma resonancia risueña que
el anterior *(El Empecinado,* pág. 29; la cita reaparece en
Prim, pág. 220, esta vez menos solemnemente). No es posible
leer la descripción de los diversos ruidos que despide el taller
del infante don Antonio Pascual («después sucedieron a los
golpes unos delicados sones de zampoña, con tal arte tañida
que parecían haberse trasladado al Real Sitio todos los pastores de la Arcadia», *La Corte de Carlos IV,* págs. 163-164)
sin que el recuerdo de «Salicio usaba tañer / la zampoña con

---

[20] *El 19 de marzo y el 2 de mayo,* pág. 95. Compárese con este pasaje de *Les Mamelles de Tirésias* (pág. 75):

Si vous voulez savoir ce qui s'est passé hier soir
Voici
Un grand incendie a détruit les chutes du Niagara...

[21] Pág. 105. La expresión vuelve en *El Equipaje del rey José,* página 61, y en *Narváez,* pág. 299, como mera indicación de un silencio
general o final.

tal arte...» despierte nuestra sonrisa: pero más que la cita
deslizada al pasar, la solicita la intención del trozo («Yo me
admiré —dice Gabriel Araceli— de que un Príncipe trabaja-
se...», seguido por el elogio burlón de las aptitudes del infante: véase arriba, *La corona del rey Apolonio*, págs. 75-76).
Similar, aunque no idéntico, es el artificio que Galdós ha deslizado centenar y medio de páginas antes: «Me contó [el poe-
tastro] el argumento de tres o cuatro tragedias que no espe-
raban más que la protección de un Mecenas para pasar de las
musas al teatro» *(id.,* pág. 20); la comicidad nace de la comparación del infecundo escritorzuelo con Lope, y de la necesidad de un protector para que se realizara lo que con el
Fénix acaecía naturalmente, pero no de la cita del *Arte nuevo*
en sí, más corroboradora que provocadora (el mismo efecto
hubiera podido obtenerse —claro está que con más palabreo—
sin utilizar la expresión lopesca). Las alusiones a los poetas
clásicos de la lengua son numerosas en los *Episodios Nacionales*, pero están tan bien disimuladas que solamente su crecido número permite certificar que se trata de referencias
voluntarias y no de una vaga similitud verbal: pasa un re-
lente de Jorge Manrique en el soliloquio «del simpático Fa-
jardo-Beramendi»: «Aviva el seso, Reina, y no juegues» *(La
Revolución de julio*, pág. 15), y otro en *Amadeo I* (pág. 145):
«Los 191 votos que dieron la corona a la casa de Saboya, ¿qué
se hicieron?». Los ecos de Garcilaso son más frecuentes: « ¡Y
con estas retóricas sermonarias, con este lamentar de pastores, pretendía el pobre hombre congregar de nuevo su disperso rebaño!» *(Vergara*, pág. 319); «y en las dulces prendas
vertió todo el torrente de sus lágrimas con silencioso duelo»
(Los Duendes de la camarilla, pág. 151); «el punto y hora en
que tan dulces prendas [caballo y auxiliar] me fueran necesarias» *(De Cartago a Sagunto*, pág. 244). Quevedo asoma varias veces la oreja: si el *Buscón* va expresamente nombrado

por Araceli en *Trafalgar* (pág. 6), se aluden al desgaire «los *Caballeros de la Tenaza* albergados a espaldas de la Iglesia de San Ignacio» *(Cánovas,* pág. 269), y «lo que llamaríamos *Política de Dios y Gobierno de Cristo» (Amadeo I,* pág. 195, con bastardilla interrumpida en la *y).* Calderón proporciona a *La Primera República* dos versos y un título *(En este mundo, todo es verdad y todo es mentira,* así citado; en páginas 192 y 198 respectivamente), una alusión a *La Vida es sueño* en *De Cartago a Sagunto* (pág. 188), y sirve para llamar donosamente *el pintor de su deshonra* al pintor de puertas con quien se fuga Virginia *(La Revolución de julio,* pág. 83). A veces la cita inexacta o incompleta se usan para caracterizar a un personaje («*Lástima grande que no fuera verdad tanta belleza...* como dijo el Petrarca», *De Cartago a Sagunto,* página 128: se especifica que es yerro; «Vivo muriendo..., o como dijo la otra, 'Muero porque no muero'», *La Vuelta al mundo...,* pág. 249); otras, las bastardillas delatan apenas el empréstito: «*...ni envidiados ni envidiosos...», «¿Entiendes, Fabio, lo que voy diciendo?» (Cánovas,* págs. 117 y 274). Cervantes, en fin, reaparece a cada triquitraque, ya en su prosa («Ya el rubicundo Febo esparcía sus rayos por todo Madrid...», *O'Donnell,* pág. 95; «La del alba sería...», *De Cartago a Sagunto,* pág. 236), ya en sus versos, propios o —y es lo más frecuente— ajenos:

—Revolucionario estáis, amigo Sebo.
—Es que no como; es que once reales y medio al día dan poco de sí.

(La Revolución de julio, pág. 166; más variantes en *España trágica,* pág. 230: «—Metafísico estás... Que me maten si te entiendo», y en *La de los tristes destinos,* pág. 326: «Pacífico estás. [...] —Metafísico estás... ja, ja, ja...»). Del *Quijote,* y no directamente de los romances viejos, vienen citas direc-

tas («Nunca fuera caballero / de Damas tan bien servido...»,
De Cartago a Sagunto, pág. 187; «...*como fuera Lanzarote —
cuando de Bretaña vino*», *Cánovas*, pág. 30, en verso la primera cita, y dentro de la prosa, en itálica, la segunda) y también esguinces que tuercen el curso de los viejos poemas:

> Mala la hubisteis, españoles, con aquellas trifulcas de vues-
> tros parientes americanos...
> Sus arreos eran las armas, no las disciplinas.
>
> *(La Vuelta al mundo...*, págs. 178 y 222)

Si las primeras series recurren con frecuencia a Moratín
(Pablo Cabañas ha estudiado la presencia de «Moratín en la
obra de Galdós»), a medida que avanza el siglo van apare-
ciendo los autores contemporáneos: Larra y su suicidio, y los
demás románticos mayores, vienen primero; Alarcón figura
en carne y hueso en *Aita Tettauen* [22], Espronceda y Selgas se
citan en *Amadeo I* (pág. 243), Zorrilla se soslaya en *España
trágica*:

> ...me puse al trabajo, que en esta *apartada orilla* no deja de
> ser productivo.
>
> (pág. 224)

Si Galdós, usando de un procedimiento que señalamos
alguna vez a propósito de Palacio Valdés y de Tomasi de
Lampedusa, se extiende sobre las lecturas de un personaje
(Vicente Halconero recorre librerías y devora los *Girondinos*

---

[22] El *Diario de un testigo* de Pedro Antonio de Alarcón cuenta
también entre las lecturas del padre de Ramón Pérez de Ayala:

> Interrumpiendo la lectura
> —ojos brillantes, ademán profético—
> decía: «Ya veréis; ahora viene
> cuando Prim, en los Castillejos...
>
> *(El Barco viejo*, en *El Sendero andante*, pág. 115)

de Lamartine, *El Consulado y el imperio* de Thiers, las *Historias* de Michelet, y «En su fiebre de asimilación empalmaba la Filosofía con la Literatura», uniendo a Balzac con Laurent, *España trágica*, pág. 11; y pág. 12: Esquilo, «como por la mano, le condujo hacia el espléndido grupo estelario de Shakespeare, *Otelo, Hamlet, Romeo y Julieta*»), no desdeña recurrir a fuentes más humildes, aunque recatándolas. En *La Primera República* se lee:

> Por ciertas inflexiones me pareció que hablaban en griego *para mayor claridad...*
>
> (pág. 179)

Cien páginas antes, responden a Tito que inquiere dónde se encuentra Graziella:

> ...está trabajando ahora de *suripanta* en el teatro de las Musas...
>
> (pág. 86)

Las dos bastardillas de ambos pasajes son la única guía del lector. Pero quien haya leído el artículo de Ruiz Morcuende «Suripanta» —no hay hoy otro modo de develar la incógnita— sabe que esta voz, que significó 'corista', etc., procede de un coro de la zarzuela *El Joven Telémaco,* con letra de Eusebio Blasco, estrenada en el *Variedades* de Madrid el 22 de septiembre de 1866; y antes del coro, en griego macarrónico, que suministra el terminacho, Calipso y Mentor dicen:

> C. —Pues bien, empezad luego.
> M. —Para más claridad, cantad en griego [22a].

[22a] «El famoso cantable de *El Joven Telémaco*», la explicación del significado de la voz «suripanta» y otro trozo de la misma zarzuela se citan en el juguete lírico de Pedro Muñoz Seca y Pedro Pérez Fernández «¡Un millón!» (págs. 15 y 16).

Dentro del mismo procedimiento, que consiste en echar mano de reminiscencias literarias y disimularlas embutidas en la prosa novelesca, nada hay de burlesco en que Araceli sienta que se «sumergía de nuevo en aquella noche obscura de *(su)* alma» [23], ni lo hay en demasía —para volver a *Cádiz*— en que Lord Gray exclame entre los vapores del alcohol: «¡Oh amada mía! ¿Dónde estás que no te veo?» (pág. 159). La pregunta tiene hoy un marcado sabor burlesco —parecería que lo hubiese adquirido ya en el siglo xvi, a juzgar por Hernán Núñez y los refraneros que lo siguen: «Sant Iuliente [*sic*] de madero, dónde estás que no te veo»— y seguramente lo poseía ya en tiempos de Galdós, pero fue verso de una canción cuatro veces evocada en el *Cancionero general* y que estudian Gillet y Torner [24]. Lord Gray, que entona la ala-

---

[23] *La Batalla de los Arapiles*, pág. 335; cf. *Los Duendes de la camarilla*, págs. 154-155: «Pero ni lunas ni soles podían iluminar la noche oscura que en su alma llevaba la hija de Ansúrez...».

[24] Sin entrar a considerar sus relaciones con el tema general del *ubi sunt?*, el verso es frecuente en refraneros y cancioneros. El refrán aparece en las colecciones de Núñez, fol. 116 vº, Correas, pág. 269, la *Fraseología* de Cejador, 698. Citan el verso, en el *Cancionero general* de 1511, según la reedición facsimilar de don Antonio Rodríguez-Moñino, Pinar (fol. clxxxiii vº) y Guevara (fol. cviij vº), ambos como cantar; y unido al verso siguiente («¿qué es de ti, esperanza mía?»), Garci Sánchez de Badajoz en el fol. cxxj; y, en fin, como *Canción glosada*, Rodrigo Dávalos, al fol. lxxxv vº; el cantar pasa al *Espejo de enamorados* según Cejador, *La verdadera...*, t. II, pág. 269, núm. 1.379; y el Ms. esp. 372 de la Bibliothèque Nationale de Paris lleva en el fol. 287 y siguiente una «Glosa a la letra / dónde estás q̄ no te veo?». Gillet cita, en sus notas a la *Propalladia* (t. III, pág. 785), al Comendador Román, a Lucas Fernández, a Garci Sánchez de Badajoz, el *Cancionero general* y el de Resende, y a Gil Vicente; el verso aparece embebido en los ejemplos de Torner (*Lírica hispánica*, págs. 170 y 171), que enumera un manuscrito del siglo xvii, el *Cancionero general*, el de la Colombina, y a Juan Vázquez, Fuenllana, y Gil Vicente. Reaparece en composiciones de Castillejo *(Sermón de amores*, v. 379, t. I, pág. 56 de la ed. de Domínguez Bordona) y en las *Fuentes del Romancero general* editadas por don Antonio Rodríguez-Moñino (t. V, fol. 65, y t. VIII, fol. 31 vº).

banza de los romances moriscos (pág. 128), citando en la
misma tirada *La tía fingida*, y que más adelante menciona
—y pone por obra— «la incomparable comedia de Rodrigo
Cota y Fernando de Rojas» (pág. 222), podía muy bien conocer ese verso, usado por Gil Vicente, y, en suma, menos risi-
ble que ese «perfume de flores» y esa «música» imaginarios
que acompañan el arribo de la amada, y que Araceli cree también percibir.

Estas citas permiten ir levantando algunos de esos elementos, diferentes de «material novelesco» y de «historia»,
que Galdós desperdiga y prodiga en todas sus creaciones.
Naturalmente que respeta —y en los *Episodios Nacionales*
tiene que hacerlo, y lo hace, de una manera general— la
verdad histórica (aunque más de una vez, en las series finales, conduzca a su lector a los confines de lo real); y las libertades que con ella se toma son, en la opinión de quien ha
estudiado (con el cuido que pone en todo cuanto hace) las
relaciones de *Zaragoza* con sus fuentes históricas, «fort peu
nombreuses»[25].

La fidelidad histórica es particularmente notable en *Cádiz*,
que «fue la primera ciudad que conoció Galdós a su llegada
al territorio continental de la patria» (Hinterhäuser, pág. 34):
la publicación de este *Episodio* habría suscitado una encues-
ta sobre la edad de Galdós, a quien se supuso natural de esa
ciudad y testigo presencial de lo que narraba[26]; y el propio

---

Varían: «¿dónde está, que no le veo?», Timoneda (*Sarao de amor*, en
Cejador, *La verdadera...*, t. VI, pág. 146, núm. 2.532) y Garcilaso (*Egloga
II*, v. 77); y como muestra de su tradicionalidad en el Río de la Plata
lo recuerda aún un celebrado sainetero: «¿dónde están, que no los veo,
/ aquellos viejos matones...?», etc. (Alberto Vaccarezza, *El conventillo
de la Paloma*, pág. 42. La pieza se estrenó en 1929).
  [25] M. Bataillon, pág. 136.
  [26] Cf. H. Chonon Berkowitz, *Pérez Galdós, Spanish liberal crusa-
der*, pág. 102.

Montesinos —que calificará, páginas más adelante, este *Episodio* de «novela tan *real* en cierto modo»— lo reconoce «tan
rico en datos históricos, admirablemente reunidos para crear,
en una adorable 'perspectiva aérea' la atmósfera de la ciudad»
(pág. 77). Jean Sarrailh ha tratado magistralmente el problema de las fuentes históricas de *Cádiz* [27], estableciendo
cómo los detalles pintorescos proceden, en su mayoría, de
Adolfo de Castro, y cómo los pormenores relativos a las se-
siones de la Asamblea vienen del Conde de Toreno: «Deux
fois —dice— il rassemble dans une tribune des Cortes les
héros de son roman, et il mêle habilement l'intrigue de *Cádiz*
au récit des discussions parlementaires» (pág. 44). Para Montesinos, una de estas escenas muestra la cabal trabazón de
lo novelesco con un suceso que va referido, esencialmente,
«a la historia política» [28]:

> La sesión de las Cortes comentada por la afligida Asunción,
> que refiere a su propio caso aquella libertad de que allí se habla,
> al mismo tiempo que es un buen ejemplo de la perfecta ligazón
> de lo histórico y lo ficcional que a veces consigue Galdós, es una
> penetrante página analítica.
>
> (pág. 91)

Y este cuidado en enlazar historia y novela lo observa Sarrailh desde el comienzo del relato: a propósito de la presentación de Lord Gray, muestra cómo Galdós se sirve de
los datos de Castro, pero en vez de volver a narrarlos, los
pone en acción:

---

[27] «Quelques sources du *Cádiz* de Galdós». Entre los cinco *Episodios*
estudiados por Carlos Vázquez Arjona en 1926, según un procedimiento
de cotejo llevado a cabo sin mayor discernimiento y unánimemente
condenado por la crítica, figura *Cádiz* en las págs. 477-517 (y 538-542 de
la *Conclusión*); los *Episodios* restantes son *Trafalgar, La Corte de Carlos IV, Zaragoza* y *Gerona*.

[28] La expresión entrecomillada es de A. Regalado García: *Benito
Pérez Galdós y la novela histórica española, 1868-1912*, pág. 50.

...le récit de Castro se transforme en une conversation plus longue et fort animée, liée étroitement à l'action même du roman. On se rappelle, en effet, qu'Araceli aura par la suite de bonnes raisons pour détester Lord Gray. Il était donc habile d'avoir, dès leur première rencontre, mis aux prises ces deux hommes.

(pág. 38)

Y, a continuación, muestra cómo una tormenta real, histórica, es recogida, «agrandie et amplifiée, afin de permettre à Lord Gray de s'exalter au spectacle de la nature en courroux et de chanter un hymne à la Tempête, celle des éléments et celle de son âme».

Quizás la más sorprendente contribución de Sarrailh sea el haber mostrado palpablemente cómo don Pedro del Congosto —que se diría la creación más disparatada y libérrima de Galdós— está compuesto por la aglomeración de datos rigurosamente históricos tomados, todos, de Adolfo de Castro. Verdad es que Galdós mismo, que no se cansa de sorprendernos, lo declara (*Cádiz*, pág. 50; y Sarrailh recuerda su declaración), pero cuesta trabajo creerle, y se acepta de mejor grado su inventiva que su exactitud, que sólo aparece como tal al cotejar el relato con su fuente: «Parecerá a algunos que es invención mía esto del figurón que pongo a los ojos de mis lectores...», dice Araceli, y luego de recordar que su personaje tuvo dos cercanos imitadores, declara que no ha hecho sino «recoger las extravagancias de los tres y engalanar con tales atributos a uno solo de ellos...». La encarnación ridícula de don Quijote existió, pues, realmente, y ya Montesinos (pág. 108) recalca que el que presenta la composición de la figura con rasgos de varios sujetos no es Galdós, sino Araceli.

Frente a ella Galdós coloca un antagonista cruelmente superior, que posee cuanto es dable apetecer —apostura,

cuna, talento, medios— pero que no tardará en revelarnos
los aspectos más abiertamente negativos de su carácter. Lord
Gray es quizá el personaje peor comprendido por cuantos
se ocuparon de *Cádiz* como obra literaria. Para Hinterhäuser,
«es el tipo del superhombre demoníaco que no puede conce-
birse fuera de la novela popular» (pág. 343). Describe rápidamente su trayectoria en el *Episodio* hasta su fin, cuando
Araceli, su alumno de esgrima, le da muerte en el duelo final,

> ...escena en la que otra vez se revela el sobrehumano carácter
> demoníaco del Lord. Compasivamente, se inclina el vencedor so-
> bre el vencido: «El herido se incorporó al verme, y alzando su
> mano me dijo algunas palabras que resonaron en mi cerebro
> con eco que no pude nunca olvidar. ¡Extrañas palabras!...». El
> lector tiene que esperar... todavía seis páginas para enterarse de
> estas palabras tan importantes: «¿Crees que he muerto? ¡Ilu-
> sión!... Yo no muero... Yo no puedo morir... Yo soy inmortal...»
> (págs. 331 y 337 [de *Cádiz*]).
>
> Con el fin de Lord Gray (pues a pesar de sus profecías demo-
> níacas había de morir) se había consumado, como ya hemos
> indicado, un acto de la justicia divina.
>
> (pág. 344)

Y el autor pasa a considerar otros personajes secundarios,
sin advertir, al parecer, que ningún superhombre demoníaco
de novela popular puede decir esas palabras, y menos de
manera tal que las haga inolvidables para todo un Gabriel
Araceli. Tiene que haber, en Lord Gray, algo más que un
Rocambole tocado de delirio[29]. Tampoco Montesinos acierta
a caracterizar este pasaje: advierte en él algo inusitado, ajeno
a las primeras dos series de *Episodios*, pero lo siente más

---

[29] La expresión «novela popular» —que autoriza la comparación
con *Rocambole*— no es creación de Hinterhäuser. El «locus classicus»
es el pasaje de Clarín, que califica a los *Episodios Nacionales* —entonces a medio escribir— de «restauración de la novela popular, levantada
a pulso por un hombre solo» (pág. 30).

como un retroceso que como lo que realmente es: un ga-
llardísimo avance.

> Cuando en una novela tan *real* en cierto modo como *Cádiz*,
> refiriéndose a la muerte de Lord Gray dice Araceli: «El desdi-
> chado cayó bañado en sangre; acerquéme a él y me dijo: '¿Crees
> que he muerto? ¡Ilusión! Yo no muero... yo no puedo morir...
> yo soy inmortal'», tenemos la impresión de volver a las abstrac-
> ciones de *La Sombra*... y a los símbolos de *Realidad*. Nada de
> eso en la segunda serie.

(págs. 168-169)

Antonio Regalado García dedica a Lord Gray mejor atención: lo considera, ante todo —y no anda descaminado—
«una especie de encarnación del byronismo» (pág. 78). Más
adelante (págs. 147 y sigs.) discute las opiniones de Hinterhäuser y sostiene que «es obvio [...] que Galdós dio vida
a Lord Gray como creación consciente del héroe satánico u
hombre fatal romántico, encarnado en los héroes byronianos
y en la personalidad misma de Lord Byron...», y le señala, en
Lara y en *Childe Harold's Pilgrimage*, algunos paralelos que,
sin ser erróneos —están lejos de serlo— son insuficientes.
Que la raíz del personaje hay que buscarla en Lord Byron,
Galdós mismo se encarga de manifestarlo —según su buena
costumbre— cuando lo presenta por boca de Amaranta:
«Este inglés vino aquí hace seis meses, acompañando a otro
que se llama Lord Byron, el cual partió para Levante al poco
tiempo» (pág. 17). Más cerca le anda Rodríguez cuando apunta
a pie de página, entre lo que no ha sido aún «estudiado
detenidamente» en los *Episodios*, «lo quijotesco y lo don-
juanesco en *Cádiz*» (pág. 96, n. 20).

Si Lord Gray tiene un modelo —y lo tiene, por lo menos
en parte— ese modelo es indudablemente el don Juan romántico, exactamente el de Byron. Llega a Cádiz «acompañando
a otro que se llama Lord Byron» —y ya sabemos, por el ejem-

plo de Shylock, lo que estas indicaciones al pasar significan
en boca de Galdós—, y es Lord Byron el que lleva a don Juan
de Sevilla a Cádiz. Lo hace nacer en Sevilla (como corresponde al Burlador local), en esa ciudad que tiene

> ...no sé qué cosa,
> no sé qué privilegios o gracia extraña,

tales que

> No en balde el vate egregio, Byron sublime,
> de su don Juan tomóla para escenario [30].

Nace, pues, en Sevilla, que es la ciudad más bonita que
tiene España, como dice Byron al comienzo de su poema,
aunque Cádiz, como podrá verse, es la única que puede quizás
disputarle ese título:

> In Seville he was born, a pleasant city...
> Of all the Spanish towns is none more pretty,
> Cadiz perhaps —but that you soon may see—... [31].

Y de Sevilla su madre lo envía a Cádiz para embarcarse
(I, cxc: «And then, by the advice of some old ladies, / She
sent her son to be shipp'd off from Cadiz»), no sólo para que
el poeta juegue con la rima exótica, pero sí sólo para embarcarse, y no para permanecer en ella. ¿Por qué razones?
(La buena señora no podía sospechar, como nosotros, el
duelo fatal con Araceli). Que el lector lo adivine, dice el
poeta:

> Donna Inez sent
> Her son to Cadiz only to embark;
> To stay there had not answer'd her intent
> But why? — We leave the reader in the dark...
>
> (II, viii)

---

[30] Salvador Rueda, «Cuadro de feria», en *Sinfonía callejera...*, páginas 33 y 34.
[31] *Don Juan.* Intr., trad. et notes par A. Digeon, X, viii.

Lord Gray, Byron y don Juan, nadadores y ardientes, se exaltan por igual ante los elementos desencadenados; don Juan, Byron y Lord Gray, conocen al dedillo la literatura española y cuidan sus lecturas: Boscán y Garcilaso se nombran en el poema (I, xcv), pero el *Quijote* se lleva la palma, citándoselo cuatro veces. Juan y Adelina lo leyeron, y al parecer estudiaron el español juntos para paladearlo en su lengua original, placer espiritual ante el cual todos los demás se esfuman [32]. Sin embargo, el *Canto XIII* contiene, en sus estancias 8 a 11, la visión más desilusionada, limítrofe con la diatriba, de la novela cervantina: es una historia demasiado verdadera, que muestra el fracaso de todo esfuerzo enderezado a enderezar tuertos; es la más triste de todas las historias, tanto más cuanto que nos hace sonreír; y sus consecuencias han sido fatales para su tierra: la burla de Cervantes, destruyendo el espíritu caballeresco, ha hecho perder a España su brazo derecho, y desde entonces no ha habido casi en ella héroe alguno; la gloria del autor se compró con la ruina de su país:

I should be very willing to redress
   Men's wrongs, and rather check than punish crimes,
Had not Cervantes, in that too true tale
Of Quixote, shown how all such efforts fail.

Of all tales 'tis the saddest —and more sad,
   Because it makes us smile: his hero's right,
And still pursues the right; —to curb the bad
   His only object, and 'gainst odds to fight
His guerdon: 'tis his virtue makes him mad!
   But his adventures form a sorry sight:—
A sorrier still is the great moral taught
By that real Epic unto all who have thought.

---

[32] «...they rode, or wal'k, or studied Spanish, / To read Don Quixote in the original, / A pleasure before which all others vanish...» (XIV, xcviii).

Redressing injury, revenging wrong,
   To add the damsel and destroy the caitiff;
Opposing singly the united strong,
   From foreign yoke to free the helpless native:—
Alas! must noblest views, like an old song,
   Be for mere Fancy's sport a theme creative,
A jest, a riddle, Fame through thin and thick sought!
And Socrates himself but Wisdom's Quixote?

Cervantes smiled Spain's chivalry away;
   A single laugh demolish'd the right arm
Of his own country; —seldom since that day
   Has Spain had heroes. While Romance could charm,
The world gave ground before her bright array;
   And therefore have his volumes done such harm,
That all their glory, as a composition,
Was dearly purchased by his land's perdition [33].

Este pasaje no quedó enterrado en un olvidado poema extranjero: es innecesario recordar la resonancia que cobra en España todo cuanto toca, siquiera remotamente, al *Quijote*, y es suficiente recorrer el índice de los *Estudios y discursos de crítica histórica y literaria* de Menéndez Pelayo para ver la huella que el autor del *Don Juan* dejó en imitadores, traductores y críticos de la segunda mitad del siglo pasado en España [34]. Vistos desde este ángulo, los elementos novelescos

---

[33] La idea expresada por Lord Byron no era nueva; en el siglo anterior, los *Apuntes para formar un discurso sobre el bien, y el mal de España. Escrito[s] de orden del Rey de las dos Sicilias, Monarca presunto de las Españas. Por dⁿ Miguel Antonio de la Gándara*, citan a «Cerbantes: el gran Cerbantes, que desterrò el fanatismo caualleresco, hizo un sumo bien a la Nacion; pero dejò avierto el paso à las ideas pusilanimes» (cito por el manuscrito, sin foliar, que «copiò un Aficionado à las ventajas de su Nacion en Grâl» en octubre de 1791; agrega que «no se imprimiò esta obrilla», fechada «en Nápoles à 5 de Julio de 1759»).

[34] Tomo VII, en la edición llamada Nacional: allí avecinan los nombres de Amós de Escalante, Espronceda, Alcalá Galiano, Llorente, Milá,

de *Cádiz* adquieren una proyección diferente: Galdós, en medio de una novela no ya realista sino además histórica, se mueve en un plano absolutamente suprarreal al enfrentar a una proyección del *Don Juan* de Byron con la triste reencarnación del *Quijote*. Y que ésa es precisamente su intención, él mismo lo declara por boca de Lord Gray: no se bate con Araceli, dice, porque «Tiene la preferencia el Sr. D. Quijote de la Mancha. España, me despido de ti luchando con tu héroe» (pág. 323). Y es fatal que lo trate como le parece permitido hacerlo: «el desafío era una especie de baile» (pág. 327) en el cual el inglés ni siquiera se digna enfrentar al español y lo envuelve en una mojiganga similar a aquéllas de las que fue víctima el Caballero de la Triste Figura. Pero el falso Quijote no es toda España: queda Araceli, que al desafiar a Lord Gray lo hace metiéndose «en lo que no le importa», por «quijotismo, puro quijotismo»: y son palabras de su antagonista (pág. 323) que agrega «con espontánea fruición»: «—Creí [...] que no había en Cádiz más Quijote que don Pedro del Congosto... ¡Oh, España! ¡Delicioso país!» (pág. 324). Ya Montesinos señaló, con acierto, el «dualismo quijotesco» de *Cádiz*, repartido entre don Pedro, «sublime mamarracho, y Araceli mismo, que se juega la vida por cosas que en realidad le importan muy poco», y «se quijotiza, y él será quien diga, casi con las mismas palabras de don Quijote: 'Yo soy quien soy' cuando desafía al siniestro Lord» (pág. 99).

Ya hemos visto que para Galdós las vidas son históricas, por el mero hecho de transcurrir en el tiempo y ser la ma-

---

Núñez de Arce, Trueba y Cosío, y Juan Valera: y son sólo aquéllos de quienes Menéndez Pelayo se ha ocupado (Galdós mismo cita a Lord Byron, al pasar, en *La Familia de León Roch*). También Astrana Marín, en el t. V de su vida de Cervantes (pág. 269), recoge y traduce el pasaje del *Canto XIII*.

teria prima que dará a la Historia, a más de su substancia,
su peculiar carácter; sobre ser históricas, las vidas reales
tienen también su parte de novela, e historia y novela se conjugan, con mayor razón, en las vidas de los personajes novelescos:

> ...Cosas hay en mi vida que parecerán de novela. No hay
> existencia que no tenga mucho de lo que hemos convenido en
> llamar *novela* (no sé por qué) ni libro de este género, por insus-
> tancial que sea, que no ofrezca en sus páginas algún acento de
> vida real y palpitante.
>
> *(La Corte de Carlos IV*, págs. 294-295)

Aquí habla el propio Araceli, personaje novelesco e histórico a la vez, pero la concepción de la fusión o confusión
de los géneros es propia de Galdós, que al abandonar a dos
amantes en su noche, nos dice: «Allí se quedan... Historia y
Fábula, corred vuestras cortinillas» *(España sin rey*, página 240); y quizás más que en ninguna otra parte nos ilumine
mejor que al presentar a Ibero, que

> revolviéndolo y mirándolo por todas sus caras, trataba de re-
> construir el rapto de su hija *para convertirlo de novela en his-
> toria*.
>
> *(La Vuelta al mundo...*, pág. 84; la cursiva es nuestra)

Historia y novela no son, en la concepción de Galdós, dos
materias distintas, incomunicables, que pueden, todo lo más,
superponerse o presentarse paralelamente, sino una sola y
única substancia, particular o trascendente según se la con-
sidere: el problema es, pues, menos simple que esa armo-
niosa disposición de dos órdenes diferentes que la crítica ha
postulado hasta hoy. Y como si esta complicación no bastara,
desde la primera serie, en las páginas culminantes de una
novela histórica, Galdós va más allá de la novela histórica y
hasta de la novela a secas. Enfrenta a don Juan, disfrazado

de Lord Gray (recogiendo así el guante de Lord Byron), con un Quijote apócrifo del que don Juan se burla, y con un Quijote auténtico que lo vence y demuestra la falsedad del juicio byroniano. Y al aceptar el reto, como al caer vencido, el Burlador revela su ser más profundo, su nobleza fundamental obscurecida por la teatralidad con que cultiva sus peores inclinaciones («Muero —murmuró, llevándose la mano al pecho—. Araceli... buen discípulo..., honra a su maestro», pág. 329; y no deja de asemejarse la nobleza de esta muerte con la que anuncia a su autor el verso profético del *Canto XIII*: «From foreign yoke to free the helpless native»), revelando a la par su verdadera calidad de ser trascendente: es inmortal, declaración que cierra la última página del libro. Su muerte —temporaria, si se quiere— ha servido, sin embargo, para probar que España no ha perdido su brazo derecho, y que en el siglo XIX se puede ser como don Quijote sin vestir gregüescos. Si la espada de don Pedro queda

> ...abandonada en el suelo. Era, según antes se ha dicho, la espada de Francisco Pizarro... A tal estado habían venido a parar las grandezas de España,
>
> (pág. 328)

no faltan en España otras espadas y otros brazos más nuevos que vuelvan por la honra de una mujer y de un país. Gabriel Araceli puede parecer a algunos críticos «el burgués que sube», y aparecer «más bien como una especie de héroe de folletín, adaptado a los gustos y necesidades sociales de un grupo limitado, pero poderoso, de la sociedad española», e incluso «carecer de relieve como figura literaria»[35]: es todo eso, si se quiere; pero también es muchísimo más, se quiera o no. Las imágenes augustas que, semiocultas, se mueven en

---

[35] Regalado García, págs. 147 y 32.

Cádiz, las que atraviesan toda la primera serie de los *Episodios Nacionales* —Otelo, Romeo y Julieta, Shylock, el alucinante Napoleón de las ratas de *Gerona*, don Juan, don Quijote— no pertenecen ni a la historia del siglo XIX y ni siquiera tampoco a la novela: «espléndido grupo estelario», son arquetipos sobrehumanos que conducen estas «novelas históricas» a las mismas alturas de la alegoría que recorre *El caballero encantado*, y que muestran cómo la genialidad de Galdós sabe siempre evadirse de cualquier jaula en que queramos clasificarlo.

UNA MATA DE ALBAHACA

En un cuento corto, *La Maceta*, publicado en sus *Periódicos y periodistas*, Isidoro Fernández Flórez narra el movido idilio de Justa, planchadora madrileña, con el barbero Sebastián: en la mañana de un 16 de julio él le compra, en la verbena de la Virgen del Carmen, un tiestecillo de albahaca («La albahaca es, en efecto, la flor de la mujer pobre»[1]) y se lo entrega con estas palabras:

> —¡Por la Virgen del Carmen, que ha escogido entre todas las flores esta flor de la albahaca, te juro que sólo a ti te quiero, y que sólo te querré a ti!

(pág. 172)

Pero esa misma tarde ella lo ve, bajo su propio balcón, hablando con otra mujer:

> Se habían encontrado sin duda; ella iba y él venía. Acaso ella le había detenido a él; pero la verdad es que estaban como extasiados y que ella y él hablaban.

(pág. 176)

---

[1] «...flor de la mujer pobre —flor que crece, se madura y perfuma con sol ardiente—, muy al contrario de la camelia —flor que pide aire tibio, media sombra, estufas y fanales», pág. 172.

El rápido desenlace lo narran una de las mujeres que salen al ruido de la hazaña y el propio escritor:

> ...¿Ven ustedes esos pedazos como de puchero sembrados por ahí?... Pues son pedazos de un tiesto de albahaca que aquella mujer que grita tanto desde el balcón le ha tirado a la cabeza.
> —¡Qué atrocidad!
> —Es su novia; le ha visto hablando con esta otra mujer y vamos... ¡se conoce que lo quiere mucho!
> Ésta, sin duda, fue la opinión de Sebastián. Porque algún tiempo después, ya compuesta la cabeza, no quiso esperar mayores pruebas de cariño y se casó.
> Hoy tiene una peluquería en uno de los principales sitios de Madrid. Justa, como Norma, dejó apagarse la hornilla, sumiendo en llanto al Veloz Club [«Nadie como ella daba lustre a la tabla de una pechera ni a los puños de una camisa», pág. 171].
> En la peluquería hay varios chicos, rubios, colorados, traviesos como ardillas.
> Son los cachos de la maceta.
>
> (págs. 177-178)

Hierba sagrada, prenda de amores, instrumento de amorosa venganza, y, finalmente, nexo definitivo entre los amantes, todo eso es la humilde mata de albahaca, opuesta a la camelia, símbolo de amores y de ámbitos diferentes. Pero no son sólo éstas las connotaciones de la hierba olorosa. Covarrubias explica en su *Tesoro* que la albahaca, «yerba y mata conocida», debe su nombre latino *(basiliscum)* al hecho de «ser su olor tan excelente que puede ser rey de los demás olores, o llevarse a los palacios de los reyes» (y, como siempre, la disyuntiva es indicio de que ambas razones pueden ser falsas). Partiendo de Plinio, que escribe «que se siembra con maldiciones, y que con ella[s] se crían muy viciosamente; pero que no quieren ser tocadas con hierro», Covarrubias despliega una larga metáfora sobre los criados («que sufren de sus amos cuando están en cólera todo lo que es palabras,

pero no el poner manos en ellos») y soslaya las relaciones
matrimoniales para ir a dar, inopinadamente, a los escorpiones, que el olor de esta hierba dicen hace nacer en el
cerebro. La noticia del *Tesoro* —bastante larga, pero aún más
densa que extendida— es buena muestra de las encontradas
connotaciones de la planta: su utilización culinaria no impi-
dió que se la considerara venenosa; sus cualidades terapéu-
ticas coexisten con la creencia de que cría escorpiones (dentro y fuera de los sesos de quienes la huelen); simbolizaba
—simboliza— a la vez el amor y el odio, exactamente como
en el cuentecillo de Fernández Flórez. No creemos inútil perseguir un poco más de cerca estos significados diferentes, y
tratar de aprehender el complejo papel que se hace desem-
peñar a la albahaca en la literatura, oral o escrita.

La profesora María Teresa Maiorana ha publicado un artículo sobre un cuento de Boccaccio retomado por Keats y
Anatole France [2], que agrega al estudio comparativo de la
quinta novela del *Decamerón* (jornada cuarta), de la *Isabella*
de Keats y de un poema de France *(Le Basilic)*, el de las huellas que el arte de Boccaccio ha dejado en *Le Lys rouge* y
en el que se cita de paso, a más de una balada italiana utilizada por Boccaccio, la imitación inglesa (por Barry Cornwall) del propio cuento italiano: cinco textos en todo [3]. El
estudio literario de los tres principales es bastante cuidado,

---

[2] «Un Conte de Boccace repris par Keats et Anatole France», vuelto
a publicar con ligeras adiciones bajo el título «Un Cuento de Boccaccio
en poemas de Keats y de Anatole France».

[3] Una simple ojeada a las *Cantilene e ballate, strambotti e madri-
gali nei secoli XIII e XIV* de Carducci le hubiera mostrado que la balada que cita Boccaccio continúa siendo popular en la segunda mitad
del siglo XVI; Carducci, sobre citar algunos comentarios al *Decamerón*
—materia no del todo desprovista de interés, a pesar de no despertarlo
en la autora— indica que figura todavía en las *Canzoni a ballo* de 1533
y 1568 (págs. 48-52, núm. XXVII).

y el artículo encierra además algunas páginas felices sobre
la influencia del poema de Keats en los prerrafaelistas. Pero
se resiente, sin embargo, de un comparatismo marcadamente
primario: la autora no conoce ni los estudios generales sobre
la temática de Boccaccio, cuya existencia e importancia parece no sospechar, ni los trabajos algo más particularizados
sobre Keats. Medio siglo antes que ella, Gertrude E. Ford
nos descubre que el verso

> The little sweet doth kill much bitterness,

en la estrofa décimotercera de la *Isabella*, no corresponde
al *Decamerón* y sí a un verso de Petrarca, del *Trionfo
d'amore:*

> Ch'un poco dolce molto amaro appaga,

y que ese verso, en italiano, lo inserta Tuberville en la versión de la misma historia de Isabella incluida en sus *Tragical
Tales* [4]. El paso de Boccaccio a Keats, por lo que parece, es
algo más que una simple imitación directa. Además, y esto
es lo que más nos interesa aquí, el estudio que criticamos
tampoco tiene en cuenta el carácter tradicional del relato ni
la significación folklórica de su elemento principal, la mata
de albahaca [5].

---

[4] «Note on a line in Keats's *Isabella*». Miss Ford establece que es
muy probable que John Hamilton Reynolds —para cuya colección de
poemas inspirados en Boccaccio compuso Keats el suyo— proporciona-
ra al poeta la obra del escritor inglés renacentista, difícil de encontrar.
M. T. Maiorana menciona, en la pág. 53 de la versión francesa, a «Hamilton Reynolds», pero desconoce la existencia de los *Tragical Tales*
junto con todas las versiones inglesas, italianas y alemanas de la historia que no sean la de Barry Cornwall y la balada italiana del siglo XIII, cuya difusión tampoco sospecha.

[5] Es verdad que en págs. 59-60 de la versión francesa se manifiesta
que «Ce n'est pas un pur hasard qui détermine pour remplir ce rôle
le basilic», agregando en nota: «Le texte [étudié] le prouve». Es cierto

El tema del cuento de Boccaccio es un tema folklórico más que conocido: hasta figura en la pág. 883 (tomo segundo) del *Standard Dictionary of Folklore, Mythology and Legend:*

> *pot of basil.* A folk motiv (T. 85.3) popularized by Boccaccio's story in the Decameron (IV, 5)...

Sigue un corto resumen, con la mención del poema de Keats: los hermanos de Isabella, al descubrir sus amores con Lorenzo, llevan a éste al bosque, lo matan y lo entierran. Isabella, advertida por un sueño, recupera la cabeza de su amante y la entierra en un tiesto de albahaca que riega con sus lágrimas. Sus hermanos lo descubren, lo hacen desaparecer, y la heroína muere de pena al ser privada de su único consuelo. La sigla «T. 85.3» remite al *Motif-Index* de Stith Thompson, donde el *pot of basil* va catalogado entre los motivos de la categoría «T (Sex)». En la segunda edición de este repertorio se agregan al estudio de Lee —único citado en la primera— los de H. M. Belden y D. P. Rotunda, que bastan para dotar al relato de un cuadro mucho más rico que el de una doble o triple imitación literaria. A. C. Lee se ocupa del cuento de Boccaccio en su clásico libro sobre *The Decameron, its sources and analogues* (el *Motif-Index of the Italian Novella in prose*, de Rotunda, se limita a nombrar a Boccaccio y a Lee en pág. 187), donde cita, en las páginas 135 y 136, a Keats y la balada italiana cuya primera estrofa da

---

que el texto —y muchos otros textos— lo prueban, pero puede negarse que la autora haga lo mismo. De unas vagas citas sobre el significado etimológico del nombre de la planta —hierba real, y denominación de un animal fantástico— concluye: «On voit tout ce que le choix de cette plante pouvait ajouter de valeur suggestive au récit»; pero, con la mejor voluntad, el lector —por lo menos el que esto escribe— no lo ve allí explicado.

también Maiorana; sigue con el título-resumen (en inglés) de
«la Istoria dell'infelice innamoramento di Gianflore e Filomena», impresa en Florencia en 1587[6], y con la mención de
cuatro imitaciones alemanas del cuento de Boccaccio por
Hans Sachs (de 1515, su primera obra poética, a 1549), más
otras dos versiones alemanas: una, anónima, de 1608, y otra
de Martin Montanus; por lo que respecta a las imitaciones
inglesas, Lee señala la versión de George Tuberville en sus
Tragical Tales y la de B. M. Ranking en sus *Streams from
hidden sources* (1872). La edición de los *Schwankbücher* de
Montanus por Bolte ya había aclarado el problema de las
versiones alemanas (cinco redacciones o menciones menores
de Sachs, una decena de pliegos sueltos que van hasta 1629,
la del *Roldmarsch Kasten* de Mahrold —1608—, hasta una de
Simrock en 1830), amén de citar anotadores y comentadores
de Boccaccio, como L. Cappelletti, terminando por Keats[7].

El artículo de H. M. Belden («Boccaccio, Hans Sachs and
'The Bramble Briar'») agrega al problema una nueva dimensión. Belden enumera, por una parte, la balada italiana
ya citada (y cuyo contenido no es exactamente el mismo del
cuento de Boccaccio), y cuatro versiones de Hans Sachs (en
la fecha que da para la tercera difiere con Lee), así como
otra versión alemana conservada en un manuscrito de 1549,
probablemente anónima aunque se la diga «in roseton H.

---

6 Giambattista Passano, en las págs. 390-392 de la segunda edición
de sus *Novellieri italiani in prosa*, indica dos ediciones tempranas sin
fecha, una de 1583, ésta de 1587 y tres más (una de ellas londinense,
privada, de 1813, que nos vuelve a acercar al proyecto de Reynolds en
el que participó Keats, y a la difusión del tema en Inglaterra antes de
esta empresa).

7 Martin Montanus, *Schwankbücher (1557-1566)*, hgg. von Johannes
Bolte; cap. 37 del *Wegkürzer* (págs. 90-95) y *Anmerkungen* en págs. 577-
578. Bolte remite, para Mahrold, a su propia edición de la *Garten-
gesellschaft* (1556) de Jakob Frey, pág. 271.

Sachson» y sus editores se la atribuyan (no se especifica si se trata de la misma versión anónima mencionada por Lee); agrega la fecha de los *Tragical Tales*, 1587, y lamenta no haber podido consultar el libro de T. Cannizaro, *Il Lamento di Lisabetta da Messina e la leggenda del vaso di basilisco* (Messina, 1902), que tampoco yo he conseguido localizar en las bibliotecas a mi alcance. Finalmente —y esto es sobre todo lo que importa— pone en relación esta historia con la balada tradicional *The Bramble Briar*, de la que da en apéndice diez versiones (cuatro inglesas y seis norteamericanas); agrega que sus colectores y editores ya señalaron su parentesco con el relato de Boccaccio (Professor Kitredge, en el *Journal of American Folklore*, 29, 168; véase también 20, 258), así como la posibilidad de que ciertos detalles procedan de las versiones de Hans Sachs (Miss L. Broadwood, en el *Journal of the Folk-song Society*, 5, 125).

La balada contiene casi todo lo que el *Decamerón* relata: «amor total», «oposición de la sociedad», «triunfo de la sociedad por el crimen», «supervivencia del amor asegurada por la fidelidad heroica de la mujer y por la del hombre (a pesar de la muerte)» —tomo de la profesora Maiorana estos rótulos que resumen bellamente la narración. Faltan en ella solamente los dos rasgos finales, es decir, que tanto en la balada como en Boccaccio hay amor, asesinato del amante por los deudos de la amada, aparición de la víctima a ésta y búsqueda del cadáver; pero en la balada inglesa falta lo que para la mayoría de los lectores (si no para todos) parece ser lo principal de la historia: la mata de albahaca. «The ballad lacks what was for Boccaccio and Keats and is for us the distinctive element of that story, the romantic pathos of the girl's planting her dead lover's head in a flower pot and watering it with tears» (pág. 335). Esta circunstancia lleva a Belden a afirmar que, aunque sea «highly probable that *The*

Bramble Briar is derived from the story as Boccaccio told it» (pág. 340), es también muy probable que «the union of the pot of basil story with the murder story» sea «a piece of literary artistry, a conscious invention of Boccaccio's» (página 351). Ello podría ser cierto (y tal es también la opinión de Passano): en la historia de Gianflore y Filomena el hermano de ésta ahorca al amante que el padre de ambos encontró de noche en la alcoba de Filomena; después de la visión de su amante asesinado, ella se ahorca a su vez. Aunque la influencia de Boccaccio sobre los demás cuentistas italianos sea inmensa, parecería que el redactor de la historia de Gianflore y Filomena hubiera seguido una tradición diferente de la del *Decamerón*, y, muy probablemente, una tradición popular. En todo caso, cuento y balada muestran que la historia del amante muerto por los deudos de su amada y que se le aparece para comunicarle su suerte puede estar, o no estar —en la tradición literaria como en la tradición a secas—, unida al motivo de la mata de albahaca.

Recíprocamente, el tema de la mata de albahaca puede acoplarse a historias diferentes, siempre que éstas proporcionen los elementos necesarios para justificar su aparición: dos amantes separados por una causa ajena a su pasión, y muerte del amante lejos de la amada. De los rasgos que M. T. Maiorana señala en el relato de Boccaccio-Keats-France, el único que subsiste en el caso que vamos a resumir es el penúltimo: «la planta que prolonga la pasión de los dos amantes».

No es imposible que Paul Claudel, al escribir en Roma *Le Père humilié*, haya pensado en la historia de Isabella de Messina. Pensée de Coufontaine, su heroína, es amada por dos hermanos, Orian y Orso de Homodarmes. Auxiliada por Orso, Pensée se impone casi a Orian, y su unión se consuma la víspera de la partida de los dos hombres a la guerra. Tam-

bién es Orso el que traerá, meses más tarde, en un cesto de
flores, la cabeza de su hermano muerto en el frente. Los
elementos de la vieja historia italiana —también ésta transcurre en Italia— han sido todos desplazados, o están ausen-
tes: los dos hermanos sólo rivalizan en generosidad, Orso
no es de manera alguna el causante de la muerte de Orian
(por el contrario, ha favorecido sus relaciones con Pensée),
y es él, y no la amante, quien rescata en consecuencia la
cabeza del héroe y la esconde en una mata de flores; la oposición de la sociedad se mantiene también en un segundo
plano, aunque existe (el título del drama, que alude a la situación de la Santa Sede alrededor de 1870, muestra la importancia de este elemento, aún traspuesto). Si Pensée llega
a saber que Orian ha muerto lejos de ella («supervivencia
del amor... a pesar de la muerte»), la «fidelidad heroica» de
la mujer consistirá en seguir viviendo, como la Sieglinde
wagneriana, a causa del hijo que ha de nacer. El único tema
que no se transforma fundamentalmente, en el drama de
Claudel, es el de «la planta que prolonga entre los amantes
los lazos de la vida», y a lo largo de todo el acto final re-
suena en un cántico más potente que un peán de victoria:

> *Pensée, debout, la main appuyée sur une*
> *table et aspirant l'odeur d'une grande cor-*
> *beille de magnolias et de tubéreuses qui est*
> *placée au milieu.*

PENSÉE. — Que ces fleurs sentent bon, elles m'enivrent, c'est à
peine si je puis les supporter. Leur odeur est si forte qu'elle me
donne le vertige.   (pág. 162)

... ...

SICHEL. — J'ai peur que quelque chose ne soit arrivé.
PENSÉE, *montrant la corbeille.* — Il n'est arrivé que ces belles
fleurs.   (pág. 169)

... ...

PENSÉE. — ...j'ai failli m'évanouir pendant que je respirais ces fleurs.

ORSO. — C'est moi qui vous les ai envoyées.

(pág. 174)

… … … … … … … … … … … … … … … … … … … …

PENSÉE. — Les yeux qui étaient chargés de voir pour moi, où sont-ils?

ORSO. — Qui sait si je ne vous les ai pas rapportés?

PENSÉE. — Que dites-vous?

ORSO. — Je n'ai pas voulu l'abandonner aux Boches tout entier.

De cette tête qui était la capitaine de la personne en un corps qui ressuscitera et qui dort.

Quelque chose encore de celui que nous aimons, émane.

PENSÉE. — Quoi, est-ce que vous me rapportez...

ORSO. — Sa Tête. Oui, j'ai pu la détacher.

Elle était lourde avec moi, tout ce temps que la portais avec moi sous mon manteau.

PENSÉE. — Où est-elle?

ORSO. — Au fond de cette corbeille de fleurs que je vous ai envoyée ce matin.   *Silence*

… … … … … … … … … … … … … … … … … … … …

Pensée, ne le touchez pas, car il est mort. Il appartient à un ordre différent, il n'est plus avec vous à votre manière.

Que de lui jusqu'à vous l'encens de ces longs calices dont j'ai fait sa sépulture soit un signe suffisant.

(pág. 183)

… … … … … … … … … … … … … … … … … … … …

PENSÉE. — Mais dès maintenant je puis me pencher sur lui et respirer son âme, cette bouffée de parfum qui monte de sa sépulture.   (págs. 184-185)

… … … … … … … … … … … … … … … … … … … …

...l'odeur de ces fleurs est plus enivrante pour moi que celle du laurier, le laurier qui parle de la victoire!

Ne pouvoir rendre amour pour amour.

Aimer, comme moi, et ne pouvoir le faire comprendre, avoir sa tâche, comme lui, et ne l'avoir pu faire.

> Ah, c'est là le parfum mortel qui fait se rompre ces globes
> si purs.

(pág. 189)

En su nueva versión «revue et modifiée», Claudel parece
haber querido excluir todo lo vinculado de manera demasiado evidente con la historia de Isabella de Messina [8]. Hasta
el lugar de las flores ha cambiado (y ese detalle de puesta en
escena está en relación con la nueva disposición de ánimo
buscada por un poeta que esparce alegorías por todas partes
y que ha estudiado largamente el simbolismo escénico de los
chinos):

> *Une grande corbeille de tubéreuses est placée sur une table,*
> *au fond de la pièce. Pensée est à genoux devant elle et y tient*
> *son visage enfoncé.*

(pág. 163)

La cesta de nardos (ahora sólo de nardos) ya no está
ostensiblemente colocada, en medio de la escena, sino en el
fondo (aunque inversamente, el autor ha modificado la posición de su heroína); ya no guarda la cabeza de Orian, sino
su corazón (pág. 184), y Pensée podrá incluso hablar, en las
réplicas que reemplazan el amoroso rapto final, de «ces horribles fleurs» (pág. 191). Nada de eso —como tampoco el
cambio de especie vegetal— impide que el tema de la «mata
de albahaca» siga siendo el tema principal de la obra (sobre
todo para quien conoció primero la versión original y deplora
más de un cambio); y ese tema esencial conserva todo su
poder evocativo: la hierba de amor «prolonga, entre los
amantes, los lazos de la vida»; hasta reemplaza, casi, para
la mujer, a su amante muerto.

---

[8] La primera versión data de 1916, y las modificaciones de 1943.

Es posible preguntarse las razones de este poder evocativo, y Belden no ha dejado de plantearse ese interrogante.
Siguiendo a De Gubernatis —cuya *Mythologie des plantes*
cita también de paso M. T. Maiorana—, examina rápidamente
el folklore de las hierbas aromáticas, y llega a una conclusión
que no me parece enteramente apropiada al carácter de esta
historia de pasión triunfante: «It is clear that in some of
these practises basil is symbolical of virginity» (pág. 361);
«the symbolism appears to be the same: the herb represents
virginity» (pág. 363) [9]; también M. T. Maiorana piensa que en
la balada trecentista que utiliza parcialmente Boccaccio, y
en la que una joven se lamenta de la pérdida de su mata
de albahaca que alguien le ha sustraído, «on pourrait y dé-
celer encore un sens figuré: l'héroïne se lamente d'avoir
perdu sa virginité» (pág. 51; otra alusión en pág. 55). Belden
cita, sin embargo, con De Gubernatis, «the twenty second tale
of Gentile Sermini», donde «a pot of basil withdrawn by a
young woman from her window informs her lover that he

---

[9] Aquí, como en todo lo que se relaciona con el manejo de los
símbolos, la polisemia es un escollo que no siempre los investigadores
saben evitar; así, por ejemplo, junto a su elogio gastronómico, el
Nouveau langage des fleurs de Pierre Zaccone (pág. 35) señala solamente que «La pauvreté est souvent representée sous la figure d'une
pauvre femme ayant auprès d'elle un pot de basilic». Isidoro Fernández
Flórez da también este carácter a la planta, y por esta razón figura en
el *O'Donnell* de Galdós: «le vistieron [al pequeñuelo muerto] con sus
trapitos remendados, le pusieron flores y ramitos de albahaca...», página 196. Pero lo usual es una ambivalencia de carácter erótico, indicio
ya de amor, ya de odio: «Regalando un ramo de albahaca se significa
el odio que se tiene a una persona» (Guichot y Sierra, *Supersticiones
populares andaluzas*, en la *Biblioteca de las tradiciones populares españolas*, t. I, pág. 229; véase otro ejemplo —aunque abonado por un
grosero yerro de traducción— en mi estudio sobre *Doña Rosita la
Soltera*, pág. 423). Sobre el valor de la albahaca en el folklore amoroso,
puede consultarse el artículo del Padre F. Taillez, S. J., «Basilic-Bu-
suloc-Basoche. De la Provence à l'Ukraïna».

may come up» (pág. 361). Estamos, como puede verse, más
bien lejos de la virginidad, y mucho más próximos al papel
de los floreros en *L'uomo, la bestia e la virtù* de Pirandello
(que era también un hombre de la Italia del Sud) [10]. En
ciertos relatos folklóricos, la mata de albahaca es preludio y
razón de un combate de acertijos, que roza los límites de la
crueldad, entre un poderoso pretendiente (rey, o hijo de rey)
y una doncella humilde; Benito Más y Prat recuerda la
formulilla inicial que da nombre al cuento:

> Niña que riegas la albahaca,
> ¿cuántas hojitas tiene la mata?... [11].

---

[10] El folklorista boliviano Víctor Varas Reyes da una versión mucho menos poética de este tema tradicional: «Pero una noche, cuando
menos se lo pensaba, regresó el marido y la pecadora no pudo poner
la señal del arribo: un hueso en el antepecho de una ventana que daba
a la calle» *(El Castellano popular en Tarija*, pág. 174).

[11] *La Tierra de María Santísima*, pág. 273 de la ed. sin año y página 284 de la reedición de Madrid. Es el cuento tipo 875 de Thompson
(The Folk tale, págs. 158 y sigs.), y el 879, «The Basil Maiden (The
Suggar puppet, Viola)», del catálogo de Aarne-Thompson, que señala
en pág. 297 cantidad de versiones de todos los países (las adiciones de
Geneviève Massignon, *Contes corses*, han sido incorporadas en la segunda edición); lo ha estudiado también Aurelio M. Espinosa *(Cuentos
populares españoles*, t. I, págs. 3-14, textos, y t. II, págs. 61-78, notas,
de la segunda edición). A las versiones americanas señaladas por Aarne-
Thompson (Chile, Dominicana, Puerto Rico), agréguense las de Rael
(t. I, págs. 1 y sigs. de sus *Cuentos españoles de Colorado y Nuevo
México)* y de Yolando Pino Saavedra *(Cuentos folklóricos de Chile*, t. II,
páginas 187-211, núms. 124-126, y págs. 335-337, notas). Algunas vicisitudes
de la contienda de ingenio, que frisan el tema de los imposibles o la
simple pornografía, se leen en fabularios antiguos —vida de Esopo por
Planudes; cf. Loiseleur-Deslongchamps, pág. 125, n. 1— o en cuentistas
livianos (Des Periers, *Nouvelles récréations et joyeux devis*, éd. Lacour,
t. II, pág. 20). Un estudio general de esta vertiente es el de F. Liebrecht,
«Der verstellte Narr (Beitrage zur Zusammentrag indischer und euro-
päischen Märchen und Sagen)». La historia tentó la actividad teatral de
García Lorca joven *(La Niña que riega la albahaca y el príncipe preguntón*, ensayo inédito de «teatro de muñecos» estrenado, en colabo-

Aquí, como en otros casos, la mata de albahaca está asociada a una historia eminentemente erótica (recordemos que
el motivo va clasificado en la sección «T. Sex» del *Index* de
Thompson, y que en ciertas versiones sudamericanas desemboca francamente en el humor pornográfico y escatológico).
En un corto relato de Francis Jammes el mismo papel, discreto aunque preciso, se mantiene claramente: *La Bonté du
Bon Dieu* (incluido en su *Clara d'Ellébeuse*, págs. 229-233)
nos habla de una joven dependienta de tienda que vivía sola
con su gata que «se chauffait au soleil, sur la fenêtre où il y
avait du basilic» (pág. 230); «Un jour la chatte et la maîtresse
furent enceintes, l'une d'un beau monsieur qui la quitta, et
l'autre d'un beau matou qui s'en alla»; la muchacha «acheta
un réchaud, du charbon, un sou d'allumettes, et se tua»
(pág. 231). Al llegar al Cielo, le dieron, para ella y su gata,
que también había muerto, una bonita habitación en la que
«il y avait aussi du basilic sur la fenêtre» (pág. 232), sin duda
para que su felicidad fuera perfecta. La misma asociación
se mantiene en dos pasajes de la novela de Kazantzakis *Los
Hermanos enemigos:* en uno, se recuerda el dicho de un conquistador famoso que en el momento de morir lamentaba no
haber conseguido las tres cosas por las que había suspirado
toda su vida: «una casita, una buena mujer, y un tiesto de
albahaca»; y en el otro, dos viejos, temerosos de Dios, que
seguían amándose en los días de su vejez, eran los únicos de
la aldea que poseían, en su patinillo, un tiesto de esa planta [12].

El tiesto de albahaca en el balcón, claro está, responde
también a una realidad (realidad real, fitogeográfica, o realidad onírica). La literatura refleja más de una vez ese

---

ración con Manuel de Falla, el día de Reyes de 1922; véase, entre otros,
J. Mora Guarnido, *Federico García Lorca y su mundo*, pág. 165).

[12] Cito por la traducción francesa de Pierre Aellig, págs. 144 y 123.

                    ...balcón
        hecho de rejas doradas,
        que tiene por celosías
        clavellinas y albahacas... [13],

y ese tiesto que engalana la ventana ojival, el patio andaluz
y el rancho sudamericano [14] sirve tanto para ocultar a un
galán mágicamente transformado como para que el ensueño
anide entre sus hojas [15]. A pesar de que constituye también un

---

[13] *Flor de varios romances nuevos* (t. II de *Las Fuentes del Romancero general...*), fol. 31 vº.

[14] Compárese: «...une fenêtre qu'ensoleillait hâtif sur l'appui un
pot de basilic» (D'Annunzio, *Le Dit du sourd et muet qui fut miraculé
en l'an de grâce 1266*, pág. 49; cf. págs. 50, 51, 53, 146-147). *La Tierra de
María Santísima* muestra jaulas y macetas de albahaca en los alféiza-
res de las ventanas del Puerto de Santa María (pág. 361 de la 2.ª ed.);
una heroína de Galdós ve, cerca de la Puerta de Carmona, en Sevilla,
«una calle larga y solitaria, con muchas rejas verdes llenas de tiestos
de albahaca» *(Los Cien mil hijos de San Luis*, pág. 210); un relato cervantino describe «un pequeño patio ladrillado... y en el medio un
tiesto, que en Sevilla llaman maceta de albahaca» (Cervantes, *Rinco-
nete y Cortadillo*, ed. Schevill-Bonilla, pág. 248; variante, pág. 249: «un
tiesto o maceta de albahaca de olor»); «Albahaca *(Ocinum carnosum*
Lin. et Oh. *Labiatae).* Es planta de adorno en el rancho argentino y
muy preferida por su fragancia. Es también medicinal» (Di Lullo, página 184). Fernand Lequenne, en *Le livre des salades* (pág. 130) confunde —al igual que el *Nuevo lenguaje de las flores...* aludido en la n. 9—
albahaca y basilisco, pero proclama con razón la difusión universal
de los tiestos en las ventanas («qui ne le connaît pour en cultiver,
même à Paris, dans des pots sur l'appui des fenêtres!») y su constante
connotación femenina y amorosa: «Pourquoi tant de femmes aiment-
elles avoir leur basilic dans un pot sur la fenêtre vers laquelle elles
regardent sans cesse?...».

[15] La hija de Génar, para esconder a Fêt-Froumos, que ha venido
a raptarla, lo transforma, dándole un beso, «en une fleur rouge, rouge
comme une cerise mûre. Elle plaça cette fleur sur la fenêtre, parmi les
pots de verveine et de basilic...» (Bachelin, págs. 36-37). «Lorsqu'on
pousse la fenêtre, on voit, de l'autre côté de la rue, une chambre sem-
blable, une femme qui rêve, un bouquet de basilic près d'elle, et, devant sa main, un miroir courbe où le soir entier se réfugie...» (Louis
Parrot, *Où habite l'oubli*, págs. 136-137). Y Torrente Ballester describe

símbolo de despego, el amante puede solicitar un ramito de
aіоahaca y ofrecer en cambio su clavel de inequívoca simbología:

> Dame un ramito de albahaca,
> de esa que tienes tan fina,
> y yo te daré un clavel
> cuando tenga clavelina [16].

La planta encierra de muchas maneras diferentes, en España como en América, clarísimas alusiones eróticas [17]. La
albahaca —que según una leyenda protegió a Nuestra Señora
durante la huida a Egipto [18]— es adorno favorito de mujeres

---

las ventanas de la ideal ciudad donde transcurre su *Saga/fuga de J. B.*
«a aquellas horas llenas de cabezas de obispos y tiestos de albahaca»
(pág. 223).

[16] J. J. Jiménez de Aragón, *Cancionero aragonés*, pág. 145, núm. 24
(hay antes nota sobre *clavelina* 'clavellina').

[17] Los dos elementos, albahaca y clavel, se asocian en un pregón
americano: «¡Claveles y albahacas / para las niñas guapas!» (Zorobabel Rodríguez, *Diccionario de chilenismos*, pág. 424). La albahaca encarna la firmeza («A la mata de albahaca / cinco hojitas le he cogido,
/ cinco sentidos que tengo / los he puesto en la que vido», Lourdes
Dubuc de Isea, *Romería por el folklore boconés*, pág. 176, núm. 271;
en pág. 315, núm. 933, variante: «le cogí», «en ti», en la rima; e *id.*, página 183, núm. 341: «El ganchito de albahaca / sirve para hacer su-
dor / pa marchitar unos celos / y encender más un amor»), y por lo
tanto denota inconstancia al marchitarse: «La albahaquita que me dis-
teis / se le cayeron las hojas, / ¿cómo quieres que te quiera / si tu
querida se enoja?» *(Los Aires*, baile criollo citado por Hutchinson hacia
1863, en Carlos Vega, *Danzas y canciones argentinas*, pág. 171). Y,
como signo de renovación («Entonnez la reverdie! Le basilic précoce de notre
saint Jehan annonce le printemps à Saint Denis», D'Annunzio, *Le Dit...*,
pág. 53), se asocia burlonamente al aseo femenino dudoso: «Las que os
laváis una vez / por San Lorenzo la cara, / echar el agua en el tiesto /
para que crezca la albahaca» (Jiménez de Aragón, pág. 265, núm. 57).

[18] Nuestra Señora la bendijo, y «Depuis lors, il [le basilic] est la
plante favorite des jeunes filles qui en accrochent un bouquet à leur
corsage» (leyenda del Rosellón, según Paul Sébillot, *Le Folklore de
France*, III. La faune et la flore, págs. 449-450).

y de hombres [19], y es usual comparar con ella a la mujer amada [20]. No en vano Sánchez de Badajoz coloca, entre otras «yerbas para prestar», «mil albahacas de amor» *(Farsa de Santa Susaña,* t. II, pág. 136 de la ed. de Barrantes), y cuando el gracioso de *Don Juan de Espina en su patria* de José de Cañizares inicia su galanteo preguntando: «...Reina mía, / ¿es aficionada a guapos?», la respuesta que recibe es «Yo sólo gusto de plantas / de albahaca», lo que lleva, como es natural, la conversación al «matrimonio, / mano, palabra, y al cuarto / entrada una noche» (pág. 7 de una *suelta* sin lugar ni fecha). No en vano la asocia un poeta americano con el recuerdo de la amada:

---

[19] Fabriciana Balderrama de Pachao «Bajó del cerro, con sus noventa años y su ramita de albahaca, a pasar los carnavales en Colalao del Valle» (leyenda de la lámina XII de la *Música tradicional argentina. Tucumán, historia y folklore,* de Isabel Aretz). «Y rascando el guitarrico, / ramo de albahaca en la oreja, / te digo que no me muero / si me coges y me dejas» (María del Villar, «El Romance de la moza bonita», en su *Alma desnuda,* pág. 172).

[20] «Cuando va mi novia a misa / al ladito de su madre, / parece un ramo de albahaca / que lo va moviendo el aire» (Eusebio Vasco, *Treinta mil cantares populares,* t. II, pág. 315, núm. 3.049; copla variada en Jiménez de Aragón: «Es mi dama tan garbosa, / que cuando va por la calle, / parece ramo de albahaca, / que lo bambolea el aire», pág. 148, número 57); «¡Anda con Dios, matita de albahaca, florecita de Mayo...!» (Pedro Pérez Fernández, pág. 321); «De todas las despedidas / es la mía la más alta; / Adiós clavel, adiós rosa, / adiós matita de albahaca» (Fernán Caballero, *Cuentos y poesías populares andaluces,* pág. 190 de la 1.ª ed.; retomada por Rodríguez Marín, *Cantos populares españoles,* t. II, pág. 504, núm. 3.331); «La despedida te doy / con un ramo de claveles, / y un manojito de albahaca / para que de mí te acuerdes» («despedida» modelada sobre la copla anterior, en Jiménez de Aragón, página 44, núm. 30 B; una versión intermedia en los *Chants populaires espagnols* de Achille Fouquier, pág. 145: «Te echaré la despedida / de rositas y claveles, / y un ramito...»; cf. también Rodríguez Marín, vol. cit., pág. 506, núm. 3.345; Ramón Caballero, *Gorjeos del alma,* página 105; Eusebio Vasco, vol. cit., pág. 233, núm. 2.585, para otras variantes). «Tan fresco tuviera yo mi rostro como una albahaca», dice Inés en la *Armelina* de Lope de Rueda (pág. 98).

La vi a la luna de enero,
me dio un manojo de albahaca
y desde entonces la quiero...
...Ahora sólo me queda
ese manojo de albahaca
y el recuerdo de esa niña con un pañuelo de seda... [21].

Y no en vano se dice de los rondadores de *La Tía fingida* que eran «deshollinadores de cuantas ventanas tenían albahacas con tocas» [22]; y tan natural parece la relación de la mujer con la planta, que su solo valor aromático opera una compleja sinestesia en un refrán criollo: «Baile sin albahaca, es como chinita flaca» [23].

No sólo la imaginación popular recoge estos valores: también se perciben en las letras más selectas:

La albahaca es caprichosa; todas las plantas han de ser regadas, según la buena horticultura, por la mañana o por la tarde; la albahaca pide el riego a mediodía. Esta planta, tan ufana con su agradable aroma, parece una mujer bonita. Los viejos dicen que al olerla produce jaquecas; también la producen las mujeres bonitas [24].

---

[21] Daniel de la Vega, *Pedazos de una canción* (en la *Antología de la poesía hispanoamericana* de Julio Caillet-Bois, págs. 1.209-1.210).

[22] «Considero esta frase, de dudoso gusto, como una interpolación. No consta en el manuscrito colombino. Entiendo que se habla de ventanas en las que hay macetas de albahaca, por entre las cuales se divisan rostros de mujeres», aclara (?) Bonilla en su edición de la novela, página 137.

[23] Villafuerte, *Voces y costumbres de Catamarca*, t. I, pág. 29; el mismo colector anota: «Dícese de una fiesta desabrida». Y en su *Refranero* puntualiza «Se refiere a una fiesta desabrida para tiempo de carnaval» (pág. 324) y explica que «la frase se refiere a la importancia que la gente de campo da a la planta de albahaca en las fiestas, más que todo en tiempo de carnaval; con albahaca se castigan las mujeres y los hombres, y aquéllas adornan los sombreros de éstos con ramas y hojitas de dicha planta. Hay una vieja creencia, en casi toda la campiña, de que la albahaca aleja al diablo» (pág. 57).

[24] Azorín, *Antonio Azorín*, pág. 51. Sobre los cuidados adversos que

Y dentro de la misma vena, Belardo, el hortelano lopesco,

> ...albahacas amarillas,
> a partes verdes y secas,
> trasplanta para casadas
> que pasan ya de los treinta... [25].

con un gracejo que es innecesario traducir. ¿Acaso Anatole France, narrador él también de la trágica historia de Isabella, y que utiliza simbólicamente en *Le Lys rouge* la mata de albahaca de un zapatero florentino, sin escatimar los jueguecillos de palabras sobre «le basilic, qui parfume l'humble échoppe du savetier» [26], ignoraba por azar el significado extremo y brutal de la planta en la Italia del Sud? Aparece como más que evidente, tal como lo sugiere el Príncipe de Lampedusa:

> Soldati in completo equipaggiamento, cosicchè si capiva subito che si erano allontanati furtivamente dai reparti bivaccanti

---

requiere la albahaca, recuérdese la afirmación de Plinio que Covarrubias nos reporta y que Sebillot actualiza en su *Folklore de France*, ya citado, t. III, pág. 458.

[25] *Las Fuentes del Romancero general...*, t. V, fol. 23 vº.

[26] Cf. M. T. Maiorana, pág. 63; el pasaje, como aparece en J. J. Brousson *(Anatole France en pantoufles*, pág. 32) es claramente burlón: «Trente basiliques... Ne pas confondre avec...» Nada hallo sobre la albahaca en *Los Cordonniers* (una de las entregas que forman las *Légendes et curiosités des métiers* de Paul Sébillot); en pág. 4 se recoge una acusación tradicional: estos artesanos huelen mal. Según comunicación del distinguido folklorista Roger Lecotté, el zapatero remendón suele tener un tiesto de albahaca a su alcance para restregar sus hojas y quitarse con ellas de las manos el olor del cuero y la cola o pez. Léo Larguier pinta con su mata de albahaca a un zapatero: «Devant son établi où, parmi les outils, les morceaux de cuir et les boules de poix pousse dans un pot un basilic, il m'a fait songer à Hans Sachs» («Le Journaliste», en sus *Miscellanées*, pág. 170). También Maurice Messegué da entre los nombres de la albahaca, junto a «herbe royale», «oranger des savetiers» *(C'est la Nature qui a raison,* pág. 149).

nelle piazze, uscivano con gli occhi smerigliati dalle casette basse sui cui gracili balconi una pianta di basilisco spiegava la facilità con la quale erano intrati.

(*Il Gattopardo*, pág. 37)

Ese mismo simbolismo —no de virginidad, sino precisamente de todo lo contrario, de fácil disponibilidad— es lo que explica la trabazón y el carácter de las relaciones del rey con la niña que riega la albahaca, y vibra todavía en la cámara celestial de la dependienta de tienda cantada por Francis Jammes; y, sin embargo, ya en la historia de Isabella como en los requiebros populares, esta facilidad extrema se toca con los más puros extremos de la fidelidad amorosa: y es esta riqueza simbólica donde los contrastes más opuestos se armonizan delicadamente, lo que explica por qué la albahaca, «hierba de amor», caracteriza a la vez al rey o príncipe preguntones y aprovechados y a la niña ingeniosa y amante que la riega. Y es así como una historia literaria —y al parecer puramente literaria, sostenida a lo largo de seis siglos por tres o cuatro nombres ilustres y bastantes de los otros— recibe del estudio de la tradición no solamente las luces que permiten aclarar el proceso de su trasmisión literaria, sino también una explicación adecuada de los elementos que la componen, justificando el interés que esta historia ha despertado tanto en los narradores que la relatan como entre las gentes que le han ido prestando, largamente, atención.

NARANJA Y LIMÓN

...naranjitas y limones,
como comen los señores.
Ronda infantil

Es ritual —o lo ha sido hasta no hace mucho— inmolar a Manuel Machado en aras de su hermano Antonio. *Suum cuique* (o, como prefieren las *Fleurs Latines* de P. Larousse, *cuique suum):*

Tres cosas tiene La Habana
que no las tiene Madrid...

y que cada lector —o cada escritor latinoamericano residente en París— elija la capital que le convenga, o aprecie ecuménicamente a las dos. Dígase lo que se quiera, si es verosímil que un Machado valga más que otro, también es innegable que dos Machados valen más que uno, y ningún escritor hay tan eminente que compense de la pérdida de todos los otros de este nombre: incluso el juego conocido de la isla desierta ofrece a cada náufrago una biblioteca ideal de diez autores, y no menos.

Sin disculpa ni justificación (ni el leído las necesita, ni las del leedor importan a nadie), este último gusta detenerse a veces en el *Museo* de aquél y por las galerías de su *Apolo* [1],

---

[1] Galerías menos frecuentadas de lo que parece: Rudolf Grossmann,

y retomar los enigmáticos versos finales del soneto al retrato
de *Un príncipe de la casa de Orange* por Van Dyck:

> Blanca mano espectral, de sangre exhausta,
> y en la mano un limón, que significa...
>
> *(Apolo*, pág. 84)

No son raros los juegos pictóricos en Manuel Machado, ni
tampoco los juegos poéticos dentro de éstos. El retrato del
príncipe de Orange se termina por puntos suspensivos, es
decir que no se termina; y el de Felipe IV —que Dios guarde—, en *terza rima* (en *Alma, 1898-1900*, sección *Museo;* página 25 de las *Poesías)* tampoco se termina, como que concluye con la ausencia del verso requerido para cerrar una
consonancia que queda en el aire. El poema al retrato de
Van Dyck, sin embargo, es más incitadoramente misterioso,
puesto que deja sin finalizar no una forma, un molde —lo
que puede pasar inadvertido del lector corriente o displicen-
te—, sino una declaración de sentido:

> ...y en la mano un limón, que significa...

¿Qué significa? Si volvemos unas páginas atrás, y exami-
namos la imagen que acompaña el soneto —casi todos los de
Apolo llevan en esta primera edición su ilustración fotográ-
fica—, los problemas se acrecen. En el retrato pictórico faltan varios elementos del retrato literario: la gorguera, la
«lujosísima espada en joyas rica», la banda que debería cru-
zar el busto de la figura. Y no es raro que falte todo eso,
cuando lo que falta es muchísimo más, puesto que el retrato

en su *Historia y problemas de la literatura latino-americana* (pág. 538
de la traducción de Juan C. Probst), habla de estas trasposiciones que
«había ensayado Marquina en sus sonetos sobre conocidos cuadros del
Prado». Agradezco a mi amigo Roberto Yahni el haberme comunicado
esta noticia.

no es el de «un príncipe de la casa de Orange», sino el de James Stuart representado como Paris —y, consecuentemente, con una manzana en la mano—, que está en el Louvre. ¿Canta el soneto un cuadro diferente de Van Dyck, y la imagen está allí para llenar un blanco, por faltar a último momento el cuadro preciso que inspiró al poeta? Parece difícil aceptar esta hipótesis: por un lado, en otros sonetos del libro se advierten vagas diferencias entre la estampa poética y el cuadro aludido —cuando se trata de un cuadro definido, y no de una síntesis de imágenes pictóricas: «Desnudos de mujer», «Asuntos bíblicos», etc.—; por otra parte, en materia de Oranges, en el único repertorio que se diga completo de la obra de Van Dyck a nuestro alcance —el de Emil Schaeffer—, aparecen un Guillermo III, príncipe de Nassau (con banda y espadín, pero que carece de gorguera, y no es rubio), y un Federico Enrique, príncipe de Orange, con armadura, sin banda, y sin gorguera; y ambos, naturalmente, sin fruto en la mano, que es lo que más parece contar. Y, además, un príncipe de la casa de Orange, por poco que respetara su apellido o tuviera sentido de las armas parlantes, no podía posar con un limón en la mano.

Lo verdaderamente singular es que el doble error de Manuel Machado —si no es seguro que sea yerro está claro que es doble: ve Orange y limón donde hay Stuart y manzana— es error compartido [1a]. Gracias a los ricos archivos del Service de la Documentation de Peinture del Museo del Louvre podemos saber que este cuadro famosísimo —del que hay réplicas más o menos auténticas, versiones con perro y sin manzana, y hasta una copia atribuida con aproximada certidum-

---

[1a] Yerro o burla, la asociación es fácil: «La représentation eut lieu en l'honneur de la reine de Hollande, accompagnée du prince d'Orange, qu'on appelait ordinairement à Paris *le prince Citron*» (Sarah Bernhardt, *Mémoires*, t. I, pág. 182).

bre a Renoir— perteneció a Luis XIV, estuvo en Versalles,
fue expuesto en el Museo del Luxemburgo entre 1750 y 1781
y pasó luego al Louvre, y que dentro de este mismo ámbito
prácticamente inmoble conoció divertidas metamorfosis, to-
tales o parciales. El inventario de la colección real por Le
Brun (1683) lo rotula, bajo el núm. 365, «Le Duc de Lux en
chemise tenant un citron» (la camisa es lo único cierto del
título); en el siglo siguiente, para los visitantes del Luxemburgo, se trata del «Portrait du comte de Luc tenant une
orange». El inventario de los Reales Museos precisa en 1832
que se trata del «Portrait de François II comte de Luc de
Vintimille, de Marseille, 1606-1667», pero felizmente no describe la fruta. El catálogo de las pinturas del Louvre por
Villot revela por fin la verdadera identidad del retratado,
dándole el título hoy usual y más o menos falaz de «duque
de Richmond»: el conde de Essex y Lennox no gozó de él
sino en agosto de 1641, pocos meses antes de la muerte de
Van Dyck (que murió en 9 de diciembre de ese año), y el
estilo del cuadro no permite atribuirle fecha tan avanzada.

Si el personaje ha tardado en desenmascararse, el objeto
que ostenta ha sufrido metamorfosis más caprichosas todavía: en 1683 Le Brun —y se trata de un pintor, de alguien
cuyo oficio es precisamente el saber mirar, y más aún, según
la cuerda doctrina de Malraux, el saber mirar la obra de
otros pintores— ve en él un limón. Paillet, en 1695, copia y
completa: «...en chemise, tenant un citron en sa main gauche» (la del corazón, no lo olvidemos). Jacques Bailly, que lo
ve en el Luxemburgo, lo califica como vimos de «Portrait du
comte de Luc tenant une orange». El catálogo de Villot decide
al fin: «Il tient une orange ou plutôt une espèce de poire de
la main gauche», y digo decide, aunque no decide, porque su
titubeante borrador (conservado en el expediente del cuadro
en el Service de la Documentation) lee: «Il tient [*de la main*,

testado] une orange ou plutôt une poire de la main gauche»,
y entre *une* y *poire* añade entre líneas el insultante «espèce
de». Los catálogos no oficiales optan por una de estas dos
tradiciones, cítrica o de pomo: el general de John Smith (Londres, 1831, pág. 43, núm. 150 del tomo tercero) pone en manos
de la figura una «orange»; para Jules Giffrey, en su estudio
de la vida y obra de Van Dyck (París, 1882, lámina 209 y página 275, núm. 789), se trata del duque de Richmond «tenant
une poire». No estamos, hay que repetirlo, ante la ligera opinión de visitantes desaprensivos o de fugaces turistas: pintores reales —en los dos sentidos del término—, críticos e
historiadores del arte aparecen incapaces de reconocer una
manzana pintada e inventan tres frutos distintos —ninguno
verdadero—: limón, naranja, una suerte de pera. Esta coincidencia en la falsa lectura de su cuadro debe imputarse al
pintor, y más bien configura una alabanza que un demérito:
pintando a su modelo en la actitud de Paris, supo darle (hasta
para los que ignoraban la fábula representada) todo el peso
psicológico requerido por su actitud; y si el fruto que puso
en su mano puede no identificarse correctamente es porque
pasa a segundo plano, y es *el gesto* lo que se impone, en lo
«que significa», a los historiadores de la pintura y a la memoria del poeta, que puede traicionarlo en lo que concierne
a otros detalles, pero que acepta, como todos, y aún más que
todos, porque lo extiende sobre dos ámbitos, figuración y
título, el valor fundamental de lo pintado. Lo que en el cuadro
importa sobre todo es que el personaje tiende «*el*» *fruto*, y
así lo atestigua otro poeta, más conocido por sus realizacio-
nes ulteriores en lo que Cocteau llamará «poésie de roman».
Marcel Proust, en su libro *Les Plaisirs et les jours* (1894) se
detiene en su poema «Antoine Van Dyck» ante este falso
duque y su fruto verídico:

...Et toi par-dessus tous, promeneur précieux,
En chemise bleu pâle, une main à la hanche,
Dans l'autre un fruit feuillu détaché de la branche...,
Duc de Richmond...

Sobre las falacias parciales, los poetas encarecen la verdad fundamental: no importa cuál sea ese fruto, sí importa que lo sea (naranja o limón, pera fingida o manzana demasiado real para que se la acepte), y que desempeñe su papel de Fruto.

¿Conoció Manuel Machado a sus predecesores en esta botánica verídicamente engañosa? Sin poder afirmárselo terminantemente, no es imposible que hubiera recorrido el Louvre, en sus días editoriales y parisienses, guiado por el viejo catálogo de Villot; pero si así fue, no parecería haber sacado de catálogo y recorrido más que un recuerdo confuso aunque paradójicamente verdadero. El texto escrito hubiera podido obnubilar su visión directa, obliterando la manzana pictórica, y erigir en título principesco el nombre de la fruta descrita: queda todavía en pie, verde y lozano, el limón que brota del poeta y no, podemos creerlo, de los olvidados catálogos de siglos anteriores, y cuya significación es para él de tal manera clara que no encuentra lugar en su soneto. Si Machado y algunos ojos del siglo XVII ven en la tela un limón, puede afirmarse sin temor de parecer ilógicos que lo ven sobre todo porque no está, porque —para ellos— debería estar allí, y a falta de un verdadero limón pintado instalan en el cuadro un limón poético real, de significación bien precisa: el poeta la sugiere, los catálogos parecen suponerla. Y, en fin, ¿qué significa?

No debe olvidarse que quien ve ese limón (y por poco diríamos «quien lo engendra», porque su coincidencia con Le Brun debe ser realmente eso, una coincidencia), Manuel Machado, es hijo —y será prologuista, con el correr de los años—

de Antonio Machado y Álvarez, «Demófilo», una de las figuras
más eminentes de la primera generación de folkloristas españoles. Y Machado y Álvarez, precisamente en su *Introducción
al estudio de las canciones populares*, examina una en la que
para él

> ...apenas hay una palabra empleada en su significación
> natural:
>
>> Yo tiré un limón por alto
>> por ver si lo coloreaba;
>> subió verde y bajó verde,
>> mi pena se redoblaba.
>
> Represéntase en esta copla una *esperanza amorosa* que el
> poeta intenta realizar (que coloree); mas en vano (subió verde
> y bajó verde): de aquí que se aumente su *pena* (el temor de
> que no se realizará su esperanza), al verse frustrada su tentativa
> (tirar el limón por alto).

(t. V, págs. 13-14 de El Folklore Español)

En nota a *esperanza amorosa*, Machado y Álvarez funda-
menta su interpretación con el auxilio de tres coplas populares: una sobre el simbolismo de los colores, otra —«De tu
ventana a la mía...»—, que examinaremos más adelante, y
otra más, traída a cuenta para aclarar la que precede. Esta
tercera copla,

> El amor y la naranja
> se parecen infinito;
> que por muy dulces que sean
> de agrio tienen su poquito,

también la asocia con la precedente Rodríguez Marín [2], que
da otros ejemplos más de coplas castellanas, gallegas y por-

---

[2] *Cantos populares españoles*, t. II, pág. 368, n. 84; también cita la
copla Ricardo Palma (*Tradiciones peruanas*, t. I, pág. 51). Rouanet la
cita y traduce en sus *Chansons populaires*, pág. 112, y en el ejemplar
interfoliotado que pasó con sus otros libros a la Bibliothèque Nationale

tuguesas similares, así como de cantares italianos «en que se
habla de tirar o dar un limón o una naranja» (pág. 369), y
concluye que «En vista de estos ejemplos de diversos países,
es indudable que tanto nombrar la naranja, el limón y la
manzana obedece a un simbolismo quizás desconocido por
los mismos cantores, pero desde luego de grande importancia
mítica». Y vuelve luego a nuestro punto de partida «copiando
las siguientes líneas de mi buen amigo Demófilo *(La Enciclopedia,* año IV, 20): 'Un filósofo muy distinguido, a quien
muchas veces consultamos sobre el origen del limón verde
como simbolismo de nuestra poesía, nos ha manifestado,
hace meses, que tiene su origen en la India, donde es costumbre que el joven que requiere de amores ilícitos a una
joven le ofrezca un limón envuelto en una hoja de betel, que
aquélla toma si admite sus pretensiones o tira al suelo en
caso negativo' ». El propio Machado y Álvarez remite aún a
otro trabajo suyo sobre el tema, aparecido en «la *Ilustración
gallega y asturiana,* núm. 5 del año II, correspondiente al 18
de febrero de 1880». Y comentando un relato, «Pedro y el

---

de Paris, el folio blanco colocado entre las páginas 112 y 113 lleva la
anotación manuscrita: «Cité et traduit par Davillier, Voyage en Espagne»: en efecto, así aparece en la pág. 270 de *L'Espagne,* del Baron Ch.
Davillier. La agrura de los citrus, y particularmente la del limón, que
ya figura en una «Canción de Núñez porque pidió a su amiga un
limón» («El agro tomara yo / por más dulçe que rosquillas...», *Cancionero general,* ed. facsimilar de Rodríguez-Moñino, fol. cxxij vº), así
como su correlación amorosa, son constantes en las coplas: «Al limón
quítale el agrio / y al agrio la fortaleza, / a los hombres no quererlos, /
porque no tienen firmeza» (Rodríguez Marín, t. IV, pág. 73, núm. 6.136,
y Eusebio Vasco, t. II, pág. 396, núm. 3.507); «¡Qué agrio es el limón!
/ ¡qué dulce la naranja!...» (García Matos, t. II, pág. 140, núm. 296);
«A tu lado, hermosa mía, / se me alegra el corazón / y me aplico al
agua fría / y hasta al agrio del limón» (imitación burlesca intercalada
por García Velloso en *Gabino el mayoral,* pág. 114, que muestra la
persistencia de la asociación). Los ejemplos abundan en la obra en
prosa y en verso de García Lorca.

príncipe», de los *Portuguese Folk-Tales* de Consiglieri-Pe-
droso (London, 1882), De Gubernatis explica que si Pedro, en
un viejo palacio, «da ogni parte vede soltanto aranci e limo-
ni», no debe olvidarse que «siamo in Portogallo, ondi gli
aranci furono la prima volta introdotti in Europa; quindi il
nome di portogallotti che vien dato in Liguria ed in Piemonte
agli aranci», lo que parecería confirmar el origen oriental de
su simbolismo; pero vengan de donde vinieren, «come nella
novellina delle tre melarancie, delle tre mele, e nella favola
ellenica dell'orto delle Esperidi, od Occidentali o Portoghesi,
ogni frutto contiene qualche mistero mirabile»[3]. Desde el siglo xv, naranjas, limones y manzanas se asocian naturalmente
con el *locus amoenus* y, sobre todo, con la imagen de la mujer amada. Sobre la canción de Núñez, ya citada, oigamos a
Villasandino:

> Deleyte es mirar la noble floresta,
> naranjas e cidras, limas e limones,
> oyr cantar aves garridos chanzones
> e ver su señora polida e honesta[4].

Venga o no de la India, el «limón verde» (el fruto, o el
arbusto que lo suministra y supone) es ingrediente esencial
de la poesía amorosa del pueblo español. ¿Dónde se sentarán

---

[3] *Storia delle novelline popolari*, pág. 176. Lo mismo, con idéntica
indicación de origen, en pág. 291: «Quando al giardino delle Esperidi si
sostituisce il regno di Portogallo, o il regno di Spagna, alle mele d'oro
le melarancie, noi abbiamo un'indizio che la novellina s'è trasformata,
o per dir meglio prese un nuovo colorito storico nel tempo in cui le
melarancie furono per la prima volta, come meraviglie, introdotte in
Europa...». Algunos mitólogos sospechan que las manzanas de oro del
jardín de las Hespérides sean recuerdo deformado de los naranjos
asiáticos; sea como fuere, la relación persiste en el nombre de un
licor otrora famoso, a base de zumo de naranjas, y llamado precisamente «Hesperidina».

[4] Núm. 98 del *Cancionero de Baena*. Citado por Rafael Lapesa en su
libro sobre Santillana, ya mencionado, pág. 25.

dos amantes, para conversar, mejor que a la sombra de un verde limón?

> Sentados a la sombra
> de un verde limón
> había dos amantes
> en conversación.

> > (Córdova y Oña, t. II, pág. 96, núm. 81;
> > en el t. III, pág. 235, levemente variada y
> > con estribillo)

¿Qué mejor que el limón verde para engañar a una incauta?

> Que con el limoncito verde,
> que con la verde limonada,
> que con el limoncito verde,
> tú me traes engañada.

> > (Torner, *Cancionero musical...*, pág. 24, nú-
> > mero 63; ligeramente variado, como «letra
> > actual», en su *Lírica hispánica*, pág. 417; cf.
> > Córdova y Oña, t. II, págs. 270-271, núm. 12)

¿Qué mejor alcándara que un limón verde para un pajarito de ricos presagios?

> Debajo [sic] de un limón verde
> un pajarito cantó;
> cante quien amores tiene,
> que pronto cantaré yo.

> > (Rodríguez Marín, t. II, pág. 162, núm. 1.869;
> > Vasco, t. II, pág. 313, núm. 2.974; Jiménez de
> > Aragón, págs. xxiii y 3, núm. 18; variante de
> > Machado y Álvarez, pág. 89: «tenga»)

Si todas las hojas son buenas para rimar con un amante malo —la de la lechuga, si tiene calentura; la del perejil, si la bella no puede ir a verlo, y así sucesivamente—, no podía faltar en esta competencia la hoja del limón verde:

Debajo de la hoja
del verde limón
está mi amante malo.
¡Jesús qué dolor! [5].

Y en el método de guitarra de Briceño (París, 1626) aparece en unas folías —y unido a una canción que volveremos
a encontrar, «Arrojóme las naranjicas...»— un tema que al-
canzará amplísima difusión en el folklore infantil de todos
los países hispanoparlantes:

Volaba la palomita
por encima del verde limón,
con las alas aparta las ramas,
con el pico [se] lleva la flor.

(fol. 8 vº)

(Fernán Silva Valdés, en sus *Leyendas americanas,* página 95, trasmutará la «pájara pinta» española y la «paloma
blanca» hispanoamericana en el pájaro carpintero —y lor-
quiano— «bello de verde limón»). El amor más fino es comparado al limón verde:

Muito brilha o limão verde,
Quando esta no limoeiro;
Non há fruta como êle,
Nem amor como o primeiro.

(P. Fernandes Thomáz, pág. 216;   Chaves,
pág. 288)

---

[5] Vasco, t. II, pág. 196, núm. 4.609. El «cogollo» —como llaman en el
Plata a los versos de ciertas cuartetas que pueden irse variando según
lo pida la ocasión, conservando fijas algunas de sus partes (en Chile la
palabra tiene otro valor, y designa la copla alusiva que remata un
cantar desarrollado)— es viejo: en el núm. 78 del *Correo Literario de
Murcia,* del martes 28 de mayo de 1783, según García Soriano, se lee:

Debaxo de la hoja
de el verde limón,
está Alifonsa mala,
quién fuera Dotor...

El querer d'esta serrana
ningún gachó lo chanela;
es como er berde limón,
qu'er que lo entiende lo yeba. (?)

(Rodríguez Marín, t. III, pág. 88, núm. 3.829;
interrogación original)

El agua de limón, o de limón verde, es bebida apetecida,
y la escancian las damas o se debería escanciar para ellas:

Gitana, gitana,
gitanita y no,
échem'ust'un baso
d'agua de limón.

(Rodríguez Marín, en *El Folklore Andaluz*, pág. 20)

Río de Manzanares,
¿por qué no manas
agua de limón verde
para las damas?

(Vasco, t. II, pág. 368, núm. 3.350) [6]

La asociación del limón con el amor es constante en los
cantares hispánicos (es decir, españoles, portugueses y americanos):

---

[6] A veces la expresión suele tener un valor diametralmente opuesto,
como sucede a menudo por esa atracción de los contrarios que ha sido
estudiada por el psicoanálisis y que ha llevado —entre otros mil ejemplos— a *lívido* de 'amoratado' a 'pálido', o ha hecho significar a *nimio*
'excesivo' e 'insignificante' a la vez. Compárese, en este caso preciso:

—Pero déme usted un poco de agua para lavarme... no puedo
salir así.
—¡Agua de limón verde le daría yo! ¡Largo de aquí, tío inde-
cente!

(Palacio Valdés, *Maximina*, pág. 126)

Me he comido un limón
dulce cómo un acitrón
que me lo dio mi majo,
majo de mi corazón...

> (Olavarría y Huarte, *El Folklore de Madrid*,
> pág. 62; cantar de corro. Compárese con
> Llorca, pág. 63: «Acúsome, padre, / que...»)

A la huerta valenciana
yo me voy con mis amores
a coger todas las tardes
naranjitas y limones.

> (Torner, *Spanish...*, pág. 13, núm. 4, copla 2)

¿Cómo quieres que te quiera,
si no me muestras cariño?
La naranja es colorada
y el limón es amarillo.

> (Jiménez de Aragón, pág. 235, núm. 52 A; una
> «relación» publicada por Ciro Bayo, *Cancio-
> nerillo*, pág. 183, varía: «La naranja es ama-
> rilla, / el limón color de caña. / ¿Cómo
> quieres que te quiera, / si tu corazón me
> engaña?»)

Arriba el limón,
abajo la naranja,
arriba el limón,
que vivo con esperanza.
Que vivo con esperanza
de ser tuyo y tú ser mía;
arriba el limón,
limonera de mi vida.

> (Córdova y Oña, t. II, pág. 67, núm. 17; en
> pág. 202, núm. 8, la segunda copla varía:
> «Si vives con esperanza, / yo vivo con ale-
> gría, / arriba el limón, / de ser tuyo y tú
> ser mía, / arriba el limón»)

Avíavía vía va
y a mí me gusta la limoná,
la limoná con el limón,
y a mí me gusta tu corazón.

(Echevarría Bravo, pág. 234, núm. 50)

Quem me quer vinder, que eu compro,
Um limão por um vintem,
Para tirar uma nodoa
Que o meu coração tem?

(Leite, *Amorosa*, pág. 128; en otro lugar varía: «No meio das laranjas / dê-me também
um limão, / que é para tirar uma nódoa /
que tenho no coração»)

Eu subi ao limoeiro,
Colhi uma só vergasta:
O amor que é entendido,
Meia palavra lhe basta.

(Leite, *Amorosa*, pág. 116)

À sombra do verde limão,
solteiras sim, casadas não,
quem te amava já morreu;
quem morre por ti sou eu.

(Correia Lopes, pág. 70)

Ai lari ló lela,
O limão, limão,
Quando eu digo sim
Dizes tu que não.

(Fernandes Thomáz, pág. 83)

Limoeiro da calçada,
Já não torna a dar limões:
Que lhe cortaram as hastes,
Para prender corações.

(*Id.*, pág. 135)

El limón no tiene espina,
el palo es el espinoso;
mi corazón es el fiel,
el tuyo es el engañoso.

> (Patiño, pág. 125, núm. 295; variantes en los
> núms. 289, 296 —misma página—, 313 y 314,
> pág. 126. La copla núm. 313 es la más apro-
> ximada a la versión boliviana publicada por
> Varas Reyes: «El naranjo pa' coposo / y el
> limón pa' espinoso. / Mi corazón para firme
> / y el tuyo para engañoso», pág. 104)

El naranjo tiene espinas
y el limoncito también;
mi corazón es el suyo
y el suyo no sé de quién.

> (Dubuc de Isea, pág. 177, núm. 284)

Limoncito, limoncito,
prendido de tu ramita,
dame un abrazo apretado
y un beso de tu boquita.

> (Patiño, pág. 126, núm. 310; variantes en los
> núms. 291 —pág. precedente— y 308, pági-
> na 126; cf. Terrera: «Sos un verde limon-
> cito / que cuelga de una ramita...» [el resto
> es idéntico])

Piña madura,
limón francés,
dame un besito
si me querés.

Naranja verde,
limón partido,
dame un besito,
por Dios te pido.

> (Patiño, núm. 294, pág. 125, y núm. 316, pági-
> na 126; una versión cubana recogida por C.
> T. Alzola, pág. 171, núm. 9 (y 225 de la nu-

meración general), varía: «Naranja dulce»,
«dame un abrazo» y «que yo te pido»)

Del limón saqué pepita,
[y] del naranjo la flor;
en la cara se conoce
el hombre que tiene amor.

> (Patiño, pág. 126, núm. 312; el segundo verso
> es hipométrico)

Palito e limón coposo,
acabao de florecer;
dejemos las pendejadas
y volvámonos a querer.

> (*Id.*, pág. 126, núm. 309; la «s» final del último
> verso parece agregada)

Allá arriba en una playa
tengo un palo de limón;
cada vez que subo y bajo
se me parte el corazón.

> (*Id.*, pág. 126, núm. 307)

Azucena, margarita,
rama de limón francés,
cuando tu amante te llama
por qué no le respondés.

> (*Id.*, pág. 126, núm. 306)

Levántate [*sic*] de estos suelos,
rama de limón florido,
acostáte en estos brazos
que para vos han nacido.

> (*Id.*, pág. 125, núm. 290)

La naranja nació verde
y el limón la cautivó;
mi corazón nació libre
y el tuyo lo cautivó.

(*Id.*, pág. 126; copla española —como casi todas las demás— deturpada también en las
variantes núms. 315 y 323, esta última en
pág. 127)

María, flor de limón,
préstame tu medicina
para sacarme la espina
que tengo en el corazón.

(Olivares Figueroa, pág. 100)

Limoncito, limoncito,
dame de tu boca un beso
y un abracito apretado
que el amor para que dure
tiene que ser simulado.

(Dubuc de Isea, pág. 174, núm. 259; el último
verso, como lo atestiguan las versiones europeas, es corrupción de «ha de ser disimu-
lado»)

Verde verdecito,
verde limoncito,
a mí nadie me divierte,
sólo tu corazoncito.

(Carrizo, *Jujuy*, pág. 256, núm. 844; el número
siguiente varía los dos últimos versos: «Has
de saber que te quiero, / amado corazoncito»)

La vidita 'i San Lorenzo,
la que me lava el pañuelo,
lo moja con limón verde,
lo satura con romero.

(Varas Reyes, pág. 91)

(Omitimos, para no alargar en demasía, las canciones referentes a la naranja.)

Tras los primeros folkloristas españoles, un nuevo paso
en el estudio de este tema lo da José Leite de Vasconcellos
con sus «Arremessos symbólicos na poesia popular portuguesa», al poner la mira en la «acción de arrojar» y considerando
tanto el caso en que «É o homem quem faz o arremêsso»
como los «exemplos em que figuram dois personagems». El
primero lo subdivide en varias categorías («arremessar um
objecto...»; «arremessar á janella»; «arremessar ou deitar
correndo um limão...») y, dentro de ellas, los principales sub-
grupos corresponden a «uma laranja» y a «um limão» («uma
azeituna», y «maçã», que también figuran, son muchísimo
menos frecuentes). El sentido global del «arremesso» lo expresa claramente una copla popular:

> Del otro lado del río
> te tiré media naranja,
> si cariño te tuviera,
> entera te la tirara.
>
> (Berrueta, pág. 140)

Un nuevo muestrario, y algunas conclusiones de interés
aporta otro etnógrafo portugués, Luis Chaves [7]: establece que
la oposición naranja-limón (como la oposición similar de
rosa y clavel) alude en la poesía amorosa a la mujer y al
hombre (pág. 278), pero eso cuando no significa lo contrario,
simbolizando al hombre y la mujer (pág. 280): es decir que

---

[7] «Páginas folclóricas. V: Árvores, flôres & frutos como o povo os
vê, sente e canta. 1.ª série. A) A laranjeira e a laranja. B) O limoeiro e o
limão. C) A maçã». Sobre este tema, véanse también el artículo de E.
Galtier «La pomme et la fécondité», así como los estudios citados en
mis notas sobre «Musique et poésie dans l'oeuvre des vihuelistes»,
página 111, n. 1: De Gubernatis, Gaidoz, J. Psichari —sobre Cassia y la
manzana de oro—, Van Gennep, G. Cocchiara (este último da también
bibliografía en pág. 232). El reciente y fino análisis literario de Stephen Reckert en su *Lyra minima* (de pág. 21 en adelante) desborda lo
hispánico comparándolo con la poesía del Oriente.

ambos símbolos, a fuer de poseer connotaciones equivalentes opuestas, son en realidad idénticos. Una copla de Jiménez de Aragón sustenta la segunda clave de lectura:

> Tú eres pera, yo manzana,
> yo naranja, tú limón,
> tú eres enfermo, yo cama,
> yo soy la Luna, tú el Sol,
> tú eres galán, yo soy dama.
>
> (pág. 18, núm. 39)

Parecería innegable que la naranja tiene, sobre todo, carácter femenino. Puede llamarse «naranja» a la amada (según Teócrito —*Idilio XI*— Polifemo llama «manzana querida» a Galatea):

> Eres chiquita y bonita,
> eres como yo te quiero,
> eres la mejor naranja
> que tiene mi naranjero [8].

> Vou-te dar a despedida,
> minha laranja redonda...
>
> (Leite, *Amorosa...*, pág. 136)

El uso popular llama «media naranja» a la mitad de uno mismo (Caballero Rubio, pág. 779; lo mismo en el dicciona-

---

[8] Vasco, t. II, pág. 106, núm. 4.093. Es variante de otra copla mucho más conocida —«pareces campanillita...»—, pero la sustitución testimonia el valor erótico de la naranja. Otra copla compara a la amada con el naranjo todo: «Cuando te pones, morena, / en la puerta de la calle, / pareces naranjo verde / que lo bambolea el aire» (Rodríguez Marín, t. II, pág. 76, núm. 1.517; en Rouanet, pág. 90, con el yerro evidente «pareces *un* naranjo...»). La imagen, con alguna diferencia en las palabras elegidas para expresarla, reaparece en el folklore boconés: «Por aquí te estoy mirando / paradita en ese umbral: / parecéis naranjo dulce / copadito de azajar» (Dubuc de Isea, pág. 175, núm. 267). En Vasco, t. I, pág. 329, núm. 914, otra copla similar: «Eres como la lima / de la limonera; / amarilla por dentro, / verde por fuera», donde el valor erótico parecería más evidente.

rio académico), y en América esta denominación designa exclusivamente a la propia mujer. Y el comparar la cabeza de la amada con una naranja:

> Parece tu cuerpo un junco,
> tu cabeza una naranja...
> > (Fouquier, pág. 45, y Rodríguez Marín, t. II, pág. 55, núm. 1.372; ligeramente variado en Sancho Izquierdo, pág. 56)

> Tu cabesa,
> chiquita y bonita,
> parese de oro
> una naranjita...,
> > (Rodríguez Marín, t. V, pág. 51: es un mayo, y la anotación alude al cantar precedente; en González Palencia-Mele, pág. 137, versión de Castilla la Nueva recogida por N. Hergueta; con música en Pedrell, t. II, pág. 97, núm. 174)

involucra, sobre la similitud formal, base de la comparación, el valor tropológico de «cabeza» por la persona toda, sinécdoque usual en griego —recuérdense las palabras iniciales de la *Electra* de Sófocles—, en latín y en las varias lenguas modernas. Pero también el limón puede asumir esta representación, ya como alabanza, ya como invectiva:

> Asómate a la ventana,
> cara de limón florido,
> y échale la bendición
> al que ha de ser tu marido.
> > (Vasco, t. III, pág. 285, núm. 5.105)

> Quítate d'esa ventana,
> cara de limón podríu...
> > (Rodríguez Marín, t. V, pág. 89, nota a los núms. 7.134-7.140, versión asturiana; en Cór-

dova y Oña, t. III, pág. 235, sin regionalismos: «de esa», «podrido»)

La dualidad de naranja y limón muestra su unidad fundamental —además de la circunstancia de complementarse y
de reemplazarse— en el hecho de que ambos frutos se acompañan en ramos y ofrendas de amor, y hasta llegan a brotar
juntos (literariamente, se entiende) del mismo árbol. Aunque
con criterio más medicinal que poético —a pesar de las in-
troducciones rimadas a cada una de las frutas y verduras
que considera—, Domingos Pereira Bracamonte dice verdad
al afirmar que «Son tan semejantes, ansí en color, como en
calidad, las naranjas, cidras, limas y limones, que sería pro-
lijo hacer dellas diferentes platos» *(Banquete que Apolo
hizo...*, pág. 84). Ambos frutos dan su sombra única al encuentro y a la celebración amorosa: Policiano ve por primera
vez a Filomena por una ribera «entre naranjos y limones»
(Tragedia Policiana, pág. 3), y los dos frutos contribuyen al
ornato nupcial en la literatura culta o popular:

> ...qué brava está la portada
> de naranjos y limones...
>> (Lope, *Porfiar hasta morir*, pág. 95 a)

> Ya está el ramo en la capilla
> de naranjos y limones...
>> (García Matos, t. II, pág. 124, núm. 277)

Una copla puede así preguntar, tras el don frutal:

> Toma limones
> y naranjitas.
> ¿Qué tal te va de amores,
> Catalinita?,
>> (B. Gil García, t. II, pág. 175, núm. 384; en
>> Olmeda, pág. 113, núm. 22 [= 155]: «Échale
>> el *ringondango* a la naranjilla, / cómo te va
>> de amores, / jardinerilla»)

y un excelente escritor argentino puede introducir en un cuento estos «folklores»:

> A la lima y al limón,
> te vas a quedar soltera...
> A la lima y al limón,
> te vas a quedar muy sola...
>
> (Antonio Di Benedetto, «Hombre-perro», en su
> *Mundo animal*, pág. 44)

«Aranciu e Lumia!» es el título y el verso inicial del estribillo intercalado en una *fiaba* siciliana publicada por Pitrè; una versión andaluza de un juego de rueda bien conocido («Al pasar el arroyo / de Santa Clara...») introduce los versos:

> A mi prisión sólo entra
> mi valenciana,
> a traerme limones
> y las naranjas,
>
> (*El Folklore andaluz*, pág. 131)

y esta imagen de la prisión dulcificada por el amor nos lleva a comprobar cómo limones, naranjos y manzanos brotan en el romancero tradicional. En el romance del prisionero, tal como lo conoce e inquiere María Goyri de Menéndez Pidal, el mes de mayo llega de verdad

> cuando los enamorados
> enraman a sus amores,
> unos con dulces naranjas,
> otros con agrios limones...;
>
> (pág. 382)

la emprendedora infanta, antes de abrir a Gerineldo, le pide le dé las señas de su cuarto, y él responde:

> Al pie de su cama tiene,
> señora, un limón florido...;
>> (Menéndez Pidal, *Sobre geografía folklórica*,
>> pág. 259)

de los dos lados del Atlántico, las casadas infieles se acompañan de estos frutos:

> El mal marido, mi madre,
> el pellizco y la maldición;
> el nuevo amor, mi madre,
> la manzana y el limón.
>> (Versión judía, en R. Gil, núm. xxxviii, página lxxxvii; Danón, núm. 28; en la *Antología* de Menéndez Pelayo, t. X, pág. 335, núm. 38)

> Mañanita, mañanita,
> mañana de San Simón,
> que está la calle empedrada
> con dos limas y un limón,
>> (*Colección de folklore*, versión de San Juan, legajo 135; en Moya, *Romancero*, t. I, página 458)

y hasta en el final del *Conde Olinos* la alegoría frutal viene a coronar el destino de los infelices amantes:

> De ella ha salido un naranjo;
> de él un verde limonar.
>> (Schindler, textos, pág. 54)

> D'ella ha salido un naranjo;
> d'él un fuerte limonal.
>> (B. Gil, *Romancero...*, pág. 12, núm. 5)

> de eya salió una toronja,
> de él saliera un limonar...
>> (Bénichou, núm. xxviii, pág. 88 de la ed. en revista)

y la imagen andaba hace tiempo por las rimas infantiles:

> en la iglesia hay una tumba
> que retumba
> de naranjas, de limones...
> (Rodríguez Marín, t. I, pág. 78, núm. 183)

Por lo que hace al papel mensajero del fruto, sobre los ya rodados y los que vendrán, véase un par de ejemplos literarios de ámbitos diferentes: en la misma *Tragedia Policiana*, los criados imitan a los señores, y Machorro da a Dorotea el fruto simbólico con estas palabras: «Tome, señora, este ramo de limón con que se espacie, e perdone que se le do con la mano [sin guante]» (pág. 44). Heine usa muy explícitamente el valor (que él declara simbólico) del fruto en la escena del teatro de Amsterdam en *Aus den Memoiren des Herrn von Schabelewopski:*

> Su brazo colgaba fuera de la galería, y en la mano tenía una manzana, o más bien una naranja. En vez de ofrecerme simbólicamente la mitad, se limitó a arrojarme metafóricamente la corteza a la cabeza. ¿Intención, o azar? Quise saberlo...

y lo averigua en las páginas siguientes:

> Conozco una rubia, de una de las mejores familias holandesas, que abandonaba a veces su rico castillo del Zuyderzee para venir de incógnito al teatro de Amsterdam y tirarle a la cabeza de quien le gustaba cortezas de naranja, y que hasta pasaba noches de orgía —Mesalina de los Países Bajos— en las tabernas del puerto.
>
> (págs. 293 y 294-295)

A veces, como se adelantó, el mismo árbol (poético) puede dar los dos frutos (amorosos):

> A la puerta de tu casa
> ha nacido un arbolito

> de naranjas y limones
> y en medio tiene un nidito.
>> (R. Caballero, pág. 104; también en Vasco, t. I,
>> pág. 284, núm. 664, y variantes allí mismo,
>> t. II, pág. 21, núm. 1.391, y Córdova y Oña,
>> t. III, págs. 94 y 160)

Otras veces estos injertos cítricos, aún más metafóricos,
llegan —partiendo de la comparación inicial de la amada con
el fruto— a constituir un matizado árbol genealógico:

> María, tú eres la lima
> y tu padre es el limón,
> y tu madre la naranja,
> y quien te quiere soy yo.
>> (R. Caballero, pág. 115; Jiménez de Aragón,
>> pág. 356, núm. 27; variantes en Rodríguez
>> Marín, t. II, pág. 150, núm. 1.799)

Podemos, pues, aceptar el valor general de limón y naranja, opuestos o conjugados según se le antoje a la musa
popular, y como Rafael Osuna cuando analiza un cantarcillo
viejo («el primero y más fácil» de los cinco que trata, y que es
el núm. 437 del *Cancionero de Palacio* en la numeración de
Barbieri: «Meu naranjedo non té fruta...»), «no cometamos
el pecado de destruir el efecto poético mediante un contun-
dente término científico. Lo cierto es que ese naranjedo simbólico está ofreciéndose al enamorado que es el único auditor
venturoso del cantar» («Sobre cinco cantarcillos españoles
del siglo XVI», págs. 187 y 188). Así procede Manuel Machado,
que obra como si hubiera seguido el consejo formulado medio siglo después: lejos de cometer el pecado de destruir
el efecto poético con importunas precisiones, se detiene al
borde de la explicación y la reemplaza por el silencio, a diferencia de Heine, que «quiso saberlo» y dio con la cruda
realidad.

No estamos capacitados para tratar exhaustivamente el tema y el significado de la naranja y el limón en la poesía culta española [9], pero quisiéramos tratar de mostrar, tras de su persistencia en la poesía popular, que el de Manuel Machado no es un caso insólito ni aislado, comparándolo con otros ejemplos de cómo las coplas más conocidas con naranjas y limones se cuelan por las letras españolas contemporáneas.

Si la marquesa que habla en el «Diálogo tercero» de *Cosa cumplida...*, o Fernán Caballero por boca de su personaje, emprenden la defensa de la poesía popular mostrando cómo sus cultores manejan «las bellezas de la naturaleza, que sienten y mezclan con sus sentimientos amorosos, como podría hacerlo el poeta de la más alta esfera», surge como ejemplo central, enmarcada por otras dos, la copla

> El naranjo de tu patio
> cuando te acercas a él,
> se desprende de sus flores
> y te las echa a los pies [10].

Los «sentimientos amorosos» se expresan, para quien conocía como nadie el folklore andaluz, por una copla con naranjo, y lo apuntado por Fernán Caballero será puesto activamente en práctica hasta nuestros días.

----

[9] Algo se ha dicho en las «Notas sobre el elemento tradicional en la obra de García Lorca», págs. 309-310 (véase ahora la contribución de G. Siebenmann, en particular págs. 605-606), y el artículo «Musique et poésie...» ya citado, págs. 108-111. Prescindimos, en consecuencia, de muchos ejemplos ya consignados, y en particular de los numerosísimos que proporcionan las obras de García Lorca.

[10] Pág. 101 de la ed. de las *Obras Completas*, t. XI. Sobre el uso de materiales folklóricos por Fernán Caballero, véase el estudio de Wolf que cita esta copla en pág. 160. La cancioncilla pasa invariada de Fouquier (pág. 48) a Rodríguez Marín (t. II, pág. 76, núm. 1.513).

Si Galdós quiere pintar la perturbación de Gabriel Araceli bajo la doble presión del amor y del vino, le hace decir:
«Me metí la mano en el pecho, saqué el corazón, lo estrujé
como una naranja y se lo arrojé a los perros» *(Cádiz*, página 155). Corazón y naranja, corazón y manzana van asociados
con tanta frecuencia en la poesía de todas las lenguas y de
todos los géneros —«¿Quién me compra una naranja / en
forma de corazón?», pregunta José Gorostiza, y Tristan Kling-
sor escribió hace decenios:

> J'ai perdu mon coeur dans la route,
> Un mendiant l'a ramassé,
> Et l'a mis comme une pomme rouge
> Dans son bissac percé—,

que símbolo tan general parecería no necesitar de copla alguna, de una precisa copla por lo menos, para originarse. Pero
sucede que treinta páginas antes, para pintar el sarao íntimo
que se ofrecen las niñas de Rumblar, Galdós ha mostrado a
Presentación que baila el zorongo entonando la copla

> Toma, niña, esta naranja
> que he cogido de mi huerto:
> no la partas con cuchillo,
> que está mi corazón dentro.
>
> (pág. 126)

La copla es de las más difundidas, y, como tal, rica en variantes. El cantarcillo explica algo del sentido —tan hermé-
tico como ignorado de todos los niños y niñas que nos ser-
vimos de él en nuestros juegos— de un «contín» rioplatense:
«Lá na-rán-ja sé pa-sé-a / dé la sá-la'l có-me-dór: / nó me
tí-res con cu-chí-llo, / tí-ra-mé con té-né-dór», y su primer
verso, que pervive en un cantar de bodas recogido por Vergara Martín:

> Toma, niña, esta naranja,
> repártela por la mesa,
> da primero a tu marido,
> que así lo manda la iglesia,
>
> (pág. 59)

fue proverbial también en un ámbito de guerra, que no de
amores (ambos están más unidos de lo que parece), a raíz
del levantamiento toledano contra Juan II [11]. El valor nupcial
de la naranja lo recuerda Lope en el baile tradicional que
inserta en su *San Isidro, labrador de Madrid*, baile ceremonial de cuesta en las bodas del Santo, anunciado en pág. 562:

> Mañana ha de ser la boda,
> y habrá naranjá [*¡sic!*] y ofrenda,

y desarrollado en págs. 563-564: «...y pongan una fuente de
plata en la mesa», «...manda que bailen... / la naranja a
nuestra usanza», «Tome una naranja puesta en un palo, y
dos reales metidos en ella, y saque con reverencia a Teresa,
y bailen los dos», «Dale la naranja a ella, y baile sola»,
«Ofrezca la naranja en el plato de la mesa» (García Matos
describe un baile nupcial semejante, pero con una manzana,
y en el museo pirenaico de Lourdes, el traje tradicional de
la madrina de bodas se completa por el fruto ornado de monedas que se obsequiará a los contrayentes). Este sentido,
ampliamente representado en las coplas hispánicas [12], va retomado incluso por Manuel Machado mismo:

---

[11] «Toma esta naranja: que te embían de la Granja» (Vallés, folio 133); algo variada en Núñez, fol. 125. Lo explican Correas, págs. 505-
506, y Cejador, *Fraseología*, t. III, pág. 140; Lope, en *El Brasil restituido*,
acto II, v. 1.466 (pág. 72 de la ed. De Solenni), habla de «bala naran-
jera»: y es usual en América, todavía, la vieja denominación de «tra-
buco naranjero» aplicada, con matiz despectivo, a las armas de fuego.

[12] Valga un solo ejemplo: «Anda diciendo tu madre / que tienes un

Yo pensaba haber cogido
la naranja y el azahar...
Con hacer leña del tronco
me tuve que contentar.

(*Malagueñas* de su *Cante Hondo*, pág. 204 de
las *Poesías*, o 125 de las *Obras Completas*)

Y la copla de que se sirve Galdós reaparece inesperada-
mente en uno de los terríficos cuentos de Ewers: embrujado
por la ariostesca y hendeliana maga Alcina, el protagonista
se siente literalmente convertir en naranjo, y pide que se
envíen sus mejores frutos a su amada con las dulces palabras
que oyó cantar en Granada una noche:

Liebste, nimm die Blutorange,
Die ich still im Garten brach.
Liebste, nimm die Blutorange!
—Doch nicht schneid' sie mit dem Messer,
Doch du würd'st mein Herz zerschneiden,
Mitten in der Blutorange [13].

La imagen de Galdós, perfectamente fundada y fundida
en su contexto, no es ni capricho personal ni uso indiscrimi-
nado de un símbolo difundidísimo: los celos de su personaje,
espoleados por la escena que pone fin a los jugueteos de las
doncellas, se expresan —habilísimamente— por un delirante
eco del canto y baile que tanto (él mismo nos lo confiesa)
lo han impresionado.

En su cuento *Coser y cantar*, los Quintero pintan gracio-
samente a un madrileño enemigo acérrimo del arte flamenco
y de otros encantos de Andalucía, y su paulatina conversión

---

naranxal / y el naranxal que tú tienes / ye que te quieres casar» (Torner, *Cancionero musical...*, pág. 7, núm. 17).

[13] Hans Heinz Ewers, «Aus dem Tagebuche eines Orangenbaumes»,
en su *Das Grauen*, pág. 207.

por obra de una graciosa sevillana cuyos mayores encantos son, precisamente, coser y cantar. Al comenzar la narración, el protagonista «oyó a traición y por radio» la copla

> A mi caballo le eché
> hojitas de limón verde,
> no se las quiso comer,
>   *(Obras Completas*, t. VII, pág. 8.606)

que lo enferma, literalmente; y más tarde la vuelve a oír, esta vez con gusto, pero incompleta, porque la cantora, que será su «compañeriya», no puede terminarla a causa de la risa (pág. 8.614). El sentido de esta copla de tres versos se aclara completamente por otra de cuatro:

> Échale tú a mi caballo
> hojitas de limón verde,
> que puede ser que algún día,
> serrana, de mí te acuerdes [14].

No es casualidad que esta copla, en la que el rechazo del limón significa desamor y desprecio, denuncie —en dos momentos peculiares del relato— el estado de ánimo de su protagonista.

Idéntico papel confía Arniches a una copla cítrica en una de sus felices comedias:

> Sole. — Y hablando en serio, Antonio. No se ría usté de mí,
> que pue que le pese. Cantaba yo una copla, cuando cantaba,
> que decía:
>> Aquel pajarito, madre,
>> que canta en el limón verde,

---

[14] Da las dos coplas —la soleá según Machado y Álvarez, y la de cuatro versos por Lafuente y Alcántara— Schuchardt, en «Die Cantes Flamencos», pág. 287. Ambas andan variadas en el mismo Machado y Álvarez, Vasco, Ramón Caballero, Jiménez de Aragón y Rodríguez Marín.

> su día le ha de llegar
> que él esté triste y yo alegre.

DON ANTONIO. — Es bonita la copla.

SOLE. — Es verdá, como todas. Hoy se ríe usté de mí. Bueno. Pero quién sabe si mañana... Aunque puede que se ría usté siempre, porque yo pa querer no he tenío suerte nunca. *(Se limpia con disimulo una lágrima)* [15].

La copla —con leves diferencias de grafía, que reproducen la prosodia dialectal— figura en Rodríguez Marín (t. IV, página 241, núm. 6.858, entre las «Sentenciosas y morales», aunque es eminentemente amatoria), y sus cuatro versos le han bastado al dramaturgo para eslabonar su escena de seducción —intencionada, como la disimulada lágrima de Sole— y hasta para predecir el desastrado fin del idilio interesado. El limón verde con su pajarito se encargan de anunciar a protagonista y auditorio todo lo que Sole quiere que le entiendan, y algo más; y el que la copla sea «bonita» no echa a perder nada: al contrario.

Así entretejida en el texto literario, la copla tradicional sirve para decir mucho con pocas palabras (lo que es uno de los ideales estéticos que Gracián hereda de la Edad Media). Por esta cualidad contenidamente expresiva, los Quintero deslizan media docena de versos tradicionales en la declaración de Mariano a Adelfa, en su *Cancionera*:

> Antes que yo te deje,
> fiera bonita,
> echarán los olivos
> naranjas chinas,
> y echarán los naranjos
> ramas de oliva...

(pág. 5.154)

---

[15] *Es mi hombre*, acto II, esc. viii (pág. 916 del t. II de su *Teatro completo*).

Esta precisa forma popular del tópico de los imposibles figura varias veces en la colección de Rodríguez Marín (t. II, página 464, núm. 3.182: «Antes que yo te orbide... / ...echarán los olibos / naranjas chinas»; núm. 3.183: «han d'echar los olibitos / rasimos de ubas lairenes»; págs. 464-465, número 3.184: «han d'echar los olibitos / ubas y limones agrios»; t. IV, pág. 466, núm. 7.871: «Primero que te orbide... / ...echarán los olibos / naranjas chinas... / echarán los olibos / limones agrios», referidas esta vez a dos calles de Triana —notas 12 y 13 de pág. 506, y, con la misma referencia, en pág. 28 de *La Copla*, ligeramente variadas). No deja de ser curioso que esta expresión de imposibilidad repose sobre una fórmula negadora que es hoy netamente festiva: «¡Naranjas!» es «interjección que denota asombro, extrañeza, desahogo» (Caballero Rubio, pág. 808; sigue al *Diccionario* académico), y «sirve también para negar» *(Diccionario* de la Academia): probablemente derive de *nada, náa,* festivamente alargado en *náa-ranjas.* La fórmula es también usual en Venezuela (Rivodó, pág. 255) y se torna aún más rotunda agregándole «chinas» o «de la China», tanto en España (Academia) como en América: «En vez de *nada,* decimos a las personas de la familia o de confianza *naranjas de Chinandega,* o simplemente *naranjas*» (Membreño, pág. 117); en el *Folklore de Nicaragua* de Enrique Peña Hernández, pág. 245, también se lee que «¡Naranjas de Chinandega!» es «negación rotunda», y la misma página nos informa que a dicha localidad la llaman «la Ciudad de las Naranjas». «Las naranjas de la China, graciosas miniaturas del naranjo común» (Galdós, *Bailén,* página 88), y que son, efectivamente, oriundas de ese país, según Casares *(Crítica efímera,* pág. 232) han sido consideradas, en su carácter de interjección negativa, por J. M. Iribarren (pág. 96), y como negación figuran en muchísimos cantares:

Aquí no se vende leche,
que se vende más arriba,
que lo que se vende aquí
son naranjas de la China.

(Segarra, pág. 206)

¿Qué llevas en esa cesta
que tan perfumada vas?
—Son naranjas de la China
pero no las probarás.

(Vasco, t. III, pág. 314, núm. 5.267)

Si porque yo te quiero
tú te imaginas
que has de jugar conmigo,
¡naranjas chinas!...

(Rodríguez Marín, t. III, pág. 308, núm. 4.829,
y nota 38 de pág. 347; Vasco, t. III, pág. 327,
núm. 5.342)

La expresión tiene, sin embargo —y no podría, en estas materias, ser de otro modo—, una connotación netamente femenina y elogiosa, como se ve por algunas coplas

¡Cuántas naranjitas chinas!
¡cuánto limón por el suelo!
¡cuántas zagalas bonitas!
¡cuánto gañán sin dinero!,

(Fernán Caballero, t. II, pág. 547; otras dos
coplas similares en Chaves, pág. 286; lo mismo en Vasco, t. III, pág. 358, núm. 5.511)

y por un pasaje clarísimamente alusivo de *La Hermana San Sulpicio:* «¿No sería una pena que esta naranjita de la China se fuese a sentar al polletón?» (pág. 149; el polletón es un sitio reservado en el más allá para las que se mueren solteras). Hay una nota de interés sobre «Oranges, citrons et 'oranges de la Chine' (mandarines)» en la edición Rouger de

los *Contes* de Perrault (pág. 306): frutos raros y costosos en
el siglo XVII, como lo muestran ejemplos de Molière y de
madame de Sévigné (y aun su empleo como «savates», explicado por Francis Ponge), quizás esta condición no haya sido
ajena a su empleo como fórmula negativa, sobreentendiéndose
algo así como «bueno estás tú para merecer tal recompensa».
Rasgos de este aprecio, unidos a su valor erótico, sobreviven
en alguna copla, como una de la Beira recogida por Fernandes
Thomáz:

> Laranja da China
> a mesa do Rei
> vem cá pr'a meus braços
> que eu te abraçarei,
>
> (pág. 200)

y como una «relación» (copla de baile), seguramente apócrifa,
como lo delata su rima falsa, pero inspirada en expresiones
españolas:

> Qué tenés en el pecho
> que no me vendes?
> Naranjas de la China,
> limones verdes?
>
> (Bayo, *Romancerillo...*, pág. 184)

Las coplas de imposibles —y los Quintero con ellas— alte-
ran la procedencia (y por ella el carácter) de los frutos. La
declaración de Mariano cobra así un sentido extraliterario,
y todo el juego escénico se dobla de una resonancia que va
más allá de la estricta fábula teatral. Del mismo modo,
Eduardo Mallea hace cantar a un guitarrista de Puán, lugar
de la provincia de Buenos Aires, la copla

> Debajo de un limón verde,
> donde el agua no corría,
> entregué mi corazón
> a quien no lo merecía,

resumiendo así en cuatro versos populares todo el drama sentimental de su novela *Todo verdor perecerá*[16]. Es inevitable que los símbolos del amor sirvan, como aquí, para expresar el olvido y el despego; en una canción asturiana, el naranjo desempeña idéntico papel:

> Debaxo de tu ventana
> tres arbolicos planté:...,

y cadà uno significa un sentimiento adverso:

> ...el naranxal, que me pesa
> el tiempo que eché contigo.
>   (Torner, *Asturias*, pág. 118, núm. 312)

Más interesantes aún que estos casos de injerto directo son aquéllos en los que el poeta culto —siempre recrear es tarea de poeta, en verso como en prosa— toma el cantar popular o algunos de sus elementos y los va incorporando y dispersando por su propio texto, hasta hacer de éste y de la copla inicial una sola y misma materia homogénea, en la que sólo el ojo prevenido discernirá la huella del cantar originario. Las naranjas y los limones, así como las manzanas (aunque la poesía popular dé la preferencia a los dos primeros frutos), y el hecho de ofrecerlos, echarlos a rodar, o arrojarlos, han dado pie para un sinnúmero de coplas y cantares. En los siglos de oro el «Arrojóme las naranjicas» anda en todas las bocas: lo conservan el manuscrito de *Tonos castellanos* de la Biblioteca de Medinaceli y los códices de Módena[17]; lo glosan Lope (en *El Bobo del colegio* y en otros

---

[16] Pág. 78. La copla criolla no corresponde exactamente con los prototipos españoles: la más parecida es una versión de Córdova y Oña (que da dos casi idénticas); figura en Vasco, etc. En colecciones americanas aparece también variada: Patiño (dos versiones), Ernst, etc.

[17] Véase, para estas fuentes, Cejador, *La Verdadera...*, t. I, página 247, núms. 919-920 (remite a la *RHi*, pág. 331 del t. VIII, 1901), y t. IX,

lugares) y Tirso; Valdivielso lo vuelve a lo divino, y Torres
Villarroel atestigua su largo favor; pervive como cantar tradicional, y ha quedado además como expresión proverbial [18].
Si el echar un limón a rodar tiene vida poética tradicional
en Portugal y en España, las diferentes variantes de la copla
que lo expresa se mantienen dentro de una cierta uniformi-
dad. Mayores variaciones sufre otro cantarcillo organizado
alrededor del verso «me tirastes un limón»: si tal verso ocupa
el primer lugar en la copla, ésta continúa con «me distes en
la cara», «en el pecho», o «en la frente», y los versos restantes
exaltan el poder del amor, o (rara vez) deploran su fin. Es
más raro, aunque también suele darse, que el verso que nos
ocupa sea el tercero de la copla, o que verbo y complemento
truequen su orden, de lo cual resultan cantares muy diferentes. Si el verso en cuestión es el segundo del cantar, lo

---

página 279, núm. 3.492; cf. además el *Ensayo* de Gallardo, t. I, col. 1.194.
Para los manuscritos italianos, véase G. Bertoni, págs. 337, núm. 50,
y 380, núm. 53.

[18] Lope, *El Bobo del colegio*, pág. 190 *b*. Da esta imitación Montesinos, en su edición de las *Poesías líricas* del Fénix (t. I, pág. 75, n. 1;
remite a *La Versificación*... de Henríquez Ureña, y cita además el auto
de las *Bodas del alma* en *El Peregrino en su patria*, y *Los Pastores de
Belén*); cf. también la glosa publicada por E. Juliá Martínez en su artículo «Lope de Vega en Valencia en 1599», págs. 553-554. Tirso: *Averígüelo Vargas* (hay nota de A. Zamora Vicente y M.ª Josefa Canellada
en la ed. de *Clásicos Castellanos*, pág. 170; véanse también las notas
de M. García Blanco sobre el elemento popular en la obra de Tirso);
Antona García (imitación señalada por Montesinos, a propósito de
Lope); *La Vida de Herodes*, pág. 180 *a*. Valdivielso, en *Romancero y
cancionero sagrados*, pág. 237, núm. 648, y pág. 240, núm. 651. Torres
Villarroel lo llama: «una gran tonada / que ahora cien años / nueva se
llamaba» («La Gaita zamorana», pág. 69). Como cantar actual, véase
la versión, no documentada, publicada en *Cuadernos Hispanoamericanos*, 23 (1951), págs. 280-282, y Torner, *Lírica hispánica*, págs. 85-88, número 37, donde se engloba mucho cantar referente a limones y naranjas; como locución, «Arrojómelas y arrojéselas» figura en el *Diccionario*
de Sbarbi, pág. 94, y en Caballero Rubio, pág. 154, y «Arrojómelas y
arrojéselas» solamente, en la *Fraseología* de Cejador, pág. 111.

precede uno que localiza la acción: «Ayer pasé por tu casa», o «por tu puerta», «Al pasar por tu ventana», «De tu ventana a la mía», la fórmula más corriente, u otras similares. Los dos versos restantes encierran el mensaje simbólico: el limón, su cáscara, o lo dulce, dieron o cayeron en el suelo, en la calle, en el pecho de quien canta la copla; y en el corazón del cantor, en cambio, dio lo agrio, lo amargo, el zumo o la gota amargos o agrios, el golpe. La acción de ofrecer, alcanzar o arrojar un fruto es vieja como el mundo —como que una de estas variantes aparece en el libro del Génesis—; «Tírame una manzana Galatea» reza la segunda bucólica de Virgilio a través de Cristóbal de Mesa, y una canción asturiana moderna pide reiteradamente:

> Tírame un limón,
> tírame un limón...

«Limones son mi comía: / en biniendo de tu mano, / limones me dan la bía», canta un poeta andaluz anónimo; y una vidalita catamarqueña multiplica el encarecimiento:

> De aquellos balcones
> me tiran con limones;
> siendo de mi agrado,
> que vengan a montones [19].

La acción y su sentido son viejos, y los gestos que la expresan —arrojar, ofrecer— se equivalen prácticamente, como que en realidad brotan sólo de la distancia física entre los dos participantes. En dos textos novelescos modernos, los dos actos sugieren una misma y evidente intención:

---

[19] La traducción de Cristóbal de Mesa se halla en Vargas y Ponce, pág. 120 de la 2.ª paginación; la canción asturiana se publicó en la *RHM*, 19 (1953), 381, armonizada por Emilio de Torre; el cantar andaluz procede de Rodríguez Marín, t. II, pág. 252, núm. 2.294; la vidalita, de Lafone Quevedo, pág. 235.

—Où allez-vous? demanda un officier d'infanterie qui croquait
une pomme et regardait lui-aussi la belle fille avec un demi-
sourire.

L'Allemand, fermant les yeux, indiquait par des signes qu'il
ne comprenait pas.

—Tu la veux, tiens, dit l'officier en tendant la pomme à la
jeune fille.

La jeune fille sourit et la prit.

(Tolstoi, *Guerre et paix*, t. I, pág. 178)

Algunas muchachas [de Otaití] corrían con graciosa ligereza
de piernas, y parándose de improviso, disparaban contra los españoles guayabas y naranjas, o los apedreaban con una frutilla
menuda parecida a nuestras almendras; otras, admitiendo pali-
que a media comprensión de vocablos, se dejaban abrazar.

(Galdós, *La Vuelta al mundo*..., pág. 272)

Ya sea por apoyarse en sentires o supersticiones ocultas[20],
o porque le basta con el auxilio de su propia hermosura —tan
perfectamente estructurada que permanece intacta, o casi,
a través de las innumerables variantes—, la copla del limón
arrojado cuyo zumo da en el corazón del amante parece
haber impresionado, y con razón, a más de un poeta actual.
No sabría asegurar que la asociación del limón en la mano
de la amada con el sol radiante nace de nuestra canción, en
la de ese gran gustador de la poesía tradicional que es Antonio Machado:

No sabía
si era un limón amarillo
lo que tu mano tenía...[21],

[20] «El que recibe un golpe de limón se vuelve flaco y lo seguirá
siendo hasta su muerte, a menos que le dé en seguida un mordisco a
ese limón» (Milo Marcelín, «Supersticiones [venezolanas]», pág. 417, número 52. ¿Es menester explicarla?

[21] «Canciones a Guiomar», 1 (ed. mexicana de las *Obras*, pág. 426).
Nada útil hallamos en el artículo de J. M.ª Pemán «El Tema del limo-
nero y la fuente en Antonio Machado».

pero sí parece evidente que Juan Ramón, en *Piedra y cielo*, asocia el sol con esta copla:

> ¿Cómo, por dónde, igual
> que este limón por mi ventana, entras
> en nuestra cámara más honda
> y rozas allí, dulce, el corazón?
>
> (III, vii, pág. 117)

En *El Rayo que no cesa*, Miguel Hernández incluye el bello soneto

> Me tiraste un limón, y tan amargo,
> con una mano rápida, y tan pura,
> que no menoscabó su arquitectura
> y probé su amargura sin embargo.
>
> Con el golpe amarillo, de un letargo
> pasó a una desvelada calentura
> mi sangre, que sintió la mordedura
> de una punta de seno duro y largo.
>
> Pero al mirarte y verte la sonrisa
> que te produjo el limonado hecho,
> a mi torpe malicia tan ajena,
>
> se me durmió la sangre en la camisa,
> y se volvió el poroso y áureo pecho
> una picuda y deslumbrante pena [22].

William Rose, que ha estudiado «Lo popular en la poesía de Miguel Hernández», ve bien que la raíz de este poema brota de la canción popular, aunque no cae bien en cuál: propone el viejo cantar de «arrojómelas y arrojéselas» —que creo debe descartarse— y dos coplas populares modernas:

---

[22] Citamos por la *Antología* de M. de G. Ifach, pág. 38.

> De tu ventana a la mía
> me tirastes un limón,
> me pegastes en el pecho
> pecho de mi corazón.
>
> Un limón me tirastes
> desde la torre;
> en el alma me distes,
> sangre me corre [23].

Lo probable —por la referencia repetida a lo amargo— es que la fuente de Miguel Hernández sea una copla del tipo de

> De tu ventana a la mía
> me tirastes un limón,
> lo dulce cayó en el suelo,
> lo amargo en el corazón.
>
> (Sancho Izquierdo, pág. 33)

La referencia al pecho femenino —que Rose no recoge— es tan obvia y general que no puede señalársele un antecedente preciso: los ejemplos brotan de todos los ámbitos, sin patología alguna:

> Me distes pechos tan lindos
> como limón limonar...,

y vienen de la poesía más rebuscadamente aristocrática

> Limonar.
> Nido
> de senos
> amarillos.
> Limonar.
> Senos donde maman
> las brisas del mar.

---

[23] Las coplas —citadas por Rose en pág. 184— proceden de Schindler, pág. 123, y de Rodríguez Marín, t. II, pág. 251.

Rubios, pulidos senos de Amaranta
por una lengua de lebrel limados,
pórticos de limones...

como de la musa más baja y traviesa:

Las muchachas de Barracas
se han comprado una romana
pa pesarse los limones
cuatro vece a la semana [24].

---

[24] Cantar judeoespañol citado por Manuel Alvar en «Patología y terapéutica rapsódicas...», ahora en su *El Romancero. Tradicionalidad y pervivencia*, pág. 296. García Lorca, *Limonar*, de sus «Poemas sueltos». Citado por J. Sesé, *La Bouche...*, pág. 47. Rafael Alberti, «Amaranta», en *Cal y Canto*, pág. 18. Copla de murga, inédita, recogida por Eduardo Jorge Bosco en diciembre de 1940; núm. 61 de su *Cancionero popular porteño*, figura entre las piezas que no se incluyeron en la edición póstuma de sus trabajos. La analogía no se limita, naturalmente, a la lengua española: en la narración citada de Heine, los pechos de la dueña de la pensión, iluminados por la luna amarillenta, «parecían dos limones secos» (pág. 310); Quasimodo, en «Le morte chitarre», nombra a las «fanciulle col petto d'arance» (citado por Gustav Siebenmann, «Elevación de lo popular en la poesía de Lorca», pág. 306, n. 25 de la página precedente); en las canciones búlgaras traducidas por Dozon hay una clara indicación de esta correspondencia: «...que je mette la main dans son sein [celui de la jeune fille], / que j'en tire un coing et une orange, / le coing me servira de dîner, / l'orange me servira de souper» (pág. 241; la misma resonancia apicarada parece tener el refrancillo «De los dos limoncetes, el uno me daredes», en Hernán Núñez, fol. 35). Ejemplo de historia manifiestamente erótica es la canción francesa «La fille aux oranges» (véase en particular la versión de Ortoli en *La Tradition*, t. III, pág. 330, o la versión compuesta del *Romancéro* de Doncieux). Y frente a la manzana tradicionalmente amorosa —en *Las Tentaciones de San Antonio Abad* de Patinir y Quentin Metsys, del Museo del Prado, una de las mujeres le tiende una manzana; otra hay en las manos de una mujer, con un hombre detrás, rodeados ambos de cabritos alzados, en un grabadito de la traducción alemana de la epístola de Antonio de Guevara a Mosén Puch de Valencia, edición de Strassburg, bey J. Carolo, 1614, pág. 281, incluida en la *Filosofía matrimoniale* de Fischart—, un maestro moderno, Georges Braque, orna la *Lettera amorosa* de René Char con una guirnalda de limones (edición de E. Engelberts, en Genève).

Lo curioso es que estos pechos alimonados lleven, según algunos, un sostén etimológico: Rodríguez Marín, en sus notas al *Quijote* (t. VI, pág. 287 de la edición póstuma) se apoya en Covarrubias y en Faria y Souza para afirmar que «De *poncella...* se debieron llamar *ponciles* unos limones que tienen un pezoncillo parecido al de los pechos virginales». Según etimólogos más profesionales no es así, pero *se non è vero, è ben ritrovato*. Cita Rodríguez Marín a Faria y Souza sobre la octava LVI del Canto IX de *Os Lusiadas:*

> ...os fermosos limões...
> estam virgineas tetas imitando...

Y a Camoens imitan, seguramente, Valdivielso:

> Aquí el limón de pechos virginales
> imitador...
>
> *(Sagrario de Toledo*, libro XXIII, fol. 410)

y quizás Quevedo:

> Y en su pomo el limón contrahaciendo
> los pechos virginales...
>
> *(Orlando*, Canto I, vv. 739-740, pág. 1.355)

Manuel Machado, hijo de un folklorista y gustador de la poesía popular, no podía ignorar la copla, citada por su padre, que inspiró más tarde a Miguel Hernández: hasta parece sacarla al trasluz, en su *Cante hondo*, para caracterizar a *La pena:*

> Vino, y se ha quedado
> en mi corazón,
> como el amargo en la corteza verde
> del verde limón.
>
> (pág. 130 de las *Obras Completas)*

Es posible afirmar, pues, y con entera certeza, que Manuel Machado conocía muy bien todas las connotaciones del limón y la naranja, idénticas a las de la manzana del Génesis, pero más difundidas en España referidas a los frutos cítricos que a cualesquiera otros. Las conocía, y muy bien, pero en el soneto al retrato de un príncipe de la casa de Orange (que no lo es), y que tiene en la mano una manzana (que Manuel Machado no ve), alude a la significación precisa del limón, sin concretarla. Podemos afirmar que el amor y la pena de amor, el corazón del amante y el pecho de la amada, lo dulce y lo amargo del vivir apasionado, confunden sus zumos en el limón y la naranja de las coplas simbólicas, y que lo hacen tanto más eficazmente cuanto menos abiertamente declarados. Bien sabían los simbolistas que la alusión es infinitamente más operante que la mención, y bien dice y redice Jung que lo esencial del símbolo es su irreductibilidad: el explicarlo, el convertirlo a términos racionales o razonables, lo rebaja, y al limitarlo lo destruye, privándolo de su condición de símbolo. De todos los poetas que han sentido la atracción de estos potentes depósitos de energía psíquica encerrados en el limón y la naranja —con la posible, segura excepción de García Lorca—, el Manuel Machado del soneto al cuadro de Van Dyck es quien parece apropiárselos más íntimamente, precisamente porque ha renunciado a exponer su sentido, y va más lejos que otros justamente porque no quiere, de toda voluntad, ir a parte alguna. Tras esta larguísima, pero quizás no enteramente ambulatoria digresión, volvamos a su soneto y al cuadro, que son su soneto y *su* cuadro. Frente a todos los que han sufrido el atractivo, la innegable potencia simbólica del gesto pintado (aun ignorando que se trataba de Paris y de su disponible manzana), y que lo han traducido, contra toda evidencia, por lo que expresaba primariamente ese potentísimo carácter simbólico, y no por la ac-

ción clara del exacto fruto pintado —y el único poeta entre
todos los otros, un novelista, lo eleva a la categoría superior
de «fruto», subiendo de la especie a lo genérico—, frente a
todos los demás espectadores del retrato, Manuel Machado,
en su soneto escrito seguramente de memoria, como lo mani-
festaría el vario ajuste de los diferentes detalles y el valor
preponderante dado a lo esencial, crea un príncipe de la casa
de Orange donde no lo hay, y violentando toda realidad real,
pictórica o histórica, descarta una manzana plástica y una
naranja heráldica para poner en la mano de su imagen ideal,
cortesana y guerrera, lo que le aparece como lo más figurativo
del retrato:

un limón, que significa...

Bien se sabía él lo que significaba (como sabía muy bien,
además, al igual que Proust, que en un cierto plano simbólico lo mismo da limón que naranja o manzana o que una
cierta especie de pera). Pero sabía, además, la inutilidad de
decirlo. Experimentando, como tantos otros, la magia de una
pintura cuyo simbolismo es más potente que la representación realista, y llega a reemplazarla, Manuel Machado ha sabido afirmar callando, con mayor efectividad, con felicidad
mejor, lo que estas cansadas páginas sólo aciertan a badajear
sin esperanza mayor de comunicarlo.

SÁTIRA Y PLAGIO EN *LA CARA DE DIOS*

El redescubrimiento póstumo de *La Cara de Dios*, novela por entregas de don Ramón del Valle-Inclán basada en la pieza homónima de Arniches —y en Dios sabe cuántas cosas más— ha desatado más de una tempestad en un vaso de agua. Tempestades que hubieran podido ahorrársenos a espectadores y lectores si el editor, mejor avisado, hubiese confiado la presentación del libro a un verdadero estudioso de la obra de Valle-Inclán: nos consta que no falta en España quien ha demostrado conocer la producción del ilustre escritor en volúmenes y discursos académicos dispersos en las dos márgenes del Atlántico, y no cabe duda de que un prólogo más riguroso, o más cauto, que no cometiera la imprudencia de citar a «Dostoyevski» al pasar (en página 14) entre «los modelos» hipotéticos de Valle-Inclán, hubiera evitado muchos artículos inútiles, y probablemente también éste.

De todos los comentarios que conocemos, el mejor (el más sensato, el mejor pensado, que es decir el mejor escrito) es el de Francisco Umbral en un periódico guipuzcoano: afirma, rotundamente, que un editor o un país que pagan a uno de sus mejores prosistas («el mejor después de Cervantes») veinticinco pesetas por cuadernillo —aunque sean cuadernillos con mucho punto y aparte, que contienen menos, y se trate de cinco duros finiseculares, que pesaban más— no tienen derecho a exigir la estricta originalidad del producto menospreciado (etimológicamente, *e inda mais*). En otras palabras, que el autor, al introducir en su texto media docena de capítulos ajenos, no ha hecho sino hacerse justicia por su pluma.

Los argumentos de Umbral me parecen exactos y bien aplicados, y hasta creo que pueden llevarse un poco más lejos. Si un escritor, acuciado por el apremio —de dinero, de tiempo, de lo que fuere— vuelca en un folletín lo que lleva dentro y está destinado a tornarse creación autónoma cuando las circunstancias lo permitan (y en *La Cara de Dios* las anticipaciones abundan: *Flor de Santidad, Rosarito*, sin contar los quiebros y esguinces propios de un artista que ya domina sus futuras maneras); si un creador presacrifica su creación llevado de cualquier necesidad, carece totalmente de importancia que aúne, a ese holocausto de lo irreemplazable, media docena o docena y media de capítulos de Dostoievsky: todo lo que no es suyo tiene el valor prescindible de esos elementos que en ciertas ecuaciones siguen al infinito: infinito más uno, o menos uno, es igual a infinito. Ya sería tiempo (y más de un estudio de este libro tendería a establecerlo) que adoptáramos en las letras la óptica corriente en otras artes: hace decenios que a nadie escandaliza la técnica del «collage», y no sé de ningún poseedor de una tela de Braque o de Picasso que se queje de que el cien por ciento de su superficie no esté pintado a mano. Si un relato tiene entidad artística de por sí —y éste es, sin lugar a dudas, el caso de *La Cara de Dios*— parece un poco inocente, a priori, escandalizarse porque no esté enteramente «escrito a mano», sino a mano y tijeras. Lo importante —lo *verdaderamente* importante— es el resultado, y ese resultado depende, más que de lo trasplantado de otros jardines, de la habilidad del artista que sabe apropiarse lo ajeno y logra darlo por suyo; lo importante

—más quizás que el resultado mismo del injerto, porque ese resultado depende sobre todo de la manera en que se lo lleva a cabo— es el procedimiento mismo: no a todos está concedido saborear la fruta del cercado ajeno, y mucho menos venderla públicamente como propia. Para tomar un ejemplo, no ya tolerado, sino remunerado y aplaudido, una obra de Luciano Berio, bastante larga y fastidiosa, inyecta en sinfonistas alemanes, y hasta en impresionistas franceses, toda suerte de glugluseos y a unas pobres señoras que estarían fuera de lugar hasta en un mercado persa: el resultado no supera —ni con la más pésima buena voluntad— el valor de los ingredientes ajenos echados a perder. Luciano Berio es un compositor de verdadero talento, pero en su montaje sinfónico no nos lo demuestra. Si el trozo de periódico o la banda de empapelar juegan dentro del esquema pictórico que integran, si las citas —largas o cortas— se funden lógicamente en la partitura que las alberga, santo y buenísimo: funcionan dentro de un todo, y, además, proporcionan un ingrediente saboroso al espectador enterado; si no lo consiguen, son, con su malaprovechador, máximo pecador y pésimo pecado estético que se tornan tanto mayores cuanto mejor es lo malaprovechado. El quid no está en alzarse con lo ajeno, sino en saber hacerlo, y es esta manera de saber servirse de ingredientes variados, integrándolos (y superándolos ya por el solo hecho de integrarlos) lo que quisiéramos mostrar que ocurre en el caso de *La Cara de Dios*.

A la lectura directa y desprevenida —un poco lejos ya de presentaciones y representaciones— me saltó al ojo una frase que contó entre los miedos de mis primeros años: «...rompen un cristal con los dedos» (pág. 92). Saltando años y leguas, la releí por un instante en la edición pequeñita de los *Cuentos* de Pío Baroja, primorosamente impresos por Rafael Caro Raggio, que, con otros volúmenes igualmente frágiles

y preciosos reunidos por una inteligencia sin par entre los
míos, me abrieron, en un piso alto abierto al crepúsculo sobre
los árboles de una ciudad lejana, tantas puertas al campo.
Una reedición reciente, económica y bienvenida, permitió verificar lo exacto del recuerdo y la inusitada extensión de los
préstamos:

—La señora de Neira era una
mujer intranquila, nerviosa, muy
nerviosa. Algunos creían que estaba loca, pero no es cierto. [6
líneas] Vivía siempre intranquila.
¿Por qué? No lo he sabido jamás.

Sus nervios estaban vibrando
siempre, sus ojos parecían estar
contemplando siempre una cosa
desconocida que se agitase con
ritmo al compás de su corazón.

(*La Cara de Dios*, pág. 90)

Soy un hombre tranquilo [*sic*],
nervioso, muy nervioso; pero no
estoy loco, como dicen los médicos que me han reconocido. He
analizado todo, he profundizado
todo, y vivo intranquilo. ¿Por
qué? No lo he sabido todavía.
[7 líneas].

La médula mía está vibrando
siempre, y los ojos de mi espíritu
no hacen más que contemplar
una cosa desconocida, una cosa
gris que se agita con ritmo al
compás de las pulsaciones de las
arterias en mi cerebro.

(*Medium*, pág. 18)

Los párrafos omitidos (muy numerosos a lo largo del episodio; señalamos sólo el primero, entre corchetes, con indicación de las líneas que abarca en cada texto) son enteramente diferentes en los dos libros; bastan, empero, los citados para mostrar, sin lugar a dudas, que la primera columna
procede de la segunda, pero sometiendo a su fuente a un in-
tenso y seguro trabajo de adaptación, visible en la delicada
manipulación de lo adoptado; sobre ser más ajustados, en
boca de un tercero, «Algunos», «sus ojos», «al compás de su
corazón» son también mejores, como prosa, que «los médicos que me han reconocido», «los ojos de mi espíritu», «al
compás de las pulsaciones de las arterias en mi cerebro»,

amén de otras supresiones que aligeran la prosa de la novela. La misma labor de selección y de adaptación es perceptible a lo largo de todo el episodio, que diluye en tres páginas y media de la novela las cinco, más breves tipográficamente, del cuento de Baroja, siguiendo puntualmente todos sus relieves. Si luego la figura de la menor de las mujeres se esfuma en la novela, sin aprovechar su aureola de misterio, pues lo mismo sucede en el breve cuento de Baroja, que no saca mayor partido de ninguna de las dos figuras femeninas ni, debe agregarse, del narrador mismo.

A Julio Caro Baroja, prologuista de la nueva edición de los *Cuentos* de su tío (en el que señala también, dicho sea de paso, la influencia de Dostoievsky), debemos la pista de un nuevo empréstito que, en honor a la verdad, y a pesar de una relectura reciente, se nos había escapado:

En «Vidas sombrías» —se ha dicho—, está todo Baroja. Está todo Baroja —añadiré— y algo que después Baroja echó por la borda. He aquí —en efecto— unos cuentos, como los llamados «Medium» y «El trasgo», en los que se recogen impresiones juveniles acerca de temas esotéricos: el primero, fundado en una experiencia de cuando estudiante, de Valencia, y el segundo en un recuerdo de tertulia de posada. (pág. 11)

En efecto, *El trasgo* no fue echado por la borda, en *La Cara de Dios*, sino que aparece engarzado en el capítulo 14, *En la venta*. De la comparación de estos cuatro trozos narrativos puede concluirse que, efectivamente, Valle-Inclán entró a saco en *Vidas sombrías* y tomó de ellas lo que le convenía. Nada más que lo que le convenía —en todos los sentidos del vocablo— y no otra cosa: de nuevo, volvemos a que lo fundamental no es el tomar sino la manera de hacerlo, su cómo y para qué.

En su (en parte) sofisticado *Oxford Companion to Music*, Percy Scholes sostiene que la verdadera defensa, en toda acusación de plagio, no consiste en negar la analogía de las dos obras enfrentadas, sino en demostrar que la más antigua —la del demandante— tiene también antecedentes que podrían reclamar justicia y derechos de autor. Las campanillas que suenan solas *(Medium)*, los perros negros que siguen al viandante *(El trasgo)*, abundan en la literatura, pero no bastan sus antecedentes para justificar la identidad —aun parcial— de los dos textos que nos ocupan. Con permiso de Scholes, y teniendo en cuenta que en este caso la defensa es también la acusación al mismo tiempo, preferimos otro procedimiento que el judicial, porque —creemos— no se trata aquí de lo que suele denominarse corrientemente «plagio».

Por lo general, el plagiario se limita a un único cambio, claro está que básico: el de la firma. El plagiario total carga con un texto ajeno, y prohija lo bueno que pueda tener a vueltas de lo malo que seguramente tiene: porque como lo bueno conocido es dos veces riesgoso, el plagiario adopta generalmente lo que conocen pocos, que es —en general— mediocre o menos que mediocre. Cuando a lo tomado a otros se agrega algo más que la firma, el plagiador coopera ya, o colabora, con el autor plagiado. (Cuenta Dámaso Alonso, con óptimo humor, que su primer libro de versos tuvo por único comprador a un «homónimo absoluto» suyo, que distribuyó medio centenar de ejemplares dedicados a las niñas de la plaza de Ceuta. Y —quizás por esas dedicatorias agregadas, que no eran obra del Dámaso Alonso autor del libro—, se guarda de emplear, en su caso particular y personal, la palabra «plagio»). En el caso de *La Cara de Dios*, que agrega a lo tomado de Baroja nada menos que una novela, lo primero que hay que destacar es la naturalidad exquisita del entronque: Valle-Inclán no se limita a transcribir; retoca, ya por omisión, ya por las necesarias adjunciones, de manera tal que lo tomado de Baroja se ajusta naturalísimamente al momento de su relato en el que figura y lo va conduciendo donde debe ir, sin que nada obstaculice su marcha peculiar. Nada hay que alerte al lector desprevenido (de los lectores prevenidos hablaremos luego): repito que, a pesar de una relectura muy reciente, la relación (vamos, el parentesco) entre las dos escenas de la venta se me hubiera escapado sin el delicado codazo de Julio Caro. Ningún elemento disonante quiebra el curso de lo narrado: «—Precaución inherente a toda acción delictiva», dirá algún censor. Con perdón, rebatimos. Se trata de una operación muy distinta de la simple sustitución de firmas: el adaptador —o adoptador— está operando en el cuerpo mismo de la cosa literaria, y con recursos de literato. Ante todo, muestra un arte exquisito para elegir el trozo útil —¡cuántos pasajes de las *Vidas sombrías* son enteramente inadecuados para el trasplante, y quedan condenados a seguir dentro del mismo libro del que no pueden salir!—, y el mismo arte exquisito preside el procedimiento cisorio: al trinchar, Valle-Inclán monda todo lo inadecuado —todo lo que no va con Valle-Inclán— y lo elimina, reemplazándolo si es menester por las piezas de transmisión o de transición necesarias. Tomar de Baroja lo que no es muy Baroja, lo que para Baroja y los suyos no es sino lastre que debe arrojarse por la borda, no es —debe concedérselo— crimen de leso barojicidio, y una defensa muy semejante excogitó con éxito Silvermann hace unos años en un caso similar. Además, al ajustar las piezas importadas, se las dota de notables mejoras: así por ejemplo, todo lo que en la venta vasca es accesoriamente (y poco justificablemente) gallego —«Pues si estuviera usted en Galicia...», «...una criada en Monteforte», y, más que nada, ese «o trasgo» tan traído y sobado— desaparece como por ensalmo y se reabsorbe en una total atmósfera gallega que no necesita materializarse crudamente para convencernos de su existencia real. La primera persona neurótica

—artísticamente tan endeble— del *Medium* barojiano se elimina de cuajo, y lo que de ella puede aprovecharse se traslada a la ya difunta señora de Neira (nombre que, dicho sea de paso, y como casi todos los del relato, podría muy bien encubrir otras claves). En la escena de la venta, en vez del chato retorno a la realidad que es «Concluyó el buhonero de hablar, y nos levantamos todos para ir a casa», el cuadro se cierra, en *La Cara de Dios*, con la salida del médico acompañado por el criado que lleva un farol, que en Baroja cae desperdiciada unas quince líneas más arriba: la sola trasposición de elementos ajenos es ya magia de estilo.

Pero no es menester forzar la paradoja: puede —debe— objetársenos que la habilidad para integrar hilos ajenos en una trama propia —y la de *La Cara de Dios*, a pesar de sustentarse en una pieza de Arniches, pertenece a Valle-Inclán— no basta para justificar el expolio. Sin redundar en la paradoja, podría responderse que la propiedad literaria es sólo un caso particular de la concepción general (y, al publicarse *La Cara de Dios*, generalizada, y mirada sin antipatía por el propio Baroja de *Nihil*) de que «la propiedad es un robo». Valle-Inclán mismo se encarga de sugerírnoslo, cuando Víctor, el personaje central, es despojado de su reloj por un individuo que le pide un cigarro:

> Palomero, al ver la triste figura de su amigo, soltó la carcajada.
>
> —Te has dejado timar como un *Isidro*. Llegas a Madrid y lo primero que haces es dejar en él el reloj entre las uñas del primer golfo que se te acerca. ¿Y qué tal era el reloj? ¿Valía al menos algo?
>
> Víctor, al mismo tiempo vejado y contristado, se encogió de hombros.
>
> —No siento el reloj por su valor, pero era un regalo de la condesa.
>
> —Déjate de romanticismos. ¿El reloj valía o no valía?

—No valía gran cosa.

—Pues en este caso permíteme que te diga que el timado no eres tú, sino el timador.

—¿Él?

—Sí.

—¿Te has vuelto loco?

—Como tú quieras.   (pág. 251)

Palomero asegura que «no bromea», y, a pedido de Víctor, tiene «la bondad de explicarse»:

> —Ese hombre liquidó una parte de sus cuentas contigo, o por lo menos con la porción de la sociedad que tú representas tan lastimosamente. Lo que tú has hecho abandonándole tu reloj, ha sido una simple restitución. Tú le debías ese reloj, como cada uno de tus semejantes le debe un reloj igual, que él, probablemente, se encargará de apropiarse.
>
> (pág. 252)

«Esas son teorías disolventes», responde Víctor, y Palomero le contesta que es «un reaccionario», porque «ese pobre diablo» es un ser tan humano como él: «era, según todas las apariencias, tu hermano. Corazón, cabeza y estómago: los tres ángulos del triángulo» (pág. 252). Estómago sobre todo, porque «el desideratum de la humanidad es llenar el estómago» para no contarse entre esa mayoría de los que «se muerden las uñas» (pág. 253): morderse las uñas es, entre paréntesis, sobre imagen del hambre, ocupación típica del poeta en todo el teatro y la sátira clásica. Del robo de un reloj (o de varios capítulos que se cotizan menos) se asciende al desquite de «la víctima de la sociedad», que «Cuando roba no comete un delito. Procura rescatar lo que es suyo. Roba en legítima defensa» (pág. 254), y actúa como parecería hacerlo Valle-Inclán cuando rescata de Baroja lo que es, o debe, o puede ser de Valle-Inclán. De la defensa de la apropiación se sube a otras esferas aún más amplias («La vida humana es inviolable, lo que no impide que su violación sea permanente», página 255), para regresar al caso particular de Víctor (¿o Baroja?):

> —Está claro. Apoderándose de tu reloj, ese hombre se cobró de una pequeña parte de lo que la sociedad le debe. Pero, según tú mismo confiesas, el reloj no valía gran cosa, por lo cual la amortización no ha sido grande. Por eso te decía antes que el robado ha sido el ladrón. ¿Cuánto valdría el reloj?
> —Ocho o diez duros.
> —¡Valiente cosa! ¡Ocho o diez duros! ¿Y crees tú haber indemnizado a ese hombre de las injusticias de que es víctima, con ocho o diez duros? ¡Ocho o diez duros a cambio de una iniquidad social, es vergonzoso!
>
> (pág. 255)

Y para, de lo particular, retornar a lo estrictamente personal:

> Víctor arguyó entonces:
> —¿Pero por qué razón he de ser yo la víctima expiatoria de los crímenes de la sociedad?
> —La expiación no elige sus víctimas, es el que cae. Caíste tú. Tú has expiado el crimen de la sociedad.
> —¡Pero eso es injusto!
> —No lo creas.
> —¿Si te hubiese sucedido a ti?
> —Me conformaría.
> —¿Y si pudieses echarle la mano?
> —¿A quién? ¿Al reloj?
> —No, al ladrón.
> —Procuraría que no se me escapase.
> —¿Y entonces tu filosofía?
> —Mi filosofía permanecería intacta...
>
> (pág. 255)

En la conciliación (o el desajuste) de los principios con la conducta, ya se trate de un reloj de ocho a diez duros o de un cuadernillo de novela de más o menos la mitad (de pago, que no de precio), y aunque esta conciliación se justifique con «el principio de legítima defensa extendiéndose a todos» (página 255), cabe un resquicio para albergar la ironía, compañera inseparable del lirismo valleinclanesco. Y es esta ironía —siempre latente en toda la obra de don Ramón, señora casi absoluta de sus esperpentos, agazapada en *La Cara de Dios* cada vez que el estilo de la novela por entregas lo consiente, y patente, a pesar de este estilo y gracias a este estilo, en los finales de capítulo [1]—, esta ironía es la que aclara definitivamente el proceder del artista. La apropiación del bien ajeno se realiza en una zona ideal —ya lejos de la premura que puede haberla originado—, en una altura literaria en la que la noción corriente de plagio no sabría funcionar.

Cometía *plagium,* entre los romanos, quien vendía un esclavo ajeno o un hombre libre, es decir, el que engañaba acerca de una propiedad que no era la suya; la noción de plagio literario, o artístico o hasta científico, únicas corrientes hoy, se desprenden de una operación económica basada en el dolo y fundamentalmente fundada en el engaño. Es decir, que sin engaño no había —ni hay— plagio. Allá por el extremo del siglo XIX, Valle-Inclán borda, sobre un cañamazo de Arniches, y debidamente autorizado por éste, junto a Bradomines y otras materias propias, seis capítulos de Dostoievsky y —hasta nuevas noticias— dos relatos de Baroja. Los clientes de la editorial J. García, a buen seguro (y, hasta cierto punto, el propio J. García en persona), debían estar en ayunas de quiénes eran Dostoievsky y Baroja; pero Valle-Inclán no escribía (también de seguro) exclusivamente para

---

[1] Véase, al azar: «¿Qué decía el pliego, que antes de acabar su lectura el juez pulsó el timbre con mano acelerada y febril?», «Y en esta nueva fase de la vida de Víctor es donde vamos a introducir al pío lector», «¿Lograrían burlar la persecución de la justicia? ¡Quién sabe! ¡Tal vez consigan burlar la justicia de los hombres, pero no la de Dios!», fin del capítulo V en la primera parte, y de I y IX de la segunda.

J. García y los suyos; y, sirviéndose de un procedimiento que Emma Speratti ha demostrado empleó todavía en *Tirano Banderas*, deja suelto un hilo de su trama para que por él se saque el ovillo: es decir, limita el engaño —el *plagium*— y quien caiga en la trampa, editor o lector, sólo podrá acusar a su propia ignorancia y no a la (mala o buena) fe del escritor. Los relatos de Baroja —que son, no lo olvidemos, y lo dice quien tiene autoridad para decirlo, lo menos Baroja de su libro—, Valle-Inclán se encarga de hacérselos contar o leer a un personaje llamado, precisamente, Baroja. No puede decirse que se le venda un esclavo de filiación desconocida a quien es —por su nombre (real), y por su papel de esclarecedor (fallido) en la novela— el personaje real y literario conocedor por excelencia de lo que se le presenta. El erigirlo en juez de la novela y de lo novelado es ya una travesura, y lo «plagiado» pasa a ser sólo el instrumento de la burla, exactamente como la cita textual, entrecomillada o no, cobra un valor diferente de su valor primero al integrar un nuevo texto, sea éste crítico o satírico, y más aún —como aquí— en el segundo caso. Y que esta travesura no está sola lo prueban las metamorfosis de su objeto directo: el comisario don Máximo Baroja, «llamado alguna vez Baraja», y que «en una ocasión, al correr de la pluma, se transforma [de] Máximo en Pío». Así, sin mayores luces, lo comunica el editor reciente en nota preliminar: qué no daríamos por saber exactamente dónde Baroja es Baraja y Máximo es Pío, dónde la travesura se intensifica y dónde el filo satírico corta la diversificada trama de lo ficticio. Lástima de licencia editorial, que se toma la de modificar lo que cree yerro de pluma sin advertirnos dónde desperdiga su incierta perspicacia, en vez de emplear su celo contra las cuantiosas erratas que exornan el volumen —una de ellas pérfidamente alojada en una expresión litúrgica latina—. ¿Habrá que creer, como decía el propio don Ramón, que lo probó con don J. García, que «los editores no leen»? Ese «Baraja», ese «Pío» exorcizados por un excesivo celo, lejos de ser producto de una pluma que corre, son obra de una pluma que vuela, y nos llevan a pensar en los matices seguros de ese «*pío* lector» y en los probabilísimos de ese «Máximo», irónicamente reverente, aplicado a un magistrado inane y al menor y el menos estimado de dos hermanos, a quien se toma lo que menos le caracteriza, y con una resonancia no del todo ajena al neologismo (entonces corriente, aunque nonato para el Diccionario de la Academia) «maximalista», traducción, a través del francés, de un movimiento emparentado con las simpatías de don Pío en ese momento, con la procedencia eslava de otros empréstitos, y con las doctrinas que Palomero expone y defiende. Valle-Inclán introduce en su texto textos de Baroja, y cuida de presentarlos de manera tal que aparezcan, aunque enriquecidos por el cribaje y el engarce, como buenos relojes ajenos de ocho o diez duros que pueden ser apropiados sin escrúpulo, porque lo verdaderamente criminal no es que vengan de tal o cual fuente, sino el hecho de que quien está en condiciones de darnos la obra de Valle-Inclán nos tenga que dar Baroja, Dostoievsky o quién sabe qué. Pero como —y es fatal que así sea, tratándose de quien se trata— el tío del cigarro, y Palomero, y Víctor, son Valle-Inclán mismo, el texto ajeno viene repulido, valleinclanizado, y justificado por el procedimiento de adueñárselo, suprimiendo el elemento de engaño que podría empequeñecer la sin igual travesura de dar a Baroja lo que es de Baroja, llamándolo ya Máximo, ya Pío, ya Baroja, ya Baraja (casi tres cuartos de siglo más tarde, otro travieso gallego anotará a Julio Cora Borraja entre las autoridades de la historia de la heterodoxia). Lo que importa —repetimos— no es lo que Valle-Inclán importa, sino las aduanas a que lo somete, él el primero. Y una nueva prueba —inne-

cesaria— de su juventud espiritual es el guiño de complicidad
que, por encima de sus lectores del alba del siglo, nos hace a
sus lectores de hoy, a los que sabemos (algo mejor que los
fieles abonados de J. García) quiénes son Dostoievsky, Baroja... y Valle-Inclán.

Redactadas estas líneas, llega a mis manos el estudio de
Alonso Zamora Vicente *Valle-Inclán, novelista por entregas*,
auténtica introducción —por fin una, la buena— a *La Cara
de Dios*. Allí encuentro, dicho por fin (o, mejor dicho, dicho
mejor), con autoridad y con autoridades, todo lo que cabe
decir de la novela y de su autor en ese momento de su carrera: «Aquí está el mayor interés para nosotros, hoy, de
este libro: lo que puede suponer de gesto voluntarioso, de
afán de pervivencia. Es necesario subsistir, pelear con las
asechanzas materiales de cada día. Y hay que sacar el dinero
de donde lo haya. Ramón del Valle-Inclán, escritor ante todo,
decide hacerlo escribiendo» (págs. 10-11); «Y de ahí que es-
criba una novela por entregas, el gran remedio para sacarle
elementos nutricios al arte de escribir» (pág. 12). Se lee, en
Zamora Vicente, sobre una nueva concepción del valor testimonial de esta literatura, una acertada reintegración a la
realidad de varios personajes de *La Cara de Dios* (Palomero,
Bargiela, Cornuty), y, tras una desencantada estimación de
Baroja, cómo Fabra Barreiro «hace ver... que un cuento de
Baroja, *El trasgo*, está también embutido en *La Cara de Dios*»
(pág. 52), y añade por su cuenta que lo mismo sucede con
Medium (pág. 53). Revisa entonces, acertadamente, el caso
de los «plagios» y su función («pensé en el argumento de
Valle: ese cuento, es Máximo Baroja, es decir, Pío Baroja,
quien lo está diciendo, o leyendo, da lo mismo», pág. 59). Y
revisa, por fin, y es quizás su mejor acierto, el papel de la
colaboración en la novela por entregas, que fue real (recuerda

que Azorín declaró que «Palomero, Valle-Inclán, Baroja (creo
que Ricardo) hicieron *La Cara de Dios*», pág. 76), que fue más
de una vez intentada (lo cuenta el propio Baroja, citado en
páginas 67 y sigs.) y que explica la misteriosa aparición de
Dostoievsky en la novela y fortalece la vinculación de Baroja
con el escritor ruso. Es decir que dice todo, y lo dice, además,
muy bien. ¿Por qué, entonces, mantener un artículo mío no
sólo no nacido sino además sietemesino? Porque me parece
que todavía queda en él lo único que Zamora ha omitido re-
calcar en el suyo: la juerga que se corre el autor al embutir,
trasponer, gatoliebrear y encima firmarlo todo con su nombre; el riesgo que orilla al dar —maldar— lo suyo propio
con tanta otra materia; la victoria estilística que supone, ya
y hoy, unificar todo eso y conferirle un interés narrativo man-
teniéndose —por lo menos con un pie— dentro del género
que la necesidad le ha impuesto. En una palabra, cómo Valle-
Inclán es, ya, Valle-Inclán, y cómo dejaría de serlo allí si
faltara ese ingrediente de travesura y de riesgo que condi-
menta, a niveles diferentes para los diferentes lectores (los
de antes y los de hoy) *La Cara de Dios*. En una palabra,
cómo no habría Valle-Inclán en esta novela si no pudiéra-
mos, ya en fecha tan temprana, aplicarle la fórmula con que
Maurice Blanchot intenta definir, en Borges, al verdadero
gran escritor: «Il se reconnaît en George Moore et en Joyce
—il pourrait dire en Lautréamont, en Rimbaud—, *capables
d'incorporer à leurs livres des pages et des figures qui ne leur
appartiennent pas*».

DIFICULTAD DE EGUREN

Dificultad, decimos, y debiera decirse dificultades, porque son muchas, y de varias clases. Eguren no es un poeta fácil: reconocerlo como una de las voces más originales de la lengua en lo que va del siglo no es un descubrimiento. Un artista de este peso siempre es difícil, pero para leer a Eguren hay que vencer dificultades que no son siempre imputables al poeta mismo.

Las más graves son generosa contribución de su último editor, el profesor Estuardo Núñez. Su edición de las poesías y de las prosas de Eguren, puestas por primera vez al alcance de todas las manos [1], sería de agradecer si no fuera por su obstinada voluntad de impedir una lectura cómoda. Hasta su sistema de anotación es molesto, puesto que consiste en trufar los versos con llamadas de numeración corrida para cada grupo de poemas, lo que las torna enojosísimas. Pero al fin y al cabo, si esas notas sirvieran para algo serían bienvenidas. Lo malo es que casi todas pertenecen a dos categorías: o son inútiles, o son erróneas, sin perjuicio de ser

---

[1] José María Eguren, *Poesías completas. J. M. E., Motivos estéticos.* (Bibl. de Cultura general, serie literaria, vols. 8 y 4). Las citas de este segundo volumen van precedidas por la indicación «pr.» 'prosa', para diferenciarlas de las citas de poesías.

superfluas y equivocadas a la vez. Si Eguren escribe, por ejemplo, «cretinos ancianos», no vale la pena aclararlo en «ancianos idiotas» (pág. 45), ni excogitar que un «infante oblongo» es un «infante (soldado de infantería) más largo que ancho» (id.). Con la misma comicidad involuntaria se desarrolla la aposición eguriana «hombre planta fakir» en «asceta oriental vegetariano» (pág. 104)[2], y las «ambiguas añosas marquesas» en «marquesas ancianas, un tanto hombrunas o de caracteres sexuales indiferenciados» (pág. 63). El profesor Núñez no tiene idea de lo que es una expresión poética, pero cuando nos da explicaciones puramente lexicográficas es todavía peor. Si la voz empleada por Eguren no figura en el diccionario de la Real Academia, el anotador arquitectura las más peregrinas interpretaciones: gopuras (voz hindú corriente en inglés, y que designa las torres piramidales que coronan los pórticos de los templos) le inspira este comentario: «parece una castellanización de la voz francesa *guipure*, tejido o encaje de algodón» (pág. 77). Imagina así que los *coboldos* germánicos son «personajes fantásticos probablemente creados por Eguren» (pág. 156), y a las indefensas *luciolas* —nombre científico que falta, no sabemos por qué, en el diccionario académico— las convierte una vez en «plantas brillantes relucientes» (pr., pág. 191), otra en «flor brillante» (pág. 133) y otra aún en «reptiles» (pág. 235).

Pero cuando la palabra usada por Eguren figura en el diccionario, el resultado es peor, porque el profesor Estuardo Núñez salta sobre la primera acepción que le guiña el ojo y la incrusta a viva fuerza en el texto: así *sable* deja de ser un color heráldico (pág. 117) y *miriñaque* abandona su condición de «zagalejo interior de tela rígida» (pág. 50); *la luna*

---

[2] ¿Qué hubiera dicho del «planta hombre» de Mansilla? (*Una excursión a los indios ranqueles*, pág. 376).

parva, 'pequeña', se torna maravillosamente «múltiple, de luz espléndida» (pág. 95), etc. (Con estos últimos ejemplos, llegamos a sospechar que el profesor Núñez no leyó a Eguren.) Podríamos seguir —de hecho, hemos seguido—: las poesías de Eguren padecen 663 notas de este jaez. Despidámonos para siempre del editor con este broche de oro (que él se abrocha dos veces, en pág. 106 y en pág. 184): «Alma tristeza: tristeza del alma (como Alma América quiere decir América del alma)» [3].

Este introito no nace solamente por la maligna alegría de decir mal (y con razón) de un colega; ni siquiera es una especie de desagravio a Eguren, que no lo necesita. Su objeto mejor es hacer más palpable la riqueza extrema del vocabulario eguriano, capaz de desorientar a un catedrático, porque la dificultad en anotarlo es consecuencia natural de su opulencia. El lector de Eguren —por lo menos el que habla— no suele reparar en esta riqueza difícil: son más inmediatamente aparentes otros aspectos de la lengua del poeta, por ejemplo sus torsiones —casi torzones— de la sintaxis («a las de orquestación / tumbas de los emperadores», pág. 82). Construcciones difíciles, difícil vocabulario, difícil maestría técnica disimulada (y no para facilitarla): ¡cuántas dificultades superpuestas en un poeta para quien «todo arte [y no solamente el suyo] es simbólico» (pr. pág. 144) y cuyo mensaje, por lo tanto, jamás es sencillamente directo! A estas dificultades de la obra corresponde en el crítico la dificultad de

---

[3] La mala suerte parece perseguir al poeta: además de la edición de Estuardo Núñez, y de este artículo, los *Cuadernos Universitarios* de la Universidad Nacional del Centro del Perú están publicando la obra completa de Eguren con notas de Luis Miranda E. Y no se sabe, en esta nueva edición, cuándo es peor: si al explicar [?] «*mágico* 'mago'» (págs. 32 y 44), «*cántico* 'canto'» (pág. 31, etc.), o al transformar —como E. Núñez— la Norna nórdica en la *Norma* de Bellini (con explicación y todo, pág. 35).

aquilatar todo lo que un espíritu curioso de música, de artes
plásticas, y hasta de filosofía, debe a todos y a cada uno de
estos incentivos; dificultad de ponderar todo lo que alimentó
a un artista consciente que supo —y supo afirmar— que
«gran número [de poetas]... se ha malogrado por la incultura
o la imitación» (pr., pág. 197). Eguren —y es, al parecer, la
gran receta para el creador americano— combina una libre
curiosidad por todas las riquezas del mundo (Francia en primer término: «hemos amado la Francia», escribe; pr., página 206) con una fidelidad fundamental a su lengua y a su
tierra.

La vida del poeta está jalonada por tres libros de versos
publicados en dieciocho años —*Simbólicas*, 1911; *La canción
de las figuras*, 1916; *Sombras y Rondinelas* agregadas a las
Poesías reunidas en 1929— y seguidos por un silencio de casi
tres lustros. Su corta producción —apenas 123 composiciones: recordemos que Darío anda por las mil y quinientas; la
antología de su propia obra que Fernández Moreno diseñó
cuenta trescientas piezas; un solo libro de Lugones, el *Romancero*, contiene setenta y tres— le basta y sobra a Eguren
para tener un lugar único en la poesía, no ya peruana o hispanoamericana, sino de lengua española. Y «le sobra», no
sólo porque entre esos ciento veintitrés poemas haya algunos
de importancia menor —¿qué creador sostiene una altura
uniforme en toda su obra?—, sino también porque con ellos
pueden componerse varias antologías diferentes. (Un ejemplo: la hispanoamericana de Julio Caillet-Bois contiene once
poemas de Eguren, ninguno de los cuales figuraría en mi antología personal.) Y dentro de esa variedad, ¡qué fidelidad, y
qué hermosamente se diversifican tantas fidelidades continua-
das! En un extremo, la abigarrada mitología de *Las bodas
vienesas*, de *Juan Volatín*, de *El duque* y de *Pelegrín cazador
de figuras*, que confina con la fantasmagoría valleinclanesca:

Dos infantes oblongos deliran
y al cielo levantan sus rápidas manos,
y dos rubias gigantes suspiran,
y el coro preludian cretinos ancianos.
Que es la hora de la maravilla;
la música rompe de canes y leones
y bajo chinesca pantalla amarilla
se tuercen guineos con sus acordeones.

                                                   (pág. 45)

(No sé si puede hablarse de influencia, ni cuál fue su sentido si la hubo. Por lo que a mí respecta, durante muchos años hubiera jurado que los versos

...y la turba melenuda
estornuda, estornuda, estornuda...

                                                   (pág. 71)

eran de Valle-Inclán; pero creo que el genio de la lengua es capaz de engendrar, porque sí, estos paralelismos aparentemente anómalos. Y, por lo demás, el barroquismo esperpéntico de Eguren está más cerca de la pintura de Ensor que de cualquier manifestación literaria española.) Otras figuras —la niña de la lámpara azul, la de la garza, la nieve enferma, los ángeles tranquilos— se oponen a las apariciones suntuosamente enemigas de *Los reyes rojos, Las torres, Las puertas, La ronda de espadas,* o a las imágenes dulcemente plañideras de *Los robles*

(En la curva del camino
dos robles lloraban como dos niños...),

                                                   (pág. 70)

de los elefantes que contemplan la muerte del sauce viejo, del dios cansado que

                 continúa, ignorado,
                 por la región atea;

y nada crea,
el dios cansado.

(pág. 102)

¡Y qué constantes hallazgos, en la sintaxis —«en de luz
país y sombrilla verde»— como en la generación de imágenes
nuevas! Si, como cantó un admirador de Poe,

Poeta es aquél que cura,
dándoles sangre más pura,
los males del atributo,

pocos poetas merecen este nombre como Eguren, desde «la
tumba asiria» inicial (pág. 43) que precede en veinte años
(¡y qué veinte años!) a *Poeta en Nueva York*, hasta los
últimos intentos de renovación. Junto a adjetivos del mejor
barroco americano

—el afligido sinsonte
y el insecto militar...
...luego esdrújulo martín—

(pág. 103)

Eguren tiene versos que no desentonarían en textos ultraístas
(o más próximos a nosotros):

En el rascacielo,
un gallo negro de papel
saluda la noche.

(pág. 251)

Vienen con sus anteojos
los pájaros ateos.

(pág. 234)

En la sombra
ríen los triángulos.

(pág. 230)

Y todo dicho con una técnica tan perfecta que llega a hacerse imperceptible. En la *Marcha noble,* por ejemplo,

> Y las rubias vírgenes muertas
> del castillo ducal no lejos
> y de las brumas en el fondo,
> vertían sus celestes lágrimas...

(pág. 47)

hay que hacer un esfuerzo para advertir el sabio juego de la cesura («*y las rubias vírgenes / muertas, - del castillo ducal / no lejos...*»), que va puntuando con la más precisa y exquisita incertidumbre (dos, tres, hasta cuatro sílabas) el ritmo exacto del pensamiento poético:

> ...los días de oro / recuerdan...

Dos circunstancias hay que ayudan a explicar (siquiera parcialmente) tanta perfección. La primera es la irrestañable curiosidad de Eguren, abierto a la apreciación de las artes plásticas, de todas las letras, la música, la estética, hasta (quizás) la filosofía y (ciertamente) las ciencias de lo oculto. En sus prosas —escritas casi todas entre 1929 y 1930—, puede no sorprender la cita de todos los grandes músicos clásicos y románticos (de Bach a Chaikovsky), pero sí es extraño que un sudamericano apreciara entonces la polifonía de Montserrat, y que al citar, en esos años, a Prokofiev, Bartók o Honegger, lo hiciese con notaciones tan precisas (alusiones a los cuartos de tono, y a las «operitas relámpago» de Milhaud). Tampoco sorprenden los nombres consagrados de la gran pintura, de Botticelli a Goya y de Corot a Cézanne; sí el encontrar ya a Chirico, Chagall, Max Ernst y Dalí junto a La Gándara y Boldini, a Fouquet o a Limbourg de Chantilly junto a Appia y Lipschitz (en 1930, repitámoslo). En literatura, Santa Teresa se codea con Maiakovsky, Paul de Kock con Plotino, Chesterton con Madame de Genlis, Jean Lorrain con Alan Seeger [4]. Estas decenas y decenas de nombres asombran ante todo —más que por abundantes— por no eruditos, por acariciados y aprehendidos más que por aprendidos. Y al mismo tiempo —y me parece como el reverso de un idéntico amor— a esta sed de universalidad corresponde la fidelidad al amor de su tierra:

> en los soportales
> están los blasones
> con pardos halcones
> caudales,
>
> (pág. 190)

a sus haciendas con «pesebre y pancal» (pág. 119), a la «celeste geometría» de sus aves (pág. 231), a «las nubes enmascaradas» que descienden de la montaña (pág. 187): para Eguren «hay una voz de quena, una voz prolongada que en todos lugares hemos oído desde la niñez y cuyas vibraciones nos acompañan siempre en los remotos parajes de la tierra» (pág. 198). Limeño universal que no salió de su país, y curioso sedentario de cuánta novedad podía ofrecerle el mundo, Eguren elabora con el deseo y la realidad un mensaje total que, por ese azar seguro que todo verdadero poeta conjura, va del ángelus del alba al del ocaso desde los primeros versos de su libro inicial

---

[4] Señalo, casi al azar, Chirico (pág. 40), Chaikovsky (201), Bartók (80, 88), Milhaud (92, 147), Botticelli (41, 42, 189), Corot (65), Chagall (223), Max Ernst (41), Dalí (93, 185), Fouquet y Limbourg de Chantilly (143), Appia y Lipschitz (92), Santa Teresa (222), Paul de Kock (220), Maiakovsky (48), Mme. de Genlis (207), Jean Lorrain (185), Alan Seeger (226). Y quedan Breton, Souppault, Uccello, Valery Larbaud, Mark Twain, Amiel, Marie Lénéru, William James, Kalidasa, Waldo Frank, Esquilo, Vermeer... hasta una cincuentena más. Habría que citar todo el libro.

(Era el alba,
cuando las gotas de sangre en el olmo
exhalaban tristísima luz...)

(pág. 35)

hasta los versos finales de su último libro:

Por la acuarela de la soledad
se dibuja una imagen,
azul como las notas
finales de Chopin,
y sube al cielo.

(pág. 259)

Sus años de silencio, de tan dignísimo silencio —el poeta
es solamente, como lo vieron para mí los ojos de Emilio
Champion, un viejecito que habla con los pájaros en las plazas de Lima— son el último regalo de un artista que, cumplida su tarea de legarnos un mensaje inigualado, regresa
hacia su tierra: sube al cielo.

Sobre este fondo permanente de peruanidad —esa peruanidad de la que se jacta también Vallejo— es difícil señalar,
más allá de las generalidades de manual, las raíces últimas
de la poesía de Eguren. Quisiera apuntar, más que fuentes
propiamente dichas, algunas concordancias, y casi todas más
de coincidencia que de raíz, más casuales que genéticas. Porque, de una manera general, si el punto de partida de Eguren
puede a veces reconocerse, lo que el poeta organiza sobre él
le pertenece por entero. *La dama I* es sólo una prima lejana
del soneto de las vocales; sus *nubes de antaño* nada tienen
que ver ya con las nieves de Villon. Como contraprueba de
estas concordancias originales (de *originalidad*, no de *origen*),
señalaría las inesperadas anticipaciones: el pentasílabo («dulces y claras») que prefigura un pie de la *Ángela adónica* de
Neruda; una cita de Emerson («las figuras de los árboles y

los montes, siempre fijas, como una afirmación, podrían ser
signos ocultos, palabras inolvidables para nuestra mirada
terrena», pr., pág. 48) que contiene en potencia *La escritura
del dios* de Jorge Luis Borges. Ciertas resonancias van más
allá de las letras y orillan otro orbe, codiciado por Eguren:
el de la música; así un «dos de armonía... vuela con notas
de un instrumento y como las palomas de la torre» (pr., página 182): pensemos en el acto tercero de *Pelléas;* así la página sobre el tenis, en *Las terrazas* (pr., pág. 177), suena
como un comentario al argumento del último ballet de De-
bussy, *Jeux.* Otras atracciones son un poco más tangibles.
Exponiendo sus *Motivos estéticos,* Eguren dice: «La belleza
pura excede a nuestros sentidos, de presentarse a ellos los
apagaría. Una finura intensa de color y de líneas sería venenosa; un amor absoluto quemaría al espíritu de la tierra»
(pr., pág. 38). ¿Cómo no pensar en el comienzo de la primera
de las *Elegías de Duino?* «Porque lo hermoso es sólo el comienzo de lo terrible, y lo soportamos apenas, y si podemos
admirarlo es porque desdeña destruirnos. Todo ángel es espantoso...». Y más adelante, en la misma página, pasa por la
prosa de Eguren un destello bíblico: «la belleza... nos incita
al estudio, que es un dolor» [5]. Pero nunca puede irse mucho
más lejos, en Eguren —por lo menos, yo no puedo ir más
lejos—. No sabría asegurar, por ejemplo, si él, que cita cuatro
veces a Cervantes y una a San Juan de la Cruz, frecuentó al
Arcipreste de Hita y si sus *voces tumbales* (pág. 218) proceden o no del *Libro de Buen Amor* (el *ángel tumbal* de pági-

---

[5] Citamos a Rilke por la edición bilingüe de Angelloz. Compárese:
«E cuando esto vieron cayeron amortecidos en tierra con pavor del
ángel así como muertos», en el evangelio apócrifo de la infancia de
Cristo («Segund cuentan los nazarenos en los sus Evangelios») citado
en los *Castigos y documentos del Rey don Sancho* (págs. 145 y 146).
La segunda cita del texto evoca el Eclesiastés, I, 18.

na 226 estaría por la negativa)[6]. Dentro de esta forzosa ambigüedad, quisiera insistir sobre el contenido de un poema, al parecer simple, pero portador, para mí al menos, de un mensaje complejo.

BARCAROLA

Nadan con destellos
de novios en gira
dos ánades bellos...

Flotando por una
lámina celeste
de claro de luna.

Brillantes voltean
por brumos vistosos
que garabatean.

Tendidos los cuellos,
fluctúan rosados
los ánades bellos.

La novia revela
temores y rumba
como carabela.

Bajo los chamicos
borrosos del cielo
se pican sus picos.

Y fugan ahora
entre los luceros
color de totora.

---

6 María Rosa Lida estudió, en su nota *Tumbal 'retumbante'*, el verso 1487 *a* del *Libro de Buen Amor* y otros pasajes paralelos donde el adjetivo se refiere a la voz o al habla. Su conclusión es que «no puede significar 'sepulcral, cavernoso'... sino que indica una sonoridad grave».

Su plumaje donde
la espuma de Venus
titila y se esconde.

Y en tremante velo
se hunden, al murmurio
del ánsar del cielo [7].

Estamos —al parecer— frente a una composición puramente decorativa, lineal, una especie de estampa graciosa y clara, un poco japonesa, sin sombras ni contrastes, a diferencia de tantos otros poemas de Eguren llenos de vagos o precisos terrores [8]. Los elementos aparentes que componen esta barcarola, que se diría un poco anodina, explican suficientemente, casi naturalmente, el vago clima de felicidad más o menos inane que de ella se desprende. No creo, sin embargo, que todo sea tan fácil, y sí que la *Barcarola* trasmite un mensaje más profundo y menos simple: tratemos de desentrañarlo.

El elemento central del poema es, indudablemente, la pareja, los *dos ánades bellos*, que consuenan con la insistencia del dual en la poesía de Eguren [9]: entre sus versos más conocidos andan

...dos robles lloraban como dos niños...

(pág. 70)

---

[7] *Poesías completas*, págs. 245-246. Corrijo el cuarto verso, donde el editor lee «flotado». No me atrevo a sospechar, en el verso antepenúltimo, «vuelo» en lugar de «velo».

[8] Cuando escribí «un poco japonesa», no conocía todavía el poema de Basho que reza: «La pena del que se va y la tristeza del que se queda se parecen a la despedida de una pareja de patos que, al alejarse, se pierden entre las nubes» (Matsúo Basho, *Sendas de Oku*, traducción de Octavio Paz y Eikichi Hayashiya, pág. 81).

[9] Ciro Alegría, en *Los perros hambrientos*, cap. I, pág. 25, habla de la costumbre peruana de contar por «pares, enraizados en la contabilidad indígena con las fuertes raíces de la costumbre».

...combaten dos reyes rojos
con lanzas de oro.

(pág. 61)

Es muy posible que se trate aquí de dos ánades de verdad,
de los que el poeta veía nadar a su alrededor, como los que
recuerda en sus *Notas rusticanas*, donde al nacer el día «se
descorre la cortina violeta y los ánades azules nadan en concierto» (pr. pág. 118). No puedo, sin embargo, dejar de pensar
en el viejo cantar español:

Dos ánades, madre,
que van por aquí,
mal penan a mí...

Pero —y aquí reside lo extraño de la correspondencia—
salvo esta versión del cantar español, que es la más antigua,
todas las otras (y Dios sabe si fue popularísimo) hablan de
tres ánades: Covarrubias, Correas, la *Novela del caballero invisible*, la *Carta del monstruo satírico*, el *Auto de San Jorge*,
el *Guzmán de Alfarache*, *La ilustre fregona*, el *Cuento de cuentos* y *La Perinola* quevedianos, *La Pícara Justina*, Jacinto Polo
de Medina y Tirso —que lo citan, por lo menos, dos veces
cada uno—, Calderón —que lo cita tres—, un romance anónimo del siglo XVII recordado por Wilson, todos hablan de
tres y no de *dos* ánades. Todavía en la *Vida y salud de la
famosa carta familiar del Cura de Morille* (primera mitad del
siglo XVIII), el Barbero propone al Cura, como ejemplo de
argumento discutible: «Supongamos que a mí se me antoje
decir, que las Sirenas cantaban *Las tres Ánades Madre*...» [10].

---

10 *Cancionero de los siglos XV y XVI*, ed. Asenjo Barbieri, número 115, con música de Anchieta (núm. 177 de la reciente edición de
Monseñor Anglés). Cejador, *La Verdadera poesía castellana*, t. III, página 129, núm. 1.692, agrega solamente: «después se dijo *Tres ánades*»,
y da en su *Fraseología*, sobre algunos de los arriba citados, ejemplos

La expresión «cantando las tres ánades, madre» se tornó proverbial, y figuró como tal en el Diccionario de la Real Academia [11]; pero casi todos los testimonios que enumeramos se refieren propiamente al cantar. Tanto es así, que Quevedo, en el proemio del *Cuento de cuentos*, se queja de «aquellos majaderos músicos que se van *cantando las tres ánades madre*, pero no cantarán las dos, si los queman, ni la cuarta».

Adolphe Coster, en su artículo póstumo «Juan de Anchieta et la famille de Loyola» (págs. 61-62), trata de explicar razo-

---

de Solís y de las comedias *Serafina* y *Selvagia*. Hay nota de Rodríguez Marín en su ed. de *La Ilustre fregona*, págs. 15-16. La bibliografía esencial del cantar se halla en las notas de mi *Flor de la Rosa*, págs. 137-138, completadas hoy por E. M. Wilson y J. Sage en sus *Poesías líricas en las obras dramáticas de Calderón, citas y glosas*, pág. 74. Margit Frenk Alatorre, citada por Wilson-Sage, agrega una mención proverbial por Enríquez Gómez; el cantar se cita también en *El Rico avariento* de Rojas (ed. Pietryga, pág. 109, vv. 695-696). Juan Valera da color de época a su *Morsamor* citando el repertorio de una gentil cantora: «La propia Teletusa, acompañándose con la vihuela, cantaba deliciosos villancicos y coplas. Ora cantaba

> Dos ánades, madre,
> que van por aquí...»
>
> (pág. 170)

Creo que es el último que recuerda que el cantar tenía dos ánades, y no tres; Francisco de Paula Seijas, en sus notas al *Cuento de cuentos* de Quevedo, da una porción aumentada del cantarcillo viejo —las más de las citas, más proverbiales que líricas, no pasan del primer verso— y varía tranquilamente el texto, aunque lo llame «coplilla antigua, que dice:

> Tres ánades, madre,
> pasan por aquí;
> mal penan a mí».
>
> (*Refranero*... de Sbarbi, t. VIII, pág. 24)

[11] Caballero Rubio da en págs. 699, 758 y 979, respectivamente, frases que contienen esta expresión: «Irse...», «Marcharse...», «Salir cantando las tres ánades...».

nablemente esta discrepancia: «Anchieta n'était peut-être pas l'auteur de cette naïve poésie, mais il composa un accompagnement [?] qui la rendit célèbre, car dans son *Cuento de cuentos*, Francisco de Quevedo y fit une curieuse allusion: ... [sigue la cita de Quevedo, traducida al francés]. Ainsi le refrain était devenu si populaire qu'il avait été déformé par les chanteurs des rues qui l'avaient rendu stupide. Car il est évident qu'il s'agit d'un couple de canards qu'une paysanne a vu dormir dans un pré fleuri et qui, évoquant dans son âme l'image d'un couple amoureux, la rend mélancolique. Et les chanteurs grossiers, en parlant de trois canards au lieu de deux, rendaient la poésie absurde. La musique seule était probablement ce qui avait retenu l'attention, et le sens des paroles importait peu». Como toda explicación demasiado razonable, la de Coster parece ser falsa, y falsas son, por lo menos, las razones que la sostienen: si el cambio fue producido por «groseros cantores callejeros» y su resultado «estúpido», ¿cómo explicar que lo citen los mejores letrados del Siglo de Oro? Y si «el sentido de las palabras importaba poco», y la difusión del cantar se debía exclusivamente a su música, ¿cómo explicar su pervivencia hasta hoy en el caudal paremiológico, exclusivamente hablado sin música alguna? ¿Y cómo justificar que los músicos, majaderos y todo, sólo canten de *tres* y no de *dos* ni de *cuatro* ánades?

«No cantarán las dos, si los queman, ni la cuarta». Quevedo pone, como siempre, el dedo en la llaga: ¿por qué tres, y no dos ánades —como es en el cantar viejo de Anchieta y como parece ser en Eguren— ni cuatro, es decir, dos veces dos? Porque tres, entre dos y cuatro, marca netamente la oposición entre lo impar y lo binario, oposición tanto más notable cuanto que, en la expresión «dos ánades», entre «dos» y «ánade» hay una relación no siempre consciente pero sí estrechísima. A mí me la descubrieron a los

seis años, mientras penaba por ordenar en mi pizarrín una
hilera de guarismos sobre el modelo magistral, al decirme:
«Hacélo mejor: ¿no ves que el dos es como un patito?». Fue
un descubrimiento, para mí, pero la asociación es general;
Ludwig Paneth, en su libro sobre el simbolismo de los números en el inconsciente trata de las analogías ópticas de las
cifras y declara: «El 2 es un pato nadando, o un cisne» [12].
Reencuentro mi anécdota de infancia en el extraordinario
libro de Juan José Hernández *El inocente:*

> ...Rudecindo, a su lado, llenaba de números dos la hoja de un
> cuaderno: «El dos es un patito», murmuraba en voz baja, recor-
> dando la lección del tío Esteban.
>
> (pág. 59)

También una heroína de Colette dice:

> J'aime les chiffres. Si c'est joli, regardez, un 5. Le 7 aussi.
> Des fois, la nuit, je vois de 5. Et des 2 qui nagent sur l'eau com-
> me des cygnes... Vous voyez ce que je veux dire? Là, la tête du
> cygne, et puis son cou, quand il nage, et là, en bas, il s'appuie
> sur l'eau...

«Elle rêvait» concluye la autora, «penchée sur les jolis 5,
sur les 2 faits à l'image de l'amant de Léda» [13]. En un cuento
de Karel Čapek, el verso

> Col de cygne seins de femme tambours cymbales

permite identificar el número de un automóvil:

---

[12] Dr. Ludwig Paneth, pág. 7. No he podido consultar el estudio
fundamental de Otto Rank, «Zur symbolischen Bedeutung der Ziffern»;
la colección de la revista *Imago* (en cuyo t. I (1912), 402 sigs. apareció)
está incompleta en la Bibliothèque Nationale de Paris.
[13] «Gribiche», en su: *Bella-Vista,* pág. 136.

—Attendez, il doit y avoir quelque chose qui m'a fait penser à ça... Dites donc, le 2 ne vous fait-il pas quelquefois penser au col d'un cygne? Répondez —et il écrivit un deux au crayon... [14].

Valle-Inclán llama a los cisnes «duales» (*La Cabeza del dragón*, pág. 191 de su *Tablado de marionetas para educación de príncipes*). Y hasta en el lenguaje de los sueños y los juegos de azar (lotería, quiniela, redoblona: actividades que parecerían tan lejanas de la poesía de Eguren), el número 22 recibe el nombre de «los dos patitos»:

—¡Para arriba y para abajo!
—¿Qué es?
—El noventa y seis.
... ...
—¡La edad de Cristo!... ¡La niña bonita!... ¡Los anteojos de Mahoma!
—¿Qué dijo?
—¡El ochenta y ocho!...
... ...
—¡Los dos patitos!... ...el veintidós.
—Los dos martillos... ¡Setenta y siete! [15].

---

[14] «Le poète», en su: *L'affaire Selvin* (trad. Maryse Poulette), página 88.

[15] Barletta, *Historia de perros*, págs. 97 y 99. La lotería española de cartones parece usar exactamente —o casi— los mismos términos convencionales para designar los números: en la pág. 99 de *El Señorito Octavio* de Palacio Valdés aparecen la niña bonita, los anteojos de Mahoma, el arriba y abajo (y, a diferencia del caso de la novela argentina, la boga del juego no exige que el autor español traduzca cada cifra). En la descripción del juego que entreteje Fernán Caballero en el capítulo VII de la primera parte de *Clemencia* (págs. 42 y sigs.) se nombran «el maestro Pino» o «el único» ('1', pág. 42 y pág. 54), «la patrulla» ('5', «por constar de cuatro hombres y un cabo», pág. 42, y también pág. 48), «el escardillo» ('7', pág. 49), «los espejuelos de Mahoma» ('8', y no '88', pág. 47), «la novena» ('9', pág. 50), «los canónigos» ('10', pág. 50), «la horca de los catalanes» ('11', pág. 49), «el que tuerce» ('14', *id.*), «San Vicentico» ('25', pág. 50), «la edad de Cristo» (que es innecesario explicar, *id.*), «la calavera» ('40': «¿Pues no fuera mejor que

¿Por qué los dos ánades, los dos dos, se convierten en tres?

Don Juan Briz Martínez, abad de San Juan de la Peña, que publicó en 1620 la historia de su monasterio, nos da la respuesta, explicándonos que según «la misma enseñanza Pitagórica, y santa Escritura, como lo advierte Pedro Bungo [16],

lo aplicaseis al veinte?», pregunta un personaje, *id.)*, «los escapularios» ('44', *id.)*, «las sanguijuelas» ('55', pág. 49), «las alcayatas» ('77', pág. 48: «¿Qué significan las alcayatas?», interroga el mismo), «el abuelo» ('90', páginas 42 y 48: cf. el «viejo de 80» en Gillet, t. III, pág. 342). Si el 22 conserva su nombre:

—*¡Los patitos!* dijo don Galo por toda respuesta, sacando el número veinte y dos,

(pág. 48)

el 2 es: «*¡El jorobado!*» (pág. 49; cf. Montoto, *Personas...*, t. II, pág. 22). La asociación no carece de algunas oscilaciones, como se ve (compárese con «corcovada como un cinco», en Quevedo, 1.ª ed. de Blecua, página 951, núm. 752, v. 18), y para el caballero Schnabelewopski, héroe de Heine, los que pasan tomaban la forma de cifras arábigas: el 2 de pie deforme, con el 3, su mujer encinta y repollona, el 4 y sus muletas, el 5 ventrudo y vacilante; «hasta en los ceros que rodaban reconocí más de un viejo camarada...» (pág. 279). Salvo algunas contadas asociaciones de carácter fonético (el que tuerce, Vicentico), casi todas son de naturaleza conceptual o simbólica. Lo mismo ocurre cuando se trata de figuras y no de cifras, en loterías populares para medios de escasa alfabetización: «En las ferias y demás fiestas pueblerinas, hay juegos de azar, en forma de loterías, con diversas figuras que obtienen premios; entre estas figuras hay la del gallo, al cual, por el pasaje bíblico, el pregonero le llama «el que le cantó a San Pedro», como llama al sol «la cobija de los pobres», y a la víbora «la que morderá a mi suegra» (pág. 72 del *Refranero mexicano* de Velasco Valdés).

[16] Sobre Petrus Bungus y su *Mysticae numerorum significationis liber*, compuesto para uso de los predicadores, véase Vincent Foster Hopper *(Medieval number symbolism*, pág. 105), que los pone inmediatamente después del libro segundo del *De Occulta Philosophia* de Cornelio Agrippa. Puede verse también el tratado *De Monade, numero et figura* de Giordano Bruno *(Opera Latine conscripta*, recensebat F. Fiorentino, vol. I, pars ii), en particular págs. 351 sigs., *Digoni analogia...*, sobre el dos y las dualidades que recubre, y 358 sigs., *Triga entis*, sobre las relaciones de la unidad con los dos números que la siguen.

el cual escribió docta y curiosamente de esta materia, el número de doscientos es presagio de mal suceso en lo que se emprende: que no ha de tener efeto, sino que ha de quedar destruido. Porque como este número, y el de veinte, comienzan por el de dos, y se escriben dándoles principio el binario (200.20), y el número de dos, es el que se aparta de la unidad, y siempre denota división, por el mismo caso, es jeroglífico de perdición y mal suceso».

El sabio abad hace notar que ya San Jerónimo advirtió que, según el Génesis, «no echó Dios su bendición el día segundo», que Absalón partió hacia su pérdida escogiendo doscientos varones, y que su cabellera valía doscientos siclos: «Y cierto que ni un Príncipe tenía necesidad de vender sus cabellos, ni carece de misterio que ésos, en que estuvo su perdición, se comprasen por precio de doscientos, número infeliz y desdichado». Abigaíl, agrega, vino ante David con doscientos panes de harina, doscientos de higos y dos cueros de vino; y Jacob ofreció a Esaú doscientas cabras, doscientas ovejas, veinte carneros y veinte toros, «y advierte allí la glosa interlineal, que todos fueron números binarios, los cuales debían ser gratos a Esaú (amigo de guerra) que pretendía desenojar, por significar división y discordia, con que se acaban las cosas, aunque sean muy firmes, grandes y seguras. Aun San Felipe, para mostrar su duda, y que estaba temeroso de que Jesucristo, su maestro, no había de poder sustentar aquella gran multitud en el desierto, usó, inspirado de Dios, el mismo número de doscientos: *Duocentorum denarium panes non sufficiunt*. No bastarán, Señor, doscientos denarios de pan, para sustentar toda esta gente. Fueron palabras nacidas de un ánimo desconfiado, significando el número en que se reparaba, la calidad temerosa de su corazón encogido. Siendo pues ansí que el número de doscientos es símbolo de temor y desconfianza, que denota perdición y mal suceso en

lo que se intenta»[17]. Doscientos es también número de temor
y desconfianza, que denota perdición y mal éxito de lo em-
prendido, en *La vida y martirio del glorioso santo San Cristóbal,* de Joaquín Romero de Cepeda:

> El rey Dagano que vía
> sus pueblos alborotados
> doscientos hombres armados
> contra el sancto luego envía
> de los más diestros soldados,
> mas no osaron ni aun mirallo
> ni decille su embajada...
> Otros doscientos envía
> porque el rey está clamando,
> y al sancto hallan orando
> y ninguno se atrevía
> aun sólo a estallo mirando...

[17] Don Juan Briz Martínez, *Historia de la fundación y antigüedades
de San Juan de la Peña...* Las citas proceden del «Cap. XXXI. En que
se trata, que en los dos principios de San Juan, y conquista destos Reinos, concurrieron dos números misteriosos, el de trescientos y el de
seiscientos; es antigualla notable», págs. 134-137. La doctrina de Briz
Martínez responde al criterio aritmológico medieval: «At any rate, the
number appears always to have carried with it the idea of mental
antithesis found in the duals of nature», dice del número dos Hopper,
pág. 4; «Two is diversity —antithetical pairs», pág. 11, con exposición,
en pág. 83, de las opuestas entidades que son la tierra y el cielo, Lía
y Raquel, Marta y María, espíritu y materia; según Hugo de San Víctor,
«binary = second number, first which recedes from unity, signifying
sin which deviates from the First Good», pág. 100, y lo mismo en página 108: a diferencia de 3, indisoluble e incorruptible a causa de la
presencia de la unidad en su centro que lo hace indivisible por 2, 2
es divisible por sí mismo y significa así lo corruptible y transitorio
(con remisión a su *Exegetica,* cap. XV, cols. 22-23 del t. 175 de la *Pa-
trologia Latina* de Migne); para Dante, que invoca a Pitágoras, *uno* es
lo bueno, y la pluralidad lo malo *(De Monarchia,* I, 15, 16-18, etc., página 143 de Hopper). P. E. Testa, en *Il Simbolismo dei giudeo-cristiani*
(Jerusalem, 1962, págs. 198, 200, 208 y 534; citado por Enrique de Rivas,
Figuras y estrellas de las cosas, págs. 80 y 82), recuerda también que el
número 20 —servitud de Jacob, venta de José, historia de Esaú—
«semper scripturus infaustus».

En sus *Noches claras divinas*, Manuel de Faria y Souza
opone largamente «la perfección del número impar, para
aciertos naturales en los sujetos», y «la infelicidad del número binario, para sujetos con propias desdichas» [18]: limitó a
tres los interlocutores de su obra, nos dice, porque «en la
oposición de los números encontrado y binario ocurre desigual suerte, de que pende el propicio o enemigo fin que se
desea y teme donde el Par se tiene por Nuncio infalible de
mal suceso». Lo mismo que para Briz Martínez, para Faria y
Souza lo que importa es el guarismo inicial: 300 no es ni par
ni imperfecto, porque su base es 3, y «el número impar es
perfecto, y multiplicado, poderoso» [19]. A los mismos ejemplos
de Briz Martínez, agrega Faria y Souza el de Rebeca y Jacob:
la madre, dice, «dos cabritos le pide, bastando uno para satis-
facer el apetito de Isaac; pero como era para ejecutar una
traición, fue menester aquel número, y así a un traidor, hombre de dos caras se llama ordinariamente». Ya en los comienzos de la prosa española, «eres de dos faces e de dos

---

[18] Manuel de Faria y Souza, *Noches claras divinas*... Tercera noche,
palestra II (pág. 147) y palestra III (págs. 165-175).

[19] Compárese: «The meaning of the 6 itself does not change by
reason of its decimal position»; «Ten and 1 are mystically the same, as
are also 100 and 1000...» (Hopper, págs. 10 y 44; otros ejemplos de esta
ambivalencia en pág. 103). Así debe entenderse a Alonso de Ledesma
cuando se dirige *Al Niño perdido*:

> Y confieso que sois uno,
> a cuyo número arrimo
> los ceros de omnipotencia
> que es un caudal infinito.

(Conceptos..., t. II, págs. 96-97, núm. 47): el todo está contenido dentro
de la Unidad, a la que es idéntico, sin que cuenten los ceros infinitos
que parecerían diferenciarlos. Este simbolismo explicaría quizá el enigmático verso de Juan Rufo, para quien las horas y su medida son
«sellos del número diez» (pág. 301).

lenguas», dice Calila a Dymna [20]: y aunque tres es aritméticamente más que dos, no se le dice a nadie que tiene tres caras, porque, según escribe don Juan Manuel, «el cuento de tres es el cuento cumplido» [21]. En nuestros días, Charles Platt,

---

[20] Pág. 33. Lo mismo dice el *Espéculo de los legos* invocando «el Eclesiástico a los veynte y ocho capítulos: Maldito sea el murmurador e de dos lenguas...» (cap. lix, pág. 295, y cap. xxv, pág. 117. La «lengua tercera» de págs. 117 y 360 ya no tiene valor ordinal, sino que es simple calificación de la alcahueta). La imagen se amplifica en el *Corbacho* (ed. Penna, pág. 102, II, 6): «Como la mujer es cara con dos fazes» (la expresión no es rara en el teatro primitivo: «los hombres de bien y amigos de amigos tienen la cara con dos haces», Lope de Rueda, *El Deleitoso*, ed. Moreno Villa, pág. 163; «ésta [la Fortuna] es cara con dos haces», *Autos...*, ed. Rouanet, t. I, pág. 281, y Cejador, *La Verdadera...*, t. III, pág. 147, núm. 1.727; también es así el mundo —en la farsa homónima de López de Yanguas—, según el ermitaño: «avísote, hermano, que tiene dos haces», ed. Cronan, *Teatro español del siglo XVI*, página 430). Vuelven por el buen nombre de las mujeres *Las Fuentes del Romancero general...*, t. VII, pág. 341: «triste la que en ellos fía, / que ha de salirle a la cara, / pues al que es más leal y firme / vemos que dos no le faltan...». Según Caballero Rubio, «de dos caras», que se dice metafóricamente, «de las telas estampadas por ambos lados», «también se dice de las personas zalameras y que se ponen del lado de los que hablan, aunque hayan dado también la razón al contrario sobre el mismo asunto» (págs. 458-459). De igual manera, el *Espéculo de los legos* propone una etimología popular —aunque supersapiente— basada en este valor de doblez que tiene el dos: «diablo es dicho de *dia* que quiere dezir dos, e *bolus* que quiere dezir sentençia, porque es de dos sentençias en sus palabras, segund paresce en lo que dixo a los primeros padres del umanal linaje, conviene saber que non morirían, e les dio fiuza de grand mentira» (pág. 435, cap. lxxxvii). El mismo valor peyorativo tiene a veces «doblado», como en este pasaje de Alonso de Ledesma: «que no fueran petos fuertes / si fueran petos doblados» (*Conceptos...*, t. I, pág. 157; les opone, en la nota 267, el «Corazón sencillo»), aunque el valor general de la voz es 'doble' (y así lo emplea, con harta malicia, Cervantes en *El Viejo celoso*).

[21] *BAE*, LI, pág. 353. Como lo dice el refrán recogido por Rodríguez Marín (*Todavía 10.700 refranes más...*, pág. 298), «Tres, número perfecto es». La sexta de las *Cartas filológicas* de Cascales versa «Sobre el número ternario» (ed. Justo García Soriano, t. I, págs. 112-129), pero es puramente acumulativa (las Gracias, etc.); el editor agrega entre las

tratando de las supersticiones populares, insiste sobre la naturaleza afortunada de los nones («lucky nature of the odd numbers» [22]), y cita en su apoyo a Virgilio y a Plinio (Lope habla, en *La juventud de San Isidro,* de la «felicidad del número de siete», y el arcángel San Miguel, protector de Granada, es para García Lorca «rey... de los números nones»). «Así —concluye Faria y Souza— que el daño se continúa en el binario y la mejoría empieza en el impar». Retengámoslo: el dos pierde su acritud cuando se trueca en tres, los *tres ánades* aparecen como más propicios que los *dos ánades*, que —dice quien lo canta— «mal penan a mí».

Petrus Bongus de Bérgamo, fuente común de Briz Martínez y de Faria y Souza, agrega a nuestros ejemplos uno más y bien significativo: antes del diluvio, el Señor ordena a Noé

Adiciones finales de ese tomo, pág. 193, «que recientemente don Pedro Contreras Carretero ha publicado un libro sobre la *Valía, excelencia y antigüedad del número tres.* Villanueva de la Serena, 1929. Un volumen en 4.º», libro que no he podido procurarme. Cascales también se ocupa del número ternario en el *Corolario* de la descripción del linaje de Saavedra, en el fol. 387 de sus *Discursos históricos de la... ciudad de Murcia...* (Murcia, por L. Berós, 1621). Véase en Pierre Aubry *(La Musicologie médiévale,* pág. 8) la aplicación musical de este prestigio: «la mesure ternaire est la seule mesure parfaite, comme étant l'image de la Sainte Trinité».

[22] Charles Platt, *Popular superstitions,* chapter III, «Numbers and dates», págs. 61-89, y en particular las 62 y 63. Afirmada en la égloga octava de Virgilio («numero Deus impari gaudet»), la superioridad de los nones, difundida además por el pitagorismo, repercute en las operaciones de la magia, y hasta de la música: «C'est de la même école [pythagoricienne] que provient [chez les théoriciens du Moyen Âge] la doctrine de la supériorité des nombres impairs sur les nombres pairs» (Théodore Gérold, *Les Pères de l'Eglise et la musique,* págs. 79-80 [y 81]). Sobre los ominosos pares, véase Hopper, pág. 40 (con ejemplos de Platón y Plutarco); y, sobre los nones y su utilización mágica, sus citas de págs. 101 (con una del acto V, escena 1, de *Las alegres comadres de Windsor)* y 212 (en la que habla la «aged nurse» de la *Faerie Queene* de Spenser); sobre el uso de los números impares en la magia, véase Tavenner, *passim* (cf. en su índice, *Odd numbers).*

que acoja en el arca siete parejas de cada uno de los animales puros, y tan solamente *dos* de los inmundos [23]. Siete, el gran número impar, se opone de nuevo al dos, número de lo nefasto y lo inferior [24].

¿Sabía Eguren todo esto? Es muy probable —casi diría seguro— que no lo supiera en lo que respecta a los textos antiguos; pero es indudable que lo sabía de manera intuitiva. Casi sin excepción, el dos es para él cifra de angustia o signo de lo inestable: dos reyes combaten desde la aurora hasta la noche, dos robles sollozan en medio de la paz y «la mágica luz del cielo santo»; las «dos señas» misteriosas (pág. 43) que provocan «dulce horror» y llenan de «peligro desolado las flores risueñas» y la «festiva noche», son ejemplo de la dualidad combativa del universo: Eguren nombra explícitamente

---

[23] P. Bongus, *Mysticae numerorum significationis liber...*, págs. 47-68, *De Binario.* El pasaje es poco claro en cuanto al número exacto de bestias inmundas (¿dos, o dos parejas?); mientras los puros son 7 y 7, las versiones antiguas del Génesis repiten o no el número binario: las traducciones latinas de la *Biblia polyglotta* de Walton (Londres, 1657), dan «duo, duo» o «bina, bina», pero también solamente «bina, masculum & foeminam». San Agustín explica que los animales impuros van en grupos de 2 como fáciles que son de separar, por la tendencia del guarismo al cisma (Hopper, pág. 81).

[24] Para Du Barthas el dos, primer descendiente del uno inicial, es signo maléfico (lo califica con el nombre adjetivado de un río infernal):

> Voy quel signe lethé denote le Binaire.
> Fils premier nay de l'vn, premier nombre, & le pere
> Des pairs effeminez.

> (*La Seconde sepmaine* de Guillaume de Salluste, seigneur Du Bartas..., pág. 617)

En cuanto a las notas, de Simon Goulart, no son menos terminantes: «...le deux estant principe de diuersité, d'inesgalité, de dissemblance, n'a aucun effet, comme les autres nombres. C'est le pere des nombres pairs, que le Poëte appelle *effeminez*, d'autant quils ne produisent rien, ains ce deux est la ruine de l'vnité. Car diuiser une chose c'est la destruire; comme Aristote en dispute exactement au 8. liu. de sa Methaphysique» *(id.*, pág. 625).

a «este mundo dual de fuerzas encontradas... este dos terrible
de amor y muerte» (pr., pág. 43) que se resumen en uno de
los últimos *Lieder:*

> Cava, panteonero,
> tumba para dos [25].

Lo sabe Eguren, como lo saben otros poetas contemporáneos: lo sabía Vallejo, que se bate contra «el atroz diptongo»
(«con cuántos doses, ay, estás tan solo»); lo sabe el poeta argentino Leopoldo Marechal que exhala su queja en un límpido
endecasílabo:

> con el número dos nace la pena.

La excepción, en Eguren, se lee en «La Lámpara de la
mente»: «Este dos de armonía — el número dos es un
amor...» (pr., pág. 182). Tal ambivalencia no es rara: en el
capítulo II, «De Binario», del libro XV del *Gregorianum* de
Garnier de Saint-Victor, se lee que el «binarius numerus
designat perfectos in charitate», seguido de la alabanza del 2
(cols. 439-441). No hay que sorprenderse: «Es una particula-
ridad de este simbolismo numérico que las explicaciones al-
ternen sin excluirse mutuamente, y que las contradicciones
puedan resolverse siempre refiriendo los elementos contradictorios a reglas distintas» [26]. La ambigüedad de los símbolos
numéricos no escapó a los comentadores antiguos:

---

[25] Pág. 167. «Panteonero. Guardián del cementerio, sepulturero»,
explica Gagini (2.ª ed., pág. 193). C. Solar desarrolla la locución «Curado
['borracho'] como panteonero» diciendo que «Se supone que el panteonero, por su ingrato oficio, debe embriagarse asiduamente para li-
brarse del recuerdo de los difuntos» («Las Siete lenguas del vino», en
Estudios dedicados a Rodolfo Oroz, pág. 464).
[26] Robert Pring-Mill, *El Microcosmos Lul·lià*, pág. 107. Dos importantes capítulos de esta obra se refieren a «L'estructuració numèrica del
cosmos en l'antiguitat» y a «La numerologia a l'edat mitjana».

Dudan pues luego aquí los expositores, por qué Dios no alabó la obra del segundo día, como la primera de la luz, diciendo que era buena. Responden algunos que por ser el número dos infame, siendo el primero que se aparta de la unidad: pero esta respuesta (dice Lyra) no cuadra, y principalmente porque en el Evangelio sagrado el número dos es significación de cosa Santa, diciendo San Gregorio sobre aquellas palabras de San Lucas, *Missit illos binos & binos ante faciem suam*, que significa la Caridad, la más excelente de las virtudes y forma de ellas. (Fr. Felipe Bernal, *Sentencia de Sancto Thomás en favor de la Inmaculada Concepción de la Virgen Madre de Dios*, fol. 201).

Un siglo antes que Fray Felipe Bernal (¿pero qué es un siglo en estas contiendas casi anteriores al tiempo?), Josse Clichtove consagra el segundo capítulo de su *De Mystica numerorum significatione opusculum*... (fol. 5) a la dualidad del dos, símbolo de la caridad (segundo mandamiento), del tiempo de la predicación de Cristo, el matrimonio y la Encarnación (Casiodoro), pero también imagen de las opuestas dualidades: justos e injustos, buenos y réprobos, lo que se toma y lo que se abandona (recuérdese el pasaje de Mateo, 24, 40-41 —damos la versión de J. M. Bover—: «Entonces serán dos en el campo: uno es tomado y uno abandonado; dos que molerán con la muela: una es tomada y otra abandonada»), antes de abordar, en el capítulo siguiente, las ondulantes relaciones del dos y el tres. La dualidad fundamental del dos no queda confinada en autores antiguos, sino que sigue viva en el espíritu del hombre: como Eguren, Hervé Bazin reconoce

la tendance naturelle à décomposer tout ce qui est binaire, à trouver en toute paire non l'association mais le duel, à faire de la vie une partie de main plate, au besoin droite contre gauche, soi contre soi. Hypocrisie des contraires, équilibre instable en forme de balance —dont on peut fausser le poids—, corbeau

et colombe, cynisme et candeur, agressivement bec à bec sur le
même perchoir...

Pero un centenar de páginas más adelante, la misma cifra
cambia de signo y la operación de remar a dúo se torna la
configuración de otra connivencia:

> Mais nous ne ramons pas en mesure, les tolets grincent en
> vain, nous n'avançons guère. «Une, deux», fait lentement la jeune
> fille. Voici enfin la cadence. «Une, deux», reprend-elle plus vite.
> Cette fois, l'avant du bateau se soulève et l'eau bruisse comme
> du linge froissé. Dites-moi pourquoi je suis content? Ce rythme
> commun, sans doute, en présage un autre. «Une, deux», continue
> Monique, en appuyant sur «deux» sans le vouloir.
>
> *(La Mort du petit cheval*, págs. 20 y 134)

Si el dos es el número del desequilibrio (para un equilibrio estable se necesitan por lo menos *tres* puntos de apoyo:
dos no bastan)[27], lo es también en el ámbito espiritual porque aparece allí como símbolo del *tú* (a más del parentesco
fonético y etimológico ya conocidos, recordemos que el tú es
la *segunda persona* del singular, el *dos* del pronombre: «con
tantos doses, ay, estás tan solo», «con el número dos nace la
pena»). Un ánade solo —un dos solitario— es para Ricardo
E. Molinari el símbolo de la queja en su *Oda a la pampa*:
«¡Y solo vuela el ánade en marzo!», «¡Y solo remonta el
ánade en marzo!». El *dos* es símbolo del amor, pero símbolo

---

[27] Los derivados de *dos* son raramente símbolos de calma y equilibrio: *dudar*, según Corominas, viene de *dubitare*, derivado de *dubius*
que a su vez lo es de *duo*, 'dos', por las dos alternativas que originan
la duda; y como en latín *dubius* «podía ya significar 'crítico, difícil, peli-
groso'... *dubitare* tomó en romance el significado de 'temer' ». Idéntico
sonido dan las voces y locuciones alemanas emparentadas con *zwei*
«dos»: *zweideutig* 'equívoco' (*zweideutiges Geschäft* 'negocio turbio'),
Zweifel 'duda', *Zweifelsucht* 'escepticismo', etc.

inestable [28], porque, como lo señala Paneth al analizar una escena de *Ana Karenina*, «los lazos afectivos tienden según los casos hacia el 1, o hacia el 3, pero se apartan siempre del 2». El amor, la pareja, tiende a la unidad (la final unidad absoluta de «la amada en el amado convertida») o a la realización del que perpetúa la unidad, la descendencia. En un plano aún más alto y absoluto, para Marsilio Ficino toda relación entre dos seres humanos es trina, porque incluye a Dios: «Ideo non duo quidem soli, sed tres necessario amico sunt semper, duo videlicet homines, unusque Deus» (lo cita L. J. Woodward, en su artículo «Fray Luis de León's *Oda a Salinas*», en el que recuerda, como ejemplo del equilibrio del tres frente al dos, la constitución conciliar de la Trinidad); y todo el libro ya citado de Hopper recoge testimonios de este crucial paso psicológico y teológico:

> The paramount doctrinal weakness of Christianity, as the Arian heresy testifies, was the duality of the Godhead. The acceptance of Philo's «logos», and its identification with the Son, was the first step toward a solution, but the addition of a third person, the Holy Ghost, provided indisputable evidence of Unity [29].

---

[28] Un ejemplo burlesco del carácter infausto del 2 en materia amorosa lo suministra Tirso en sus *Cigarrales de Toledo* (pág. 145): «No te cases con la que amas, / que es azar que quita el seso, / número de dos, y en hueso» (sale el «punto de ases» en los dados, y anuncia cuernos).

[29] Pág. 29, núm. 3; cf. 73, 83, 125 —cita de Skelton: «by that Lord that is one, two, and three»—, 165, etc. Véanse también las págs. 164, 182, 185, 192, 194, 195, sobre las relaciones del dual y la Trinidad en Dante; y págs. 60-61 y 147, sobre la composición de 3 por adición del 2 y del 1. Particularmente importante es este pasaje de pág. 41: «By virtue of the triad, unity and diversity of which it is composed [cita en nota 48 las *Enéadas*, V, 1, 8-9, y VI, 6, 4] are restored to harmony, 'because the man acting as a mediator links the other two into a single complete order' », citando en la nota 49 los *Elementos* de Proclo, L, 148.

Un eco de la doctrina de Marsilio Ficino parece pasar por la novela *Vipère au poing* de Hervé Bazin:

> Puissance du moi. La véritable puissance 1 de 1, contre la puissance 2 (l'amour) et la puissance 3 (Dieu défini par les trois directions de l'espace ou par ses trois personnes),
>
> (págs. 316-317)

y, más claramente aún, se lee en *La Saga/fuga de J. B.* de Torrente Ballester:

> ...El Amor es el único modo de vida posible entre dos personas que se pertenecen por entero y sin cautelas, robándose el uno al otro lo que por derecho y naturaleza pertenece a Dios. Y no se ría si lo menciono, porque Dios es siempre el tercero en todo amor, o los dioses, si lo prefiere [...]. Dios, o los Dioses que sumados hacen uno, son siempre el tercero en el Amor, porque, robándole los amantes lo que es suyo, queda en cada uno de nosotros como una llaga doliente, huella de algo que fue arrebatado, y por esas llagas es por donde los que se aman quieren unirse, siendo dios el uno para el otro, pero sin alcanzarse jamás.
>
> (pág. 109; cf. 506: «Cuando un hombre y una mujer cohabitan, Dios está entre ellos...»)

No sé si es posible continuar con la cita de Paneth, que inicia el párrafo que sigue a su análisis de *Ana Karenina* con las palabras: «Ignoro si estas consideraciones serán suficientes, si convencerán al lector...». En cuanto a mí, me parece muy significativo que los dos ánades de la canción antigua se conviertan a machamartillo, para quienes la cantan, en tres, de modo «que no cantarán las dos, si los queman, ni la cuarta»; y también me parece significativo que en la *Barcarola* de Eguren, en ese clima apacible y calmo donde triunfa «la espuma de Venus», dos ánades que no malpenan al poeta trasciendan en la unidad superior del ánsar celeste:

En tremante velo,
se hunden, al murmurio
del ánsar del cielo.

Se verifica en este poema el mismo movimiento espiritual
que señala Gabriel Germain al estudiar la mística de los números en la epopeya homérica [30]: si el dos aparece, «aparece
solamente para anunciar el tres», exactamente como ocurrió
con los dos ánades de la canción antigua, que sólo aparecieron
para anunciar «las tres ánades» que andan hasta hoy conver-
tidas en dicho popular. Es que, como dice —coincidiendo
con Marsilio Ficino— Bindel, «El 'par' debe tener, además de
sus dos elementos, un tercero que los liga el uno con el otro.
Podría decirse que el par no son dos, sino dos y el tercero,
más elevado, que hace del todo una unidad» [31]. ¿Y qué «tercero más elevado», en materia de dos, de patitos, que el «ánsar del cielo» que cierra y corona el poema?

Una composición como ésta, aparentemente simple, se
torna rica de sentidos y mensajes cuando pretendemos apre-
henderla más de cerca, y refleja, como un viejo cantar español, con la historia del dogma, la fundamental aspiración del

---

[30] Gabriel Germain, *La Mystique des nombres dans l'épopée homé-
rique et sa préhistoire*, pág. 7: los pocos ejemplos del empleo del 2 no
sirven «ni à définir des temps, ni à exprimer des actes rituels ou des
retours voulus de gestes ou d'actions; dans ce dernier cas, il n'apparaît que pour annoncer 3: deux fois... et la troisième». El dos es también, para muchos autores medievales, una cifra de pasaje: «Un auteur du XIIIᵉ siècle, dénommé Aristote, déclare également, presque
dans les mêmes termes [que Bernon, abbé de Reichenau, mort en
1048], que l'unité n'est pas un nombre, mais l'origine des nombres. Il
passe de là tout de suite au nombre *trois,* tandis que Bernon s'arrête
un instant au nombre *deux* qu'il considère comme le moyen par lequel
on arrive aux autres» (Gérold, *Les Pères...*, págs. 170-171). Para San
Isidoro de Sevilla —es decir, para toda la Edad Media— «el uno no es
número, sino semilla de número».

[31] Ernst Bindel, *Les Éléments spirituels des nombres*, pág. 216.

hombre hacia lo alto; gracias a un poeta, vemos que lo sencillo no es sino otra cara de lo difícil. Pero, como también sucede con todo poeta de verdad, estas como dificultades, solamente aparentes y no reales, son ante todo enriquecimiento de la realidad y fuente de conocimiento, aunque sean producto de la adivinación; y si llegan a ser dificultades, son luminosas, benditísimas dificultades.

AYALA Y SU CABEZA

...Yo he conocido un moro de Larache, que aquí se llamaba Pablo Torres, y ni el Diablo conocía el engaño.

Galdós, *Aita Tettauen*, pág. 15

Indiscutiblemente, efectivamente y fatalmente, lo primero que de un creador nos interesa es su creación. Pero en seguida (a veces a un tiempo, a veces hasta antes), otras curiosidades nos empujan a dilatar jubilosamente ese concepto de «creación», y buscamos y devoramos cartas, diarios íntimos y testimonios más o menos laterales que son, cada uno a su modo, innegables creaciones; y a fin de cuentas, sólo hay una diferencia de densidad, y no de esencia, entre la actitud de Gide, para quien la más importante de sus obras es su diario (escrito), y la de Wilde, que dijo haber puesto en sus obras su talento, y su genio solamente en su vida (transcurrida). Cada creador, siempre, se convierte por entero en creación, en materia apta para ser recreada y moldeada por la lectura o por una nueva creación que va del ensayo a la metafísica y de la biografía a lo novelero. Las fronteras se borran, así, entre los creadores con testimonio propio (Rousseau, Gide), y aquéllos que hacen del testimonio prácticamente toda su creación: Amiel, María Bashkirtseff («*et j'en sais d'autres*»).

Esto se trae a cuenta para ensayar más cabalmente el caso en que el creador une, a su costumbre de crear, la de juzgar lo creado por otros (no el caso de críticos, ensayistas y estetas tangencialmente creadores, sino el de los reales creadores que, además, son críticos, estetas o ensayistas), y ese caso más raro aún —raro por lo menos cuando se lo ejercita con tino— en que el creador sabe hablar de la creación en función de su propia obra. (Retiro, o casi, lo de «con tino»: más sabe el creador en su cazo que el crítico en lo ajeno, y el «tino» corre el riesgo de ser tan peligrosamente subjetivo en el lector como en el que escribe). *La Estructura narrativa*, ensayo reciente de Francisco Ayala, simplifica con felicidad estas dicotomías: podemos estar, a priori, seguros de que Ayala, creador en todo, nos hablará a un tiempo de la literatura y de sí mismo.

Efectivamente, indiscutiblemente (y fatalmente) así es. Ayala expone la «Peculiaridad de la obra de arte literaria» (pág. 7), que —a diferencia de la musical y la pictórica, cuya «materia prima... apela directamente a los sentidos y en sí misma nada significa» *(id.)*— se sirve de signos significantes, de palabras. Extrae de allí la «Futilidad de la poesía pura» (pág. 8), ya que «las fronteras entre el arte literario por excelencia (es decir, la poesía) y los demás usos del idioma, inclusive el que de él hacemos en la vida cotidiana, son fluidas e indecisas» (pág. 11); y que cuando se destruye ese idioma como elemento discursivo, «o se lo reduce a la entidad mínima de un juego pueril» (pág. 10) —las jitanjáforas—, o se logra que las palabras expresen lo absurdo, «readquiriendo por vía irónica el sentido trascendente de que se había querido despojarlas» (id.).

No seguiremos en todos sus meandros el pensamiento del autor, que es, conjunta o sucesivamente, siempre agudo y elegante; baste señalar que desde el empiezo este pensamiento

se va estructurando sobre sus propias experiencias testimo-
niales: «En la época de mi juventud prevalecía la tendencia...
a desnudar el poema de cualquier ingrediente ajeno a su propósito artístico, eliminando de él toda 'literatura'; y no es
casualidad que mi generación cumpliera la tarea de reivin-
dicar gloriosamente a Góngora» (pág. 9). No podría ser de
otro modo: para Ayala, «la obra literaria alude por necesidad
a un concreto acontecer en el tiempo, a la condición histórica
del hombre» (pág. 13), de donde se desprende que «en un sentido amplio... todo poetizar es autobiográfico, puesto que el
poema está construido con materiales de la experiencia de su
autor» (pág. 14), tomando esta «experiencia viva» en su significación más amplia, que engloba todo lo visto y oído y
padecido: «Por supuesto, la ficción literaria se nutre siempre
de la experiencia práctica —de alguna especie de experiencia,
siquiera sea soñada» (págs. 21-22). Además, con el transcurrir
del tiempo, las obras se desprenden «de la situación concreta
sobre la que debieron operar, y el contexto vital a que perte-
necieron es ahora para nosotros información complementaria» (pág. 16): hasta la vida misma del autor se nos torna,
si no creación, por lo menos filología, en beneficio de la «dimensión imaginaria» que hace funcionar, hoy, «como piezas
de ficción», textos que originariamente no lo fueron, y que
lleva hasta a «la ficcionalización del autor» (págs. 22-28), y aún
a considerar «El autor ficcionalizado, como sujeto de la experiencia literaria» (págs. 58-60). Las relaciones de «Autor y lector en el marco de la obra» (págs. 29-31) conducen a Ayala a
una concepción personal de «El lector ficcionalizado» (páginas 32-35), personal concepción que lo lleva, efectivamente,
fatalmente (y hasta discutiblemente) a indagar la «Posición
del lector dentro del texto» (págs. 35-40): a todos nosotros,
lectores indefensos, nos concierne la nota anexionista de página 33: «El lector a quien una novela o un poema se dirigen

pertenece a su estructura básica, no menos que el autor que le habla está también incluido dentro de su marco».

Como todo es Autor (él mismo, y su obra, e incluso el leedor fruto de ese incesto), no es raro, antes bien fatal, efectivo (¿e indiscutible?) que el Autor cubra y ampare con sus diversas sombras todo el ámbito de su ensayo, creación al fin: el «yo» real —¿hasta dónde?— de Ayala y el «yo» del prólogo de su novela *El rapto* se imbrican en la unión más o menos hipostática de esos dos «yoes» estudiada por Keith Ellis y citada por un super-yo que es el Ayala de páginas 26 y 27, el cual hasta puede declarar «ficcionalizado» a alguno de los otros. Tampoco es raro que Ayala socorra a Ayala suministrándole pruebas añosas para su canto: si hay que presentar un poema de Antonio Machado, «quizás resulte oportuno utilizar un análisis que hace años esbocé» (pág. 47); «el famoso soneto de Cervantes al túmulo de Felipe II en Sevilla» aparece tal como «fue objeto hace algunos años de un estudio por parte mía» (pág. 58); el paso de una anécdota de la *Miscelánea* de Zapata al *Quijote* se da como «hace años tuve oportunidad de estudiar en uno de mis escritos» (página 68), o la fuente de un relato del *Tratado* tercero del *Lazarillo* es la que «hace años apunté yo» (pág. 73). El «Ayala autor de *El Rapto*» se auxilia de nuevo con el «Ayala autor de *El Rapto* estudiado por *Gómez* Montoro» en página 62, y lleva su astuta ficcionalización hasta crear un «Ayala autor de *El Rapto* estudiado por *García* Montoro» en nota de esa misma página. Hasta cuando se cita sin nombrarse —«en el caso nada raro de que una invención literaria de fasto deba su inspiración a una noticia de periódico», dando como ejemplos *Madame Bovary, Bodas de Sangre* y *Le Malentendu* (página 61)— cualquier lector creado por Ayala puede restituir qué Ayala ayuda a Ayala sin necesidad de verificar, cuatro páginas más adelante, que «en relación con éste [el drama de

Camus] hube de sacar yo a colación el relato que Sarmiento hace de su viaje a España en 1846» (pág. 65).

El rico ensayo de todos estos Ayalas se cierra con lo que es quizá su más fructuoso postulado: el de «el cuento, como forma arcaica del poetizar» (págs. 66-69), y su corolario sobre las relaciones de «El cuento y la novela»:

> Quizá la diferencia de enfoques recién esbozada (enfoque sobre la situación o caso, o bien enfoque sobre la vida humana individual en cuanto proceso abierto hacia el futuro) pueda servirnos para intentar una distinción de principio entre el cuento y la novela, capaz de superar el criterio de la longitud del relato, demasiado mecánico y a todas luces insatisfactorio...
>
> (pág. 69)

El «origen de los cuentos» podría buscarse «en los relatos míticos... mientras que la novela derivaría de otro tipo de relatos primitivos», aquéllos que dan origen «a la epopeya». Y sobre todo es interesante observar «de qué manera queda alterada la índole del cuento cuando entra a funcionar dentro del campo de la novela»: el *Lazarillo* «nos presenta casi a la vista, como en un experimento de laboratorio, la transformación del cuento cuya esencial naturaleza se altera como material de novela» (pág. 70). El «Lázaro proverbial que era una figura plana de rasgos muy sumarios, pasa a constituir una semblanza de humanidad viviente al convertirse en episodios de su vida, experiencias únicas de un individuo concreto, aquellos cuentos conocidos como chascarrillos ingeniosos», cuentos que «ya no se nos presentan como estructuras autónomas, cerradas, cuyo sentido se agota en ellas mismas, ...sino desempeñando la función de peripecias dentro de un proceso vital» (pág. 72).

Estas formulaciones son ricas en consecuencias, y ya algunas extrae el propio Ayala. El lector ficcionalizado no puede dejar de recordar, empero —para algo nació de la conciencia de Ayala, partenogenéticamente (es decir, sin remordimientos)—, algunos precedentes afortunados. En el campo de lo musical (aunque su materia prima in-significante apele directamente a los sentidos), ya Adolfo Salazar estableció, hace algunos lustros, la oposición entre grandes y pequeñas formas, y formas largas y cortas: como en el caso del cuento y la novela, su diferencia es una diferencia de estructura, y no de simple dimensión. La relación entre mito y cuento ha llenado páginas y páginas de folkloristas, etnógrafos y mitólogos de todo el siglo XIX y buena parte del XX; y sin recordar un curso de Ricardo Rojas que conllevamos en 1936 ni la formulación de R. Koskimies, un año antes («...la épica en prosa, es decir, la novela»), un personaje de Eduardo L. Holmberg trazaba, hace unos cuantos carnavales, por lo menos la mitad de la filiación que Ayala nos ofrece, y también como recién esbozada: «La novela —me decía no ha mucho uno de mis amigos más espirituales— es la epopeya moderna en prosa» [1]. Y en cuanto al criterio total que Ayala propone, hace un buen cuarto de siglo que florece en una página de Borges: en los bosquejos de Hawthorne, dice el escritor argentino, se advierte algo grave para un novelista: «Se advierte que el estímulo de Hawthorne, que el punto de partida de Hawthorne eran, en general, situaciones. Situaciones, no caracteres. Primero Hawthorne imaginaba, acaso involuntariamente, una situación, y buscaba después caracteres que la encarnaran. No soy novelista, pero sospecho que ningún novelista ha procedido así...». Sigue el razonamiento de Borges, hasta la afirmación crucial: «Ese método puede producir, o permitir, admirables cuentos, porque en ellos, en razón de su brevedad, la trama es más visible que los actores, pero no admite nove-

[1] *La bolsa de huesos*, pág. 233 de sus *Cuentos fantásticos*.

las, donde la forma general (si la hay) sólo es visible al fin, y donde un solo personaje mal inventado puede contaminar de irrealidad a quienes lo acompañan»[2]. Y ya en 1928, a propósito de los cuentos por excelencia, los cuentos de hadas, Vladimir Propp hacía notar que en ellos, «de una manera general, los sentimientos y las intenciones de los personajes no tienen influencia alguna en el desarrollo de la acción»[3]. Y Eugenio de Ochoa, muerto hace un siglo y que era académico —dos distancias— ya escribía que

> La novela vive exclusivamente de caracteres y descripciones. ¡Cosa extraña! Es de todas las composiciones literarias la que menos necesidad tiene de acción; no puede, en verdad, prescindir de tener alguna; pero con poca, muy poca, le basta.

Y en el capítulo *La novela* de su *Mesa revuelta*, Eugenio de Ochoa repite que

> El principal objeto de la novela es la descripción de la vida íntima; sin afectos, sin descripciones, sin pormenores hábilmente sorprendidos, la novela pierde su carácter y se convierte en cuento. El primer novelista de los tiempos modernos me parece ser el autor de la *Comedia humana*, el gran Balzac, porque es el que ha pintado con mayor verdad y riqueza de colorido los accidentes íntimos de la vida real: sus personajes viven y nos son tan familiares como si los hubiésemos tratado; sus descripciones, que algunos tachan de demasiado prolijas y que a mí nunca me lo parecen, no tienen precio. Los argumentos de sus obras no pueden ser más sencillos: cualquiera de ellos cabe holgadamente en una cuartilla de papel[4].

---

[2] *Otras inquisiciones*, págs. 65-66. Cf. J. Alazraki *(La Prosa narrativa de Jorge Luis Borges*, pág. 82, nota 9): «El propio Borges ha distinguido, con claridad ejemplar, la diferencia esencial entre la novela y el cuento: mientras para la primera el punto de partida son los caracteres, para el segundo lo son las situaciones».

[3] Cito por la traducción de Claude Ligny, *Morphologie du conte*, página 124.

[4] *Miscelánea de literatura, viajes y novelas*, pág. 376. La primera

Y que esta diferencia es genética lo afirmaba, hace tres buenos cuartos de siglo, y contra la opinión de su reseñado, Robert Waller Deering al examinar una historia de la «novela» antigua de F. M. Warren, quien acaba aceptándolo:

> The story differs from the novel in quality, as Dr. Deering urges, and not in quantity, as I affirmed. It is because their literary ancestors belonged to different clans [5].

Y Chesterton proclamaba la misma diferencia, aunque a través de la retraducción sea difícil apreciarlo: «La novela policíaca debería seguir más el modelo del relato que el de la novela» [6]. Y empleando al revés la receta, un verdadero novelista policial nos garantiza su validez:

> J'ai besoin du «pas à pas», d'avancer lentement, par petites touches avec des retours, des remords, d'épouser avec les mots les plus simples les états d'esprit de mes personnages. Le conte, la nouvelle, demandent une histoire, des raccourcis, et enfin une idée, chose qui m'est devenue étrangère.

Y, parafraseando a Goethe, Simenon arropa todas sus reflexiones con el mismo chal de modestia, de un modelo que no parece gustar a todo escritor:

---

cita es un epígrafe de las *Costumbres populares de la sierra de Albarracín* de Manuel Polo y Peyrolón, pág. 239.

[5] La reseña de *A History of the Novel previous to the thirteenth century*..., de F. M. Warren (New York, H. Holt & Co., 1895), por Robert Waller Deering, apareció en *MLN*, 10 (1895), cols. 429-435; la respuesta, más bien palinódica, de Warren, se publicó en la misma revista, cols. 506-508 del mismo tomo. Transcribimos en el texto el párrafo final, donde la consideración de los «antepasados literarios» explica las diferencias entre ambos géneros. Basándose sobre principios diferentes —concentración, adelgazamiento del tema tratado— Porfirio Sánchez explica «How and why Emilia Pardo Bazán went from the novel to the short story».

[6] F. Hoveyda, pág. 81.

> Mais, encore une fois, cela a sans doute été fait, comme les petites idées, les embryons d'idées que j'émets dans ces cahiers ont dû être exposés maintes fois plus complètement et plus savamment [7].

El lector ficcionalizado —o sea, el lector que frecuenta con resolución las ficciones— recuerda algunas de Ayala que son excelentes (*El hechizado*, por ejemplo, es una novela ejemplar en los varios sentidos del término). Una de ellas hay —y se diría, por su autodeterminación, que es una ficción ficcionalizada— que quiere hacerse examinar de novela, aprovechando los nuevos enfoques de su autor que anteceden, y es *La Cabeza del cordero*. En la reedición que tengo a la mano, gracias a la generosidad de Roberto Yahni, ocupa apenas cuarenta y tres páginas: «¡Veintidós folios dicen que es novela!» exclamaría un lector cuantitativo, no licenciado aún de ficcionalización. Sin embargo, lo es, y no es cuento; y para probarlo, basta aplicar a esta creación de Ayala los criterios de «estructura narrativa» que otro de los Ayalas nos propone. Intentémoslo.

La materia narrada, «el argumento», como se decía cuando aún no había superestructuralismo, cabe, aún despaciosamente expuesta, en menos espacio que el de una novela de Balzac (y ya es mérito). Detalladamente, es esto: José Torres, el que habla en primera persona, llega a Fez y a la siguiente mañana recibe de unos presuntos parientes —exactamente, de un casi homónimo, Yusuf Torres— la invitación a ir a verlos. Sin nada mejor que hacer, sigue al guía. Yusuf Torres (jefe de familia, a pesar de su juventud) le informa del interés que un Torres natural de Almuñécar ha despertado en los Torres musulmanes, expulsados precisamente de esa localidad gra-

---

[7] Georges Simenon, *Quand j'étais vieux*, págs. 54 y 67-68.

nadina hace siglos. A pesar de la lejanía —y hasta de la imposibilidad— del parentesco, José Torres cree percibir que
en la fisonomía de Yusuf «algo nuestro se desvivía por ha-
blarme» (pág. 143), y esta impresión se fortalece al ver a la
madre de su huésped (ella también es una Torres), que la
refuerza aún más enseñándole el retrato de su bisabuelo, cuyo
parecido con el protagonista («hubiera podido pasar por un
retrato mío trazado ayer mismo») provoca en él «una curiosa
y repentina sensación de náusea» (pág. 151). Sin contestar a
las preguntas de la dama sobre los actuales Torres de Almuñécar, y alegando la hora, quiere marcharse. Lo invitan a
cenar esa noche, y acepta a condición de llevarse a Yusuf a
almorzar con él. Almuerzan, se habla de los tesoros que «todas las familias que vinieron pretenden haber dejado» en España (pág. 154), y José cuenta la historia de su abuelo materno, que encontró uno en circunstancias muy particulares
y murió asesinado. Del restaurante van a un café, donde José
narra otra historia de familia: la de su primo Gabrielillo,
muerto durante la guerra civil. Caminan por la ciudad y
Yusuf invita a José a visitar el cementerio moro, y entre las
tumbas señala la de «Torres el evadido», es decir, la tumba
donde yace su cuerpo decapitado, «pues la cabeza fue expuesta en un garfio, donde debía permanecer para escar-
miento durante un mes entero: las alimañas acabaron con
ella en menos tiempo» (pág. 160). En cambio, cuando José
le pregunta por el bisabuelo del retrato, Yusuf responde solamente «No está enterrado aquí». Regresan, y cenan en familia
un asado de cordero preparado con arroz: «En el centro de
la bandeja yacía, hendida por el medio, la cabeza del animal» (pág. 162). Comida poco apetitosa para el visitante:
llena de grasa fría, negruzca, lo que sobre todo le disgusta
es «la cabeza, allí en el centro de la fuente, con el hueco del
ojo vaciado y la risa de los descarnados dientes» (pág. 163).

La conversación gira, como es de suponer, sobre los parientes de José. Vuelto al hotel, tras un corto sueño, el protagonista sufre el asalto de todos los recuerdos que el interrogatorio de los Torres de Fez —la Torres de Fez, sobre todo— ha removido en él, unido a las náuseas que le produce la comida, concentradas en «la ridícula idea» de «que aquel peso insoportable, aquí, en el estómago, era nada menos que la cabeza del cordero, la cabeza, sí, con sus dientes blancos y el ojo vaciado». Sabe muy bien que «no se había tocado», que «allá se quedó, en medio de la fuente, entre pegotes de grasa fría»; y sin embargo le resulta obvia «la sensación de tener el estómago ocupado con su indomable volumen» (pág. 173). Las bascas, por fin, le traen el alivio esperado, duerme, y despierta «muy despejado. Con un despejo alegre, que me sostenía y me mostraba las cosas a una luz nueva» (pág. 175). Reflexiona sobre la mejor manera de organizar esa representación de una firma comercial que lo ha llevado a Marruecos, decide cambiar Fez por Marraquex, y lo pone en práctica inmediatamente, solucionando todo —pasaje, maleta, reducción a dólares de sus gastos de la víspera— con su serenidad acostumbrada. Al salir del ómnibus, cree reconocer al criado de sus parientes que lo llevó del hotel a la casa y lo condujo de vuelta al hotel: «Tuve un sobresalto y (¡qué tontería!) miré para otro lado» (pág. 177). El ómnibus parte.

Como peripecias, como situación, puede verse que hay pocas. Lo que interesa, en cambio, es la cantidad de «episodios de su vida» que lo narrado contiene para el personaje. En la síntesis que precede hemos escamoteado adrede el insistir sobre todos aquellos sucesos que «ya no se nos presentan como estructuras autónomas, cerradas, cuyo sentido se agota en ellas mismas... sino desempeñando la función de peripecias dentro de un proceso vital». José Torres se encuentra en Fez con una «familia» insospechada, que quiere saber de sus «parientes» españoles a través de él, y toda la primera parte del relato gira en torno a su resistencia a responder, como toda la segunda parte girará en torno a las razones de esa resistencia opuesta a «algo nuestro» que «se desvivía» por hablarle. Después de ver el medallón del abuelo (después de verse a sí mismo en su familia) siente las primeras náuseas del texto, que después contagiará al lector, y decide marcharse, aceptando sin embargo una invitación formulada con «extremos de finura por cuyos sutiles vericuetos yo no hubiera podido seguirla, ni siquiera [subrayamos] *en el supuesto de haber tenido la flema de que por el momento carecía*» (páginas 152-153).

La primera mención de los suyos aparece solamente al final de la séptima página del relato (ya van corriendo tres desde el encuentro con Yusuf); y después de haber deslizado, al promediar esa séptima página, y precisamente a propósito de la posibilidad de parentesco con los Torres de Fez, que «a nadie le gustaba hurgar en el pasado de la familia», surge la imagen de su tío Jesús, interesado por el pasado familiar. Sólo en la página siguiente sabremos que el tío Jesús está muerto; y pasará otra antes de que reaparezca unido, con su hermano Manuel, al recuerdo de la guerra civil. Tres páginas más adelante, la fisonomía de la madre de Yusuf despierta en José, de manera «harto desagradable», el recuerdo de su tío Manolo, «a quien tantos años hacía que no había visto, ni maldita la gana, pues me separaban de él, no sólo el océano, sino también mares de sangre» (págs. 146-147). Dos páginas más, y sabremos que la muerte del tío Jesús se debió a su «violencia inocentona, y un poco también a su obstinación si así se quiere llamarla... durante los turbios días de la guerra civil» (pág. 148). Todo esto unido a no entender la solicitación —y la madre de Yusuf tiene que repetírsela— «que si no quería yo contarles acerca de mi familia en España, para que nos fuésemos conociendo bien unos a otros» (pág. 149). Otra distracción precede la misma pregunta: «¿Me dirás cuál ha sido la suerte de los Torres allá?» (pág. 151); y pregunta y retrato le hacen representarse «—como en seguida me lo representé— al tío Jesús muerto, con un tiro en la nuca, junto a otros muchos cadáveres en el suelo cual mercadería de feria, ante una multitud de gentes angustiadas que se afanaban por identificar en la hilera a algún familiar desaparecido, y de curiosos, los curiosos de costumbre, haciendo observaciones macabras, chistosas muchas veces, otras feroces, repulsivas siempre». La imagen de «la imborrable escena» le estropea «el humor espléndido con que yo había comenzado el día. ¡Dios me valga: que qué había sido de nosotros!» (pág. 152). Pero de todas formas, la pregunta queda sin otra respuesta que levantarse para partir.

Viene luego —ahora expuesta en alta voz— la imagen de su abuelo materno, a quien no conoció, y que comienza folklóricamente con una conjunción de oro y freza[8], y acaba —diremos que también folklóricamente— con un asesinato misterioso:

> Era un hombre raro, este abuelo mío —proseguí—. Vivía separado de su mujer, mi abuela, y de sus hijas, en un caserón destartalado. Y poco después de su afortunado hallazgo, amaneció asesinado en la cama una mañana, sin que se llegara a saber nunca a quién echar la culpa. ¡Probablemente, sus propios criados!; pero nada se puso en claro. Y del oro mismo, ni rastros. Una vez más se pudo ver ahí que la riqueza no siempre trae felicidad.
>
> (pág. 155)

---

[8] Sobre la vinculación general del oro y los excrementos, harto estudiada en psicología y en el folklore —como ejemplos literarios, baste recordar el *Tripes d'or* de Crommelynck—, el tema mismo del tesoro encontrado en un muro al mover el vientre es un tema tradicional que figura ya en las *Noches* de Straparola (XIII, xiii, t. II, pág. 396 de la ed. francesa citada).

Sigue casi inmediatamente el recuerdo del primo Gabriel Torres, hijo del tío Manuel y ya evocado in mente por su parecido con Yusuf y su hermana (hijos de una Torres que también recuerda, y de manera «harto desagradable», a su tío Manolo); y tras la evocación mental de su actitud —«recuerdo cómo me admiraba»— y de un pecadillo suyo sin importancia (aunque estamos viendo que todo lo que carece de importancia puede cobrarla de un momento a otro), viene el relato a Yusuf de su muerte y de las terribles circunstancias que la precedieron: «la obcecación insensata de su padre lo perdió: ...¡Ay, cuántos daños no ocasiona en el mundo el hablar demasiado!» (págs. 156-157).

José Torres, felizmente —salvo su confesión novelística, y ya se sabe que los espectadores ficcionalizados son gente de entre casa—, puede considerarse a salvo de tales daños: todo lo que los parientes de Fez le sacan sobre los de Almuñécar cabe en la segunda mitad de la página 164. El insomnio, en cambio, abre muchas más puertas, y le rememora «el cuadro espantoso de mi tío muerto, allí tirado en aquel desmonte, junto a otras muchas víctimas, para que la chusma se solazara en hacer comentarios, y hasta en darle con el pie. Y yo, ahí delante, fingiendo indiferencia, como un curioso más...»[9]. La misma página 169 trae de nuevo —y es la primera vez que se deslizan más precisiones— la imagen «de mi tío asesinado, y yo parado ante su cadáver, disimulando conocerlo». La conducta de José Torres «fue razonable»:

> ¿De qué le hubiera servido a mi pobre tío Jesús, una vez muerto, que yo me señalara reconociéndolo, haciendo gestiones para recoger el cuerpo y enterrarlo? De nada le hubiera servido

---

[9] Sobre el resorte psicológico del gesto, y su antigüedad, véase: «...la degradante cobardía de los que pisotean el cadáver del favorito de Tiberio para que no les acusen de haber sido amigos suyos...» (Galdós, *La Revolución de julio*, pág. 40).

a él, y en cambio a mí hubiera podido comprometerme. No digamos nada si, dejándome llevar de los impulsos que ya casi me ciegan, a aquel sujeto inmundo que, al lado mío, se aplicaba por chiste a hurgarle la barba con la punta del zapato, le caigo encima y... Mas ¿para qué? En semejantes circunstancias, la menor imprudencia bastaba.

(pág. 170).

La imagen de página 151 se nos presenta aquí vista por el otro lado, y con detalles cuya correspondencia, hábilmente deslizada, sólo se hace perceptible en la relectura atenta: el tío Jesús, como el antepasado del medallón, no está enterrado con los demás de la familia. Tras ésta, todas las demás imágenes se precipitan: el tío «dio lugar con cualquier majadería a que lo detuvieran, y, ¡eso sí!, entonces va y se acuerda de mí para mandarme recado»: ¿qué podía hacer él? nada, y que encima insinuaran luego sus primos «si acaso yo mismo no lo había denunciado para que lo liquidaran» (pág. 170). Se enliga, con ésta, la historia de la Compañía: «y todavía me da risa acordarme del inglés, la cara que ponía, con unos ojos como huevos, al verme... con carnet sindical en el bolsillo y pistola al cinto, mandoneando a mi gusto, y hablándole con insolencia delante de los demás» (pág. 171). Luego, gracias a «los equilibrios que tuve que hacer» y a que «no todos podían presentar, como yo, un tío carnal —¡pobre tío Jesús!— asesinado por las hordas rojas», el balance es positivísimo, a pesar de lo que le «amargó las horas del triunfo»: «el ver cómo cogían uno tras otro a varios de los empleados de la casa —los pocos que no habían huido carrera adelante— para ponerlos contra el paredón» (prevenirlos «hubiese resultado imprudente»). «A mí —puede concluir José Torres— la conciencia nada tiene que reprocharme a la luz de la razón» (pág. 172). Y tras un último pensamiento para el tío Manuel («Mucho tuvo que sufrir el infeliz, no sólo por los malos tratos de la cárcel, donde lo tuvieron más de dos años, sino también por la muerte del niño y, sobre todo, por las ignominias que entre tanto padecieron sus hijas. Puede ser que ahora le vaya bien en América —pensaba yo—. Les había perdido el rastro por completo; quizás les fuera bien» viene la liberación: «La cabeza del cordero me pesaba ya insoportablemente; me arañaba con sus dientes las paredes del estómago, y me producía náuseas. Me tiré de la cama, y me fui de prisa para el cuarto de baño...» (pág. 175).

La sensación (moral y material) de náuseas que produce este relato, y lo fija en el recuerdo, está unida, de seguro, en su protagonista —y ya vimos que protagonista, lector y autor son tres personas distintas de una misma ficcionalización— a esa cabeza de cordero que va a la cabeza de lo narrado y que vuelve (¡y cómo!) a lo largo de la obra. La primera alerta suena en la página 159: «Y a la postre, mi acompañante sugirió lo que menos hubiera podido esperarme: que fuésemos a visitar el cementerio moro. 'Carnero', me pareció que le llamaba al cementerio». Para un oído español, las resonancias de esta voz pueden resultar menos familiares que para uno rioplatense, habituado al modismo «cantar pa'l carnero» 'morirse'. La voz, sin embargo, no aparece en el léxico oficial tachada de arcaísmo, y es frecuente en algunos clásicos [10]. Y

---

[10] Salas Barbadillo, por ejemplo, la aplica con aplicación: «Su muerte fue en un hospital, y su sepulcro en un carnero» (*El curioso y sabio Alejandro*, pág. 5); «carnero de los muertos» (*Don Diego de Noche*, fols. 163 y 165; en fol. 164, «carnero de aquel cimenterio», locuciones que tratan de evitar el equívoco, como lo provoca, en cambio, como en Ayala, la *Novela del caballero invisible*: «sirviéronles... carnero de enterrar», en la *Flor de sainetes*, fols. 71 vº-72). También en el *Don Diego de Noche* el vocablo sirve para otro previsible juego de palabras: «en un carnero te hallaron de cuerpos muertos, nombre que te debió tu marido cuando era cuerpo vivo» (id., «*Epístola sexta. A una hechicera que la prendieron en un carnero de cuerpos muertos cercada de candelillas*», fols. 49 vº-50). Dámaso Alonso emplea «carnero» en su *De Pro-*

en ese carnero reposa un ajusticiado sin cabeza —como no hay allí cabeza de carnero, estará en otra parte, del lado del insomnio—, mientras que el «que tanto se parece a mí, el del retrato» (pág. 161) no tiene tumba, por lo menos ahí. Nunca hay una referencia precisa (el lector creado por Ayala sabe que a éste le resultaría una astucia desprestigiadoramente fácil) a la semejanza de la cabeza de un cordero, o carnero, ya despellejada, con una cabeza humana, pero abundan las referencias tangenciales que amagan señalarlo: quizás «la cabeza ladeada y el ojo inmóvil» de la tía de Fez (pág. 165), más seguramente «la mueca de mi tío Jesús, asesinado junto a unos desmontes» (pág. 173), preparando la obsesión gástrica de la cabeza, no obstante saberla intacta sobre la bandeja: en todo el relato hay apenas puntada sin nudo, para el lector debidamente ficcionalizado, y hasta la trágica historia de Gabrielillo no huele a intermedio gratuito sino que aporta su terrible moraleja negativa: el castigo de los prisioneros, en la cárcel donde él estaba, «no iba a cesar hasta que el culpable se declarara. Pero el culpable seguía sin rechistar», y un sorteo decide que Gabriel sea quien se delate. El relato opone sabiamente varias historias de crímenes castigados o impunes: un Torres *(el evadido)* muere decapitado, por delitos políticos o eróticos; otro —el abuelo materno— es asesinado sin «que el culpable se declarase»; otro Torres, Gabrielillo, muere —seguramente siendo inocente— porque «el culpable seguía

---

fundis, pero que la voz era poco corriente en España ya en el siglo pasado lo demuestra el que Saldoni *(Efemérides...)* la explique dos veces: «cada sepultura que había, y que se hallaban en el pavimento de algunas capillas colaterales de aquel grandioso templo [Montserrat], podía contener treinta o más cadáveres, y que por eso se les denominaba a mediados del siglo pasado, y probablemente mucho antes, *carneros*» (t. II, pág. 412); «en el siglo XVII llamaban *carnero* a las sepulturas, sin duda porque en ellas podían depositarse treinta o más cadáveres, como ya hemos dicho en otra parte» *(id.,* pág. 467).

sin rechistar»; el tío Jesús es «asesinado» de un tiro en la
nuca, en la separación de la cabeza y el cuerpo. En la historia
que les sirve de marco no hay ni sorteo, ni justicia exterior,
y la acusación incumbe a la cabeza de carnero cuyas consecuencias digestivas (o no digestivas) son sólo el subproducto
de un propio enjuiciamiento.

La ficcionalización tiene también sus ventajas: al comer-
ciar con su lector, Ayala no ha podido menos que hacerle un
leve signo de complicidad y susurrarle al oído: «Mire usted
la *Revista de Filología Española*, año 1942». El lector se ha
precipitado a los anaqueles y ha dado con el artículo de
Guillermo Guastavino Gallent, «La Leyenda de la cabeza», en
las páginas 42-79 (este lector pretenderá luego, naturalmente,
que conocía desde hace años la contribución de Olavarría y
Huarte, pero nadie lo creerá). En esta historia de la cabeza
del asesinado que acusa al criminal, un individuo da muerte
a otro, le corta la cabeza (la entierra a veces por separado, y
no con el resto del cuerpo), y huye sin ser descubierto. Años
después, de regreso al lugar del crimen, compra una cabeza
(de becerra, de carnero, de ternera; en otras versiones se
trata de otras vituallas, o hasta de una cabeza de metal),
que chorrea sangre: al desenvolverla para mostrar a las autoridades lo que lleva, se encuentra con que es la cabeza de su
víctima, y recibe el debido castigo; una vez ejecutado, la
cabeza vuelve a su estado primero. Guastavino Gallent da de
este relato una docena de versiones, índice de su difusión:
las dos primeras y la última son norafricanas, como el relato
de Ayala (de Larache, Tetuán y Marruecos: la última es una
versión burlesca, y en las dos primeras el objeto vengador es
un racimo de uvas de una vid nacida sobre la tumba de la
víctima); Zorrilla versificó dos veces esta historia, que una
tradición localiza en Madrid, en «La calle de la cabeza» (versión homónima de Manuel del Palacio, en sus *Veladas de oto-*

ño [11]; versión de Capmany y Montpalau en su *Origen histórico y etimológico de las calles de Madrid* —con referencia
a otros escritos geográficos—, y versión de Olavarría y Huarte en *El folklore madrileño);* Francisco Vidal y Micó la inserta
en su *Vida de San Vicente Ferrer* (1735) como un milagro del
santo; y la aluden además Miguel Preciado *(Un fratricida,*
1853), y Costa y Llobera *(Tradiciones y fantasías,* ¿1903?):
hasta aquí Guastavino Gallent. La localización madrileña, que
se adscribe al reinado de Felipe III, tiene visos de ser bastante reciente: por la época en que Vidal y Micó atribuye
el milagroso suceso a San Vicente Ferrer, el P. Juan Laguna,
en sus *Casos raros de vicios y virtudes* (s. f., con aprobaciones
de 1741 y 1745) lo relata en págs. 155-157 como acaecido a «un
mancebo pobre» de Alemania, que mata a un mercader en un
camino para robarlo y casarse con la hija de su patrón. Con
el tiempo, prospera y llega a pertenecer al Senado de la
República, al que debe asistir un día para pronunciar

> sentencia de muerte contra un ladrón homicida, salteador de
> caminos. Habiendo oído misa primero, le dijo a su Esposa, que
> le dispusiese alguna cosa que comer antes de ir al Senado. La
> mujer por complacer a su marido, le dispuso y aderezó una
> cabeza de un becerrillo.

El hombre «vio en el plato la cabeza de un hombre muerto», se levantó, fue al tribunal, y dio sentencia de muerte
contra el reo y contra sí mismo, confesando públicamente su
crimen, con lo que los ajusticiaron a los dos. El P. Laguna
da una fuente que no he logrado localizar, y su relato, en su
simplicidad, se parece más que los otros al de Ayala. Más
datos aportan los *Cuentos populares españoles* de Aurelio
M. Espinosa, como ilustración a los números 82 *(La cabeza*

---

[11] María Rosa Lida cita estas dos versiones homónimas en su estudio sobre el cuento popular, pág. 36.

de la muerta) y 83 *(El aparecido:* es aquí un corto episodio de
una narración más amplia), recogidos, respectivamente, en
Ávila y en Granada, patria esta última de Ayala y de José
Torres (no sé si de algún lector de confianza, además). La
difusión del cuento popular es extraordinaria [12] y las notas
de Espinosa que la ponen en evidencia lo relacionan, y no
sin razón, con el tema general del acusador irracional cuya
forma clásica es la de las grullas de Íbico, estudiada hasta la
saciedad; y a pesar de la persistente localización madrileña
—es raro que ni Guastavino Gallent ni Espinosa recuerden
el pasaje similar de *El Grande Oriente* de Galdós, netamente
inspirado de Capmany— resulta significativo que las versiones
folklóricas recogidas en España insistan en que el criminal
pagará sus culpas en ciudades andaluzas: en Sevilla, en el número 82 de Espinosa (recogido, como dijimos, en Ávila), y en
Granada en la que publica su hijo [13]. Esta circunstancia, y el
número bastante crecido de versiones africanas —Espinosa
padre conoce casi una docena— quizás expliquen la doble
localización del relato de Ayala en Fez y en Almuñécar, cerca
de Granada.

Quizás estas aproximaciones temáticas parezcan tan ficti-
cias como la ficcionalización del lector: en la narración de
Ayala el elemento maravilloso brilla por su ausencia, no sabemos expresamente que el protagonista haya cometido con
sus propias manos crimen alguno —y seguramente no lo co-
metió con su mano: sólo el valiente mata con una espada,
dice el poeta de Reading—, y ni siquiera hay en el relato

---

[12] Cito por la 2.ª ed. de los *Cuentos* de Espinosa; textos en I: 144-
150; notas en II: 326-332. La versión nuevomejicana recogida por Rael,
entonces inédita, pero que Espinosa utiliza en sus notas, ha sido publicada bajo el núm. 354 en el t. II de sus *Cuentos...*, págs. 419-421.

[13] *Cuentos populares de Castilla*, pág. 77, núm. 32, «La cabeza del
muerto».

rastros de asesinato aparentes. Sí los hay (y todo el relato es una confesión promovida por la cabeza del cordero), pero los elementos tradicionales están astutamente decapitados y esparcidos por la narración, como los restos del cuerpo de Absyrtus. El detalle capital —que es naturalmente la ablación— lo desplaza Ayala al «carnero» mismo, a la tumba de Torres *el evadido;* el resto se alberga en la historia del abuelo materno. Compárese el texto de Ayala, ya citado, con la versión de Galdós:

> ...Vivía por aquellos barrios un cura medianamente rico. Su criado, por robarle, le asesinó, cortándole ferozmente la cabeza, y con todo el dinero que pudo robarle huyó a Portugal. No fue posible descubrir al autor del crimen...
>
> (págs. 214-215)

Galdós excluye el detalle preciso que suministra su fuente: «se llegó *a su lecho*, y con una enorme navaja le degolló, separándole la cabeza del cuerpo» (Capmany, citado por Guastavino Gallent). Salvo ese solo detalle, que Galdós omite, y los que Ayala escamotea por razones estilísticas, el resto se superpone exactamente: soledad de la víctima (por celibato profesional o por vivir «separado de su mujer... y de sus hijas»); asesinato en la cama por un agresor desconocido, «probablemente sus propios criados», y por idénticos móviles.

Una vez aprehendidos los trasfondos del relato de Ayala, se comprende perfectamente la sensación de opresión, de oprobio casi, que deja su lectura. Y aparecen como efectivos, indiscutibles y fatales los enormes cambios que la materia narrada experimenta al cambiar de género narrativo: en el cuento tradicional la acción es todo, los personajes sólo existen en función de ella, y carecen de toda identidad y entidad; no sabemos en qué piensan, y ni siquiera si piensan o no:

un cura, un criado, un alguacil —los tres con artículo indefi-
nido, indeterminado o genérico— bastan para llevar a cabo
la acción, que es cuanto interesa. En *La cabeza del cordero*
la acción no existe casi: un señor llega a Fez, visita a una
familia que lo considera como pariente, y parte al otro día.
Así esquematizado, no hay ni cuento ni novela, y esta última
sólo existe cuando «un señor» es alguien llamado José Torres,
con la vida propia suficiente para que en su interior se des-
arrolle todo el conflicto: si el alguacil puede suponerse es-
parcido entre Yusuf, su madre, su hermana que mira cuando
no la miran y su misterioso criado o jardinero, todos ellos
reciben de José Torres su investidura, y como testigos nada
pueden decir de la verdadera acción: salvo misteriosos atisbos casi no esbozados, José Torres es sólo para ellos un via-
jero con algunas reticencias explicables y distracciones que es
posible excusar. La sangrienta trayectoria de la cabeza dela-
tora corre por dentro del protagonista, obligado a una purificación ritual intestina que siempre estará lejos de cancelar
«la imborrable escena», porque ningún «movimiento de las
entrañas» logrará jamás hacerlo «escapar de mí mismo, huir
de mi figura y encarnación» (pág. 151). Tan plenamente trans-
figurado aparecerá el personaje de novela que es José Torres,
que hasta podrá añorar, al comenzar su insomnio, el reducir
su experiencia a cuento puro: «En un momento lo vivido
por mí —por mí y por ellos, por esta buena gente— a lo
largo de la anterior jornada, un día entero de nuestras exis-
tencias, se había reducido a la fútil materia de una anécdota»
(pág. 167).

De este periplo se desprende la perfecta unidad del pensamiento de Ayala con su cabeza (la del cuento, se entiende),
y de cómo *La Estructura narrativa* ha sabido profetizar con
el pasado —lo que es, para la mayoría de los mortales, la
más segura profecía—. En un relato desagradablemente ad-

mirable, ha sabido poner admirablemente por obra sus muy admirables y agradables teorías sobre la novela, el cuento, sus funciones, la función del autor, la función un poquillo más tácita de sus antecedentes, y hasta diríamos, si no fuera vanidad excesiva, la función de la perfecta ficcionalización pasiva del lector.

ÍNDICE ONOMÁSTICO Y BIBLIOGRÁFICO

surnaturel attribué à la puissance royale particulièrement en
France et en Angleterre (Strasbourg, Impr. Alsacienne, 1924;
Publ. de la Fac. des Lettres de
Strasbourg, fasc. 19), 249 n. 13.
Bloch (O.) y W. von Wartburg.
*Dictionnaire étymologique de la
langue française* (Paris, 1932;
2.ª edic., 1950), 97.
Bocados de oro (en: Knust (Her-
mann), *Dos obras didácticas y
dos leyendas...*, Madrid, Socie-
dad de Bibliófilos Españoles,
1878), 47, 306 n. 23.
Boccaccio (Giovanni), 12, 226 n.
34, 397, 397 n. 2 y 3, 398, 398
n. 4, 399, 400, 401, 402, 405, 406.
Boesset (Antoine), 274 n. 20.
Boggs (Ralph Steele). *Index of
Spanish folktales* (Helsinki, 1930;
FFC, 90), 121, 122.
— V. *Tentative Dictionary*.
Boileau, 254, 254 n. 19.
Boldini, 480.
Bolte (Johannes), 329 n. 10.
— Ed. Frey (Jakob).
— Ed. Köhler (Reinhold).
— Ed. Montanus (Martin).
Bond (Frank M.). V. Adams (Ni-
cholson B.).
Bongus (Petrus). *Mysticae nume-
rorum significationis liber...*
(Bergomi, typis C. Venturae &
Socij, 1525), 491-492, 491 n. 16,
496-497, 497 n. 23.
Bonilla y San Martín (Adolfo),
87.
— Ed. *El Baladro del sabio Mer-
lín*.
— Ed. Cervantes.
— Ed. *La Demanda del sancto
Grial...*
— Ed. *La Tía fingida*.

Borges (Jorge Luis), 40 n. 54, 189-
190, 191, 473, 483.
— *Otras inquisiciones* (Buenos
Aires, Sur, 1952), 510, 511, 511
n. 2.
— *El Tamaño de mi esperanza*
(Buenos Aires, Proa, 1926), 191
n. 4.
Borges (Jorge Luis) y Adolfo
Bioy Casares, ed. *Poesía gau-
chesca*.
— *Seis problemas para Don Isi-
dro Parodi* (Buenos Aires, Sur
[colofón: 1942]), 332-333, 333
n. 20.
Boscán, 188, 191 n. 4, 389.
Bosco (Eduardo Jorge). *Obras*
(Buenos Aires, Losada, 1952, 2
vols.), 34-35 n. 51, 191, 191 n. 4,
455 n. 24.
Boussagol (G.). «Sources et com-
position du *Zumalacárregui* de
B. Pérez Galdós» (en: *BHi*, 26
[1924], 241-264), 337 n. 1.
Bousson de Mairet (Emm.), 206
n. 9.
Bottari (Mons. Giovanni), ed. Do-
menico Cavalca.
Bottero (Giovanni), 19.
Botticelli, 480, 481 n. 4.
Bourbon (Étienne de). V. Étienne
de Bourbon.
Bover (José María), S. J. *Nuevo
Testamento*, versión directa del
original griego... (Madrid, B. A.
C. de la Ed. Católica, 1955), 499.
Braga (Théophilo), 23 n. 28.
— *Cancioneiro e romanceiro geral
portuguez* (Porto, Typ. Lusita-
na, 1867, 3 vols.), 33 n. 50.
Brahms, 212 n. 21.
The Bramble Briar, 400, 401, 402.
Brand (John). *Observations on
the popular antiquities of Great*

[1913]; debe haber tiradas anteriores: ya diez años antes, en la *RHi*, 10 [1903], 318, se la llama «cette malpropreté»), 150.
— Ed. J. Cejador y Frauca (3.ª ed., Madrid, La Lectura, 1941, 2 vols.; Clás. Castellanos, 20 y 23 [1.ª ed., 1913]), 80 n. 4, 150-151, 151 n. 2, 153 n. 5, 252, 252 n. 17.
— Ed. M. de Riquer (Barcelona, Vergara, 1959), 151.
— Ed. bilingüe de P. Heugas (Paris, Aubier, 1963), 167.
— Trad. anón. (Paris, G. Du Pré, 1527; id. en reed. de Paris, pour J. de sainct Denys, 1529), 162.
— — (Reed. crít. de G. J. Brault. Detroit, Wayne State University Press, 1963), 166.
— Trad. Jacques de Lavardin (Paris, pour G. Robinot, 1578; id., reed. de Paris, par N. Bonfons [s. f.]; id., reed. de Rouen, chez Th. Reinsart, 1598), 162-163.
— Trad. anón. (Rouen, C. Osmont, 1633; otros ejemplares llevan segunda portada con la fecha «1634» —a veces falta una de las dos, lo que crea por lo menos una edición fantasma—; y también: «Pamplona, por C. Labayen, 1633»), 163.
— Trad. A. Germond de Lavigne (Paris, C. Gosselin, 1841), 152, 153, 153 n. 5, 163.
— — 1863. Paris, A. Lemerre (Nouvelle coll. Jannet-Picard), 153 n. 5.
— — [1883]. Paris, P. C. Marpon & E. Flammarion, 153 n. 5.
— — 1922. Paris, NRF [«revue et corrigée»], 153 n. 5.
— — 1942. Paris, F. Sorlot (Les

Maîtres étrangers, n.º 39), 153 n. 5.
— — 1949-1950. Paris, Les Bibliophiles de France, 2 vols., 153 n. 5.
— — [c. 1961]. Lausanne, Rencontre (Sommets de la litt. espagnole, I), 153 n. 5.
— Éd. part. d'Ernest Martinenche (Paris, La Renaissance du livre [1920]), 153 n. 5.
— — 1946. Paris, M. Daubin, 153 n. 5.
— Trad. René-Louis Doyon (Paris, Club français du livre, 1952), 153 n. 5.
— Adaptation de F. Fleuret et R. Allard (Paris, Éditions du Trianon, 1929; Le Bocage des plaisirs, 3), 153 n. 5.
— Adaptation complète de Paul Achard (Paris, Les Éditions de la Nouvelle France, 1942), 153 n. 5.
— Adapt. de Paul Achard (Paris, O. Lieutier [1943]), 153 n. 5.
— Adapt. de Georges Brousse (Paris, Denoël [1961]), 153 n. 5.
— Trad. Ordóñez-Claricio ([S. l. n. f.]; id., Millano [*sic*], per Z. da Castione, 1514; (Vinegia), C. Arrivaben, 1518; Vinegia, per G. de Gregorii, 1525; [S. l.], per M. Sessa, 1531; Vinegia, per F. di A. Bindoni & M. Pasini, 1531; [S. l.], per G'a. e P. de Nicolini da Sabio, 1541), 163, 163 n. 17.
— Trad. anón. (t'Antwerpen, by H. Heyndricz, 1616), 163.
— Trad. anón. (Auspurg, durch S. Grimm unnd M. Wirsung, 1620), 163.
— Trad. C. von Barth (Francofurti, 1624), 164.

Icaza (Francisco A.), ed. Salas Barbadillo.
Ifach (M. de G.), ed. Miguel Hernández, 453 n. 22.
Inchauspe (Pedro). *Diccionario del «Martín Fierro»* (Buenos Aires, C. Dupont Farré [1955]), 134 n. 16, 314 n. 3.
Ipandro Acaico. *V.* Montes de Oca y Obregón.
Iribarren (José María). *El Por qué de los dichos...* (Madrid, Aguilar, 1955), 38 n. 53, 446.
Isaías. *V. Biblia.*
Isidoro de Sevilla (San), 503 n. 30.
L'Isola beata, torneo fatto nella città di Ferrara... a 25 di Maggio 1569 (S. l. n. f.), 212-213 n. 22.
La Istoria dell'infelice innamoramento di Gianflore e Filomena, 400, 400 n. 6.
Izquierdo Ríos (Francisco), ed. *Mitos, leyendas y cuentos peruanos,* 82 n. 4.

Jacobo de Vorágine. *La Légende dorée,* traduite... par T. de Wyzewa (Paris, Libr. Académique, Perrin et Cie., 1910), 128 n. 5, 180, 180 n. 13.
Jacques d'Armagnac, 228 n. 37.
Jacques d'Enghien. *Trattato de i colori nelle arme, nelle livree, nelle divise,* ed. G. Horologgi (Venetia, appresso D. Nicolino, 1565), 222 n. 29.
Jacques de Vitry. *The Exempla...,* ed. T. F. Crane (London, published for the Folk-Lore Society, by D. Nutt, 1890; Publ. of the Folk-Lore Society, XXVI), 108 n. 29, 136, 136 n. 17, 300-301, 300 n. 6 y 7, 301 n. 8, 305 n. 22.

Jacquot (Jean), 206 n. 10.
Jahnke (Richard), 15 n. 10.
James (E. O.), 91, 91 n. 18.
James (William), 481 n. 4.
Jammes (Francis). *Clara d'Ellébeuse* (Paris, Soc. du Mercure de France, 1889), 408.
Jammes (Robert), ed. Góngora, 265 n. 1, 270, 270 n. 14.
Janer (Florencio), ed. *Poetas castellanos anteriores al siglo XV* (Madrid, M. Rivadeneyra, 1864; *BAE,* 57), 98, 111.
Jannet (Pierre), ed. Malherbe, 274 n. 20.
Janssen (P. Antonin). *Coutumes des Arabes au pays de Moab* (Paris, Libr. V. Lecoffre; J. Gabalda & Co., 1903), 140 n. 3.
Jauretche (Arturo), 314 n. 3.
Jauss (Hans Robert). «Genèse et structure des formes allégoriques» (en: *Grundriss der romanischen Literaturen des Mittelalters,* VI, 2: *La Littérature didactique, allégorique et satirique),* 180 n. 13.
Jeremías. *V. Biblia.*
Jerónimo (San), 492.
Jiménez (Juan Ramón). *Piedra y cielo* (Madrid, Calleja, 1919), 543.
Jiménez de Aragón (Juan José). *Cancionero aragonés. Canciones de jota antiguas y populares...* (Zaragoza, tip. «La Académica» [s. f.]; Introd. fechada en mayo de 1925), 410, 410 n. 16 y 17, 411 n. 20, 424, 427, 433, 439, 444 n. 14.
Jiménez de Quesada, 189.
Joannes Major, ed. *Magnum speculum exemplorum,* 301 n. 9.
Jochanán (Rabbí), 328, 332.
Johannes Herolt *(Discipulus).*

Loomis (Roger Sherman) y Jean
Stirling Lindsay. «The Magic
horn and cup in Celtic and Grail
tradition» (en: *RF*, 45 [1931], 66-
94), 231-232 n. 46.
López de Ayala (Pero). *Rimado de
Palacio*, ed. Kuersteiner (New
York, 1920; Bibl. Hispánica, 21-
22), 81 n. 4, 134 n. 16.
López de Gómara (Francisco). *An-
nals of the Emperor Charles
V*... Spanish text and English
translation by R. B. Merriman
(Oxford, at the Clarendon Press,
1912), 238, 238 n. 57.
López de Haro (Diego), 80 n. 3.
López Madera (Gregorio), 119 n. 11.
— *Discurso sobre las... reliquias...
que se han descubierto en...
Granada este año de 1595* (S. l.
n. f.), 66, 66 n. 2.
López Morillas (Juan), 342.
López-Ruiz (Dr. R.). *Diccionario
de Medicina francés español* (Pa-
ris, Gauthier-Villars, 1934), 154.
López Tascón (P. José), O. P. «*El
Condenado por desconfiado* y
Fr. Alonso Remón» (en: *BBMP*,
16 [1934], 533-546; 17 [1935], 14-
29, 144-171, 274-293; 18 [1936], 35-
82 y 133-182), 124 n. 1.
López de Úbeda (Juan), 81 n. 4,
164 n. 19, 212 n. 21, 486.
López de Yanguas, 495 n. 20.
Lorca. *V.* García Lorca (Fede-
rico).
Lorrain (Jean), 481, 481 n. 4.
Los Reyes (Matías de). *El Menan-
dro* (en la *Colección de... novelas* de Cotarelo, t. X), 73.
Los Ríos (Blanca de), ed. Tirso
de Molina.
Loss (H.). «A Prototype of the
story in *Zadig* (Ch. III): *Le

Chien et le cheval*» (en: *MLN*,
52 [1937], 576-577), 328, 328 n. 8.
Lou Siun. *La Traversée de la pas-
se* (en sus *Contes anciens à notre manière*, traduits par Li
Tche-houa; 2.e éd., Paris, Galli-
mard, 1959; Connaissance de
l'Orient, 8), 31 n. 43.
Lovecraft, 177.
Luca (Giuseppe de). *V.* De Luca.
Lucano, 288 n. 12.
Lucas. *V.* Biblia.
Luciano, 88 n. 15, 284, 309.
— *Opera* (Paris, Didot, 1867), 288,
288 n. 13.
Lucrecio, 288, 288 n. 12.
Ludus Coventriae, 14.
Lugo (Sebastián de). *Colección
de voces y frases provinciales
de Canarias*, ed. de J. Pérez Vi-
dal (La Laguna de Tenerife, Fa-
cultad de Filosofía y Letras,
1946; también en *Boletín de la
Real Academia Española*, 7,
1920), 101-102 n. 9.
Lugones (Leopoldo), 257, 477.
— *Cuentos fatales* (Buenos Aires,
Babel, 1924), 44 n. 61.
Luzel (F.-M.). *Légendes chrétiennes de la Basse-Bretagne*, I (Paris, Maisonneuve et Cie., 1881;
Les littératures populaires de
toutes les nations, II), 130, 131,
131 n. 10.
Lynch (Benito). *El Romance de
un gaucho* (Buenos Aires, Kraft,
1961), 260, 260 n. 33, 321.
Lyra, 499.

Mabbe (James), trad. *Celestina*.
McBride (J. M.), Jr. «Charms to
recover stolen cattle» (en: *MLN*,
21 [1906], 180-183), 256 n. 25.

Impr. de la Universidad, 1941, 2 vols.; Publ. del Instituto de Literatura Argentina de la Facultad de Filosofía y Letras), 34 n. 51, 437.

Muñoz Cortés (Manuel), ed. Lope de Vega.

Muñoz Seca (Pedro) y Pedro Pérez Fernández. *¡Un millón!* (3.ª ed., Madrid, Sociedad de Autores Españoles, 1928), 381 n. 22a.

Music and Medecine, ed. by D. M. Schullian and M. Schoen (New York, H. Schuman, Inc. [c. 1948]), 187.

Mussafia (Alberto) y Ernesto Monaci (en: *Rendiconti della R. Ac. Naz. dei Lincei*, Sc. Morali, serie V, t. 5, 1891), 130 n. 9.

Musso y Fontes (José). *Diccionario de las metáforas y refranes de la lengua castellana* (Barcelona, Est. tip. de N. Ramírez y C.ª, 1876), 38, 38 n. 53, 40 n. 54.

Navarro Santín (F.), ed. «Una colección de refranes del siglo xv» (en: *RABM*, 10 [1904], 434-447), 54 n. 3.

Navarro Tomás (Tomás), ed. Garcilaso.

Neri (F.). «La Maschera del Selvaggio» (en: *Giornale Storico della Letteratura Italiana*, 69 [1912], 62-65), 213 n. 22.

Neruda (Pablo), 482.

Nibelungen, 139 n. 3, 257.

Nicot (J.). *Le Thrésor des trois langues...* (Genève, S. Crespin, 1617), 167.

Nieremberg (Juan Eusebio). *Historia Natural...* (Antverpiae, ex officina Plantiniana B. Moreti, 1635), 28, 28 n. 35.

Nisseno, 248 n. 10.

Nobilissimo torneo combattuto in Perugia nel febbraio del 1586, ed. G. B. Vermiglioli (Perugia, tip. Bardelli, 1841), 212 n. 22.

Nölle (G.). «Die Legende von den fünfzehn Zeichen vor dem Jüngsten Gerichte» (en: *Beiträge zur Geschichte der deutschen Sprache und Literatur*, 6 [1879], 413-476), 179, 180, 180 n. 12, 181 (Cf. *Ro*, 9 [1880], 176).

Nourrit (Émile), pseud. de Paul Saintyves (V.).

Novela del caballero invisible (en: *Flor de Sainetes*, 1640), 486, 520 n. 10.

[*Novellino*], 139, 141 n. 6, 142, 146, 331-332, 333 n. 20.

— *Le Novelle antiche*, ed. G. Biagi (Firenze, G. C. Sansoni, 1880), 140; 140 n. 4.

— *Novellino e conti del duecento*, ed. S. Lo Nigro (reed., Torino, Unione Tipografico-Editrice Torinese, 1968), 140 n. 4.

Novión (F.). V. Contamine de Latour.

Novoa Montero (Darío). «El Lenguaje médico de nuestro pueblo» (en: *Revista Venezolana de Folklore*, 2.ª época, 3 [sept. 1970], 105-126), 261, 261 n. 37.

Núñez, 422 n. 2, 423.

Núñez (Estuardo), ed. Eguren, 474-476.

Núñez (Francisco). *Libro intitulado del Parto humano* (Alcalá, en casa de J. Gracián, 1580), 157.

Pietsch (Karl). *Two Old Spanish versions of the Disticha Catonis* (Decennial Publ. of the University of Chicago, 1902), 80 n. 4.

Pijoán (J.). «Acerca de las fuentes populares de *El Condenado por desconfiado*» (en: *Hisp*, 6 [1923], 109-114), 131.

Pinar, 382 n. 24.

Pinchart (Alex.). «Tableaux et sculptures de Marie d'Autriche, reine douairière de Hongrie» (en: *Revue Universelle des Arts*, 3 [1856], 127 sigs.), 205 n. 5.

Pineda (P. Juan de). *Agricultura cristiana* (Salamanca, en casa de D. López y de P. Adurça, 1589), 260, 260 n. 32.

Pino Saavedra (Yolando). *Cuentos folklóricos de Chile* (Santiago de Chile, Instituto de Investigaciones Folklóricas Ramón A. Laval, 1960-1963, 3 vols.), 132 n. 11, 407 n. 11.

Pipiritaña (Hilario), pseud. de Monlau.

Pirandello (Luigi), 407.

Pitágoras, 246, 493 n. 17.

Pitrè (Giuseppe), 122, 290 n. 20, 436.

Planudes, 407 n. 11.

Plard (Henri), trad. Jünger, 25 n.

Platón, 257, 496 n. 22.

Platt (Charles). *Popular superstitions* (London, H. Jenkins, 1935), 495-496, 496 n. 22.

Plinio, 19, 28, 29, 30, 120 n. 14, 175, 178, 284, 285, 397, 413 n. 24, 496.

Ploss, 159.

Plotino, 246, 481, 501 n. 29.

Plutarco, 71, 496 n. 22.

Podestá (Edgar), 192 n. 5.

Poe, 325, 327, 332, 479.

Poem on the Day of Judgment, ed. de H. J. Chaytor (en: *Cambridge Anglo-Norman Texts*, Cambridge, At the University Press, 1924), 180, 180 n. 13.

Poema de Fernán González, ed. A. Zamora Vicente (Madrid, Espasa-Calpe, 1946; Clás. Castellanos, 128), 134 n. 16.

Poema de Mio Cid, ed. R. Menéndez Pidal (4.ª ed., Madrid, Espasa-Calpe, 1940), 191.

Poesía gauchesca, ed. J. L. Borges y A. Bioy Casares (México, Fondo de Cultura Económica), 314-315 n. 3.

Poetas bucólicos griegos, trad. por Ignacio Montes de Oca y Obregón (entre los Arcades Ipandro Acaico) (Madrid, Hernando [reed. de] 1927; Bibl. Clásica, XXIX), 86 n. 12.

Poggio Bracciolini (Giovanni Francesco), 117 n. 7.

Polidori (Filippo Luigi), ed. [*Tristán*], 75 n. 17.

Polo (Gaspar Gil), 242-264.

Polo de Medina (Jacinto), 486.

Polo y Peyrolón (Manuel). *Costumbres populares de la sierra de Albarracín* (3.ª ed., Barcelona, Tip. Católica, 1876), 512 n. 4.

Polonio Collazo, gaucho del Aumuguá (Montevideo, impr. de «El Demócrata», 1873), 259, 259 n. 31.

Pompa funebris... Alberti Pii, Archiducis Austriae... (S. l. n. d.), 237, 237 n. 56.

Poncelet (Albert). «Index miraculorum B. V. Mariae, quae saec. VI-XV latine conscriptae sunt»

(Madrid, Espasa-Calpe, 1941, 2 vols.; Clásicos Castellanos, 68 y 75), 270, 450 n. 18.

— *Porfiar hasta morir* (en: *BAE*, XLI), 25, 435.

— *El Príncipe despeñado* (en: *Ac.*, VIII), 197, 198 n. 19.

— *San Isidro, labrador de Madrid* (en: *Ac.*, IV), 442 n. 11.

— *El Valiente Céspedes*, 198 n. 19.

— *La Villana de Getafe*, 196 n. 16.

— *El Villano en su rincón* (en: *BAE*, XXXIV), 299.

— *Virtud, pobreza y mujer*, 269.

Vela (Arqueles), 94 n. 22.

Velasco Valdés (Miguel). *Refranero mexicano* (México, Libro Mex [1961]), 314 n. 3, 491 n. 15.

Velázquez de Velasco (Alfonso). *La Lena* (Valencia, Prometeo, s. f.), 40 n. 54.

Vélez (E.). *V.* Clairville (Dr. A.-L.).

Vélez de Guevara (Luis). *El Diablo Cojuelo*, ed. Rodríguez Marín ([reed.] Madrid, Espasa-Calpe, 1941; Clásicos Castellanos, 38), 26, 27, 87, 88, 90.

— *La Gran comedia de la Baltasara. V.* Coello (Antonio).

— *Los Novios de Hornachuelos*, ed. J. M. Hill (en: *RHi*, 59 [1923], 105-295), 26.

Verchaly (André). *Airs de cour pour voix et luth* (Paris, Heugel et Cie., 1961; Publ. de la Société Française de Musicologie, 1.e série, XVI), 273-274 n. 20.

Verder (Daniel Hugh), 15 n. 9.

Vergara Martín (Gabriel). *A través del Diccionario de la lengua española.* Cuatro mil voces no incluidas en la décima quinta edición... (Madrid, 1925), 289, 289 n. 18.

— *Coplas y romances que cantan los mozos en algunas aldeas de Castilla la Vieja* (Madrid, Hernando, 1934), 38-39 n. 54, 441-442.

Verlaine (Louis [-Joseph-Auguste]). *L'Âme des bêtes* (Paris, Alcan, 1931), 29.

Vermeer, 481 n. 4.

Vermiglioli (Giovanni Battista), ed. *Nobilissimo torneo...*

El Viaje de Turquía, ed. de A. G. Solalinde (2.ª ed., Buenos Aires-México, Espasa-Calpe Argentina [c. 1946]; Col. Austral, 246), 252, 253, 253 n. 18.

Vicente (Gil), 382 n. 24, 384.

Vicuña Cifuentes (Julio). *Romances populares y vulgares recogidos de la tradición oral chilena* (Santiago de Chile, Impr. Barcelona, 1912; Bibl. de Escritores de Chile, VII), 34 n. 51.

Vida de Estebanillo González... compuesta por él mismo, ed. J. Millé Giménez (Madrid, Espasa-Calpe, 1934, 2 vols.; Clás. Cast., 108, 109), 164 n. 19, 197 n. 16, 317.

La Vida e hystoria del Rey Apolonio (reed. facsimilar [Valencia], 1966; La fuente que mana y corre, XII), 177 n. 5.

Vida y salud de la famosa carta familiar del cura de Morille (S. l. n. f.), 486.

Vidal y Micó, 523.

Vilardell Viñas (Teresa). «Aspectos de la brujería en *La Celestina*...» (Cf. *RLit*, 25 [1964], 201), 169.

Villafuerte (Carlos). *Refranero de Catamarca* (Buenos Aires, Academia Argentina de Letras, 1972, Estudios Académicos, XIII), 81

ÍNDICE GENERAL [1]

---

[1] Todos los textos publicados han sido retrabajados en este volumen; por lo tanto, las indicaciones de procedencia tienen sólo interés bibliográfico.

Págs.